대학 민주화와 학생 행복

대구대
홍덕률 전 총장의
도전과 보람

대학
민주화와
학생
행복

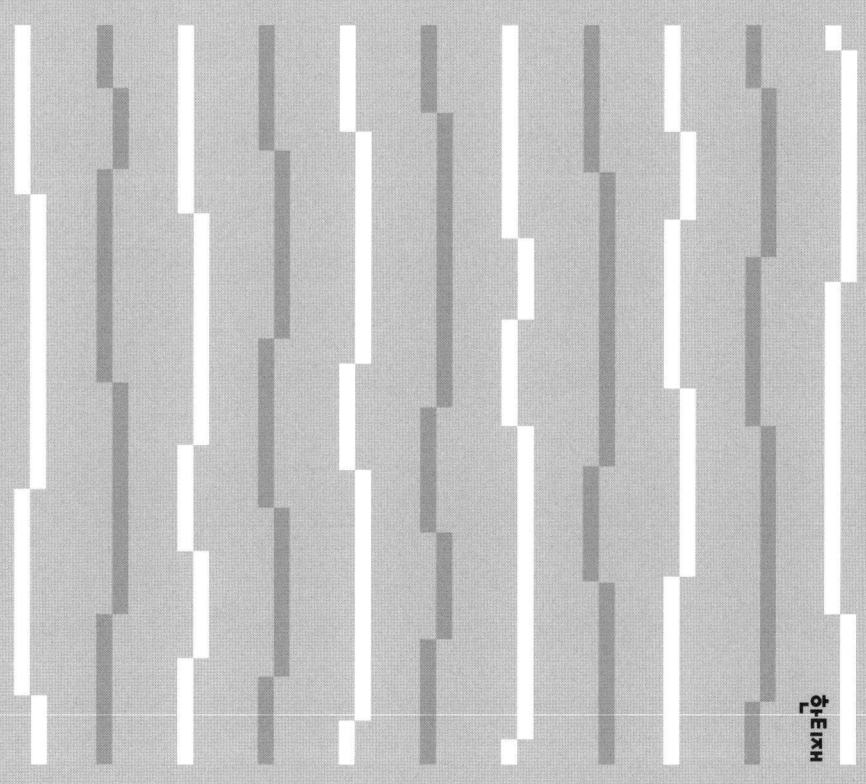

한티재

책을 펴내며

두 차례 임기를 마치고 총장직에서 물러난 지 7년 반이다. 대구대학교를 떠난 지도 4년여의 시간이 흘렀다. 대구대학교에서 처음 내세운 '학생이 행복한 대학'이라는 브랜드는 이제 다른 대학에서 쓰고 있고, 재단 문제로 인한 분규도 더 이상 언론에 보도되지 않는다. 다사다난했던 대구대학교의 지난 이야기는 언제 그랬느냐는 듯이 사람들 기억에서 흐릿해져 가고 있다. 그렇게 역사는 뚜벅뚜벅 페이지를 넘기며 앞으로 나아가는 것이리라.

하지만 대구대학교의 지난 역사는 그렇게 잊혀도 괜찮은 평범한 역사가 아니다. 전 구성원이 치열하게 험한 산을 넘고 깊은 강을 건너온 역사다. '총장의 장기 부재와 재단의 독선·비리, 대학 구성원의 저항, 재단 분규, 임시이사 파견, 정이사 체제로의 전환, 이사 간 분쟁 및 재단 분규 재발, 임시이사 체제로의 복귀, 정이사 체제로의 재전환, 대법원 판결을 통한 법적 종결'까지, 꼭 33년의 시간이었다. 마무리된 2021년까지의 65년 대학 역사에서 절반을 넘는 시간인 것이다.

그리고 그 33년은 나의 대구대학교 재직 기간과 정확하게 일치한다. 시간만 일치하는 것이 아니다. 그 33년 동안 대학이 헤쳐 온 고비들을, 그 한가운데서 나도 똑같이 겪었다. '교수재임용 탈락, 복직, 총장 당선, 구(舊)재단 측으로부터의 숱한 피고발, 벌금 1천만 원, 총장 재선, 학생이 열어 준 총장 취임식, 그리고 재단 분규로부터의 해방'이 그것이다. 총장 장기 부재가 시작된 1988년에 대구대학교에 부임해 재단 정상화가 법적으로까지 완전히 종결된 2021년 그해에 대학을 떠난 것이다. 대구대학교의 33년 역사가 '도전과 시련'이고 '상처와 보람'이었듯이, 대구대학교와 함께한 나의 33년 삶 또한 정확하게 그랬다.

내가 주목한 것은 그 역사에는 오늘의 우리나라 사립대학들에 주는 특별한 교훈이 깃들어 있다는 점이다. 하지만 그 교훈은 역사를 기억하고 역사와 대화하려는 이에게나 허락되는 것이다. 역사를 과거로만 인식하는 개인이나 집단은 과거 역사로부터 어떤 교훈과 지혜도 얻지 못하는 법이다.

그래서 '역사는 기록되고 기억되어야 한다'. 평소 내가 역사를 대하는 자세이자 나의 소신이기도 하다. 교훈으로 가득한 대구대학교의 역사도 기록되고 기억되어야 한다고 생각했다. 한동안 나는 그러한 노력이 대구대학교에 의해 공식적으로 진행되길 바랐다. 그러나 대학의 사정이 여의치 않은 듯 보였고 나는 더 기다릴 수 없었다. 2021년 6월, 한국사학진흥재단 이사장을 맡지 않고 대학에서 정년을 맞았다면 이 책은 벌써 세상에 나왔을 것이다. 2024년 6월, 한국사학진흥재단 이사장 임기를 마친 날부터 미뤄 두었던 이 책의 구상과 집필에 팔을 걷었다.

그런데 진행 과정에서 책의 범위가 많이 커졌다. 대학 분규와 재단 정상화 과정에 집중할 생각으로 시작했지만, 총장 재임 시기 '대학을 대학답게', '대학을 지속 가능하게' 하기 위한 피나는 노력도 함께 정리하게 됐다. 그 주제를 통해서도 오늘의 우리나라 대학들에 할 얘기들이 적지 않아서였다. 그렇게 1988년 3월부터 2021년 6월까지 대구대학교와 함께 웃고 울었던 33년여의 나의 삶, 교육 정의를 향한 나의 문제의식과 한 지식인으로서의 고된 실천을 정리한 셈이 됐다. 그 33년 3개월 동안 한없이 보람 있던 시간들, 환호했던 순간들은 물론 하염없이 한숨짓던 날들, 분노했던 일들, 심지어 죽음의 유혹과 씨름했던 밤들의 기억까지 가감 없이 담아내려 노력했다.

사실 그 과정이 쉽지만은 않았다. 특히 묻어 두려 애썼던 고통과 시련의 순간들을 다시 떠올리는 것은 그 자체로 고통이었다. 그러나 그 기억들을 끌어올려 한 글자 한 글자 눌러 쓰면서 나는 놀라운 경험을 하게 됐다. 나와 대구대학교 구성원들을 힘들게 했던 이들, 관계들, 사건들, 장면들 모두를 끌어안게 됐고 또 화해할 수 있게 된 것이다. 그것은 나 자신의 묵은 상처들을 치유해 간 과정이기도 했다. 이 책이 내게 준 뜻하지 않은 선물이었다.

쉽지 않았던 것은 한 해 한 해 기억이 흐릿해져 가고 있었기 때문이기도 하다. 가까운 과거가 5년, 10년 전의 일이고 먼 과거는 20년, 30년 전의 일이다. 기억의 오류를 줄이기 위해『대구대학교 민주화백서』(대구대학교 교수협의회, 1995)와『대구대학교 60년사』(2016)는 물론, 주요 기관들에서 발표한 성명서, 탄원서, 그리고 신문 기사들을 찾아 읽었다. 하지만 그것만으로는 턱없이 부족했다. 함께 싸우며 고생했고 함께 땀 흘리며 의기투합했던 교수, 제자, 직원들로부터 귀한 기억과 자문을 빌려 오기도 했다. 그들이 아니었다면 이 책은 불가능했거나 최소한 훨씬 더 불완전했을 것이다.

여전히 성에 차진 않지만 시작한 지 1년을 넘겨 마무리하게 됐다. 큰 숙제를 하나 마친 기분이다. 부족하다는 생각에 아쉬움이 적지 않지만 홀가분한 기분이 훨씬 더 크다.

먼저 1993년 9월부터 1년간 해직 교수 시절 성원해 준 교수와 제자들, 총장 재임(2009. 11.~2013. 10., 2014. 7.~2018. 3.) 시 재단 정상화와 '학생이 행복한 대학', '경쟁력 있는 대학'을 세우기 위해 함께 땀 흘려 헌신해 준 교수, 직원 그리고 총학생회와 총동창회 임원들에게 감사드린다. 학계와 교육계 그리고 시민사회에서 응원과 지지를 아끼지 않은 분들께도 깊이 감사드린다. 캄캄한 터널에 갇힌 것처럼 혹은 사방에서 날아오는 화살을 온몸에 맞고 선 것처럼 절망적일 때, 그래서 너무도 절실할 때, 혜성같이 나타나 꼭 필요한 역할을 감당해 준 정치권과 언론계를 비롯한 각계의 '빛과 소금'들께도 이 자리를 빌려 경의를 표한다.

아들이, 사위가 객지에서 어떤 일을 겪는지 알지 못한 채 늘 자랑스럽게만 생각하며 지지해 주신, 하지만 오래전에 떠나신 부모님과 장인 장모님께, 살아 계실 때 아들 노릇 사위 노릇 제대로 하지 못한 죄를 자책하며 이 책을 바치고 싶다. '부끄럽지 않은 아들, 사위이기 위해 열심히 살았습니다.'

그리고 대구대학교와 함께한 33년여의 세월 동안 늘 바쁘기만 해서 남편과 아빠로서는 낙제점일 수밖에 없었던 나로 인해 고생한 아내 윤정숙과 아들 정표에게 미안한 마음을 전하고 싶다. 아내와 아들이 아니었다면 결코 그 시련과 상처를 이겨 낼 수 없었을 것이라고, 그 험한 여정을 완주하지 못했을 것이라고, 지금의 이 작은 보람도 결코 갖지 못하게 됐을 것이라고, 미안하고 고맙다고 말해 주고 싶다.

2025년 8월

대구대학교 제10대, 11대 총장 홍덕률

차 례

책을 펴내며 • 5

서 장　제2의 인생, 대구대학교에서 시작하다 • 17

제1부　대구대학교 민주화 1기

1. 대구대학교 민주화, 나를 걸다

　1993년의 대구대학교 • 43

　교수협의회와 함께 미지의 운명 속으로 • 50

　불통의 재단, 교수·학생의 분노에 기름 붓다 • 54

　총장선거, 드디어 성사되다 • 59

　대학 민주주의의 영원한 숙제, 교육부 • 63

2. 해직되고 임시이사 파견되다

　재임용 탈락, 해직되다 • 69

　행복한 해직 교수 • 81

　국면 전환, 재단퇴진운동으로 • 85

임시이사 파견되고 직선총장 취임하다 • 90
복직이 아니라 '명예 복직'이다 • 105

3. 구재단, 또다시 세상을 흔들다
1995년, 대구대학교의 비극 • 112
대구미래대학까지 수렁에 빠뜨리다 • 119
1998년, 그 비극의 실체가 드러나다 • 121
구재단은 누구인가? • 125

4. 대학의 울타리를 넘어
대학을 넘어 대구·경북의 진보 지식인으로 • 135
칼럼니스트로, 방송 토론 사회자로 • 138
중앙정부와 지방정부의 자문위원으로 • 141
지역의 폐쇄성과 색깔론에 맞서다 • 144

제2부 대구대학교 민주화 2기

1. 총장에 도전하다

   나중에 보니 총장 수업이었다 • 151

   또 한 번, 운명에 맡기다 • 158

   당선, '기적'이라 쓰다 • 167

   제10대 총장으로 취임하다 • 172

2. 재단 정상화, 실패로 끝나다

   재단 정상화에 도전하다 • 181

   '건강한 재단 정상화'의 원칙 • 184

   사학분쟁조정위원회의 '정상화 심의 원칙' • 191

   '건강한 재단 정상화'를 위한 총력전 • 197

   총력전 한가운데서 만난 비극 • 210

   분쟁을 '조장'하는 사학분쟁조정위원회 • 215

   정이사회 출범, 그러나 새로운 분규의 시작 • 223

3. 역경과 고난의 한가운데서

   고발과 고소를 당하다 • 231

   죽음의 유혹과 마주하다 • 235

   빗발친 위로와 격려, 다시 용기를 얻다 • 241

'벌금 1천만 원', 내 인생의 오점? 훈장? • 249
　　2013년, 사방에서 날아오는 화살을 맞으며 • 266

4. 벼랑 끝에서 일어서다

　　영광학원, 다시 분규의 늪으로 • 270
　　총장 재선에 성공하다, 그러나 취임하지 못하다 • 275
　　이사진 해임되고 임시이사 재파견되다 • 284
　　제11대 총장으로 인준받다 • 302
　　인생 최고의 영광, 학생이 열어 준 총장 취임식 • 313
　　대구사이버대학교 총장을 겸직하다 • 344

5. 재단 정상화, 드디어 마무리하다

　　구재단, 대구미래대학 정이사로 복귀하고 자진 폐교하다 • 347
　　구재단의 끝없는 대구대학교 복귀 기도 • 352
　　이근민 입장 선회하고 이예숙은 또다시 구속되다 • 359
　　25년 만에 해방된, 구재단과의 진흙탕 싸움 • 364
　　대구대학교 재단 정상화를 맞은 소회 • 369
　　대학 민주주의를 위한 대구대학교의 책무 • 372

제3부 대학을 지속 가능하게, 대학을 대학답게

1. 대학 평가와 정부재정지원사업 유치에 사활 걸다
처음부터 시작하다 • 383
2010년 교육부 사범대학 평가, '최우수' • 386
2013년, 정부재정지원사업 '석권'하다 • 388
2015년 대학구조개혁평가, '우수' • 393
브랜드 평판, '비수도권 사립대학 1위' • 396

2. 산학협력의 새 메카 대학으로
'산학협력 선도대학 육성사업' 따내다 • 405
사회적기업 육성의 요람으로 • 409
취·창업 지원 선도대학으로 • 413

3. 건학 정신의 구현 위해 정성을 쏟다
대구대학교 자긍심의 원천, '사랑·빛·자유' • 418
장애 학생 교육권을 확충하다 • 425
개교 60주년, 건학 정신을 만방에 알리다 • 430

4. '학생이 행복한 대학', 대학의 새 패러다임을 개척하다
대구대학교의 새 브랜드, '학생이 행복한 대학' • 438
조직을 만들고 공간을 확보하다 • 448

학생과 만나고 소통하기 • 451

응원하고 지지해 주기, 상담 강화하기 • 460

취·창업 걱정 덜어 주기 • 461

5. 미래를 여는 '지성의 대학'을 위해

ACE+사업과 교육과정 개편 • 465

평생교육의 메카 대학으로 • 469

'학생과 함께 미래로, 지역과 함께 세계로' • 473

나눔과 봉사의 지도자를 키우는 대학으로 • 483

친환경 녹색 대학으로 • 485

민주시민교육의 요람으로 • 491

에필로그 다시, 대학혁신·교육개혁을 묻는다 • 497

부록

재단 분규 및 재단 정상화 일지 • 524

총장 재임 중 대구대학교의 주요 성과 • 528

서장

제2의 인생,

대구대학교에서 시작하다

1987년, 전두환 정권의 마지막 해였다. 유신에 이어 12·12쿠데타, 광주 시민 학살, 언론 통폐합, 삼청교육대, 보도 지침 등으로 얼룩진 야만의 시대를 끝내야 한다는 대학생과 시민의 절규가 거리를 덮은 해였다.

1월 14일, 서울대학교 박종철 학생이 남영동 대공분실에서 고문으로 사망했다. 전두환 정권의 본질을 적나라하게 드러낸 상징적 사건이기도 했다. 고문치사가 전부가 아니었다. '탁 치니 억 하고 죽었다'는 경찰청장의 발표가 이어졌다. 어이없는 거짓말이 시민의 분노에 기름을 부었다.

벽두부터 정국이 심상치 않았다. 대통령직선제 개헌 요구가 거세게 터져 나왔다. 하지만 전두환 정권은 반대 입장을 분명히 했다. 4월 13일, 전두환은 5공화국 헌법을 지키겠다고 발표했다. 이른바 '호헌 선언'이었다. 시민의 분노는 이미 임계점을 넘고 있었다. 대학생들이 선봉에 섰다. 4·19혁명과 5·18광주민주화운동 기념행사들이 대통령직선제 개헌을 요구하는 시위로 번졌다. 전국의 대학가는 1학기 내내 혁명 전야와 같았다.

또 한 청년의 아까운 목숨이 제물로 바쳐졌다. 연세대학교 이한열 학생이었다. 경찰이 쏜 최루탄에 머리를 맞아 피 흘리며 쓰러졌다. 6월 9일, 학교 정문 앞에서였다. 이튿날 혼수상태에 빠졌고 민심은 들끓었다. 한국 현대사의 분수령이 된 6월항쟁은 그렇게 시작되었다. 세계도 한국의 스튜던트 파워, 피플 파워에 주목했다.

집권 여당의 차기 대선 후보였던 노태우가 대통령직선제를 수용하겠다고 물러섰다. '6·29선언'이었다. 10월 29일 개헌을 거쳐 12월 16일에는 대통령 선거가 치러졌다. 16년 만의 직접선거였다. 하지만 야권의 김대중과 김영삼은 각자 출마했고 노태우가 어부지리로 당선됐다. 민주화는 지체되었다.

그럼에도 1987년이 한국 현대사에 큰 획을 그은 해였음은 분명하다. 민주주의와 정의를 갈망하던 청년들에게 1987년은 분노와 희망, 절규와 환희, 탄식과 열정으로 가득한 격동의 해였다. 나를 비롯한 소장 사회학도에게는 하루하루가 고뇌에 찬 실천의 장이자 연구 대상이기도 했다.

그해 나는 박사과정을 수료하고 학위 논문을 준비하고 있었다. 충남대, 성심여대, 서강대, 한양대, 인하대 등 몇 대학에서 시간강사로 강의도 했다. 어느 대학이든 끓는 피를 주체하지 못하는 학생들로 가득했다.

그들은 새로운 지식에 목말라했다. 모순과 불의로 가득한 사회를 어떻게 분석해야 하고 어떻게 변화를 모색해야 할지 진지하게 고민하며 토론했다.

불평등은 어디서 비롯되는가, 국가란 무엇인가, 민주주의는 어떻게 가능한가, 사회운동은 어떻게 발전하는가 등은 나의 중요한 연구 주제이자 강의 주제이기도 했다. 내 또래의 사회과학자들은 새 역사를 열어 가고 있다는 사명감에 불탔다. 강의실에서만 학생과 만난 것은 아니었다. 대학 인근의 막걸릿집에서도 시간 가는 줄 모르고 학생들과 토론했다. '학생과의 만남' 그리고 '연구하는 즐거움과 가르치는 보람'. 세상에 가득한 폭력과 불의에도 불구하고 미래를 희망으로 읽게 해 준 소중한 일상이었다.

대학 강사료는 교통비와 책값 정도였다. 생활비 조달은 아내 몫이었다. 아내와는 두 해 전인 1985년 9월에 결혼했다. 불의한 시대를 함께 고뇌해 온 친구이자 동지로 7년을 사귄 뒤였다. 아내는 일본에서 사회복지학 석사를 마치고 돌아와 서울 강동구의 한 사회복지재단에 근무하고 있었다. 인천 신혼집에서 출퇴근하며 청년 연구자였던 나를 뒷바라지했다.

대구대학교 교수로

그 1987년이 저물어 가던 12월이었다. 내 인생에 뜻하지 않은 전환점이 닥쳐왔다. 대구대학교에서 사회학과 교수 초빙 공고가 난 것이다. 전공 분야는 사회계층과 산업사회학이었다. 나의 전공 분야와 꼭 맞았다. 박사과정 수료만으로도 교수로 채용되던 때였다. 전두환 정권의 졸업정원제 및 입학 정원 확대 정책으로 대학이 팽창하고 교수 수요가 급증하던 때여서 그랬다.

나는 고민했다. 무엇보다 '대구'인 것이 마음에 걸렸다. 대구는 군사정권을 떠받치는 보수의 진지(陣地)와도 같은 도시였다. 민주주의와 정의를 갈망했던 청년에게 대구는 정서적으로, 심리적으로 편할 수 없는 도시였다.

하지만 나의 이성적 판단은 달랐다. 두 가지 면에서 그랬다. 하나는 '대구가 변해야 한국이 변한다'는 평소 소신이었다. 그때까지 나는 대구라는 도시에 대해 원망만 했지, 정작 내가 대구 변화의 불씨가 되겠다는 생각은 해 본 적이 없었다. 필요한 일이고 중요한 일이라면 피하지 말아야 하는 것은 아닐까? 오만할 수도 있는 생각이지만 그렇게 나는 흔들렸다. 낯설고 불편하다는 이유로 대구를 외면하는 것도 떳떳하지 못한 자세라고 생각했다.

다른 하나는 아내의 의견이었다. 대구대학교에 대해 전혀 아는 바가 없던 나와는 달리 사회복지학을 전공한 아내는 잘 알고 있었다. 우선 사회복지와 특수교육 분야에서 독보적인 대학이라고 했다. 설립자 이영식 목사는 우리나라에서 장애인 특수교육과 사회복지를 개척한 선각자이고, 아들인 이태영 총장 역시 특수교육과 사회복지학계를 이끈 선구자라고 아내는 알고 있었다. 나의 평소 교육철학을 펼치기에 대구대학교는 적격이라고도 얘기했다. 물론 아내에게도 대구는 아무런 연고가 없는 객지였다. 그럼에도 내가 결심만 하면 함께 대구에 가서 의미 있는 삶에 도전해 볼 용의가 있노라고 말해 주었다.

대구대학교 교수 초빙에 응하기로 했다. 무엇보다도 아내를 통해 알게 된 대구대학교의 건학 정신과 교육철학에 마음이 끌렸다. 사회정의를 세우는 데 기여하는 사회학자이고자 했던 나의 소박한 꿈과도 어울린다고 생각했다. 1987년 12월 말, 교수 초빙 서류를 제출했다. 물론 채용된다는 보장은 없었다. 대구는 외지인에게 배타적이라고 소문난 도시이기도 했다. 큰 기대는 하지 않고 기다렸는데 연락이 왔다. 서류 심사에 통과됐다고 했다.

면접은 대구 대명동 캠퍼스의 기획실장 사무실에서 진행됐다. 이태영 총장은 보지 못했다. 아쉬웠다. 나중에 알게 된 사실이지만 당시 그는 투병 중이었다. 이상춘 기획실장이 면접을 주관하는 분위기였다. 그리고 2월 하순 어느 날, 채용이 확정됐다는 연락을 받았다. 가난한 청년 학도를 만나 고생한 아내가 누구보다 기뻐했다. 어릴 때부터 공부 잘한다며 없는 살림에 최선을 다해 뒷바라지해 준 부모님과 형제들, 장인 장모님도 모두 좋아했다.

1988년 3월, 대구대학교의 주 캠퍼스가 위치한 대구 근교의 경산에 작은 아파트를 마련했다. 준공 직후 건설회사가 부도나는 바람에 아직 등기가 나지 않은 허름한 아파트였다. 아내와 나는 5톤 트럭에 간단한 세간 살림을 싣고 낯선 대구로 향했다. 주말부부가 아닌 함께 대구 사람이 되기로 결심한 것이다. 걱정 반 기대 반, 설렘 반 각오 반, 그렇게 나는 대구대학교와 대구에서 제2의 인생을 시작했다. 만 서른 살 나이였다.

돌아보는 청년 시절

내가 학자의 길을 선택하고 사회학을 전공하기로 한 과정도 그리 순탄하지만은 않았다. 실은 나의 10대, 20대는 그 어떤 선택도 간단치 못했다. 그 절반은 나의 책임이었을 것이고, 다른 절반은 혼돈과 야만의 시대 탓이라 해도 크게 틀리지 않을 것이다.

어려서부터 내가 제일 좋아하고 잘하는 일은 책 읽고 공부하는 것이었다. 다른 일에는 취미도 관심도 별로 없었다. 특히 중학생 이후부터는 더욱 그랬다. 돌아보면 초등학생 때까지만 해도 운동도 곧잘 했던 기억이 있다. 학교 육상부에 속해 방과 후에는 늘 달리기 연습을 하던 때도 있었다. 단거리 종목에서는 학교 대표로 출전하기도 했다. 친구들과 농구 경기를 즐기기도 했다.

운동을 끊게 된 것은 중학교에 입학하면서였다. 이미 시력이 크게 떨어져 도수 높은 검정 뿔테 안경을 쓰기 시작한 때였다. 친구들과 농구 시합을 하던 중에 몇 번이나 안경을 떨어뜨려 깨뜨리곤 했다. 그때는 안경 테든 안경알이든 왜 그리 약했는지, 툭하면 뿔테가 부러지고 안경알이 깨졌다. 하지만 안경을 새로 사서 쓰는 것조차 당시 가정 형편으로는 쉽지 않았고 나는 운동을 끊었다. 공부에 집중하게 된 것도 그 후부터였다.

내 평생의 가치관을 형성하게 된 청소년기의 잊을 수 없는 경험이 몇 있다. 먼저 초등학교 5학년 아니면 6학년 때의 일이다. 방과 후 청소 당번이었던 것으로 기억된다. 같은 당번들과 함께 교실을 쓸고 닦는 중에 한 친구가 흘린 쪽지를 우연히 줍게 되었다. 작은 글씨로 채워진 시험 답안이었다. 담임선생님한테 과외를 받는다고 알려진 부잣집 아이였다. 어린 나이였지만 큰 충격이었다. '이럴 수가 있나?' 봐선 안 될 것을 본 것처럼, 알면 안 되는 것을 알게 된 것처럼 가슴이 쿵쾅거렸다. 친구나 부모님께도 말 못 하고 혼자 삭였지만 내겐 잊지 못할 상처가 됐다.

다른 하나는 중학생 때 일이었다. 내 위로는 형이 셋 있었다. 맏형은 나와는 나이 차가 많아서 이미 결혼해 분가해 있었고, 둘째 형은 나보다 다섯 살, 셋째 형은 세 살 많았다. 모두 학교에서 공부 잘하기로 소문난 형들이었다. 그런데 둘째 형이 당시 집안 형편으로는 대학 진학이 어렵다며 3년 장학생으로 상업고등학교에 진학했다. 많이 착잡했지만 2년 뒤 셋째 형이 준 충격은 더 컸다. 일반계 제물포고에 진학했고 졸업 후 서울의 유명 사립대학에 합격했지만 역시 진학을 포기했다. 그 형의 가까운 친구들은 대부분 대학에 진학했다. 그때 셋째 형이 겪었을 상실감은 어땠을까?

두 형의 연이은 대학 포기는 내게 여간 착잡한 일이 아니었다. 자식들 공부 잘한다는 소리 듣는 낙으로 고생을 견뎠던 부모님은 그 후 자책 속에 사셨다. 나는 그때 두 분의 한숨과 눈물을 잊을 수가 없다.

고등학교 입학을 앞둔 중3 2학기 말 즈음이었다. 담임선생님이 교무실로 나를 부르셨다. 나의 가정 형편을 아는 분이었다. 내가 2학년 때 새벽에 신문을 돌리던 일도 알고 계셨다. 제때 등록금을 내지 못한 적이 있었는데 대신 내주신 적도 있었다. 조심스레 내게 말을 건네셨다. 상업고등학교에서 3년 장학생 추천을 의뢰해 왔으니 부모님과 상의해 보라고 하셨다. 둘째 형과 똑같은 제의를 받은 것이다. 나는 부모님과 형님들 앞에서 고민을 털어놓았다. 모두 한목소리로 답해 주셨다. '너는 대학에 보낼 것이다. 그러니 걱정 말고 제물포고 입학시험을 치르라.' 부모님과 형님들 말씀이 고마웠다. 그렇게 하겠다고 하고 담임선생님께 말씀드렸다.

그 일들은 사춘기 소년이던 나를 의기소침하게 했지만 또한 분노하게도 했다. 집이 가난하면 공부도 맘껏 할 수 없는 세상이란 걸 그때 알았다. 원망과 분노는 어느 시점엔가 가라앉았지만 심지는 더 굳어졌다. '이건 바꿔야 한다'는 생각이 신념이 되어 내 안에 뿌리내리기 시작했다. 그때 꿨던 꿈이 교육부 장관이었다. 교육부 장관이 되면 바로잡을 수 있을 것이라고 생각했다. 순진한 생각이었지만 그때는 그랬다.

그때 결심한 것이 또 하나 있다. 학비가 저렴한 국립대학이 아니면 대학을 다니지 못할 것이라고 생각했다. 꼭 서울대에 합격해서 학비만큼은 내가 책임져야 한다고 생각했다. 떠밀린 결심이었지만 그것은 내게 좋은 약이 되었다. 1976년 3월, 나는 서울대 사회계열에 합격했다. 온 세상을 얻은 듯 기뻐하셨던 부모님과 대견하다며 격려해 준 형님들의 그 환한 웃음을 지금도 잊지 못한다.

고등학교 시절, 나는 내 삶의 큰 원칙이 되어 준 또 하나의 소중한 자산을 얻었다. 양심을 목숨처럼 여기는 삶이었다. '양심 교육'은 길영희 초대 교장이 심고 지금까지 이어져 내려오고 있는 모교 제물포고등학교의 교육 철학이고 자긍심의 원천이다. '학식(學識)은 사회의 등불, 양심은 민족의 소금'이라는 교훈(校訓)을 동문들은 늘 자랑스럽게 생각한다. 무감독 시험과 개가식 도서관이 대표적인 양심 교육 현장이다. 시험 때면 백지를 제출하는 학생은 있어도 커닝 등으로 성적을 훔치는 학생은 없었다.[1] 오늘날의 교육자와 학교가 진지하게 고민해야 할 주제라고 나는 믿는다. 2024년 10월 19일, KBS1 TV는 제물포고등학교의 양심 교육을 다큐멘터리로 제작해 방영하기도 했다.

억압, 감시, 통제의 대학 캠퍼스

서울대학교 합격의 기쁨은 그러나 잠시였다. 대학 캠퍼스는 내게 온통 자갈밭이었다. 가장 큰 원인은 시대와의 불화에 있었다. 유신 말기의 엄혹한 정국에서는 숨 쉬는 것조차 갑갑하고 불편했다. 1학년 때는 정치학, 경제학, 사회학, 법학 등 사회과학의 주요 학문 개론 과목을 수강했

---

[1] 1956년 3월 초대 교장으로 부임한 길영희 선생은 첫 시험 때부터 '무감독 시험'의 의미를 역설하며 도입했다. 그는 이렇게 말했다. "자기가 가르칠 학생들을 못 믿고 시험 감독으로 들어가서 눈에 쌍불을 켜고 앉아 있는 선생이나, 학생들이 선생 몰래 슬금슬금 훔쳐서 올린 점수나 다 무엇에 쓰겠어! 우리, 서로 믿고 한번 해 보자. 제물포고등학교 무감독 시험 실시!"(장성중 편, 『길영희 평전 — 교육의 장강이 맑아야 하는데』, 2019, 111쪽) 우리나라 교육사에 길이 남을 위대한 실험이었다고 나는 본다. 그의 '양심 교육' 철학은 제물포고등학교의 전통으로 뿌리내려 이후 고교평준화, 대입 내신제도 도입 등의 위기를 넘기고 지금까지 이어져 오고 있다. 나의 고교 시절에는 없었지만 지금 학생들이 시험에 앞서서 함께 외치는 구호도 새겨들을 만하다. "양심의 1점은 부정의 100점보다 명예롭다."

지만 어느 과목에도 흥미를 느끼지 못했다. 고3 때만 해도 당연히 법학과에 진학해야겠다고 생각했지만 막상 공부해 보니 아니었다. 무엇보다도 유신헌법을 공부하고 그것으로 판단해야 하는 법조계 전문직을 받아들일 수 없었다. 열아홉 청년의 눈에 유신 시대의 법조인은 독재 권력의 시녀일 뿐이었다.

그나마 나의 관심을 끈 것은 2학기에 수강했던 사회학 개론이었다. 고영복 교수의 강의였다. 역시 별 흥미를 느끼지 못하고 있다가 학기 말에 다가와서였다. 교수 입에서 에리히 프롬(Erich Fromm)이 나왔다. 귀가 번쩍했다. 번역·출간된 지 얼마 안 된 『자유로부터의 도피』란 책을 1학기 때 감명 깊게 읽었던 기억이 떠올라서였다. 에리히 프롬은 나치를 피해 미국으로 망명한 후 비판적 사회학의 새 장을 열었던 이였다. 갑자기 사회학이란 학문에 끌렸다. 그렇게 나는 2학년에 올라가면서 사회학과를 지망했다. 부모님과 형님들의 뜻을 거스르고 내 주장을 고집한 내 인생의 첫 사건이기도 했다.

'사회정의와 민주주의에 대한 이론적·실천적 관심', 그것은 청년 시절 나의 가장 중요한 정체성이자 사회학을 전공으로 선택하게 한 중요한 동인이었다. 사회학이란 학문을 통해서 학자의 길과 사회정의에 헌신하는 삶을 함께 추구하겠다고 마음먹었다. 하지만 2학년 때부터 강의실에서 만난 사회학 전공과목들은 나를 실망시켰다. 분단의 아픔, 민중의 고달픈 삶, 인권 감수성 등은 찾아볼 수 없었기 때문이다. 폭압 정권에 대한 청년 학생의 분노와 사회정의를 향한 절규에는 아예 관심조차 없어

보였기 때문이다. 선진국의 19세기 사회학을 비판 없이 수용한 채 유신 체제에 순응해 버린 비겁한 학문으로 보였다.

정보과 형사가 캠퍼스 곳곳은 물론 강의실에까지 들어와 강의 내용을 감시할 때였으니 교수님들을 원망할 수도 없는 노릇이었다. 현실의 모순과 정직하게 마주하는 순간 강단에서 쫓겨나야 했던 시절이었으니 이해하지 못할 일도 아니었다. 실제로 한완상 교수는 내가 입학하던 1976년 봄에 해직되어 학교를 떠나 있었다. 학문과 사상의 자유는 애당초 불가능한 상황이었다.[2]

이런 일도 있었다. 3학년, 1978년 봄이었다. 서울대학교 교지 편집위원이던 친구 유용태[3]로부터 논문 기고를 부탁받았다. 고민하다가 당시

---

[2] 1976년 3월에 대학에 입학해 1980년 2월까지 대학생이었던 나는 전형적인 '긴급조치 세대'라고 할 수 있다. 1974년 1월과 4월에 각각 공포된 긴급조치 1호와 4호가 1974년 8월 23일에 해제(긴급조치 5호)된 데 이어, 1975년 5월 13일에 공포된 '긴급조치 9호'는 반민주 조항으로 가득했다. 예컨대, 유신헌법을 부정, 반대, 왜곡, 비방하거나 개정 및 폐기를 주장, 청원, 선동 또는 이를 보도하는 행위를 금지하고, 위반할 때는 영장 없이 체포할 수 있도록 한 것이다. 학생의 집회·시위 또는 정치 관여 행위를 금지했음은 물론이다. 위반한 교직원이나 학생은 해임, 제적하며, 위반한 단체나 학교, 언론사 등은 휴업·휴교·정간·폐간·해산 또는 폐쇄 조치를 할 수 있도록 했다.
대학 캠퍼스에는 사복경찰과 정보기관원이 항시 상주하면서 학생 동태를 감시하고 시위를 원천봉쇄했다. 반정부 시위는 5분 이상 지속되기 어려웠으며, 시위 주동자는 곧 제적, 구속을 각오해야 했다. 학생운동은 지하화하거나 크게 위축됐다.
한편, 1975년 7월에는 교수재임용제도가 도입되어 교수의 학문 활동은 물론 신분마저도 노골적으로 옥죄기 시작했다. 교수재임용 심사 기준으로, '건전한 국가관, 불평불만적 성격 소유 여부, 대학 발전을 위한 노력, 교수로서의 인격과 품위, 학내 인화 관계' 등, 막연하고 주관적인 항목이 포함되었으며, 비판적 교수들을 교단에서 쫓아내는 수단으로 악용되기 시작했다.
[3] 고등학교 같은 반 친구였다. 나보다 한 해 늦은 1977년에 서울대학교 역사교육과에 입학해 함께 경제사학회에서 활동하며 유신 반대 운동에 뛰어들었다. 졸업 후 고등학교 교사로 일하다 1989년 전교조 활동으로 해직되었다. 늦게 대학원에 진학해 학문의 길에 들어선 그는 서울대학교 역사교육과의 중국 현대사 전공 교수로 정년을 맞았다. 서울대학교 민주화교수협의회 의장을 역임했으며, 대학 안팎의 주요 사건 때마다 외면하지 않고 민주주의를 위해 헌신한, 친구로서 존경하는 양심적 지식인이다.

나의 관심 주제 중 하나였던 '종속이론(dependency theory)'을 소개해 보기로 했다. 중남미 학자들이 주장하면서 제3세계 진보학계로부터 각광받던 후진국 발전 이론이었다. 국내에 소개되기 전이었기에 힘들게 원서들을 구해 밤을 새워 읽고 공부했다. 종속이론이 태동한 비슷한 시기에 등장해 세계 신학계를 강타한 중남미 가톨릭의 해방신학도 그때 처음 접했다. 외국의 최신 이론을 최초로 국내에 소개하는 일이라는 책임감으로 열심히 원고를 다듬었다. 그렇게 나의 최초 논문이 실린 교지(『서울大』 2호)는 이듬해 2월에 발간되었다.

그런데 교지를 펼쳐 본 나는 경악했다. 중요한 용어와 개념이 바뀌어 있었기 때문이다. 글의 요지가 제대로 전달될 수 없을 정도였다. 항의도 해 봤지만 이미 소용없는 일이었다. 폭압적 유신 체제에서 학문한다는 것이 얼마나 의미 없고 부질없는 일인지를 온몸으로 경험한 사건이었다.

독재 권력을 찬양하며 곡학아세하는 학자들, 권력 눈치 보며 자기 검열하는 학자들의 굴종을 20대 청년으로서는 받아들일 수 없었다. 나는 어려서부터 나의 길이라고 생각해 온 '학자의 꿈'을 접었다.

서울대학교 사회학과 심포지엄 사건

잊을 수 없는 사건이 하나 더 있었다. 그 한 해 전인 1977년 3월, 사회학과 전공 학생이 된 첫해 개강 직후였다. 사회학과 학생 대표인 3학년 피정선 선배와 정학섭 선배로부터 제안을 받았다. '올해는 사회학과 창립 30주년이 되는 해이다. 그 기념으로 가을에 사회학과 학술 심포지엄을 준비하려고 하는데 함께해 달라.' 주제는 '1920년대 민족운동의 사회학'이라고 했다. 참가자들이 일제하 민족운동의 여러 갈래를 나누어 맡아 발표하게 될 텐데, 나에겐 '1920년대 학생운동'을 준비해 주면 좋겠다고 했다. 2학년에서는 나와 정이환(청년운동), 김종채(농민운동) 셋이 합류하고, 3학년에서는 정학섭(사회), 김필동(총론), 조희연(민족운동), 김석준(노동운동), 심상완(사회주의운동) 선배가 참여할 예정이라고 했다.[4]

나는 며칠을 고민했다. 십중팔구 반유신 시위로 이어질 확률이 높았기 때문이다. 누군가 사전에 계획하지 않더라도 자연발생적 시위는 피할 수 없는 시국이었기 때문이다. 그것은 발제 학생들이 당연히 제적, 구속될 수 있다는 것을 의미했다.

부모님이 너무 마음에 걸렸다. 불과 1년 반 전, 서울대학교 합격 소식에 얼마나 기뻐하셨나! 자신들의 대학 진학은 포기한 채 머지않아 동생이 집안을 일으킬 것이라며 가난 속에서 묵묵히 뒷바라지하고 있는 형들 역시 마음을 아프게 했다. 눈물이 흘렀다. 이들을 어이할까!

결국 참여하기로 했다. 스무 살의 피 끓는 청년으로서 자연스러운 결

---

[4] 피정선 선배는 졸업 후 국제노동운동에 투신해 국제화학에너지광산노련(ICEM) 아태지역본부 사무총장을 역임했고, 정학섭, 김필동 선배는 전북대학교와 충남대학교 사회학과에서 근무했다. 조희연 선배는 성공회대학교 교수로 있다가 서울시 교육감으로 일했고, 김석준 선배는 부산대학교 교수로 있다가 부산시 교육감으로 일하고 있다. 심상완 선배는 당시 새문안교회 대학생회 회장이었고 창원대학교 교수로 정년을 맞았으며, 나와 같이 2학년이던 정이환 동기는 서울과학기술대학교 교수로 근무했고, 김종채 동기는 평생 진보적 글쓰기와 사회운동에 전념하다 2022년 9월, 이른 나이에 세상을 떠났다.

정이었는지 모른다. 거창하게도 나는 안중근과 윤봉길을 떠올렸고 대학생이 된 뒤에 알게 된 청년 전태일을 떠올렸다. 히틀러 암살 운동에 가담했다가 처형당한 본회퍼(Dietrich Bonhoeffer) 목사도 떠올랐으며 1학년 때 읽은 『아무도 미워하지 않는 자의 죽음』이라는 책의 반나치 레지스탕스였던 대학생 한스 숄(Hans Scholl)과 조피 숄(Sophie Scholl)도 생각났다.[5] 조국과 민중을 위해 목숨까지 바친 이들이었다. 어디 그들뿐이겠는가. 대의를 위해 기꺼이 십자가를 진 이들이 인류 역사에는 얼마나 많았던가. 외면할 수 없는 시대의 부름이고 운명이라고 생각했다.

열심히 발표 준비를 했다. 8월에는 과천의 영보수녀원에서 2박 3일 워크숍도 함께했다. 디데이는 10월 7일 오후 2시, 자연과학대학 26동 대형 강의동이었다. 행사 하루 전날에는 대학 근처 봉천동의 한 여관에서 발표자 모두가 합숙했다. 드디어 7일, 아침이 밝았다. 밤을 꼬박 새우다시피 했다. 그리고 아침 11시, 발표자 모두 사회학과 사무실에서 다시 만났다. 얼마 지나지 않아 학과장이던 최홍기 교수님을 비롯해 여러 교수님이 들이닥쳤다. 학생들의 문제의식에 우호적이었던 김진균 교수님도 있었다. 간단히 몇 말씀을 나누더니 교수님들은 학과 사무실 문을 잠갔다. 오늘 행사에 참여할 수 없다고 했다. 심포지엄을 계기로 과격한

---

[5] 나치 때 비폭력 저항운동을 벌인 뮌헨대학교의 한스 숄과 조피 숄 남매 학생 그리고 지도 교수 크리스토프 프롭스트(Christoph Probst)의 실제 삶을 그린 책이다. '백장미단'이라는 비밀단체를 결성해 반나치 운동을 하던 중, 1943년 2월 18일에 전단을 뿌리다 체포됐고 나흘 뒤인 1943년 2월 22일, 단두대에서 처형됐다. 처형 직전 '자유여 영원하라'고 외쳤다. 나는 대학 입학 후 이 책을 읽고 큰 충격과 감명을 받았다.

유신 반대 시위가 준비되고 있다는 소문이 있다고 했다. 이미 '데모학과'로 눈 밖에 난 사회학과를 정부가 폐과하려 한다고도 했다. 제자들과 사회학과를 지키기 위해 어쩔 수 없다고 했다.

교수님들과 승강이를 벌이긴 했지만 그렇다고 다른 방법이 있을 수 없었다. 학교 당국은 물론 학교 밖 정보기관과도 이미 협의가 된 듯 보였다. 나중에 알게 됐지만, 정보기관은 이미 오래전부터 우리의 준비 과정을 추적하고 있었다. 하루 전 합숙 때 나눈 대화도 모두 도청되어 정보기관 손에 들어가 있었고, 그것은 교수님들께도 전달된 상태였다.[6] 이 저지선을 뚫고 26동 강당까지 들어갈 수도 없는 형편이었다. 26동에 모여 있을 학생들과 소통할 방법도 없었다. 완전히 갇혀 있게 된 셈이었다.

나중에 들어서 알게 된 일이지만, 발표자들이 갇혀서 행사장에 들어오지 못한다는 소식이 26동 강당에 전해졌고 학생들은 당연히 흥분하기 시작했다. 원고를 마무리하지 못해 발제를 포기했던 심상완 선배와 행사 준비를 지원해 온 박홍렬 선배(3학년), 사회학과 2학년 동기 최상일도 강당 안에 있었다. 즉석 항의 토론이 이어졌고 구호가 터져 나왔다. "총장은 물러가라", "학원 자유 보장하라", "발표자를 풀어 줘라".

대규모 경찰 병력이 출동했고 26동 강당을 에워쌌다. 출입문 하나만 열어 놓고 강당 안의 학생 전원을 경찰서로 연행했다. 약 400명에 달했

---

[6] 당연히 발표자들은 주위에 학생 프락치가 있다고 의심하기 시작했다. 하루하루 긴장과 경계 속에 숨 쉬며 지내야 했던 이유였다. 그리고 그러한 일은 당시 흔한 일이었다. 다시 생각해도 '폭정과 야만의 시대'였던 것이다.

다. 그중 23명이 제적되었고 27명이 무기정학, 11명이 1년 정학 처분을 받았다. 즉석에서 사회를 봤거나 구호를 외쳤거나 반정부 노래를 불렀다는 이유로 징역형에 처해진 학생도 있었다.[7]

이를 학생운동사에서는 '서울대학교 26동 사건', '서울대학교 사회학과 심포지엄 사건', '10·7사건'이라고 부른다. 이 사건은 내 개인사에도 큰 트라우마로 남았다. 학술적 관심을 갖고 강당에 들어왔다가 어이없는 상황에 분개해 구호를 외치고 민중가요를 불렀다는 이유로 끌려가 제적당하고 구속된 이름 모를 동료 학생이 여럿이었으니 나를 비롯해 발표자들은 내내 죄책감에 시달려야 했다. 20일간 휴교령이 내려졌고 나는 긴 시간을 술과 한숨으로 지새워야 했다.

다시, 학문에 대한 열정으로

하지만 그 고통을 삼키면서 나는 더 단단해졌다. 언더 학회로 불리던 대학 내 독서토론 동아리 '경제사학회'의 회장을 맡아 후배 교육과 조직화에 뛰어들었다. 당시 언더 학회들은 반유신 학생운동의 거점 역할을 했다. 인천 지역 청년 토론 모임을 만들어 운영했고 전국 기독 학생운동

---

[7] 구속된 학생은 8명이었다. 사회학과에서 심상완(후일 창원대 교수), 박흥렬, 최상일, 경제학과의 강천(부산외대 교수), 김용관(성균관대 교수), 박관석(목포대 교수), 독문과 전경재(한양대 교수), 철학과 홍윤기(동국대 교수) 등이 그들이다. 8명 중 6명이 학자의 길을 걸어 후일 대학 교수로 재직했으며, 최상일은 MBC PD로 재직하면서 〈우리의 소리를 찾아서〉 프로그램을 연출했고 정년퇴직한 뒤에는 서울우리소리박물관 초대 관장으로 일했다. 박흥렬은 관악민주포럼 운영위원, 신용회복구조대 사업단장으로 일하다 일찍 세상을 떠났다.

지도자였던 김성수 선배와 강우경 선배를 만나 잠시 기독 학생운동에도 참여했다. 민청학련사건으로 고생한 백영서 선배[8]의 소개로 국제앰네스티 활동도 시작했다. 1978~1979년, 나의 3~4학년 대학 생활은 온통 반독재, 반유신 운동에 바쳐졌다. 폭압적인 유신정권하에서 감옥에 끌려가지 않은 것만도 기적 같은 일이었다.[9]

졸업 직전에는 10·26 박정희 시해 사건과 12·12쿠데타가, 졸업 후에는 광주민주항쟁과 전두환 5공화국 출범이 이어지면서 한치 앞도 내다볼 수 없는 야만의 역사가 계속됐다. 당시는 광주의 실상을 아는 이도 많지 않았다. 신군부의 나팔수였던 언론은 광주항쟁을 간첩들의 암약과 선동에 의한 폭동이라고 보도했다. 진실은 점조직 형태로 전달되고 있을 뿐이었고 나는 그 진실을 비교적 일찍 접할 수 있었다. 광주로 들어가야겠다고 생각했지만 광주는 이미 봉쇄된 뒤였다.

그 뒤 수개월, 나의 일상은 철저히 부서졌다. 악몽의 연속이었다. 못 먹는 술로 화병을 달랬다. 그리고 그해 가을, 나는 직장 생활을 시작하기

---

[8] 서울대학교 동양사학과 72학번 백영서 선배는 1974년 민청학련사건으로 옥고를 치른 뒤(2013년 대법원에서 무죄), 출판편집인과 학자의 길을 걸었다. 2006년부터 『창작과비평』 편집주간으로 일했고, 한림대학교를 거쳐 연세대학교 사학과, 중국 근현대사 전공 교수로 정년퇴직했다. 열정적인 학자로 동아시아론과 사회인문학 분야에서 독보적인 저작을 남겼다. 제물포고등학교 4년 선배기도 한 그는 나의 학부 학생 시절부터 시국 상황으로 힘들어하던 내게 큰 위로와 기댈 언덕이 되어 주었다.

[9] 이때 의지했던 한 분을 더 소개할까 한다. 흰 고무신의 시인, 항상 낮은 곳에서 억압받는 이들과 함께한 사랑의 성직자, 호인수 신부님이었다. 천주교 신자도 아닌 나를 비롯해 반유신 운동으로 하루하루가 힘겨웠던 청년, 대학생들을 따뜻하게 안아 주었으며 위로해 주었다. 감시 속에 긴장과 분노에 휘청이며 찾아갈 때면, 늘 따뜻하게 맞아 주고 함께 울어 주며 잠잘 곳까지 내준, 나의 청년기 삶을 지탱해 준 안식처요 피난처였다.

로 했다. 이러다 폐인이 되고 말겠다는 생각이 불현듯 들어서였다. 학자의 길은 일찌감치 포기했고, 잠시 고민했던 기자직도 당시 철저하게 무너져 내린 언론을 보면서 역시 포기한 상태였다. 나는 힘들어하던 부모님의 짐을 조금이라도 덜어 드리면서 나의 삶과 진로를 새롭게 모색해 보기로 했다.

그러는 사이 대학은 빠르게 변해 갔다. 유신체제의 붕괴와 5·18광주민주화운동의 결과였다. 진보적인 사회(과)학 이론이 쏟아져 들어왔다. 불의한 현실을 분석하는 글과 대안적인 사회구조를 소개하는 책이 사회과학자뿐만 아니라 민주화를 갈망하는 일반인 사이에서도 널리 읽히기 시작했다. 내려놓았던 학문에 대한 열정이 꿈틀대기 시작했다.

직장 생활을 시작하고 1년 반 정도 지난 1982년 봄이었다. 12월에 있을 대학원 시험에 도전하기로 마음먹었다. 직장에서 퇴근한 뒤에도 밤잠을 물리쳐 가며 공부했다. 경쟁률이 꽤 됐지만 다행히 합격했다. 직장 상사였던 백기범 부장과 박우정 과장, 김건 과장과 서상섭 과장, 홍정기 대리의 도움이 컸다.[10] 그들은 내가 대학원 공부를 시작할 수 있도록 최대한 편의를 봐주었다. 대학원 입학 후 첫 1년은 직장 생활도 병행할 수

---

[10] 백기범 부장은 『조선일보』 기자로 일하다 1974년 12월 해직된, '조선자유언론수호투쟁위원회'의 주역이었다. 그 뒤 『문화일보』 편집국장, 『한국경제신문』 논설위원, 『시민의 신문』 주필 등을 지냈다. 박우정 과장은 『경향신문』 기자로 자유언론실천운동을 주도하다 1980년 계엄포고령 위반으로 구속, 수감, 강제 해직된 기자였다. 그 뒤 『한겨레』 창간 준비에 참여해 편집국장과 논설주간을 거쳐 민주언론시민연합 이사장을 역임했다. 서상섭 과장은 학생운동에 헌신했던 사회학과 선배로 그 후 16대 국회의원(2000. 6.~2004. 5., 인천 중구·동구·옹진군, 한나라당)을 역임하고 장준하기념사업회 상임운영위원장으로 일했다.

있게 해 주었다. 몸은 비록 고단했지만 공부는 즐거웠다. 1985년 2월에 석사를 마치고 1987년에는 박사과정을 수료했다.

학생이 희망이다

1988년 3월, 대구대학교 사회학과 교수로 부임한 뒤 나의 일과는 책 읽고 가르치고 글 쓰는 일로 채워졌다. 박사 논문을 마무리하는 일에도 많은 시간을 들였다. 서울에서 발간되는 여러 시사 잡지에 기고하는 일도 종종 있었다. 『사회평론 길』, 『월간 말』, 『사회평론』 등, 당시 널리 읽혔던 진보 저널들이었다. 나의 글을 보고 인사를 건네는 교수도 종종 있었다.

지인이라고는 전혀 없는 객지에 아내와 단둘이 던져졌으니 만날 사람도 없었다. 사회학과 교수회의에만 참석할 뿐 사회과학대학 교수들과의 식사 자리도 가급적 피했다. 교수 문화가 나의 기대와는 많이 달랐기 때문이다. 시대의 아픔에 둔감한 교수 사회로부터 나 자신을 스스로 고립시켰다. 그보다는 강의 준비하고 학생들과 만나는 시간이 즐거웠다. 당시 사회학계에서 뜨겁게 토론되던 주제들을 소개하며 학생들의 지적 갈증과 실천적 길 찾기에 답하기 위해 최선을 다했다.

사회학과 학생들도 기대 이상으로 나를 반겨 줬다. 나중에 알게 된 일이지만 사연이 있었다. 교수로 부임하기 전 해인 1987년, 사회학과 학생들이 학과 교수의 퇴진을 요구하며 총장실을 점거 농성한 일이 있었다고 했다. 당시 서점을 휩쓸던 새 이론들에는 무관심한 채 한국 사회를 분석하는 데 별 효용 없는 낡은 이론만 가르치기 때문이라고 했다. 학생들은 급기야 소장 사회학자를 충원해 줄 것을 총장에게 요구했다. 한술 더 떠 대구권 대학에서 공부한 사회학자는 안 된다고 강력하게 요구했다고 했다. 내가 아무런 연고 없이 대구대학교 사회학과 교수로 채용된 데는 그런 사정이 있었다. 학생들이 내게 거는 기대가 컸던 것도 어쩌면 당연한 일이었다.

그 사실을 알고 나서는 학생들의 지적 갈증을 덜어 주기 위해 더 노력했다. 그럴수록 몇몇 교수들은 나를 불편해하기도 했다. 학생들과 허물없이 토론하며 지내는 나를 노골적으로 경계하는 교수도 있었다. 대학신문사의 학생 기자에게 청탁받아 제출한 원고를 주간 교수가 팽개쳤다는 이야기도 들었다. 이겨 낼 수 있었던 것은 오로지 학생들이 내게 보내 준 애정과 신뢰 덕분이었다.

아무리 보수적인 대구라 해도 학생들은 진취적이었다. 지연과 학연이 강하게 작동하는 배타적인 도시라고 소문났지만, 학생들은 개방적이고 정의로웠다. 다른 지역의 학생들과도 전혀 다르지 않았다. 비단 사회학과 학생들만이 아니었다. 총학생회 임원들, 대학신문사와 문예지(『영광문화』)의 학생 기자들, 동아리 활동하는 학생들도 내 연구실을 찾곤 했다. 내 강의실에는 타 전공 학생들도 적지 않았다. 학점이 박하기로 소문났지만 아랑곳하지 않고 찾아온 학생들이었다. 작게는 대학 민주주의와 학생 권익의 문제, 크게는 권위주의 정치체제와 불의한 사회경제구조, 더 크게는 한반도 분단 체제와 불평등한 국제 질서 등을 주제로 진지하게 토론했다. 물론 학업 상담, 인생 상담, 진로 상담을 원해 찾아오는 학생들도 있었다.

연구실과 강의실에서만이 아니었다. 캠퍼스 벤치와 잔디밭에서, 때로는 학교 앞 막걸릿집에서도 학생들과 둘러앉아 토론과 상담을 이어 갔다. 지금도 연락하며 세상 이야기를 나누는 그때 제자들이 여럿 있다. 수년 뒤 해직됐을 때 누구보다 분개하며 팔을 걷어붙였고, 먼 훗날 총장에 당선됐을 때에는 누구보다 기뻐해 줬던 제자들이다. 총장에 취임한 후, 재단 정상화 과정에서의 사건으로 검찰 조사를 받고 재판받을 때도 누구보다 나를 신뢰하며 재판부에 탄원해 준 제자들이기도 하다.

시민사회 운동에 투신한 제자도 여럿 있다. 나와의 만남으로 삶의 방향과 진로를 결정하게 됐다며 인사하는 제자도 있다. 어디서 무엇을 하든 민주 시민으로 열심히 살아가는 제자를 만나는 것이 내게는 가장 큰 기쁨이고 보람이다.

나는 학생들이 우리 사회의 희망이라고 확신했다. 왜 청년이 희망인지, 청년의 의식이 왜 깨어 있어야 하는지 힘주어 얘기했다. 불의와 타협하지 않고 사랑과 정의를 실천하는 청년이어야 한다고 강조했다. 설령 힘들고 고통스럽더라도 바른 길을 가야 한다고 가르쳤다. 지금도 나는 청년이 바로 서야 나라가 바로 선다고 굳게 믿고 있다.

제1부

대구대학교 민주화 17기

1.
대구대학교 민주화, 나를 걸다

1993년의 대구대학교

연구와 강의에 전념하던 나에게 운명을 가르는 사건이 찾아왔다. 1993년 2월이었다. 박사 학위를 따고 한숨 돌리던 무렵이었다. 서른일곱 살의 젊은 나이였지만 체력이 고갈됐다고 느낄 정도로 몸도 정신도 지쳐 있었다. 잠시 휴식하고 박사 논문을 다듬어 단행본으로 출판해야겠다고 구상하고 있었다. 대구 생활의 외로움과 어린 아들 양육에 힘들어하던 아내에게 뭔가 보답해야겠다고 생각하던 때이기도 했다.

하지만 대학 상황은 녹록지 않았다. 전운이 감도는 어수선한 분위기였다. 가장 큰 이슈는 이태영 총장의 장기 부재 상황이었다. 교수로 부임하던 1988년, 그는 불치병으로 고생하고 있었다. 그해 1월, 교수 초빙 면접 때 볼 수 없었던 것도 그 때문이었다. 3월 초, 김인환 교무처장이 신임 교수들을 인솔해 총장실을 방문했을 때도 그는 말을 하지 못했다. 혼자 높은 의자에 앉아 있었고 교수들은 서서 인사만 하고 나와야 했다. 그 정도로 병이 깊었던 것이다. 이태영 총장을 직접 본 것도 그것이 처음이자 마지막이었다. 그해 10월, 그는 병 치료를 위해 미국에 갔고 총장직을 유지한 채 1993년 초까지 귀국하지 않고 있었다.

한편 1993년은 김영삼 대통령의 취임 첫해였다. 보수 여당 후보로 당선됐지만 취임 첫해에는 개혁 열기가 상당했다. 청와대 안가 철거, 고위 공직자 재산 공개, 부패 공직자 숙청, 금융실명제 시행, 군부 내 하나회 숙청 등으로 지지도가 90%를 넘기기도 했다.

오래 억눌렸던 시민사회도 빠르게 살아나고 있었다. 민주화의 진전과 함께 대학가에는 학원 자주화가 핫이슈로 급부상했다. 국립대학에서는 총장직선제가 정착되고 있었고 몇몇 사립대학에서는 비리 재단 퇴진과 총장직선제 쟁취 운동이 거세게 일어났다. 광주의 조선대학교와 대구의 영남대학교가 첫발을 내디뎠다. 두 대학은 1987년과 1988년에 재단을 퇴진시키고 총장을 직선으로 뽑기 시작했다. 당시 조선대학교는 박철웅이 총장이면서 재단을 장악하고 있었고 영남대학교 재단은 박근혜가 이사장을 맡고 있었다. 조선대학교에서는 신·편입생의 부정 입학과 총장의 전횡으로, 영남대학교에서는 부정 입학과 회계 부정 등으로 교수와 학생의 거센 시위가 이어졌으며 결국 이사진이 퇴진했다. 교육부가 파

교수협의회 초대 집행부 (1988)

직위	성명	소속	비고
의장	권재선	국어국문학과	1989. 초대 직선총장 출마. 선거 무산
부의장	김병하	특수교육과	2005. 총장선거 출마
	김연기	행정학과	
총무간사	정호완	국어교육과	
	김문봉	일어일문학과	1993. 교수협의회 부의장. 민주화 1기 중심

견한 임시이사 체제에서 교수와 직원이 총장을 선출하기 시작했다.

1987년 7월에는 진보 성향 교수의 전국 조직인 민주화를위한전국교수협의회도 결성됐다. 이러한 대학 민주화운동의 불길은 대구대학교로도 옮겨붙었다. 1988년 2월 13일에는 직원노동조합이 결성되었고 4월 13일에는 교수협의회가 창립되었다. 교수협의회 초대 의장은 권재선 교수가 맡았다. 교수와 직원의 조직이 내가 교수로 부임한 1988년 3월을 전후해 출범한 것이다. 모두 1987년 6월항쟁의 성과물이었다.

1988년 10월, 이태영 총장이 질병 치료를 위해 도미한 뒤 1990년 2월까지는 원영조 기획실장이, 이어서 1993년 4월 7일까지는 이상춘 부총장이 총장 대행을 맡았다. 하지만 교수들과 직원들은 이 총장의 부인인 고은애 여사가 중요한 결정을 대신하고 있는 것으로 이해했다. 고 여사는 이 총장과 함께 재단(학교법인 영광학원) 이사였다. 이태영 총장의 부재가 길어지고 실질적인 결정권자였던 고 여사와의 면담조차 성사되지 않는 상황이 이어지면서 교수들이 술렁이기 시작했다.

부재중인 이태영 총장의 임기는 1990년 2월까지였다. 1982년 3월에 종합대학교로 승격되면서 초대 총장에 취임한 뒤 1990년 2월에 두 번째 임기를 마칠 예정이었다. 도미한 뒤인 1989년 2월과 8월 졸업식은 총장 없이 치러졌다. 1989년 3월 입학식도 그랬다. 그러니 학생들도 술렁이긴 마찬가지였다. 매 학기 대학 본부를 규탄하는 학생시위가 끊이지 않았다.

서둘러 총장선거를 준비해야 한다는 주장이 교수들 사이에서 힘을 얻고 있었다. 이태영 총장의 임기가 끝나는 1990년 3월부터는 직선총장이 취임하도록 해야 한다는 주장이었다. 총장의 장기 부재 사태를 해소하지 않고는 대학 운영의 파행을 막을 수 없다는 위기감도 작용했다.

1989년, 교수협의회는 교수들의 뜻을 모아 총장선거를 준비했다. 교수협의회 의장은 사범대학 이해두 교수였고 교수협의회가 구성한 총장선출위원회 위원장은 인문대학 김형태 교수가 맡았다. 10월 11일의 임시총회에서 '대구대학교 총장 선출 규정'과 '선거관리위원회 규정'을 심의 의결하고 총장선거일은 11월 29일로 정했다.

하지만 고은애 여사와 재단은 교수들의 총장직선제 요구를 받아들이지 않았다. 긴장과 불안이 감돌던 11월 5일, 이태영 총장 명의의 편지 한 통이 교수들에게 배달됐다. 요지를 간추리면 이랬다.

병세가 크게 호전되고 있습니다. 곧 학교에 복귀할 것이니 한 차례 더 총장으로 일할 수 있도록 교수들의 이해를 구합니다. 다음 총장은 구성원의 의견을 수렴해 선임하겠습니다.

교수들의 반응은 갈렸다. 선거 강행을 주장한 교수들이 있었지만, 대학 발전을 위해 고생하다 쓰러진 이태영 총장의 호소를 외면할 수 없다는 교수들도 있었다. 교수협의회는 예정대로 11월 29일에 총장선거를 실시했다. 총장선출위원회의 긴 논의를 거쳐 권재선 교수를 교수협의회의 총장 후보로 결정하고 전체 교수 투표에 붙인 것이다. 그러나 결과는 무산이었다. 266명의 유권자 가운데 투표 참여 교수는 128명, 정족수에서 6표가 부족했다. 재단 측 방해도 있었지만 이 총장의 무게를 넘어설 만큼 교수들의 대학 민주화 의지가 굳건하지 못해서이기도 했다. 이 총장은 1990년 3월, 1년 반의 부재중에 다시 임기 4년의 3대 총장으로 취임했다.

이태영 총장, 생사 불명(不明)

하지만 이태영 총장의 병세는 그 후에도 호전되지 않았고 총장 부재 사태는 대책 없이 이어졌다. 대학은 한 해 한 해 어려워졌고 그렇게 3년이 흘렀다. 그런데 지금도 이해할 수 없는 일이 있다. 7년 동안 LA의 어느 병원엔가 누워 있었을 이 총장을 만난 이가 없다는 사실이다. 교수협의회 대표는 물론이고 평생 그와 함께 학교를 일궈 온 개교 공신 교수들에게도 병문안이 허용되지 않았기 때문이다. 심지어 형제와 자녀까지도 그를 만날 수 없었다. 철저하게 차단된 것이다.

이태영 총장이 과연 생존해 있는 것인지 논란이 인 것은 당연했다. 이 총장의 부재 기간 내내 교수협의회는 전체 교수회의에서 같은 결의를 반복해야 했다. '고은애 여사와 대학 본부는 교수들이 이 총장의 생사를 확인할 수 있게 하라'는 것이었다. '어딘가에 생존해 있다면 육성이라도 녹음해서 전체 교수가 함께 들을 수 있도록 보내 달라. 아니면 병상에 누운 모습이라도 사진을 찍어 보내 달라'고 했다. 어이없는 상황이고 황당한 요구가 아닐 수 없었다.

학생들은 더했다. 입학식과 졸업식에도 총장이 나타나지 않는 상황이 5년 넘게 이어졌으니 당연했다. 전국적으로 학원자주화투쟁이 격렬한 때였으니 학생들이 그대로 지나칠 리도 없었다. 총학생회는 매년 대형 포스터를 인쇄해 대구 중심가 곳곳에 붙였다. '이태영 총장님을 찾습니다.' 포스터 제목이었다.

이 총장의 생사 문제는 지역사회 이슈로까지 커졌다. 지역 언론들이 나섰다. 『영남일보』는 1993년 5월 11일부터 사흘 동안 "이태영 총장 미스터리"라는 제목의 취재 기사를 3회 시리즈로 실었다.[11] 대구MBC도 같은 주제를 다뤘다. 하지만 두 언론사 모두 이 총장의 생사와 소재를 확인

---

11 3회 시리즈의 첫 번째 기사는 "잠적 6년째 … 생사 여부 '설' 난무"라는 제목으로, 두 번째 기사는 "부인이 유일한 소식통"이라는 제목과 "재단 업무 대리 처리 … 출국한 흔적 없어", "교수협, '사직서 자필 아니다' 의혹 제기"라는 소제목으로, 그리고 세 번째 기사는 "생존, 의사표현 불능 … 설만 난무"라는 제목과 "건강 상태 진실 밝히고 해결책 찾아야"라는 소제목을 붙여 보도했다.

하는 데 실패했다. 문명사회에서 있을 수 없는 일이 버젓이 벌어지고 있었던 것이다.[12] 대학은 혼돈과 분규의 늪으로 빠져들었다.

어느덧 이 총장의 세 번째 임기를 1년 남짓 남겨둔 1993년 2월이었다. 이번에는 반드시 총장선거를 성사시켜야 한다는 여론이 다시 확산되고 있었다. 하지만 재단은 이번에도 총장선거를 허용하지 않겠다는 입장이었다. 1989년에 이 총장이 보낸 서한에서 한 약속을 기억하는 교수들의 불만은 커져만 갔다.

선배 교수 몇이 나를 찾았다. 새해 교수협의회 의장으로 선출된 김형태 교수 외에 김문봉, 홍승용 교수 등이었다. 교수협의회 집행부를 구성하는 중인데 총무간사를 맡아 달라고 했다. 나는 고사했다. 교수로 부임한 지 5년밖에 안 된 데다 교수들을 잘 모른다고 했다. 실제로 80여 개 학과의 300여 교수들과는 거의 교류하지 않은 채 지냈기 때문이다. 교수협의회 일은 내게 적절하지 않다고 생각한다며 양해를 구했다.

선배 교수들은 쉽게 물러서지 않았다. 이유는 두 가지였다. 하나는 1993년이 대구대학교로서는 매우 중요한 해라는 것이다. 총장선거를 성사시켜 대학 정상화의 계기를 만들어야 하는데 그 과정에서 재단과의 갈등이 불가피할 것이라고 했다. 투철한 대학 민주화 의지를 가진 교수가 필요하다고 했다. 다른 하나는, 경력이 오래된 중견 교수와 함께 2인 총무간사 체제로 운영하겠다고 했다. 함께 멋진 민주 대학을 만들어 보

---

[12] 이태영 총장은 대학 땅을 다시 밟지 못한 채 1995년 11월 30일, LA에서 눈을 감았다. 1988년 10월에 도미한 후 7년 만에 시신이 되어 귀국했고 대학 본관 옆에 안장되었다.

자며 설득해 왔다.

　나는 고민에 빠졌다. 몸과 정신이 지쳐 휴식하고 싶었고 가족과 시간을 보내고 싶은 마음도 간절했다. 그러나 결국은 수락했다. 총장의 장기 부재로 야기된 비교육적 상황과 혼란을 팔짱 끼고 구경만 하는 것은 지성인의 도리가 아니라고 생각했다. 대학 설립자 이영식 목사의 건학 정신이 망가지고 대학 파행이 깊어지는 것을 보고만 있는 것도 비겁한 일이라고 생각했다. 나의 삶을 송두리째 바꿔 놓게 된 '운명'의 첫발은 그렇게 내디뎌졌다.

교수협의회와 함께 미지의 운명 속으로

　1993년도 교수협의회는 김형태 영어영문학과 교수가 의장을, 김문봉 일어일문학과 교수와 이용두 정보통신공학과 교수가 부의장을 맡았다. 집행부 구성이 완료된 뒤 3월 15일, 첫 상견례를 했다. 함께 대학의 정상화와 발전을 위해 힘을 모으기로 의기투합했다.

　1993년 교수협의회는 사실상 비상 상황에서 출범한 셈이었다. 개강 직후인 3월 11일, 총학생회는 총장의 장기 부재를 규탄하고 재단 비리 척결을 요구하는 탄원서를 청와대와 교육부에 제출했다. 개강 직후였음에도 학생 5,064명의 서명지가 첨부되었다. 교수협의회는 1994년 2월에 임기가 끝나는 이태영 총장의 후임을 1993년 11월에 교수 직선으로 선

1993년 교수협의회 집행부 (1993.3.~1994.2.)

직책	성명	학과	비고 1	비고 2
의장	김형태	영어영문학과	1993.8.10. 의장 사임 1993.9.1. 교수직 징계 해임 1993.12.26. 교육부 징계재심위원회, 정직 1월로 조정	1997. 교수협의회 의장
	박성배	물리학과	1993.8. 취임	
부의장	김문봉	일어일문학과	농성 관련 업무집행방해혐의로 기소유예	
	이용두	전자공학과	농성 관련 업무집행방해혐의로 기소유예	제9대 총장 (2005.11.~2009.10.)
총무간사	전영평	자치행정학과	농성 관련 업무집행방해혐의로 기소유예	
	홍덕률	사회학과	1993.8.31. 재임용 탈락, 해직 1994.9.1. 소급 복직	1999. 교수협의회 부의장 제10대, 11대 총장 (2009.11.~2013.10.) (2014.7.~2018.3.)
재무간사	박성복	지역사회개발학과		제10대 총장선거 출마 (2009.9.)
대외협력간사	윤덕홍	일반사회교육과	1995.5. 총장선거 당선 1995.12. 교수직 징계 해임 뒤 행정소송 거쳐 복직	제7대 총장 (2000.2.~2003.2.) 교육부 장관 (2003.3.~2003.12.)
	최병두	지리교육과		2006. 교수회 의장
	권태호	산림자원학과		
	유병제	생물학과	1993.8.에 추가 임명	
편집간사	홍승용	독어독문학과		
	안정근	지역사회개발학과	1993.8.에 추가 임명	
	서경석	국어국문학과		
감사	김신환	정보통신공학과	교육부 감사 후 감봉 3월 1993.12.26. 교육부 징계재심위원회, 견책으로 조정	
	류장발	산림자원학과		

출하기로 의결했다.

하지만 대학 본부와 재단은 꿈쩍도 하지 않았다. 교수협의회의 요구에 대해서는 철저하게 외면과 무시로 일관했다. 실은 예상한 일이었다. 대학신문도 개강 직후부터 정간 사태에 빠졌다. 교수를 대상으로 한 설문조사 결과를 보도해야 한다는 학생 기자의 요구가 묵살되면서 정간은 장기화되었다.

학생들의 문제 제기 수위도 높아졌다. 이영윤 총학생회장과 박인수 총동아리연합회 회장은 재단 비리 척결을 주장하며 4월 1일, 단식에 들어갔다. 특히 총학생회의 이영윤 회장과 김해환 부회장의 출중한 리더십은 각 단과대학 학생회와 총대의원회, 총동아리연합회 등 1만 5천 학생의 민주화 의지를 모아 내는 데 결정적인 역할을 했다. 1993년은 대학 역사상 학생 역량이 가장 강력하게 결집되고 표출된 해이자 가장 의미 있는 성과를 거둔 해로 기록될 것이다.

나는 교수협의회와 총학생회 사이의 소통과 연대를 위한 고리의 역할을 감당했다. 상호 간에 정보를 공유하면서 대학 전체의 민주화 역량을 최고 수준으로 끌어올리기 위한 효과적인 방안을 모색하는 일에 주력했다. 이영윤 회장과 김해환 부회장을 비롯해 당시 총학생회 임원 중에는 지금도 소식을 주고받으며 사회의 민주화를 위한 시민의 역할과 책임을 주제로 대화를 나누는 제자들이 여럿 있다. 참 고맙고 자랑스러운 제자들이다.

1993년 총학생회 임원 명단 (1993.3.~1994.2.)

직책	성명	단과대학, 학과
회장	이영윤	사회과학대학 사회학과
부회장	김해환	농과대학 축산학과
사무국장	안종희	사회과학대학 사회학과
사무부장	구완모	사회과학대학 산업복지학과
사무부장	황명수	행정대학 행정학과
문화국장	이정은	사회과학대학 사회학과
문화부장	박은주	사회과학대학 사회학과
문화부장	조채희	사범대학 유아교육과
교육국장	황보정	농과대학 조경학과
조사통계부장	정세용	공과대학 생물공학과
선전국장	이성희	경상대학 경제학과
정책국장	김영숙	사범대학 특수교육과
대명동 캠퍼스 위원장	김외환	야간강좌 행정학과
학생복지위원장	김종우	공과대학 전자계산학과
여학생위원장	황순희	사회과학대학 지역사회개발학과
여학생위원회 총무	김미숙	인문대학 불어불문학과

불통의 재단, 교수·학생의 분노에 기름 붓다

상황이 심각해지면서 교육부의 입장도 난처해졌다. 4년 반의 총장 부재와 그로 인한 학내 분규를 방치한 책임이 컸기 때문이다. 1993년 3월 개강을 앞두고 교수협의회와 학생회의 움직임이 심상치 않다고 판단한 교육부는 2월 2일, 재단 이사장 앞으로 '학교법인 운영 철저'라는 제목의 공문을 보냈다. '1992학년도 학위수여일 이전까지 학교의 장을 선임'하라고 지시하는 내용이었다. 그러나 재단은 3월 18일자 회신 공문에서 '이태영 총장의 건강이 호전되고 있으며 총장의 근무 또는 선임은 1학기 말까지 처리할 계획'이라고 했다.

재단 이사회의 그러한 상황 인식은 교육부가 보기에도 답답했다. 이틀 뒤인 3월 20일자 공문을 통해, 교육부는 '장기 휴직 중인 이태영 총장을 해임하고 그 결과를 1993년 4월 10일까지 보고'할 것을 다시 이사장에게 지시했다. 분규가 악화되는 것을 막기 위한 교육부의 최후통첩이었다.

재단도 더 이상 상황을 외면할 수만은 없게 됐다. 이태영 총장의 부인이면서 재단 이사인 고은애 여사가 미국에서 급히 귀국했다. 4월 5일이었다. 그는 누구도 이 총장을 만나지 못하게 하면서 재단과 대학의 경영권을 막후에서 행사한 실권자였다. 이사장은 이 총장의 친구인 황종동 계명대학교 교수였다. 4월 7일, 긴급이사회가 열렸고 고은애 여사는 이 총장의 사직서를 제출했다. 그리고 후임 총장으로 신상준 교수, 부총장은 최대식 교수를 임명한다고 했다. 그것도 이 총장의 뜻이라고 했다.

신상준 교수는 4월 8일, 제4대 총장으로 취임했다. 일사천리였다. 이태영 총장의 사직과 신상준 총장 기습 임명은 교수협의회가 계획하고 있던 총장선거를 또다시 무산시키기 위해 선수를 친 것으로 해석되었다. 꼼수 대응으로 읽었다. 상식과 대화로 문제를 풀고자 했던 교수와 학생을 자극한 꼴이 되었다. 이 총장 사직서가 자필이 아닌 것도 의혹을 키웠다. 교수와 학생들은 재단과 고은애 여사의 불통과 전횡, 독선에 분개했다.

신상준 총장의 취임 당일, 노천강당에서 열린 총학생회 정기총회에는 3천 명의 학생이 운집했다. 재단 비리를 규탄하는 함성이 터져 나왔다. 이튿날인 4월 9일, 교수협의회와 총학생회는 각각 '재단의 총장 임명 조치를 거부한다'는 내용의 성명서를 발표했다. 4월 10일, 신 총장의 취임식은 학생들의 항의로 무산됐다. 4월 17일 취임식을 다시 계획했지만 역시 무산되었다. 각 단과대학 교수들의 성명서 발표도 잇따랐다. 일부 단과대학에서는 보직 사퇴, 보직 거부, 농성 등의 강력 대응이 이어졌다. 단과대학 학생회들도 규탄 성명 발표와 항의 농성을 이어 갔고 대명동 캠퍼스의 사범대학과 재활과학대학 학생회는 이틀간 수업 거부를 결의했다.

4월 15일, 총학생회는 노천강당에서 궐기대회를 열었다. '직선 민주 총장 옹립을 위한 교수 전면 대응 촉구와 감사원 감사 촉구를 위한 학생 결의 대회'였다. 약 4천여 명의 학생들이 운집했다. 대명동 캠퍼스의 두

직선 민주 총장 옹립을 위한 교수 전면 대응 촉구와 감사원 감사 촉구를 위한 학생 결의대회.
4천여 명의 학생들이 운집했다(1993.4. 노천강당).

단과대학 학생도 별도로 대규모 집회를 열었다. 집회를 마친 학생들은 재단 사무실을 점거하고 농성에 들어갔다. 학생들의 재단 규탄 열기가 걷잡을 수 없이 격해졌다. 심지어 1주일 수업 거부가 결의되기도 했다. 삭발하거나 단식하는 학생도 나오기 시작했다. 교수협의회로서도 감당하기 어려울 정도였다. 단식만은 거둬 달라고 호소했지만 학생들은 물러서지 않았다. 학교 밖 시민들에게 대학의 상황을 알리는 행사도 이어졌다. 누구도 거스를 수 없을 듯한 기세였다. 마치 들불 같았다.

교수협의회의 강경 대응

교수협의회는 4월 21일, 비상 교수총회를 소집했다. 교수들의 중지를 모아 교수협의회의 대응 방안을 결정하기 위해서였다. 대부분의 교수가 참석했고 중요한 결의를 끌어냈다. 요약하면 다음과 같다.

① 재단의 총장 임명을 거부한다.
② 1학기 중에 총장선거를 추진한다. 재단이 거부하면 재단퇴진운동에 나선다.
③ 재단임명 총장이 주재하는 회의에 불참한다.
④ 대학 민주화를 위한 모든 권한을 교수협의회 집행부에 일임한다.

재단과 재단의 기습 임명 총장에 대한 교수들의 불신과 불만이 얼마나 컸는지 보여 주기에 충분했다. 결의 후 교수들은 교내 침묵시위 행진을 벌였으며 교수협의회 집행부는 무기한 농성에 돌입했다. 위 결의는 이후 교수협의회 활동의 원칙이자 준거가 되었다.

교수들로부터 강력한 권한을 위임받은 교수협의회 집행부는 신속하게 움직였다. 애초에 11월로 예정됐던 총장선거를 1학기 중에 실시하기로 한 것이 당장의 큰 숙제였다. 논의와 검토 끝에 여름방학이 시작되기 전인 5월 26일로 정했다. 4월 23일에 '총장선출 특별위원회'를 출범시켰고 4년 전의 선거 무산을 반복하지 않기 위해 최선을 다했다.

교수협의회는 또 '속보'를 발행하기로 했다. 교수들 사이에 정보를 공유하고 의견을 모으는 일이 중요했기 때문이다. 인터넷이나 SNS가 등장하기 전이었으니 속보를 제작해 신속 배포하는 것이 최선의 방책이었다. 그 일은 총무간사였던 나의 일이 되었다. 제호는 '교수협의회 속보'로 했고 첫 호는 4월 26일에 발행했다. 일주일에 최소한 두 차례씩 제작했다. 교수협의회의 힘은 교수들의 참여와 지지에서 나오는 만큼 교수협의회의 대의를 교수들에게 알리고 그를 중심으로 교수들의 지지를 모아 내는 데 역점을 뒀다.

'교수협의회 속보'에 실리는 글은 내게도 익숙하지 않은 글이었다. 신문 기사체거나 성명서체가 대부분이었다. 처음엔 꽤 어색했다. 교수가 학술논문이 아닌 글을 쓰는 것은 흔한 일이 아니기 때문이다. 글의 품위도 잃지 않아야 했다. 교수들의 취향과 글쓰기 방식이 전공별로 워낙 다르고 까다로웠기에 더더욱 쉽지 않았다. 사실 부담스러운 역할이었다.

열심히 취재하고 기사 쓰고 한글 프로그램으로 편집했다. 프린트하고 복사해서 단과대학 행정실과 교직원 식당 등에 배포하는 것까지가 나의 일이었다. 바쁘게 복사할 때는 복사가게 사장이, 배달 과정에서는 학생들이 즐겁게 도와주었다. 신문 배달부처럼 직접 뛴 날도 많았다. 법과대학의 김천수 교수는 자신이 쓰던 자전거를 내주기도 했다.

다행히 교수들이 '교수협의회 속보'를 좋아했다. 속보를 읽는 즐거움에 출근한다며 덕담을 건네는 교수들도 적지 않았다. '홍주필'은 그때 얻은 나의 별명이었다. 대학원에 진학하기 전, 기자를 할까 고민한 적이 있던 나였기에 '홍주필'이란 별명이 그리 나쁘진 않았다.

갑자기 눈코 뜰 새 없이 바빠졌다. 박사 논문을 단행본으로 출간하겠다는 계획도 포기했다. 아내와 네 살 아들과 함께 시간을 보내겠다던 소박한 바람도 덮어 두었다. 지난 5년간 연구실과 강의실에서 즐거웠던 나의 일상은 그렇게 대구대학교와 함께 격랑 속으로 빠져들었다.

총장선거, 드디어 성사되다

교수협의회는 교수들의 의견을 수렴하면서 상황에 대응해 갔다. 우선 대학 분규의 상식적·평화적 해결을 위해 고은애 이사와 황종동 이사장에게 대화에 나서 줄 것을 촉구했다. 하지만 그들에겐 쇠귀에 경 읽기였다. 교수들은 비상 교수총회의 결의에 따라 보직 사퇴를 이어 갔다. 농성 등의 고강도 대응을 주장하는 교수들도 있었다. 시위, 농성, 투쟁 등은 교수들에게 매우 낯선 것이지만 많은 교수가 팔을 걷어붙였다. 그만큼 분노했고 절실했던 것이다.

교수협의회 집행부는 대학 출입 기자들과의 간담회를 통해 대학 분규의 본질을 알리면서, 가두시위로 시민의 관심과 성원을 당부했다. 교육부와 청와대를 대상으로 사학 비리 척결과 대구대학교 정상화를 지원해 줄 것을 요청하기도 했다.

총장선거 준비에도 박차를 가했다. 무엇보다도 선거를 성사시키는 것이 일차 과제였다. 4년 전, 정족수 미달로 무산된 경험이 있기 때문이다. 원로 교수 두 분이 출마해 주었다. 국어교육과의 조기섭 교수와 독어독문학과의 박정옥 교수였다. 조기섭 교수는 당시 재단에 맞서겠다는 입장이었고 박정옥 교수는 재단과 가깝다고 알려진 교수였다. 두 교수 모두 나와는 일면식도 없던 원로 교수였다. 재단이 강경하게 총장선거를 반대하고 있어서 출마 교수가 없을까 봐 걱정했는데 다행이었다.

선거관리위원회 구성, 후보 소견 발표, 총학생회 주최 후보 초청 간담회 등을 착착 진행했다. 많은 교수가 투표에 참여하도록 홍보도 강화했다. 5월 26일, 드디어 총장선거가 실시됐고 모두 266명의 교수가 투표했다. 자연과학대학의 장천영 교수는 학생 졸업여행 인솔차 제주도에 체류하던 중, 투표일 아침 비행기로 날아와 투표에 참여했다. 그렇게 간절한 마음들이 모여 투표율은 80.4%에 달했다. 선거가 완벽하게 성립된 것이다.

교수들은 감격했다. 선거를 주관한 교수협의회 임원들도 감개무량했다. 대학 본부의 노골적인 반대와 협박을 이겨 낸 선거여서 더욱 그랬다. 예컨대 당시 재단임명 총장은 교수협의회 의장, 선거관리위원회 위원장 그리고 투표권을 가진 교수들 앞으로 서한을 보내 총장선거를 진행하지도 참여하지도 말라고 경고했다. 심지어 총장선거를 '자유민주주의에 도전하고 국법 질서를 파괴하는' 행위라고까지 했다. 유신정권과 전두환 정권 때 자주 듣던 말이었다.

급기야 투표소로 안내됐던 중앙도서관 지하 강당을 갑자기 사용 불허하기도 했다. 결국 자연과학대학장의 승인과 협조를 받아 자연과학대학 강당에서 투표를 진행했다. 70여 명의 학생들이 투표일 하루 전부터 투

제5대 총장선거 결과 (1993.5.26.)

성명	소속	득표수 (득표율)
조기섭	국어교육과	134 (53.8%)
박정옥	독어독문학과	115 (46.2%)
총 유효표		249 (100.0%)

총유권자: 331명, 투표율: 80.4%, 무효표: 17명

표장 강당을 밤새워 지켰다. 총장선거를 위해 강당 사용을 허락한 것도 실은 쉽지 않은 일이었다. 주인공은 나의 첫 총장 임기의 전반부 2년간 (2010.3.~2012.2.) 대학원장으로 일하면서 재단 정상화 등에도 적극적으로 역할을 해 준 양재섭 선배 교수였다.

선거가 완벽하게 성사된 것을 넘어 교수협의회 집행부가 내심 안도한 이유가 하나 더 있었다. 당선자가 조기섭 교수였던 것이다. 강당에서 개표 결과를 지켜본 교수들도 일제히 기립해 박수를 보냈다. 물론 살벌한 환경에서 출마해 준 박정옥 낙선자도 함께 박수를 받았다.

박정옥 교수는 당선자가 총장에 임명될 수 있도록 노력하겠다고 약속했다. 아름다운 장면이었다. 조기섭 당선자의 인사는 기쁨보다는 비장한 각오로 가득했다. 총장 임면권을 가진 재단이 동의하지 않은 선거였고 재단임명 총장이 버젓이 버티고 있었기 때문이다. 교수협의회 임원들과 투표에 참여한 교수들 역시 비장하긴 마찬가지였다.

대구 시내 교수 가두시위(1993.8.).
앞줄에 조기섭 총장 당선자와 박성배 교수협의회 의장.

한 대학 두 총장 체제로

그날 이후 대구대학교는 두 총장 체제가 되었다. 4월 8일에 취임한 신상준 재단임명 총장과 5월 26일에 교수들이 선출한 조기섭 직선총장이었다. 신 총장은 법적 정당성을 갖고 있었지만 대학 구성원으로부터는 인정받지 못하고 있었고, 조 총장은 교수들의 지지를 얻어 도덕적·정치적 정당성은 얻었지만 총장 임면권을 가진 재단으로부터는 핍박받는 처지였다.

완전히 새로운 국면이 시작된 것이었다. 지금까지는 총장선거를 성사시키는 것이 숙제였다면, 이제는 재단으로부터 총장 당선자를 인준받는 과제가 남았다. 교수협의회와 총학생회 모두 재단이 총장 당선자를 인정하고 임명해 주기를 요구했다. '재단임명 총장 퇴진과 직선총장 임명 촉구를 위한 교수·학생 결의대회(6월 2일)', 직선총장의 '야외 취임식'(6월 16일)을 이어 갔다. 조기섭 당선자는 자신의 정식 취임을 준비할 과도운영위원회도 발족시켰다.

반면에 재단은 총장 당선자는 물론 총장선거를 주관한 교수협의회도 인정하려 하지 않았다. 인정하지 않는 것을 넘어 적대감을 감추지 않았다. 대학은 걷잡을 수 없이 분규 상황으로 빠져들었고 지역 언론들도 대구대학교의 '두 총장 체제'를 우려했다.

대학 민주주의의 영원한 숙제, 교육부

교수협의회는 교육부에도 탄원했다. 더 이상 대학 안에서 문제를 해결할 수 없다고 판단했기 때문이다. 재단과 대학에 대한 교육부 감사를 요청했고 교육부도 대구대학교 사태에 개입하는 것을 피할 수 없다고 봤다. 드디어 교육부 감사단이 학교에 들이닥쳤다. 1993년 6월 29일부터 7월 14일까지 감사가 진행됐다. 교수협의회는 재단 비리 척결과 대학 민주화의 계기가 만들어질 것으로 기대하며 교육부의 결정을 환영했다.

그러나 그것은 순진한 생각이었다. 8월 1일 교육부가 발표한 감사 결과는 실망을 넘어 충격이었다. 재단과 대학 본부의 비리를 지적하면서도 교수협의회 의장인 김형태 교수와 조기섭 총장 당선자에 대해서도 중징계하라고 요구했기 때문이다. 그뿐만이 아니었다. 주로 출석부 관리 부실을 이유로 179명의 교수와 직원을 무더기 징계하라는 지시도 포함되어 있었다. 재단과 대학의 비리에 대한 처벌은 구색 맞추기이고 실은 교수들을 주저앉히고 교수협의회를 무력화하겠다는 뜻으로 읽혔다. 교육부는 교육 정의에는 관심 없다는 사실이 확인된 셈이었다.

조기섭 당선자와 교수협의회는 즉각 반발했다. 이튿날 교수협의회는 기자회견을 열어 교육부의 감사 결과에 불복한다고 선언했다. 비리 재단을 옹호하는 교육부를 성토하는 내용의 탄원서를 청와대와 국회를 비롯해 각계에 발송했다. 8월 5일, 방학 중이었지만 총학생회도 교육부 규탄 성명서를 발표했다. 지역 언론들도 일제히 교육부의 감사 결과에 실망하면서 향후 파장을 우려하는 내용의 보도를 쏟아 냈다.

아니나 다를까, 수세에 몰렸던 재단과 대학 본부는 교육부 감사 결과 발표 이후 거세게 반격해 오기 시작했다. 먼저 교육부로부터 중징계를 요구받은 김형태 교수협의회 의장을 상대로 노골적인 압박을 가했다.

그간의 교수협의회 활동에 대해 반성하고 손 떼라는 것이었다. 결국 김형태 의장은 무릎을 꿇었고 8월 10일, 교수협의회 의장직을 사퇴했다. 내게는 부인의 건강이 안 좋다고 했다. 그간의 교수협의회 활동을 반성한다는 내용의 유인물을 교내 게시판 곳곳에 붙였다. 교수들은 있을 수 없는 일이라며 흥분했다. 교수협의회 의장을 협박해 상황을 무마하려는 재단의 행태에 분개했다.

한 학기 동안 선두에서 난국을 헤쳐 가다 중도에 퇴장하게 된 의장을 보는 마음이 아프고 안타까웠다. 하지만 더 심각한 것은 교수협의회가 존폐의 기로에 서게 됐다는 사실이었다. 당장 교수협의회를 추스르는 것이 급선무였다. 일단 김문봉, 이용두, 두 부의장 중심의 비상 체제로 운영하기로 했다.

교육부 감사 결과 발표와 그 파장을 지켜보면서 교권 유린과 대학 민주주의 억압, 그리고 학사 혼란을 부추긴 당사자는 다름 아닌 교육부라고 확신하게 되었다. 예컨대 1988년 10월부터 1년 5개월간 부재했던 이태영 총장으로 하여금 다시 4년 임기의 총장에 재취임할 수 있도록 승인한 것은 교육부였다. 1993년 4월 7일의 이사회 소집 절차에 하자가 있음을 확인하고도 별다른 조치를 취하지 않은 것도 교육부였다. 분규의 한복판에서 실시한 감사도 재단을 지켜 주기 위한 개입이었다고 생각하기에 충분했다. 대학의 분규와 혼란이 발전적으로 해소되도록 지원하는 교육부가 아니라 늘 재단 편인 교육부였던 것이다.

대구대학교는 피폐해져 갔다. 교육부가 그런 관점에 갇혀 있는 한, 교수와 학생이 불의한 재단에 맞서 정의를 세우는 것은 너무도 어려운 일이 될 것이라는 불길한 예감에 휩싸였다. 그 후에도 내가 겪은 교육부는 대학 민주주의와 교육 정의 구현에 걸림돌이었던 적이 태반이었다. 임시이사를 파견한 뒤에도 그리고 십수 년이 흘러 재단 정상화를 추진할 때도 교육부는 늘 숙제였다.

시민대책모임 발족

지역 시민사회단체들이 대구대학교 문제에 본격적으로 관심을 보이기 시작했다. 단순히 한 사립대학의 문제를 넘어 비리 재단 편에서 대학 민주주의를 짓밟는 교육부가 문제의 핵심이라고 봤기 때문이다. 8월 9일, '대구대학교 정상화를 위한 시민대책모임'이 출범했다.

지역의 주요 대학 교수들이 대거 참여했다. 경북대학교의 박찬석 총장과 김종길 교수협의회 의장, 김형기 부의장, 그리고 김상기, 김민남, 서종문, 임종국, 배한동 교수 등과 계명대학교의 윤구호 교수협의회 의장, 이종오 교수(민주화를 위한 전국교수협의회 의장), 효성여자대학교(현 대구가톨릭대학교)의 최광식, 최상천 교수, 영남대학교의 성삼경, 우문정, 이수인 교수, 건강사회를 위한 치과의사회 송필경 회장, 대구경실련과 참길회의 정학 대표, 대구대학교 민주동문회의 황병윤 회장과 박용구 부회장, 그리고 김준곤, 금병태 변호사 등이 중심 역할을 했다.

'대구대학교 정상화를 위한 시민대책모임' 발기 취지문

　　교육은 백년지대계라 했다. 나라의 내일은 교육에 달려 있다고 했다. 개혁 과제도 많고 바로잡아야 할 것도 많고 많지만, 교육 현장의 개혁이야말로 궁극적으로 국가의 명운을 가름하는 것이리라. 그래서 김영삼 대통령은 선거 과정에서 교육 대통령이 될 것임을 다짐하고 또 선언하였다.

　　그러나 오늘 우리 지역의 중대 현안으로 떠오른 대구대학교 사태와 최근 발표된 교육부의 대구대학교 감사 결과를 전해 들은 우리 지역 시민은 한마디로 큰 실망과 우려를 갖지 않을 수 없게 됐다. 매년 되풀이되어 온 학원 소요와 특히 금년 4월의 비상식적인 재단의 총장 임명 조치 이후 심각하게 전개되어 온 학원 위기가 교육부의 감사 발표로 해결 국면에 접어들기는커녕 더 큰 파국으로 치닫게 될 가능성이 커졌기 때문이다. 전혀 개혁 의지가 없고 또한 최소한의 교육철학조차 갖고 있지 못한 교육부의 진면목을 확인하면서 대구대학교 장래는 물론이고 국가의 내일을 걱정하지 않을 수 없다. 실로 안타까운 일이다.

　　이에 우리는 분명히 선언하고자 한다. 대구대학교 문제는 반드시 민주화와 개혁이라고 하는 두 가지 기준에 입각해 해결되어야 함을. 우리는 분연히 천명하고자 한다. 더 이상 1만 5천여 학생의 교육을 원성의 대상이자 또한 오늘의 대구대학교 파국의 원인이기도 한 고은애 이사와 몇몇 무책임한 재단 이사들, 그리고 온갖 전횡과 독단의 대명사로 일컬어지고 있는 신상준 재단임명 총장에게 맡길 수 없음은 물론, 문제의 해결을 문제의 원인 제공자이자 개혁의 대상이어야 할 일부 교육부 관료에게 맡길 수도 없음을.

우리는 오래도록 학업 결손, 연구 결손에 시달리고 있는 대구대학교가 지역사회의 교육 발전을 위해, 그리고 국가의 밝은 내일을 위해 반드시 하루빨리 개혁되고 정상화되어야 한다는 신념으로 우리의 지혜와 의지를 모으기로 하였다. 지역의 뜻있는 민주 시민의 역량과 결의를 한데 모으고 이를 대구대학교의 민주화와 정상화를 위해 분투하시는 교수와 학생의 헌신적인 노력에 보태어, 우리의 대구대학교가 하루속히 정상화될 수 있도록 최선을 다할 것임을 교육을 아끼고 걱정하시는 모든 지역 시민 앞에 엄숙히 선언한다.

아울러 우리는 오늘의 이 모임을 계기로 하여 대구·경북 지역사회의 많은 사학을 포함한 교육 현장에서의 각종 비리와 반교육적 제도들을 개혁하고, 지역의 교육을 바로 세우며, 나아가 국가의 내일이 밝아질 수 있도록 하는 일에 보다 적극적인 관심을 갖고 민주 시민의 역량을 조직해 나갈 것임을 밝히는 바이다.

1993. 8. 9.

대구대학교 정상화를 위한 시민대책모임 발기준비위원회

2. 해직되고 임시이사 파견되다

재임용 탈락, 해직되다

통상 대학의 방학은 평화롭기 마련이지만 대구대학교의 1993년 여름방학은 달랐다. 혼돈과 극한 갈등으로 가득했고 탄식과 절망으로 요동쳤다. 김형태 교수협의회 의장이 재단의 압박을 이기지 못하고 중도 사퇴한 것은 그중의 하나였다. 나와 조기섭 당선자가 재임용에 탈락하고 분규가 본격화한 것도 그해 여름방학이었다.

7월 15일, 교수재임용 심사평정위원회가 열렸다. 나중에 확인된 것이지만 심사평정위원회는 당시 최대식 부총장을 위원장으로, 남○○ 교무처장을 포함해 모두 10명의 교수들로 구성되어 있었다. 대부분 친재단 교수들이었다. 민교협(현 민주평등사회를 위한 전국교수연구자협의회) 회원이면서 1989년에 무산된 총장선거에서 교수협의회 추천 후보였던 권재선 교수가 포함된 것이 눈에 띄었다.

공교롭게도 조기섭 당선자와 나도 재임용 심사 대상이었다. 임용 기간이 그해 8월 31일까지였기 때문이다. 22명의 심사 대상자들은 7월 초에 연구 실적물 등 심사에 필요한 서류를 제출했다. 심사평정위원회는 22명의 평정 대상 교수 가운데 나와 조기섭 당선자에게 낙제점을 주었다. 8월 10일의 교원인사위원회는 나와 조기섭 교수를 제외한 20명의 교수만 이사회에 재임용 제청하기로 의결했고, 8월 12일 이사회는 위의 원안을 의결했다. 나와 조기섭 당선자의 재임용 탈락을 확정 지은 것이다. 이 사실이 알려지자 교수들은 경악했다. 전형적인 교권 탄압이자 대구대학교 역사상 첫 교수 해직 사건이었기 때문이다.

교수들의 분노는 재임용 심사 관련 자료가 1993년 10월의 정기국회 국정감사 과정에서 입수되면서 걷잡을 수 없이 커졌다. 평정위원들이 객관적 기준 없이 자의적으로 평가한 사실이 확인됐기 때문이다. 예컨대 그들은 '교육자로서의 인격과 품위, 인간관계의 원만성, 불평불만의 습성 소유 여부, 개인 생활의 청렴도' 등의 평가 항목에서 나와 조기섭 당선자에게 낙제점을 주었다. 자의적 평가였고 나도 마음에 큰 상처를 받았다. 그뿐만이 아니었다. '수업 이행 상태', '타 대학 출강 및 타 업무 종사 관계', '출퇴근 상황', '건강 상태', '연구 실적'과 같이 객관적으로 확인 가능한 평가 항목에서도 평정위원 10명의 평가 점수는 들쭉날쭉했을 뿐만 아니라 최하점을 준 평정위원들도 여럿 있었다. 나는 평가 기간에 해당하는 3년 6개월 동안 타 대학에 출강했거나 타 업무에 종사한 사실이 없었고 건강상의 문제도 없었다. 정상적으로 출퇴근했을 뿐만 아니라, 최소 요건의 3배가 넘는 900%의 연구 실적물을 제출했다.

한마디로 객관적으로 평가될 수 있는 항목에서도 자의적인 평정과 표적 심사로 나와 조기섭 당선자를 재임용에서 탈락시킨 것이다. 이듬해 임시이사가 파견되고 조기섭 당선자가 총장에 취임한 뒤에 실시한 진상 조사에서 평정위원들 대부분은 당시 신상준 총장의 요구와 지시에 따른 평가였다고 해명했다. 『매일신문』의 박종봉 기자는 대구대학교 재임용 심사 서류를 분석한 뒤 유치원 수준 이하라며 개탄했다.[13]

> 대구대 재임용 탈락 교수 2명에 대한 학교 측의 재임용 심사평정 내용이 최근 알려지자 해당 대학 교수들 사이에 실소와 분노가 뒤엉키고 있다. … 합리성의 보루가 돼야 할 대학이 불합리의 몸살을 앓고 있는 이 병은 어떻게 해야 치유될 수 있을까.

대학 내 문제를 넘어 지역사회, 나아가 대학가의 이슈로 부상하면서 교육부도 나서지 않을 수 없게 됐다. 교육부는 '대학교원 기간제 임용 심사제도 개선 요청'이란 제목의 공문(문서번호 대학 12100-2017)을 9월 27일, 전국 대학에 보냈다. 이 공문에서 밝힌 교육부의 지침은 다음과

---

[13] 「대구대 교수재임용 평정, 유치원 수준 이하」, 『매일신문』 1993. 11. 19. (https://www.imaeil.com/page/view/1993111908125501127)

같았다.

1. 교육부에서는 교수 연구 활동 진작 및 대학 교육의 질적 향상을 위하여 교수 기간제 임용제도를 시행하고 있으나, 일부 대학에서 기간제 임용제도의 취지를 제대로 인식하지 못하고 동 제도를 형식적으로 운영하거나 개인적인 문제와 연계, 물의를 빚는 사례가 있습니다.
2. 이에 객관적이고 엄정한 교수 업적 평가를 통해 대학교원 인사관리의 합리화를 도모하고자 대학교원 기간제 임용심사제도 개선 방안을 마련, 별첨과 같이 통보하오니 이를 참고하여 각 대학별 자체 실정에 맞는 기간제 임용심사 기준 및 절차 개선안을 작성, 1993.10.30.까지 우리 부에 제출하여 주시기 바랍니다. 첨부: 대학교원 기간제 임용심사제도 개선 방안 1부. 끝.

7월 15일의 재임용 심사평정위원회 회의 후 다양한 채널로 회유와 압박이 가해져 왔다. 심지어 아내에게까지도 회유의 손길이 뻗쳐 왔다. 지금이라도 반성하고 돌이키면 재임용 거부 결정을 철회할 수 있다고 했다. 착잡했다. 나 하나 믿고 고향 떠나 대구로 온 아내에게는 물론 네 살 아들에게도 너무 미안했다. 그리고 슬펐다. 생계가 걱정되고 미래가 불투명해져서만은 아니었다. 우리나라의 대학 수준이 이 정도밖에 안 된다는 사실이 무엇보다 슬펐다. 설립자 이영식 목사와 그 아들 이태영 총장의 교육철학과 건학 정신에 끌려 찾아온 대구대학교였지만 그 가족들에 의해 대학으로서의 최소한의 지성과 품위도 지키지 못하고 무너지는 모습을 보는 것이 가슴 아팠다.

하지만 망설이지 않았다. 당연히 항복할 수 없다는 결론이었다. 오히려 반대였다. 자신들의 문제를 바로잡기는커녕 나와 총장 당선자를 쫓아내려 한 대학 본부를 용서할 수 없다는 생각이 들었다. 이태영 총장의 생사조차 베일에 가려 놓고 교수와 학생의 문제 제기에 불통과 탄압으로 일관하면서 대학을 파국으로 몰아 온 고은애 여사와 재단도 용서할 수 없었다. 대학 민주주의와 교육 정의를 세우려 했다는 이유로 교수협의회를 무너뜨리겠다고 칼을 휘두르는 재단 실력자들이야말로 신성한 교육 현장에 남아 있어서는 안 된다고 생각했다.

조기섭 당선자도 같은 생각이었다. 그는 나를 위로해 주기도 했다. 자신은 '정년을 2년밖에 남겨 두지 않은 원로지만 홍 교수는 앞길이 창창한 젊은 교수인데 이렇게 해직되면 어떡하느냐'고 걱정해 주었다. 나는 나와 아내의 결연한 의지를 전하며 함께 대학 민주화를 위해 최선을 다하자고 했다. 재단과 대학 본부에도 항복할 수 없다는 뜻을 분명하게 전달했다.

전국 이슈로 커지다

교수협의회로서도 절체절명의 위기였다. 방학 중이었지만 교수들과 학생들이 비상하게 움직이기 시작했다. 이사회를 하루 앞둔 8월 11일, 조기섭 총장 당선자는 중대 선언을 발표했다. '고은애 이사의 귀국과 교수협의회와의 대화 수용, 신상준 재단임명 총장의 사퇴와 교직원 179명의 징계 철회 및 경감이 받아들여지면 직선총장 후보직을 사퇴하겠다'는 내용이었다. 교수들은 술렁였지만 더 큰 비극을 막아야겠다고 생각한 총장 당선자의 결단이라고 해석했다.

같은 날 8월 11일, '대구대학교 정상화를 위한 시민대책모임'과 '대구·경북지역 대학교수협의회 연합회'가 성명을 발표했고, 13일에는 '전국사립대학교 교수협의회 연합회'(회장: 김선종 성균관대학교 교수)가 대구대학교 재단과 신상준 총장, 교육부를 성토하고 나섰다.

대구대학교 정상화를 촉구하는 성명서

대구대학교에 대한 교육부의 최근 감사 조치는 대구대학교를 다시 한 번 혼란의 소용돌이로 몰아가고 있다. 과거 군사정권하에서도 유례를 찾을 수 없는, 179명에 달하는 교직원을 징계 요구한 교육부의 이번 조치는 대구대학교 사태의 근원적 해결을 의도적으로 회피한 동문서답식 조치였을 뿐만 아니라 대학의 민주화에 앞장서는 교직원들을 탄압하려는 편파적인 감사였음을 밝히는 바이다.

교육부는 이번 감사 결과, 불법 사실이 명백히 드러난 영광재단과 현 총장에게는 아무런 제재나 고발 조치를 취하지 않고 교직원들만 대량으로 징계할 것을 요구함으로써, 재단과 총장이 대학 내부의 민주화 세력을 제거할 수 있는 기회를 부여하고 말았다. 이미 대구대학교의 재단과 총장은 재임용제도를 악용하여 직선총장을 비롯한 몇몇 교수들을 재임용에서 탈락시키려는 시도를 하고 있다.

이에 우리 '전국사립대학교 교수협의회 연합회' 교수들은 대구대학교 사태를 더 이상 좌시할 수 없다는 판단하에 다음과 같은 결의를 천명하고자 한다.

1. 교육부는 대구대학교 현 사태의 발단이 이태영 전 총장의 5년간에 걸친 장기 부재와 이에 따른 재단의 파행적 운영, 그리고 하자 있는 총장 임명 행위에 대한 절대 다수 대학 구성원들의 반발에 있다는 사실을 직시하고 이에 대한 즉각적인 조사를 통해 대구대학교 교수들이 납득할 만한 조치를 취하여야 한다.

2. 교육부는 대학원 부정 입학 관련자인 신상준 현 총장(당시 대학원장)이 관련되어 있다고 지적했으면서도 신상준 총장에게는 아무런 조치도 취하지 않은 반면, 대학 민주화를 주도한 교수협의회 의장과 전체 교수의 80%의 의지로 당선된 직선총장을 중징계하도록 요구하였다. 이러한 교육부의 편파적 감사 조치는 시정되어야 하며, 편파적 감사의 책임자는 엄중히 문책되어야 한다.

3. 재임용제도를 악용하여 대학 내의 개혁 세력을 제거하려는 대구대학교 신상준 총장의 전횡은 즉시 중단되어야 한다. 신상준 현 총장은 징계 사태에 대해 총장으로서 기본적인 책임을 느끼고, 재임용제도를 악용하려는 기도를 중지하여야 한다.

우리 전국사립대학 교수협의회 전체 교수들은 대구대학교 사태를 정상화하기 위한 교육부의 성의 있는 노력을 재차 촉구하면서, 재임용제도를 악용하여 대학 개혁을 방해하려는 어떠한 세력과도 결연히 맞서 나갈 것임을 밝힌다.

1993. 8. 13.

전국사립대학교 교수협의회 연합회

교수 농성 시작되다

그러나 재단과 대학 본부는 꿈쩍도 하지 않았다. 8월 13일, 신상준 총장은 159명의 교직원에 대해 '경고'와 '주의'의 징계 조치를 통보했다. 8월 18일, 교수협의회는 비상평의회를 열어 철야농성에 돌입할 것을 선언했다. 19일에는 9명의 교수로 농성위원회를 발족시켰다. 위원장은 물리학과 박성배 교수, 농성촌장은 관광경영학과 신도길 교수가 맡았다. 총학생회는 이미 8월 초부터 철야농성을 시작한 상태였다.

농성에 돌입하며

현재 대구대학교는 총체적 파국 상황에 직면해 있다. 교육부는 대구대학교 사태의 본질을 외면한 채 편파적 조치를 취함으로써 신상준 교수의 전횡과 독선을 허용하는 어리석음을 범하고 말았다. 신상준 교수는 정당한 절차를 무시한 채 자의적으로 조기섭 교수와 홍덕률 교수를 재임용에서 탈락시키는 비상식적인 만행을 저지르고 있다. 지금 우리는 한 개인의 전횡에 의해서 교수들의 교권이 정당한 이유 없이 언제라도 박탈당하는 심각한 위기에 처해 있는 것이다.

이는 비단 대구대학교만의 문제일 수 없으며 국가적 대학교육을 위태롭게 하는 중대한 사태가 아닐 수 없다. 우리는 더 이상 신상준 교수 한 사람에 의해서 대학 전체가 황폐화되는 불행을 좌시할 수 없다. 이에 대구대학교 교수 일동은 현 사태를 해결하기 위해 농성에 돌입하면서 아래와 같은 요구와 각오를 밝히는 바이다.

1. 신상준 교수는 조기섭 직선총장과 홍덕률 교수에 대한 재임용 탈락 조치를 즉각 취소하라.

2. 재단은 신상준 교수를 총장직에서 해임하라.

3. 재단은 총장직선제를 수용하고 절대 다수의 교수들에 의해 선출된 조기섭 교수를 총장으로 임명하라.

4. 이 같은 정당한 요구가 8월 31일까지 수용되지 않을 경우, 우리 대구대학교 교수 일동은 재단의 전면 퇴진을 위해서 총력을 다할 것임을 천명한다.

1993. 8. 18.

대구대학교 교수 일동

그리고 8월 23일이었다. 그날은 2학기 개강일이기도 했다. 교수협의회는 교수 비상총회를 소집했다. 방학 중에 진행된 비상 상황을 교수들에게 알리고 중지를 모으기 위해서였다. 막 준공된 대학 본관 건물의 L층 강당에서였다. 분위기는 매우 무거웠고 비장했다. 많은 교수가 참석했다. 어렵지 않게 교수들의 총의를 모을 수 있었고 몇 가지 단호한 결의를 채택하게 됐다. 요지는 다음과 같았다.

교수협의회는 재임용 탈락 및 중징계 교수 문제 해결을 위해 노력하고, 해직 교수 후원회를 결성하며, 재단에 신상준 총장 해임 및 직선총장 임명을 요구한다. 만약 8월 31일까지 수용되지 않을 경우 재단퇴진운동으로 전환한다.

그 외에 공석 중인 교수협의회 의장에 물리학과 박성배 교수를 선출했다. 고마운 일이었다. 교수 해직 사건이 이어지는 엄혹한 상황에서 교수협의회 의장을 피하지 않고 맡는다는 것은 결코 쉬운 일이 아니다. 이어서 조직도 보강했는데 대외협력간사에 자연과학대학 유병제 교수를, 해직을 앞둔 나를 대신해 '교수협의회 속보'를 발행할 편집간사로 사회과학대학 안정근 교수와 인문대학 홍승용, 서경석 교수를 추가로 위촉했다.

고별인사 하다

이어서 나는 고별인사를 하기 위해 앞으로 나갔다. 일주일 지나면 법적으로는 더 이상 대구대학교 교수가 아니기 때문이다. 전날 밤잠을 설치며 작성한 작별인사 글을 교수들 앞에서 담담하게 읽어 내려갔다. 여기 그날의 고별사를 소개한다.

정든 대구대학교를 떠나며

존경하는 교수님.

저는 오늘 비장한 심정으로 이 자리에 섰습니다. 며칠 전 이사회는 저를 재임용 탈락시키는 결정을 내렸고, 9월 1일부터 저는 더 이상 대구대학교 교수일 수 없다는 얘기를 전해 들었습니다.

실제로 지난 며칠 동안 저에게는 회유와 협박이 이어졌습니다. 잘못을 시인하고 용서를 구하면 재임용 거부 결정을 없던 일로 하겠다는 것이었습니다. 하지만 저는 그럴 수 없었습니다. 저는 잘못하지 않았습니다. 교수님들께서 모아 주신 뜻을 받들어 대구대학교를 정의롭고 자랑스러운 대학으로 만들어 보겠다며 열심히 심부름한 것이 전부였습니다. 비리와 전횡과 독선이 최소한 대학 사회에서 판쳐서는 안 된다는 소신을 지키며 주장한 것이 전부였습니다.

저는 회유와 협박에 무릎 꿇기보다는 차라리 정든 교정과 제자 곁을 떠나기로 결심했습니다. 교수직을 지키기 위해 교수님들을 거역할 수도, 저의 학자적 양심을 저버릴 수도 없다고 생각했습니다. 비굴한 모습으로 강단에 서느니 학자로서의 자존심과 교육자로서의 양심을 지키기로 결심했습니다. 그것이 진정한 교육이고 더 큰 교육일 수 있다고 생각했습니다.

존경하는 교수님.

하지만 저에게는 한 가지 안타까움이 있습니다. 그것이 저를 아프게 합니다. 대구대학교의 민주화를 이루지 못하고 떠나게 된 것입니다. 이 신성한 학문의 전당에서 독선과 전횡을 청산해 내지 못하고 떠나게 된 것입니다. 상식과 정의가 존중되는 아름다운 대구대학교로 만들고 싶었지만 그 꿈을 이루지 못하고 떠나게 된 것입니다.

저는 사필귀정을 믿습니다. 어둠이 빛을 이길 수 없다는 진리를 믿습니다. 저는 지금 쓰러지지만 정의와 상식은 기어코 저를 딛고 다시 일어설 것임을 확신합니다. 대구대학교의 민주주의 불씨가 풍전등화처럼 위태롭지만, 그것은 결국 다시 들불처럼 타오를 것이라고 저는 믿습니다.

회유와 협박 앞에 선 제가 오늘의 결심에 이르기까지 가장 중요하게 생각한 것이 하나 있었습니다. 지금 네 살 제 아들과 사랑하는 제자들 앞에 부끄럽지 않아야 한다는 것입니다. 저는 제자들에게 늘 이렇게 가르쳐 왔습니다. '어렵고 힘들더라도 옳은 길을 가라.' 제자들에게 주었던 저의 그 가르침을 이제는 제가 실천해야 할 때라고 생각합니다. 그 길을 가겠습니다. 비록 제 앞에 어떠한 어려움이 기다리고 있더라도, 제자들에게 부끄럽지 않기 위하여 그 길을 당당하게 가겠습니다.

대학 민주화의 남은 과제들은 교수님들께 남겨 놓고 갑니다. 비록 대학 밖에서라도 대구대학교 민주화를 위해 제가 할 수 있는 일을 다 할 것입니다. 정의와 민주주의를 향한 교수님들의 열정을 응원할 것입니다. 교수님, 그동안 감사했습니다. 안녕히 계십시오.

1993. 8. 23.

교수협의회 총무간사, 사회학과 교수 홍덕률 올림

강당을 가득 채운 무겁고도 슬픈 공기를 뚫고 나는 뚜벅뚜벅 걸어 나갔다. 태연한 척했지만 안으로는 뜨거운 눈물을 삼켰다. 그때였다. 우레와 같은 박수 소리가 귓전을 울렸다. 그렇게 따뜻한 소리는 처음이었다. 진심으로 위로해 주려는 마음, 함께하겠다는 마음이 느껴졌다. 뜻밖이었고 놀랐다. 몇몇 교수는 나의 앞길을 막아서며 내 손을 잡았다. 어느 선배 교수는 당신이 복직할 때까지 함께 싸우겠다고 했다.

재단의 회유와 협박에 맞서서 번민과 고뇌를 이겨 내고 교육자의 양심을 지킬 수 있도록 붙들어 준 이는 아내였다. 여유 없는 생활과 네 살 아들의 육아를 책임지면서도 흐트러지지 않았던 아내야말로 나를 지켜 준 버팀목이었다.

행복한 해직 교수

고별인사까지 마치고 나니 의외로 홀가분했다. 이제 어디서 어떻게 생활할지를 구체적으로 고민해야 할 때였다. 그런데 전혀 예상하지 못한 일이 벌어졌다. 나의 고별인사를 듣고 강당을 나온 교수들이 대거 농성에 합류하겠다고 한 것이다. 교수 농성은 닷새 전에 강당 맞은편의 작은 공간에서 이미 시작되었다. 내가 속해 있던 사회과학대학 교수들도 별도로 농성을 진행하고 있었는데, 교수 비상총회 후 교수 농성이 거교적으로 본격 가동되기 시작한 것이다. 매트리스가 깔리고 주방 시설도 정돈되었다. 책상 몇 개와 소파도 준비되었다. 성금함도 마련되었다. 공동 식사를 준비할 수 있도록 쌀과 반찬과 간식거리를 가져오는 교수들도 있었다. 학과별로 돌아가면서 철야농성을 맡기로 하고 농성조도 편성했다. 모두 교수들의 자발적인 참여였다.

교수협의회는 또 내게 뜻밖의 제안을 해 왔다. 9월부터 성금을 거둬 생활비를 마련할 테니 학교를 떠나지 말라는 것이었다. 대학 민주화를 위해 끝까지 함께해 달라는 것이었다. 그 마음이 너무 고마웠다. 하지만 고민되었다. 생각을 정리할 시간이 필요했다. 간단히 짐을 챙겨 집을 나섰다. 아내와 함께였다. 바람이라도 쐬지 않으면 못 견딜 것 같았다. 나는 고민이 깊을 때면 훌쩍 떠나는 버릇이 있다. 혼자일 때도 있고 아내와 함께일 때도 있다. 즐겨 찾는 곳은 주로 바다다. 바람이 세고 파도가 거칠수록 좋아한다. 그때도 아내와 함께 찾은 곳은 포항 인근의 바다였다.

아내와 함께 내린 결론은 대구대학교를 떠날 수 없다는 것이었다. 나의 해직이 부당하다며 교수와 학생들이 팔을 걷어붙이고 철야농성을 시작하는데 그렇게 떠날 수는 없는 노릇이었다. 성금까지 걷어 생활비를 마련하겠다고까지 하는데 떠나는 것은 옳지 않다고 생각했다. 고별인사까지 했지만 결국 눌러앉게 되었다. 떠나더라도 대학 민주화를 완성한 후에 떠나는 것이 도리라고 생각했다.

9월 1일, 법적으로는 더 이상 교수가 아닌 신분으로 첫 출근을 했다. 교수 농성장으로 향하기 전, 사회과학대학에 들러 우편함을 체크했다. 아니나 다를까, 신상준 총장 명의의 공문이 당도해 있었다. 문서 번호 '대구대 제1005호', 시행일자 '1993.9.1'. 공문 제목란에는 '임용 기간 만료 교원 통보'라고 적혀 있었다. 내용도 간단했다.

1. 영광법 제129호의 관련입니다.

2. 본 대학교 교원 중 1993.8.31.자로 임용 기간이 만료되는 교원을 아래와 같이 통보합니다.

사범대학 국어교육과 교수 조기섭, 사회과학대학 사회학과 조교수 홍덕률. 끝.

각오한 일이지만 막상 공문을 받고 나니 실감이 났다. 사회학과의 동료 교수들은 '홍 교수의 재임용 탈락 철회가 이뤄지지 않으면 모두 교수직을 사퇴할 것'이라고 항의하는 한편, 내가 그동안 맡았던 교과목의 수업을 계속할 수 있게 배려해 주었다. 물론 시간강사 자격이었다.

그런데 또 하나의 비극이 기다리고 있었다. 재단이 김형태 전 교수협의회 의장을 징계 해임한 것이다. 재단의 요구대로 교수협의회 의장을 사퇴하고 일종의 반성문을 캠퍼스 곳곳에 부착한 그를 교수직에서 해임한 것이다. 상상을 초월한 일이었다. 재단이 얼마나 잔인할 수 있는지 보여 준 사건이었다. 김형태 교수는 교육부 소청심사위원회에 제소해 해임 처분 부당 결정을 끌어낸 뒤 복직하게 되었다. 12월 26일이었다.

학생들과 전국 교수들로부터의 응원

8월 초부터 농성을 이어 가던 학생들도 분주하게 움직였다. 총학생회장은 마침 나의 사회학과 제자인 이영윤 학생이었다. 도덕성과 성격, 지식과 언변, 판단력 모두 뛰어난 학생이었다. 한마디로 신언서판(身言書判)을 두루 갖춘 보기 드문 청년 인재였다. 부회장은 농과대학의 김해환 학생이었다. 역시 인품과 도덕성은 물론 정의감과 실천력 등에서도 출중한 학생이었다. 학생들도 그들을 따랐다. 대학의 새 역사를 일궈야 했던 1993년에 이영윤·김해환 학생이 총학생회를 이끈 것은 대구대학교와 교수협의회에도 큰 행운이었다.

노천강당(현 '자유광장')에서 학생 3천~4천 명이 모이는 대규모 집회가

교수재임용 탈락 및 비리 재단 규탄 학생 집회(1993.9. 노천강당).

이어졌다. 나와 조기섭 당선자의 교수재임용 거부를 철회하라고 목청을 높였다. '교수님 힘내세요', ' 교수님 사랑합니다'라고 쓴 손팻말을 흔들며 울먹이는 학생도 있었다. 재단 퇴진 구호도 거침없이 쏟아졌다. 학생들은 과격해졌고 투쟁 수위는 높아져 갔다. 수업 거부도 있었다. 총학생회와 단과대학 학생회 임원 가운데는 삭발하고 단식 농성하는 학생들도 나타나기 시작했다.

　전국의 여러 대학으로부터도 응원이 쇄도했다. 교수들이 직접 농성장을 찾아와 격려해 주기도 했다. 대구대학교 교수들의 대학 민주화운동을 지지한다는 내용의 전국 지식인 서명도 이어졌다. 지역사회는 물론 전국에서도 나와 조기섭 당선자의 해직이 부당하다며 교수협의회의 재단 퇴진운동에 뜨거운 지지를 보내 준 것이다.

돌이켜 보면 참 행복한 해직 교수였다. 학생들로부터 전폭적인 지지를 받았고 교수들은 농성으로 지지와 연대를 표해 주었다. 교수들은 또 성금으로 조성된 월 200만 원의 생활비도 지원해 주었다. 260여 명의 교수들이 나와 함께 재임용 탈락한 조기섭 당선자, 징계 해임된 김형태 교수협의회 의장에게 각 1만 원씩, 3만 원의 성금을 냈다. 전국의 대학 교수들과 지역의 대부분 언론으로부터도 과분한 성원과 지지를 받았다.

전혀 예상하지 못했던 복을 누린 것이다. 그뿐만이 아니었다. 펜을 든 연구실 학자에서 실천하는 지식인으로 다시 태어난 것이다. 학자로서의 연구 성과는 상당 부분 포기해야 했지만, 그것을 상쇄하고도 남을 소중한 만남과 삶에 대한 값진 깨달음도 얻게 된 것이다. 얼마나 행복한 해직 교수인가.

국면 전환, 재단퇴진운동으로

9월 1일, 교수협의회는 비장한 내용의 성명서를 발표했다. 8월 23일 비상 교수총회에서 결의한 대로, 교수들의 대학 민주화 요구를 짓밟고 조기섭 총장 당선자(재임용 탈락), 홍덕률 교수협의회 총무간사(재임용 탈락), 김형태 교수협의회 의장(징계 해임)의 교수직을 박탈하고야 만 재단을 퇴진시키겠다는 선언이었다. 운동의 성격과 국면이 바뀌었음을 의미했다. 재단퇴진운동은 다양한 방식으로 전개됐다. 캠퍼스 내 집회, 시위, 농성은 일상이 됐고 1일 강의 거부까지 있었다.

무능 재단은 퇴진하라

오늘로서 조기섭 직선총장과 홍덕률 교협 총무의 재임용 탈락이 기정사실화되고 말았다. 우리 대구대학교는 지금 한두 개인의 비상식적이고 비교육적인 만행으로 인해 완전히 황폐화되는 위기를 맞고 있다. 신상준 교수는 두 분 교수에 대해서 재임용 탈락의 만행을 저질렀으며 무기력한 재단은 이를 무소신으로 방조하고야 말았다. 반달에 걸친 교수들의 철야농성은 신상준 교수의 몰상식과 재단의 무능을 거부하는 결연한 의지 표현이었다. 우리는 8월 31일 시한으로 재임용 탈락 및 징계 조치의 철회, 신상준 총장을 해임하고 직선총장을 수용하지 않을 경우 재단퇴진운동을 전개할 것임을 이미 밝힌 바 있다. 그럼에도 불구하고 재단 측은 계속 침묵으로 일관하고 있다.

대구대 사태가 벌써 5개월이나 경과한 지금, 영광재단의 이사들은 과연 무엇을 하였단 말인가? 그들은 부끄럽게도 고은애라는 일개인의 눈치만 살피며, 대학을 정상화해야 한다는 일말의 책임감조차도 느끼지 못하고 있지 않은가. 그들은 이미 사망한 것으로 추정되는 이태영 전 총장의 생사 여부 확인에는 관심조차 없이 단지 고은애 이사의 이태영 전 총장의 허구적인 대리 행위만을 맹신하고 있을 뿐이다. 그들의 이 같은 맹목적이고 비교육적인 작태는 대학원 부정 입학의 주모자인 신상준 교수를 그대로 총장직에 방치하는 직무유기로 귀결되고 말았다. 그들의 무책임한 방조는 문민시대 최초의 재임용 탈락이라는 수치스러운 오명을 대구대학교로 하여금 덮어쓰게 만들고 말았던 것이다. 이제 우리는 우리의 결의를 분연히 실천에 옮기지 않을 수 없다.

우리는 대구대학교의 민주적 발전을 위해 헌신했다는 이유만으로 재임용에서 탈락한 조기섭 직선총장과 홍덕률 교수협의회 총무와 끝까지 운명을 같이한다. 신상준 교수 이하 대학 본부 처실장 가운데 비리를 자행하고 학원을 황폐화시킨 인사들에 대해서는 그에 상응하는 응분의 조치를 취한다. 재단 비리 관련자에 대해서는 교육부 감사 자료에 의거해 형사책임을 묻고 재단퇴진운동을 전개한다.

대구대학교의 문제는 이제 우리만의 문제가 아니다. 이는 이 나라 대학 교육 전체의 문제이다. 우리는 학원 내 구성원뿐만 아니라 국가의 장래를 걱정하는 사회 각계각층의 전폭적인 지지를 업고 있다. 비록 우리가 가는 길이 험난할지라도 우리는 이를 마다하지 않을 것이며, 이 길이 정의의 길임을 확신하기에 한 치의 흔들림 없이 끝까지 나아갈 것이다.

1993. 9. 1.

대구대학교 교수협의회

물론 재단퇴진운동에 모든 교수가 참여한 것은 아니었다. 총장직선제 쟁취운동과 교수 해직 규탄에 함께한 교수 중에도 재단퇴진운동에는 소극적인 이들이 있었다. 사립학교에서 재단퇴진운동은 더 어렵고 위험부담도 큰 운동이었다. 실제로 재단퇴진운동에 앞장선 교수들은 더 혹독한 탄압을 온몸으로 견뎌야 했다. 조기섭 당선자는 테러 위협에도 대응해야 했다.

교육부도 별 문제의식이 없어 보였다. 마치 거대한 절벽과 상대하는 느낌이었다. 학교 안에서 재단은 절대 권력이었고 교육부는 재단 편만 드는 불공정 심판이었다. 농성과 분규가 길어지고 전망도 불투명해지면서 교수들은 동요하기 시작했다. 재단퇴진운동의 방법을 둘러싸고도 논쟁이 가열되기 시작했다. 더 단호해지는 교수가 있는가 하면 슬그머니 뒤로 빠지는 교수도 생겨났다. 고생하는 동료를 위로하고 격려하는 교수가 있는가 하면 욱하는 성격으로 팀워크를 깨뜨리는 교수도 있었다. 패배하더라도 원칙에 충실하자고 주장하는 교수가 있는가 하면 적당히 타협해 일을 마무리하자는 교수도 있었다. 아예 입장을 바꾸거나 투항하는 교수도 나타났다.

결과를 장담할 수 없는 안개 상황이 길어지면서 삶과 동료와 교육에 대한 교수 개개인의 철학과 세계관과 태도 등이 적나라하게 드러났다. 그런 일은 당시뿐만 아니라 16년이 흘러 재단을 정상화하는 과정에서도 종종 겪곤 했다. 동서고금을 막론하고 인간사가 늘 그랬다는 사실을 모르진 않았지만 직접 겪는다는 것은 참으로 고통스러운 일이었다.

운동의 무대도 전국으로

재단퇴진운동으로 국면이 전환되면서 운동의 대상도 확장되었다. 재단 이사에 대한 해임(임원취임 승인취소) 권한을 갖고 있는 교육부 장관과 그를 움직일 수 있는 청와대와 국회까지 상대해야 했다. 그러려면 여론의 지지를 받는 것이 필수였다. 언론과 지역 시민단체 그리고 전국의 교육 관계자를 대상으로 한 여론 운동도 중요한 과제로 등장했다. 운동의 무대가 교외로 확장된 것이다.

하지만 그 일은 책 읽고 가르치기만 했던, 자존심 강한 교수들에게는 익숙하지 않은 일이었다. 당연히 대부분 처음 경험하는 일이기도 했다. 나는 교수협의회의 임원 몇몇과 함께 그 일들에 깊이 관여했다. 누구를 만나더라도 학생과 교육 정의를 향한 열정과 교육자로서의 사명감 하나로 설명하고 호소했다.

우선 언론사 기자들과 신뢰 관계를 맺을 수 있었던 것은 큰 힘이 되는 행운이었다. 당시 재단 측 인사와 교수협의회 관계자를 두루 만나 취재한 기자들은 예외 없이 교수협의회의 손을 들어주었다. 기자들은 대부분 재단의 비합리적 주장과 낡은 대학관에 우려를 표했다. 반면에 대학 민주화를 향한 교수협의회의 문제의식에 크게 공감해 주었다.

지역 대학의 교수들과 전국의 지식인들에게도 응원을 부탁했다. 대학 분규의 본질과 핵심을 정리한 문건을 만들어 학문적으로 교류하던 전국의 교수들과 지식인 단체에 알렸다. 특히 '전국사립대학 교수협의회 연합회'(사교련)가 발 벗고 나서 주었다. 김선종 사교련 회장(성균관대학교 교수) 외에 박거용 상명대학교 교수(민교협 교권간사)와 정대화 민주당 정책연구위원 등이 특히 큰 힘이 되어 주었다.[14]

---

[14] 박거용 교수는 후일 1기 사학분쟁조정위원회 위원을 역임하고(2007.12.~2009.11.) 2025년 현재 정상화된 상지대학교의 이사장을 맡고 있으며, 정대화 연구위원은 상지대학교 교수로 부임했다 해직된

대구·경북에서는 경북대학교 교수협의회 의장이던 박찬석 교수와 대구사회연구소에서 함께 활동하던 선배 교수들이 든든한 뒷받침이 되어 주었다. 특히 기억나는 교수로는 경북대학교의 김형기, 김규원, 노진철, 주보돈 교수 등과 영남대학교의 이수인, 권기홍, 김태일 교수 그리고 계명대학교의 이종오, 신현직, 이윤갑 교수 등이 있다.[15]

교육부와 국회도 수없이 방문했다. 1993년 10월, 국회 국정감사 기간에는 교육위원회가 대구대학교 문제를 안건으로 상정해 분규 해결 방안을 토론하도록 했다. 청와대를 방문해 김정남 교육문화수석비서관과 정관용 행정관도 만나 상황을 설명하고 협조를 요청했다.

임시이사 파견되고 직선총장 취임하다

분규가 길어지면서 학생 수업권은 위협받았고 대학은 황폐해져 갔다. 농성이 장기화되면서 교수와 학생 모두 지쳐 갔다. 나를 가장 힘들게 한 것도 교수와 학생이 하루하루 탈진해 가는 모습을 지켜보는 일이었다.

뒤 다시 상지대학교 총장을 거쳐 한국장학재단 이사장, 2023년 9월부터는 국가교육위원회 상임위원을 역임하고 있다.

15 박찬석 교수는 1994년 9월 1일부터 8년간 경북대학교 총장을 역임한 뒤 열린우리당의 비례대표 국회의원으로 활동했으며, 권기홍 교수와 이종오 교수는 참여정부에서 각각 노동부 장관과 대통령 자문 정책기획위원장을 역임했다. 김형기 교수는 지방분권·지역 혁신 운동에 매진하다 참여정부를 거치면서 보수화의 길을 걸었으며, 신현직 교수는 2001년에 유명을 달리했다. 특히 박찬석, 주보돈, 김규원 교수는 각각 다른 시기에 대구대학교 재단(영광학원)의 임시이사를 역임하기도 했다.

교육부라도 교수·학생의 절규에 귀 기울여야 했지만 그러지 않았다. 험악해지는 분규 상황을 지켜만 볼 뿐 옳고 그름을 판단하지 않았다. 아니, 재단과 재단임명 총장의 권한을 존중하는 반면 그에 저항하는 교수와 학생은 불온 세력으로 봤다. 학생 수업권과 교육 정의에 대해서는 관심이 없어 보였다. 교수와 학생이 지쳐서 농성이 지리멸렬해지기를 기다리는 것처럼 읽히기도 했다. 많은 사립대학에서 교수·학생의 대학 민주화운동이 실패하는 것도 대부분 교육부의 친재단 태도에서 비롯된다. 재단의 비리와 전횡에 맞서 문제 제기하는 교수와 학생이 재단으로부터 보복당하는 일은 다반사였다.

대구대학교에서도 교수와 학생이 강의 거부와 수업 거부를 선언한 뒤에야 교육부는 움직이기 시작했다. 그 전의 농성, 시위, 심지어 삭발과 단식 등의 절규에도 꿈쩍 않던 교육부지만 수업 거부와 강의 거부에는 반응하고 나선 것이다. 학교가 다 망가진 뒤에야 교육부는 움직이는 척한다는 조소가 교수 사이에 유행할 정도였다.

9월 17일이었다. 교육부의 이성호 대학정책실장[16]이 대구를 찾았다. 교육부의 고위 책임자가 관계자들의 주장을 듣기 위해 분규 현장을 직접 찾은 첫걸음이었다. 교수협의회는 그의 대구 방문을 반겼다. 그는 대구대학교 분규의 당사자 대표들을 동대구관광호텔로 불렀다. 재단의 황종동 이사장과 이세준 이사, 대학의 신상준 총장과 최대식 부총장 그리

---

[16] 1993년 2월에 출범한 김영삼 문민정부는 교육부 관료와 비리 사학의 유착을 끊기 위해 '교수 출신 대학정책실장제'를 도입했다. 그 첫 주인공이 이성호 연세대학교 교육학과 교수였다.

고 교수협의회의 박성배 의장과 이용두 부의장, 최병두 대외협력간사, 총동창회의 김상연 회장, 대구대학교 정상화를 위한 시민대책모임 박찬석 대표 등이 자리했다. 저녁 8시경부터 12시 반경까지 마라톤 회의가 열렸고 간간이 고성도 오갔다. 결론은 '두셋 정도의 교수협의회 추천 이사를 참여시켜 조속하게 이사회를 정상화한 뒤 신상준 재단임명 총장의 거취를 결정한다'는 것이었다. 꽉 막힌 상황에서 작은 돌파구라도 만드는 계기인 듯 보였다. 그러나 재단은 이 합의안마저 곧바로 파기하고 나섰다. 나흘 뒤인 9월 21일, 이사 간담회에서였다. 황종동 이사장도 실권이 없음을 보여 준 사건이었다.

이어서 9월 27일에는 이사 3인이 사퇴한다고 발표했다. 이태영 이사와 고은애 이사가 미국에 체류하면서 이사회에 참석하지 않아 왔으므로 세 이사가 사퇴하면 이사회는 사실상 마비 상태에 빠지게 된다. 교육부는 10월 11일자 공문을 통해 10월 25일까지 이사 5인을 교체하라고 지시했다. 교육부는 즉시 임시이사를 파견하라는 교수와 학생의 요구를 외면하고 재단에 또다시 시간을 준 것이다.

결국 국회가 관심을 보이기 시작했다. 물론 교수협의회 임원들이 국회 교육위원을 만나 대학 분규의 심각성을 알리고 설득한 결과였다. 교수협의회의 김문봉 부의장과 대외협력간사인 윤덕홍 교수, 최병두 교수의 역할이 컸다. 10월 22일, 국회 교육위원회가 대구대학교 분규 문제를 안건으로 상정해 다뤘다. 국회가 사립대학 문제를 중점 사안으로 다루는 일은 극히 예외적인 일이다. 교육위원회는 교육부의 이성호 대학정책실장과 원영상 감사관, 대구대학교의 신상준 재단임명 총장과 남○○ 교무처장, 이○○ 사무처장, 조기섭 총장 당선자와 박성배 교수협의회 의장을 출석시켰다. 그리고 그들을 상대로 분규의 원인과 해법을 따져 물었다. 교육부 종합감사가 오히려 분규를 증폭시켰다는 질타도 있었다. 결국 대구대학교 재단 정상화를 위해 교육부의 적극적인 조치와 개입을 요구하는 의견이 많았다. 그 과정에서 조순형 교육위원장과 박석무 의원, 유성환 의원 등의 활약이 컸다. 교수협의회와 농성 교수들은 국회 대응에서 의미 있는 성과를 거뒀다고 자평했다.

하지만 교육부가 재단에 정상화 시한으로 제시한 10월 25일까지도 이사진 개편은 이뤄지지 않았다. 오병문 교육부 장관은 10월 26일, 대구대학교 사태 해결을 위해서는 임시이사 파견이 불가피하다는 의견을 밝혔다. 교수협의회는 교육부가 더 이상 임시이사 파견을 미루지 못할 것으로 기대했다. 장기 농성에 지친 교수들도 싸움의 끝이 보인다고 생각했다. 그러나 교육부는 재단에 또다시 시간과 기회를 주기로 했다. 11월 17일자 보도자료를 통해 교육부는 12월 3일까지 대학 문제를 해결할 수 있는 능력을 가진 인사들로 교육부와 협의해 이사진을 전면 개편할 것을 재단에 요구했다. 만약 이 요구가 받아들여지지 않을 경우 이사 전원에 대해 취임 승인을 취소하고 임시이사를 파견한다는 뜻도 밝혔다. 이사 해임과 임시이사 파견은 끝까지 피하고 싶다는 뜻으로 읽혔다. 교수와 학생들은 교육부의 지연 전략에 분노했지만 달리 방법이 없었다.

11월 22일에는 교육부와 재단이 고은애 이사와 황종동 이사장이 잔류하는 방식의 이사진 부분 개편안에 합의했다는 언론 보도가 있었다. 교수협의회는 막무가내 재단과 교육부의 이중 플레이를 강력하게 규탄하고 나섰다.

교육부와 고은애 이사는 얼마나 더 많은 제물을 요구하려는가?
― 교육부의 국민 기만과 고은애 이사의 잔류 기도를 강력 규탄한다

비통한 현실이다. 교육부는 어찌 이럴 수가 있으며, 고은애 이사는 또 어찌 이럴 수가 있는가? 아무리 믿을 수 없는 사람들이요, 아무리 상식 밖의 사람들이라 하더라도 어찌 이럴 수가 있는가?

2만여 교수, 학생과 민족의 내일을 짊어진 대학을 사유물쯤으로밖에 여기지 못하는 한 여인의 벽이 이토록 두텁더란 말인가? 이 대학을 이토록 깊은 파국으로 몰아넣고서도 여전히 자신의 과오를 인정하지 못하고, 대학 발전을 위해 절규하는 전 구성원을 적으로밖에 여기지 못하는 한 여인의 좁은 사고가 이토록 난공불락이란 말인가? 수십 년 유착의 그물이 이토록 질기단 말인가? 교육 대통령, 문민정부의 개혁 의지가 고작 이 정도란 말인가? 문제의 본질, 파국의 핵심은 그대로 놓아 둔 채, 미봉하고 억지 땜질하는 것이 소위 문민정부의 개혁 철학이란 말인가?

벌써 수차례 반복되어 온 교육부의 무책임한 식언, 이사진 전면 개편을 기자실에서 공식 발표한 일주일 전 17일, 바로 그날부터 뒤에서는 고은애 이사의 잔류를 전제로 한 부분 교체의 밀담을 재단과 나누어 온 교육부의 이 엄청난 반교육적 국민 기만, 이제 우리는 누구를 믿고 교육을 지키며 또 누구를 믿고 강단을 지켜야 하는가? 비통

하고 슬픈 현실이다.

5년여 총장 부재에 대한 인내, 7개월을 넘긴 2만 비호 가족의 피맺힌 함성, 오늘로서 100일을 맞는 교수·학생의 시멘트 바닥 철야농성, 세 교수의 해직, 한 달이 넘는 수업 결손, 과연 고은애 이사는 얼마나 많은 제물과 희생을 요구하려는가? 얼마나 더 이 비호동산이 황폐해지고 피눈물로 얼룩져야 한단 말인가? 고은애 이사는 이 넘치는 분노를 어찌 감당하려는가? 교육부는 또 이 원성과 국민적 지탄을 어떻게 감당하려는가?

그러나 우리는 다시 지혜와 힘을 모을 것이다. 이 길이, 우리의 주장이 정녕 옳은 길이라 믿기에 우리는 다시 일어나 우리의 이 길을 갈 것이다. 우리는 차가운 시멘트 바닥 농성장에서 그리고 노천강당에서 또 때로는 가두시위장에서 목이 터져라 외쳐온 '고은애 이사 완전 퇴진'을 다시 힘 모아 외칠 것이다.

첫째, 고은애 이사의 잔류를 전제로 한 이사진 부분 교체 기도는 대학 구성원은 물론 지역민과 전 국민에 대한 우롱이자 기만이다. 고은애 이사의 잔류와 개혁 의지 없는 후임 이사 명단을 전면 백지화하라.

둘째, 교육부는 국민과 약속한 '문제 해결 능력이 있는 인사로의 이사진 전면 개편'을 즉각 추진하라.

셋째, 고은애 이사는 구차한 연명책을 중단하고 즉각 사퇴하라.

넷째, 우리의 이 요구가 받아들여지지 않을 때, 우리는 부득이 재단과의 유착 의혹을 갖는 교육부 관료들을 구체적으로 거명하여 응분의 책임을 묻지 않을 수 없을 것이다.

1993. 11. 25.

대구대학교 교수협의회

그러나 재단 이사회는 교육부가 제시한 시한을 사흘 앞둔 11월 30일, 이사진 부분 개편안마저도 거부한다고 발표했다. 어떻게든 재단을 지켜주겠다는 자세로 시간을 끌던 교육부만 머쓱해졌다. 교육부도 더 이상 재단 편만 들기 어려운 상황이 되었다. 하지만 교육부는 여전히 임시이사 파견 결정을 내리지 않았다.

그러는 사이 대학은 하루하루 깊은 수렁으로 빠져들어 갔다. 삭발, 단식, 교육부 항의 방문, 대규모 집회, 가두시위, 수업 거부, 강의실 폐쇄 등 험악한 대응들이 총동원됐다. 전국의 대학 교수들도 지지 선언을 이어 갔다.

다른 한편에서는 유령 단체들도 준동했다. 실체를 알 수 없는 단체의 명의로 대학 민주화운동을 비난하는 내용의 유인물이 뿌려지곤 했다. 정체불명의 괴한들이 학생 농성장을 침탈해 기물을 파손한 적도 있었다. 12월 11일 새벽에는 교수 농성장이 습격받는 일까지 벌어졌다. 농성장 안의 비품과 성금함, 방명록과 농성 일지, 심지어 교수들이 놓고 간 책까지 불태워졌다. 너무나 부끄럽고 야만적인 사건이었다.

이태수 신임 대학정책실장의 빠른 결단

교수와 학생 모두 하염없이 지쳐만 갔다. 교수협의회 집행부의 걱정도 이만저만이 아니었다. 마침 그때 예기치 않은 방식으로 새로운 변수가 등장했다. 교육부 장관이 교체된 것이다. 1993년 12월 21일의 일이었다. 문민정부 첫 교육부 장관인 오병문 장관이 물러나고 이화여대 김숙희 교수가 새로 장관에 취임했다. 일주일 뒤에는 이성호 대학정책실장도 물러났고, 이듬해 1월 18일에 서울대학교 철학과의 이태수 교수가 후임 대학정책실장으로 취임했다.

반가운 소식이었지만, 새로 부임한 장관과 실장을 대상으로 처음부터 다시 상황을 설명해야 한다는 생각에 막막함과 피로감이 밀려왔다. 농성장에서 이제나저제나 반가운 소식을 간절하게 기다리던 교수들도 그랬다. 연일 농성하고 가두시위하며 심지어 단식까지 이어 가는 학생들의 건강도 걱정되고 미안했다.

후임 장관과 대학정책실장의 입장과 관점을 모르니 혹여 지난 수개월의 처절한 노력이 무산되는 것은 아닌지 걱정되기도 했다. 그런데 그렇지 않았다. 이태수 신임 대학정책실장은 대구대학교의 분규 상황과 교수들의 문제 제기를 진지하게 경청했다. 이수인 영남대학교 교수의 도움이 컸다.[17]

이태수 대학정책실장은 짧은 시간에 대구대학교의 상황을 파악한 뒤 빠르게 조치를 취했다. 1994년 2월 22일이었다. 이사 전원을 해임하고 임시이사를 파견한 것이다. 취임 1개월여 만에 내린 매우 신속한 결단이

---

[17] 이태수 대학정책실장을 만나 대구대학교의 상황을 충분하게 설명할 수 있도록 주선한 이가 영남대학교 정치외교학과 이수인 교수였다. 대구대학교 분규의 원인과 본질을 속속들이 알고 있던 그가 대구대학교 민주화를 위해 힘을 보탠 것이다. 그는 1990년 11월에 전남 함평·영광군 국회의원 보궐선거에서 당선되어 활동하다(평화민주당, 1990. 11.~1992. 5.) 다시 영남대학교 교수로 복직한 상태였다. 그 후 1996년 6월부터는 전국구 의원으로 재선되어 활동했다. 그의 형이 이수성 전 서울대학교 총장(1995. 3.~1995. 12.), 전 국무총리(1995. 12.~1997. 3.)다.

었다. 마치 대구대학교 문제를 해결하기 위해 등장한 은인처럼 생각되기까지 했다. 청와대에서 교육 정책을 총괄하던 김정남 교육문화수석비서관의 숨은 역할도 컸다. 지금은 우리나라를 대표하는 방송 토론 사회자인 정관용 씨도 당시 청와대 행정관으로 일하면서 보이지 않게 지원을 아끼지 않았다.

임시이사 파견과 관련해서 언급하지 않을 수 없는 에피소드가 하나 있다. 원래 교육부는 이사 해임 및 임시이사 파견 일자를 2월 24일로 예정하고 있었다. 그런데 그 며칠 앞두고 걱정스러운 소식이 하나 들려왔다. 재단이 2월 22일에 이사회 개최를 준비한다는 것이었다. 그리고 그 날 몇 명의 교수가 또 재임용 탈락될 것이라고도 했다. 나의 뒤를 이어 '교수협의회 속보' 편집간사로 활동해 온 국어국문학과 서경석 교수를 비롯해 재단퇴진운동에 적극 참여한 교수들이었다. 교수협의회에 비상이 걸렸다. 임시이사가 파견되더라도 이틀 전에 교수들의 재임용 탈락이 결정되면 그것을 바로잡기까지는 또다시 많은 고통과 희생을 치러야 하기 때문이다. 교수협의회는 분주하게 움직였다. 예정된 임시이사 파견 일자를 최소한 이틀 이상 앞당기기 위해서였다.

지성이면 감천이라 했나, 성사되었다. 2월 22일 이사회가 진행되던 중에 이사 전원을 해임하고 임시이사를 파견한다는 내용의 교육부 공문이 팩스로 재단 사무실에 당도한 것이다. 해임 통보를 받은 이사들은 더 이상 회의를 진행할 수 없었다. 마치 007작전 같았다. 그렇게 교수 추가 해직 의결을 막을 수 있었다. 김정남 교육문화수석과 정관용 행정관, 김

교수 농성장. 임시이사 파견 소식을 듣고 환호하는 모습(1994.2.22.).
좌측에서 두 번째가 김문봉 교수, 여덟 번째가 윤덕홍 교수, 맨 우측이 필자.

숙희 교육부 장관과 이태수 대학정책실장의 신속한 결단이 더 큰 혼란과 비극을 막아 낸 것이다. 교육부는 이사 해임 통보 공문에 해임 사유를 첨부했다. 몇 가지 회계 비리 외에 이사회의 학내 문제 해결 능력 부재, 정상화 의지 부족, 기능 상실 등을 적시했으며, 특히 이태영 이사에 대해서는 장기 부재로 이사로서의 직무 미수행을, 고은애 이사에 대해서는 정상화 무대책 등을 추가로 지적했다.

농성장에서 임시이사 파견 소식을 접한 교수들은 환호했다. 신성한 캠퍼스에서 비리와 독선, 야만의 상징이었던 재단을 쫓아냈다는 승리의 환호였다. 때로는 절벽 같고 때로는 골리앗 같았던 재단에 맞서 교수와 학생이 승리했다는 감격의 환호였다. 해직 교수들이 복직할 수 있게 됐고 대구대학교도 지루한 분규에서 벗어나 안정을 찾을 수 있게 됐다는 안도의 환호이기도 했다. 재단의 비리와 전횡의 굴레에서 벗어나 이제는 대학 구성원의 땀과 노력으로 대학을 발전시킬 수 있게 됐다는 기대와 희망의 환호이기도 했다.

교수협의회, '제2의 건학'을 선언하다

교수협의회는 교육부 장관의 결단을 환영하면서 189일 만의 농성장 철수와 대구대학교의 새 출발을 알리는 성명을 발표했다. 1994년 1학기 개강을 일주일쯤 앞두고 분주하던 캠퍼스가 온통 덕담과 감격으로, 활기와 희망으로 가득 찼다.

대구대학교 제2의 건학, 제2의 개교를 선언합니다

얼마나 기다렸던 순간입니까? 얼마나 손꼽아 고대해 온 순간입니까? 눈물이 앞을 가립니다. 오늘까지 189일 밤낮을 차가운 시멘트 바닥에서 농성해 온 우리들은 북받쳐 오르는 감격에 만감 어린 눈물을 흘리면서 한동안 말을 잊었습니다.

저희 대구대학교를 아껴 주시고 끝까지 성원을 보내 주신 대구시민 여러분, 그리고 나라의 교육을 걱정하시고 상식과 지성에 아낌없는 응원의 박수를 보내 주신 언론

관계자 여러분, 정말 너무 감사하다는 말씀 외에 드릴 말씀이 없습니다. 특히 저희 대구대학교에 자녀를 맡겨 주시고 1년을 하루같이 노심초사해 오신 학부모님들과 저희 대학 문제를 자신의 문제로 생각하시면서 그 많은 시간과 노력을 할애해 주신 '대구·경북지역 대학교수협의회' 관계자 및 '대구대학교 정상화를 위한 시민대책모임' 관계자 여러분께도 깊은 감사의 인사를 올립니다.

또한 저희들은 새로 부임하신 김숙희 교육부 장관님과 이태수 대학정책실장님 그리고 저희 대학의 문제로 오랜 시간 고뇌해 오신 교육부 관계자 여러분께도 진심으로 감사하다는 말씀을 드립니다. 여야를 불문하고 저희 대학의 장래를 걱정해 주신 국회 교육위원님과 대구 지역구에서 활동하시는 국회의원님들께도, 바쁘신 중에도 저희 대학의 거듭남을 위해 혼신의 힘을 보태 주신 데 대해 대학의 전 구성원과 함께 감사의 인사를 드립니다.

그리고 350여 교수님과 1만 5천 학생 여러분, 250여 직원 선생님께도 심심한 감사의 인사를 드립니다. 돌이켜 보건대 정말 눈물겨운 대장정이었습니다. 어렵고 고통스러운 고비를 수도 없이 넘어오면서 우리들은 서로를 위로하고 격려하면서 지친 몸을 이끌고 여기까지 왔습니다. 우리는 기어코 해냈습니다. 분명 자랑스러운 일임에 틀림없습니다. 우리는 굴하지 않았습니다. 우리는 이겨 냈습니다. 우리는 우리의 자존심을 걸고 우리의 교직까지 걸면서 지성의 길을, 이 시대 교육자가 갈 길을 헤쳐 왔습니다.

우리는 '제2의 건학', '제2의 개교'를 힘차게 선언합니다. 이제 우리는 우리의 책임 하에 우리 대구대학교를 진리의 상아탑으로, 민족의 배움터, 민주 대학으로 건설해 갈 것입니다. 이제 우리는 지역사회의 복지와 발전에 이바지하며, 민족을 이끌고 국가의 밝은 내일을 개척해 가는 선진 대학으로 도약할 것입니다. 이제 우리는 창조와 건설의 지혜를 모아 나갈 것입니다. 우리 자신을 연마해 갈 것이며, 대학 발전을 위한 길이라면 뼈를 깎는 아픔도 마다하지 않을 것입니다.

학부모님과 '대구·경북지역 대학교수협의회 연합회' 관계자 및 '대구대학교 정상화를 위한 시민대책모임'의 민주 시민 여러분, 언론 관계자 여러분, 교육부 관계자 및 국회의 교육위원님과 대구 지역구 국회의원님, 그리고 저희 대학의 발전을 위해 적극적인 응원을 아끼지 않아 주신 전국의 교육 관계자 여러분. 이제 우리는 오늘 2시로 189일 동안의 눈물과 아픔이 밴 농성장을 철수합니다. 앞으로도 우리의 '제2의 건학'을 위한, 새로 태어나기 위한 노력을 애정 어린 눈으로 계속 지켜봐 주시고 힘찬 도약을 위한 지도 편달도 계속 보내 주시길 간절히 부탁드립니다. 감사합니다.

1994. 2. 22.

대구대학교 교수협의회

직선총장, 취임하다

7인의 임시이사 명단은 다음과 같다. 그중 김기동 전 영남대학교 총장이 이사장을 맡았다. 교수협의회는 6개월 전에 나와 함께 재임용 탈락했던 조기섭 총장 당선자가 임시이사회로부터 총장 인준을 받아 내기 위해 팔을 걷었다. 대학 안정과 학사 정상화를 위한 첫 단추라고 보았기 때문이다. 하지만 이 역시도 생각만큼 간단치 않았다. 여전히 구(舊)재

1기 임시이사 명단 (1994.2.~1995.8.)

성명	소속	비고
김기동	전 영남대학교 (직선)총장 영남대 학원 임시이사	1994.2.22. ~ 1995.8.22. 이사장
김영하	경북대학교 명예교수	1994.2.22. ~ 1995.8.22.
노명식	전 경북대학교 교수	1994.2.22. ~ 1995.11.8. 1995.8.23.부터 이사장
이명석	대구MBC 사장	1994.2.22. ~ 1995.8.22.
서정제	변호사	1994.2.22. ~ 1995.8.22.
김태진	경북대학교 사무국장	1994.2.22. ~ 1995.8.22.
김규형	전 대구시 교육청 관리국장	1994.2.22. ~ 1995.8.22.

단을 옹호하는 교수와 직원이 적지 않았기 때문이다. 그들은 조기섭 교수의 총장 취임을 결사반대하고 나섰다.

임시이사회는 조기섭 총장 당선자에 대한 재신임 투표를 요구했다. 교수협의회는 그럴 이유가 없다고 주장했지만 결국은 그 요구를 수용했고 3월 2일과 9일, 두 차례 재신임 투표 절차를 밟았다. 하나하나가 피말리는 대결과 긴장의 연속이었다. 다행히 재신임 투표 결과는 조기섭 교수의 총장 임명에 찬성하는 것으로 나왔다.

3월 12일의 이사회는 드디어 조기섭 당선자를 제5대 총장에 임명하기로 만장일치 의결했다. 해직 교수 신분에서 곧바로 총장이 된 것이다. 3월 23일, 공식 취임식을 갖고 대구대학교 '제2의 건학'을 선포했다. 취임 인사에서 그는 자신의 총장 취임을 '지성과 양심의 승리'라고 했다. 선비답고 시인다운 선언이라고 생각했다. 그에게도 감격이었지만 내게도 그 못지않게 감격이었다. 추석도 크리스마스도 설날도 없이 이어진 189일의 철야농성과 그 고통스러운 하루하루를 함께해 온 교수들이라면 그리고 그 모습을 지켜본 이라면 누구에게라도 감격스러운 순간이 아닐 수 없었다.

총장의 장기 부재와 재단의 독선과 비리, 교수·학생의 대학 민주화 요구, 교육부 감사, 재단의 교수협의회 의장 징계 해임 및 교수협의회 와해 기도, 조기섭 당선자와 나에 대한 재임용 거부, 교수·학생의 재단퇴진운동, 189일의 교수 철야농성, 교육부의 이사 해임과 임시이사 파견, 그리고 직선총장 취임에 이르기까지 대구대학교 민주화운동은 전국 대학가에 큰 뉴스였고 전국 지식인 사회에도 깊은 인상을 심어 주었다. 1987년 6월항쟁 후 전국 대학가를 휩쓴 대학 민주화운동의 소중한 성공 사례로 평가받으면서 많은 대학의 교수와 학생에게도 큰 용기를 주었다.

앞선 수년 사이에 선구적인 대학 민주화운동으로 비리 재단을 퇴진시킨 조선대학교와 영남대학교, 인천대학교, 상지대학교, 덕성여자대학교 등과 함께 대구대학교는 사학 민주화의 상징으로 떠올랐다. 나는 그 한복판에 때로는 고독하게 또 때로는 행복하게 서 있었다.

복직이 아니라 '명예 복직'이다

임시이사가 파견되고 조기섭 교수가 총장에 취임한 뒤 교수협의회와 총장은 대학의 정상화와 민주화, 그리고 구석구석에 뿌리내린 부패 관행을 개혁하기 위해 발 빠르게 움직였다. 산적한 과제 가운데서도 나의 복직 처리는 핵심적인 이슈로 떠올랐고, 임시이사들도 같은 입장이었다.

하지만 임시이사회가 나에게 제안한 방법은 1994년 3월 1일자 특별 채용이었다. 나는 동의할 수 없다고 했다. 특별 채용이 아니라 6개월 전으로 돌아가 나에 대한 재임용 심사를 다시 해야 한다고 주장했다. 1993년 10월, 정기국회 국정감사 과정에서 입수된 재임용 심사 평정표를 봤기 때문이다. 그때 나는 인격과 삶이 송두리째 난도질당한 기분이었다. 그것을 바로잡지 않으면 안 된다고 생각했다.

그때부터 이미 나의 목표는 단순 복직이 아니라 '명예회복을 전제로 한 복직'으로 옮겨 갔다. 그것을 나는 '명예 복직'이라고 불렀다. 6개월 전의 재임용 심사를 무효로 선언하고 나를 다시 심사해 달라고 막 출범한 임시이사회에 요구했다. 임시이사회는 난감해했다. 아무리 문제가 많다고 하더라도 권한을 가진 기관이 내린 공식 결정을 소급해서 번복할 수는 없다고 했다. 교육부의 해석도 같았다. 억울했지만 이해할 수는 있었다. 평소 가까웠던 대구의 인권 변호사들과 상의했다. 법무법인 삼

일의 김준곤, 최봉태, 송해익 변호사였다.[18] 그들은 이사장을 상대로 소송을 제기하자고 했다. 6개월 전의 재임용 거부 결정을 무효화하고 다시 심사받을 수 있는 유일한 방법은 법원 판결을 받아 내는 것이라고 했다.

착잡했지만 그렇게 하기로 했다. 이사장을 상대로 '재임용 거부 결정 무효 확인 소송'을 대구지방법원에 냈다. 6개월 전 구재단이 내린 재임용 거부 결정이 부당했다는 나의 주장을 김기동 이사장은 반박 없이 동의해 주었다. 감사한 일이었다.

그러나 그것으로도 해결되지 않았다. 또 하나의 큰 산이 버티고 있었다. 설령 원고인 나와 피고인 이사장이 다투지 않는다고 하더라도 법원은 원고인 나의 손을 들어줄 수 없다는 것이었다. 대법원 판례[19] 때문이라고 했다. 비록 재단의 6개월 전 재임용 거부 결정이 도덕적으로나 교육적으로 부당했다고 하더라도 당시 사립학교법과 대법원 판례로는 내가 승소하기가 어렵다는 것이었다. 재판부가 기존의 대법원 판례를 넘어서는 새로운 판례를 만들어 주기를 기대했지만 순진한 기대였다.

---

18 세 변호사 모두 대구·경북의 대표적인 1세대 인권 변호사이다. 먼저 김준곤 변호사는 김대중정부 때 '대통령직속 의문사진상규명위원회' 상임위원으로, 참여정부에서는 대통령비서실 사회조정비서관, 1기 '진실·화해를 위한 과거사 정리위원회' 상임위원으로 일했다. 최봉태 변호사는 '민주화를 위한 변호사모임' 초대 대구지부장을 역임한(2004년) 뒤 국무총리 산하 '일제강점하 강제동원 피해 진상규명 위원회' 사무국장을 역임했으며 2012년에는 '일제 강제징용 피해자와 유족의 미쓰비시 중공업과 신일본제철 상대 손해배상 청구' 소송(대법원)에서 원고 승소 판결을 받아 냈다. 송해익 변호사 역시 '민주화를 위한 변호사모임' 대구지부장을 역임했으며, 2019년에 정상화된 영광학원에서 대학 구성원 추천 개방이사를 4년 역임하면서 영광학원과 대구대학교의 민주화를 위해 헌신했다.
19 당시 대법원 판례는 사립학교 재단이 임용 기간 만료 교수에 대해 아무런 이유 없이도 심지어 심사 절차를 밟지 않고도 재임용 거부를 할 수 있다는 것이었다. 교수는 근로기준법의 보호도 받을 수 없는, 파리 목숨보다 못한 신분이라는 자조가 교수 사회에서 유행했던 것도 그런 악법과 제도 때문이었다.

변호사들은 내게 다시 새로운 제안을 해 왔다. 원고와 피고 사이에 '소송상 화해'로 사건을 매듭짓자는 것이었다. 나에 대한 재임용 거부 결정이 부당했다는 내용의 화해조서를 작성해 원고인 나와 피고인 이사장이 서명하고 재판부가 승인하면 판결과 같은 효력을 발휘한다고 했다. 고심 끝에 동의했다. 김기동 이사장도 동의해 주었다. 교수 신분을 보호할 수 있는 새 판례를 만들지 못해 아쉬웠지만, '소송상 화해'의 방식으로 소급 재임용을 마무리 짓게 됐다. 6개월 전의 재임용 거부 결정 무효화, 6개월 전으로의 소급 복직, 그리고 명예회복의 성과를 거둔 것으로 만족해야 했다. '화해조서'의 핵심을 추리면 다음과 같다.

대구지방법원 제13민사부

화해조서

사 건	94가합5766	재임용 거부 무효 확인
원 고	1. 조기섭　　2. 홍덕률	
	위 원고들 소송대리인 변호사 김준곤, 최봉태, 송해익	
피 고	학교법인 영광학원 이사장 김기동	
	소송 대리인 변호사 ○○○, ○○○	
재판장	판사 이○○　판사 임○○　판사 박○○	
기 일	1994. 6. 27.　16:00　　장소 제13민사부 판사실	

당사자들은 다음과 같이 화해하였다.

청구 취지

피고가 1993.8.31.자로 원고들에 대하여 한 교수재임용 거부처분은 무효임을 확인한다.

소송비용은 피고의 부담으로 한다.

라는 재판을 구함.

화해 조항

1. 피고가 1993.8.31.자로 원고들에 대하여 한 교수재임용 거부는 무효임을 확인한다.
2. 피고는 1993.9.1.자로 원고들에 대하여 교수재임용에 관한 절차를 이행한다.
3. 소송비용은 각자 부담으로 한다.

재판장 판사   이○○

복직의 의미

나의 복직은 임시이사가 파견되고 한 학기가 지난 뒤 9월 1일자로 성사되었다. 해직된 지 꼭 1년 만이었다. 1년 전으로 돌아가 1993년 9월 1일자로 소급해 재임용된 것이다. 1년간 받지 못한 급여도 모두 받게 됐다. 1년 동안 매달 1만 원씩 성금을 걷어 월 200만 원의 생활비를 후원해 준 260여 명의 교수들에게 돌려주었다. 그리고 함께 고생한 교수들과 조촐한 파티도 열었다. 그들의 정의감과 뜨거운 연대 의식이 나를 지켜 주었고 대구대학교를 정상화해 낸 것이다. 참 고마운 동료요 동지들이었다.

대구대학교와 나는 그렇게 끈끈한 운명으로 묶이게 되었다. 복직하면서 결심한 것이 하나 있었다. '앞으로 무슨 일이 있어도, 설령 내가 대구대학교에서 받는 연봉의 두 배, 세 배를 주겠다는 대학이 있더라도 대학을 옮기지 않겠다'는 결심이었다. 그때의 결심은 지켜졌다. 그 후 나는 대구대학교가 처한 어떤 상황에서도 무한 책임감으로 임했다. 평교수로 있을 때나 교수협의회 임원으로 일할 때, 혹은 본부 보직을 맡았을 때도 나의 모든 에너지와 열정과 역량을 대구대학교에 쏟았다. 그리고 그 삶은 복직하고 15년이 지난 2009년 9월에 직선총장으로 당선되는 '기적'으로 내게 돌아왔다.

한편 교수재임용 탈락 사건은 대구대학교에서만이 아니라 유사한 분규가 벌어지고 있는 사학들에서 줄줄이 이어졌다.[20] 부당하게 재임용 탈락된 교수들은 법의 상식에 기대를 걸고 소송을 제기했지만 모두 패소했다. 교수재임용과 관련해 임용권자(재단)의 자유재량을 폭넓게 인정한 사립학교법의 독소 조항과 그에 근거한 대법원 판례 때문이었다.

---

20 전국적으로 주목을 끈 사례만 보더라도 덕성여자대학교 성낙돈 교수(1990.8.)와 한상권 교수(1997.2.), 상지대학교 박정원 교수(1992.8.), 세종대학교 홍근철 교수(1991.2.)와 김동우 교수(2002.2.) 등을 들 수 있겠다.

내 사건을 비롯해 전국의 많은 교수재임용 탈락 사건들은 교수재임용제도의 부당성을 사회에 고발한 계기로도 작용했다. 교수재임용제도를 둘러싼 사회적 논란과 법률 논쟁은 2003년 2월 27일에야 정리됐다. 아주대학교 윤병만 교수의 재임용 탈락 사건과 관련하여 헌법재판소가 기간제 교원 임용의 근거 조항인 구(舊)사립학교법 제53조의2 제3항에 대해 헌법불합치결정(2000헌바26결정)을 내린 것이다. 헌법재판소가 밝힌 판결 이유는 다음과 같다.

객관적인 기준의 재임용 거부 사유와 재임용에서 탈락하게 되는 교원이 자신의 입장을 진술할 수 있는 기회, 그리고 재임용 거부를 사전에 통지하는 규정 등이 없으며, 재임용이 거부되었을 경우 사후에 그에 대해 다툴 수 있는 제도적 장치를 마련하지 않고 있는 이 사건 법률 조항은, 현대사회에서 대학 교육이 갖는 중요한 기능과 그 교육을 담당하고 있는 대학 교원의 신분의 부당한 박탈에 대한 최소한의 보호 요청에 비추어 볼 때 헌법 제31조 제6항에서 정하고 있는 교원 지위 법정주의에 위반된다.

나의 재임용 탈락으로부터 꼭 10년 만의 일이었다. 교수의 신분 및 교수재임용제도와 관련해 의미 있는 판결과 제도 변화가 이뤄진 것이다. 1988년부터 2000년까지 전국 대학에서 해직됐거나 재임용 탈락된 100명 넘는 교수들의 끈질긴 문제 제기가 이끈 쾌거이기도 했다.

이후 국회는 위의 헌법재판소 결정을 반영해 사립학교법을 개정했다. 계약제 임용 시 임용 기간 만료 통지, 재임용 심의 신청, 재임용 거부 시

거부 사유 통지, 교원에게 의견 제출 기회 부여, 불복 절차 등에 관한 규정을 새롭게 마련한 것이다.[21] 나도 작게나마 보람을 느꼈다. 충분히 감당할 가치가 있는 고난이었다고 스스로를 위안할 수 있게 됐다. 그런 점에서도 나는 행복한 해직 교수였다.

---

21 2005년 1월의 일이었다. 그 후 2005년 7월에는 '대학교원 기간임용제 탈락자 구제를 위한 특별법'을 제정해 교수재임용제도가 처음 도입된 1975년 7월부터 2005년 1월까지 부당하게 재임용 탈락한 교수들의 구제를 심의했다. 피눈물을 흘렸을 재임용 탈락 교수들의 한을 풀어 준 조치였다.

3.
구재단,
또다시 세상을 흔들다

1995년, 대구대학교의 비극

 1994년 2월 22일의 임시이사 파견, 3월 12일 이사회의 조기섭 총장 임명에 이어 1994년 9월 1일에는 나의 명예 복직 절차까지 마무리되면서 대구대학교는 정상화를 향한 큰 고비를 무사히 넘는 듯했다. 그러나 순진한 착각이었다. 임시이사가 파견된 지 불과 1년여 만에 대구대학교는 또다시 격랑에 휩쓸리게 되었다.
 이는 조기섭 총장이 취임 1년 반 뒤인 1995년 8월 31일에 정년을 맞은 사정과 관련 있다. 사립대학에서 총장의 임기와 정년은 재단 정관에서 정하게 되는데 대구대학교의 경우는 총장의 정년을 평교수와 똑같이 만

제6대 총장선거 결과 (1995.5.31.)

성명	소속	득표수 (득표율)	
		1차 투표	2차 투표
윤덕홍(당선)	일반사회교육과	115 (32.3%)	177 (50.1%)
권기덕	심리학과	85 (23.9%)	176 (49.9%)
이경태	일반사회교육과	68 (19.1%)	
이갑숙	생물교육과	53 (14.9%)	
김창수	화학교육과	35 (9.8%)	
총 투표자		356 (100.0%)	353 (100.0%)

65세로 정하고 있었기 때문이다.

1995년 5월 31일에 치러진 후임 총장선거에는 모두 5명의 교수가 출마했다. 구재단과 맞서 온 교수들은 대부분 조기섭 직선총장 체제에서 기획처장으로 일한 윤덕홍 교수를 후보로 지지했다. 그는 1993년 교수협의회의 대외협력간사로 구재단퇴진운동을 함께한 선배 교수였다. 1차 투표에서 여유 있게 1위를 했지만 1, 2위만 다시 치르는 결선투표에서는 심리학과 권기덕 교수에게 1표 차로 승리했다. 구재단퇴진운동에 참여했던 교수들은 안도했고 환호했다.

그러나 사정은 호락호락하지 않았다. 총장 인준 안건을 심의할 이사회 회의장 입구에 학생을 가장한 정체불명의 청년들과 장애인들이 난입해 이사회 개회를 방해했다. 이사들을 향해 사퇴하라며 함성을 지르는 등 노골적으로 위협하기도 했다. 결국 이사회는 개최되지 못했고 윤덕홍 총장 인준도 처리하지 못했다.

교육부가 대구대학교와 영광학원에 대해 감사를 실시하겠다고 통보해 왔다. 일종의 민원 감사라고 했다. 물론 구재단이 임시이사회를 비방하는 내용으로 작성한 투서 민원 때문이었다. 그렇더라도 그것은 매우 이례적인 일이었다. 교육부 장관이 임명하고 파견한 임시이사들이 어렵게 분규를 해소하면서 대학을 안정시켜 가는 중에 교육부가 감사하겠다고 나선 것이다. 교수들은 교육부의 불순한 의도를 의심했다. 하지만 달리 방법이 없었다. 교육부 감사팀은 총장선거가 끝난 직후인 1995년 6월, 직선총장 취임 후 1년 3개월여 기간의 대구대학교와 재단을 샅샅이 훑었다. 그러고는 당시 기획실장이자 총장 당선자였던 윤덕홍 교수를 경징계하라고 지시했다. 캠퍼스 부지 내 교육용 토지 매입 절차 등이 '부적절'했다는 것이 이유였다.[22]

구재단에게 국면을 뒤집을 절호의 빌미를 던져 준 것이다. 구재단을 지지하는 교수들도 한편으로는 이사진을 비난하고 다른 한편으로는 윤덕홍 당선자를 비리범으로 매도하면서 총장에 임명해서는 안 된다고 주장하고 나섰다. 7인 이사 가운데 김기동 이사장을 포함해 6인의 이사가

---

[22] 교육부는 '윤덕홍 기획실장 외에 조기섭 총장과 이종한 사무처장 등 3명을 경징계하고 학교법인 영광학원 김기동 임시이사장과 김〇〇 교무처장 등 16명은 경고 주의 조치하라고 재단 징계위에 지시'하면서, '감사 결과 부당, 부정한 업무 수행은 없었으나 절차상 하자나 지나친 의욕이 빚은 업무상 실수는 인정됐다'고 발표했다. 「대구대 총장 등 셋 징계」, 『매일신문』 1995. 7. 21. (https://www.imaeil.com/page/view/1995072108195665573)

2기 임시이사 명단 (1995.8.23.~1999.12.31.)

성명	소속	비고
노명식 이사장	전 경북대학교 교수	1993.8.에 유일하게 사표 미제출 1995.8.23.부터 이사장 1995.11.에 사표 제출
이성대 이사장	전 영남대학교 교수협의회 의장	1995.8.23. 이사 선임 1995.11. ~ 1999.12.31. 이사장 (노명식 이사장 후임)
김철수 이사	서울대학교 교수	1995.8.23. ~ 1999.12.31.
서석구 이사	변호사	1995.8.23. ~ 1999.12.31.
서영훈 이사	전 적십자사 총재, 전 KBS 사장	1995.8.23. ~ 1999.12.31.
유종탁 이사	대구·경북개발연구원장	1995.8.23. ~ 1999.12.31.
박영춘 이사	계명대학교 의료원장	1995.8.23. ~ 1999.12.31.
박일재 이사	전 교육부 기획관리실장	1995.11. 이사 선임(노명식 이사장 후임) 1999.12.31.까지 이사

교육부의 조치에 반발해 사표를 제출했다.

 교육부의 감사 결과가 석연치 않았지만, 설령 인정한다 해도 경징계는 총장 임명에 결격 사유가 아니다. 이사회는 윤덕홍 교수를 총장에 임명할 수 있었고 그것이 합당한 법 절차였다. 하지만 6인 이사들은 교육부에 사표를 제출하고 떠난 것이다. 정체불명 청년들로부터의 섬뜩한 위협도 부담이었을 것이라 이해하면서도 교수들은 충격에 휩싸였다.

 교육부는 8월 23일, 6명의 이사를 새로 선임했다. 사표를 제출하지 않고 남아 있던 노명식 이사가 이사장을 맡았다. 노명식 이사장도 11월에 사퇴하고 이성대 이사가 이어서 이사장을 맡았다.

윤덕홍 총장 당선자를 교수직에서 해임하다

노명식 이사장이 이끌게 된 새 이사회는 8월 31일 이사회를 열고 윤덕홍 당선자의 총장 임명을 보류한 채 총장 대행을 임명했다. 1년 반 전에 총장선거에 출마해 조기섭 교수에게 패한 박정옥 교수였다. 재직 교수 가운데 최연장자라는 이유였다. 그는 구재단에 우호적인 교수로 알려져 있었다. 당연히 윤덕홍 당선자를 총장에 임명하지 않겠다는 뜻으로 읽혔다. 새 임시이사회는 대학 사정을 알지 못한다는 이유로 대학 구성원 사이에 합리적인 해법이 나와 주기를 기대한다고 했다.

결국 국회 교육위원회가 나섰다. 9월 26일, 상지대학교, 청주대학교와 함께 대구대학교 사태를 안건으로 상정한 것이다. 국회는 노명식 이사장과 이종한 전 사무처장, 최병두 교수협의회 부의장을 증인으로 출석시켰다. 특히 민주당 박석무 의원과 홍기훈 의원의 문제 제기와 지적이 핵심을 찔렀다. 『매일신문』은 그날의 회의를 다음과 같이 요약 보도했다.[23]

---

[23] 「국감초점 — 교육위, 구재단 복귀 교육부와 유착 의혹」, 『매일신문』 1995. 9. 27. (https://www.imaeil.com/page/view/1995092722140301239)

국감 초점—교육위, 구재단 복귀 교육부와 유착 의혹

— 대구대 사태, 표적 감사로 되레 악화

··· 이날 상지대, 청주대 등에 이어 대구대의 증인들을 대상으로 자정까지 벌인 증인 심문을 통해 민주당의 박석무 의원은 "94년 관선이사 파견 이후 정상화되어 가던 대구대학이 지난 6월 교육부 감사 결과 재단 이사장과 총장 예정자(교수협의회에 의해 직선총장으로 선출돼 9월 1일 취임 예정)가 교육부로부터 징계 요구를 당하면서 문제가 발생하고 있다"면서 "구재단 측의 복귀 기도 및 교육부와의 유착 의혹이 강하게 제기된다"고 주장했다.

그는 이 같은 의혹을 뒷받침하는 증거로 △전 교주(구재단)의 가족이 설립한 경북실업전문대학의 관계자들이 청와대와 교육부 등 관계 요로에 계속 투서해 교육부 감사가 실시되었고 △또 이들이 최근까지 1년 동안 14회에 걸쳐 상경, 교육부 관리들과 업무 협의를 벌인 점 △그리고 경북실전이 파행적인 재정 운영을 통해 비자금을 비축해 로비에 나섰다는 설 등이 파다한 데다 이런 상황에서 교육부 감사 결과 이사회 사퇴, 직선총장 임명 보류 등의 결과로 이어지면서 구재단 측에 유리한 여건이 조성된 점을 들었다.

홍기훈 의원(민주) 또한 박 의원과 같은 맥락에서 심문에 나섰다. 그는 "윤덕홍 직선총장 당선자가 교육부 감사로 경징계 요구를 받았다는 이유로 총장 임명이 보류된 후 성립된 박정옥 권한대행 체제는 지난 22일 4명의 신규 직원 채용, 20여 명에 달하는 승진 인사, 60여 명의 전보 발령 등 과도 대행 체제로는 있을 수 없는 부당한 대폭 인사를 단행했다"면서 "이는 박 대행 체제가 구재단 측으로 학교를 넘기기 위해 적극적인 구재단 측 사람 심기 작업을 하는 것으로 이는 대구대 사태를 더욱 악화시키는 결과를 낳을 것"이라고 주장했다. 이들 주장에 대해 교육부 감사 당시 사무처장이었던 이종한 교수와 교수협의회 부의장인 최병두 교수는 특히 "교육부 감사 결과 11건이 지적됐으나 토지 매입 등 2건만이 주요 징계 사유가 됐고 이 건들조차 형식적인 절차 문제 소홀에 따른 것으로 엄청난 금전 비리나 중대 업무 착오도 아니고 어느 학교에서나 있을 수 있는 일"이라고 말해 교육부 감사가 '조용한 호수에 파문을 던진 것'이라는 이들 의원 지적에 공감했다.

교수들은 윤덕홍 당선자를 승인하라는 내용의 서명운동을 벌였고, '대구대 정상화를 위한 시민모임'도 10월 4일, 윤덕홍 당선자를 총장에 임명하라고 촉구하고 나섰다. 하지만 박정옥 총장 대행은 국회의 지적과 교수들의 비판에도 아랑곳하지 않았다. 10월 23일부터 열흘 넘게 조기섭 총장 체제의 행정을 대상으로 자체 특별감사를 진행했다. 교육부 감사 결과 경징계로는 약했다고 보고 징계 수위를 높이려는 의도로 읽혔다. 이를 우려하며 반대하던 노명식 이사장까지 11월 8일 사표를 제출했고 교육부는 그 후임으로 박일재 이사를 파견했다.

박정옥 총장 대행은 기어코 윤덕홍 당선자에 대한 징계 절차에 돌입했다. 윤 당선자의 총장 임명을 반대하는 교수들이 징계위원으로 합류했다. 그리고 12월 30일, 징계위원회는 윤 당선자에게 교수직 해임 결정을 내렸다. 당선자를 총장에 취임하지 못하도록 한 것도 부족해 교수직까지 뺏은 것이다. 설마설마했지만 그렇게 했다. 교육부의 경징계 요구를 훨씬 뛰어넘어 아예 학교에서 퇴출시킨 것이다. 2년 반 전인 1993년 8월에 조기섭 총장 당선자와 나를 재임용 탈락시키고 김형태 교수협의회 의장을 징계 해임한 데 이은, 대구대학교 역사상 네 번째 교수 해직 사건이었다. 윤덕홍 당선자에게는 물론이고 대구대학교의 민주화에도 말로 할 수 없는 비극이었다. 대학은 또다시 발칵 뒤집혔다.

물론 윤덕홍 교수는 교육부 소청심사위원회와 행정소송을 거쳐 이듬해 교수로 복직했다.[24] 하지만 그때는 1996년 1월에 다시 치러진 총장선거를 거쳐 2월 17일에 박윤흔 전 환경부 장관이 총장에 취임하고 난 뒤였다. 구재단과 가깝거나 혹은 대학 민주화운동에 냉소적이던 교수들이 중심이 되어 외부에서 영입한 총장이었다.

대구미래대학까지 수렁에 빠뜨리다

대구대학교 비극의 1995년, 이웃해 있는 대구미래대학에서도 교수 시위가 그치지 않았다. 당시 대구대학교에서 진행된 일련의 반민주적인 퇴행과 깊이 연관되어 있기에 간단하게라도 소개하려 한다.

대구미래대학은 대구대학교의 구재단이 운영하고 있던 전문대학이

---

[24] 뒤에 설명하겠지만 윤덕홍 교수는 4년을 기다려 다시 총장선거에 출마해 당선되었고 2000년 2월에 총장에 취임했다. 그리고 3년 뒤인 2003년 3월 7일, 참여정부의 초대 사회부총리 겸 교육인적자원부 장관으로 영전해 갔다.

었다. 하지만 대구대학교 재단(학교법인 영광학원)과는 별개의 학교법인인 애광학원 산하의 학교였다.[25] 두 대학과 두 법인 모두 이태영 총장과 그 가족이 운영하던, 말하자면 형제 대학이고 형제 재단이었다. 대구대학교 재단인 영광학원에 임시이사가 파견된 것과 관계없이 대구미래대학 재단(애광학원)은 여전히 구재단 측 인사들에 의해 운영되고 있었다.

당시 대구미래대학 교수들은 '재단(애광학원)이 대학의 교비를 빼돌려 대구대학교 재단(영광학원)의 경영권을 되찾기 위한 자금으로 사용하고 있다'고 주장했다. 사실이라면 대구미래대학 교수들로서는 용납할 수 없는 일이었다. 1995년 8월에는 교수들이 농성을 시작했다. 대구미래대학 재단 이사장은 대구대학교 구재단의 실권자였던 고은애 여사였고 그의 딸인 이예숙 씨가 이사로, 장남인 이근용 교수가 기획실장으로 참여하고 있었다.

대구대학교 교수들도 대구미래대학 교수들의 주장에 공감하고 있었다. 대구미래대학에서 빼돌려진 자금이 대구대학교와 영광학원의 경영권 탈환을 위한 로비 자금으로 쓰였을 가능성이 크다고 믿었다. 1995년 9월 26일의 국회 교육위원회에서 박석무 의원이 제기한 우려와 지적도 이를 가리켜 한 말이었다.

---

25 기존의 대일실업전문대학을 이태영 대구대학교 총장이 1983년에 인수해 교명을 경북실업전문대학으로, 1998년에 다시 대구미래대학으로 변경했다. 재단과 대학을 함께 인수한 경우여서 영광학원과는 별개의 법인으로 존재했다. 2011년 9월 경영에 복귀한 이근민 이사장(이태영 전 총장의 차남)에 의해 2018년 2월 자진 폐교됐다.

하지만 그 의혹을 규명할 방법이 없었다. 오히려 문제를 제기하며 농성으로 항의한 대구미래대학의 교수협의회 의장과 부의장이 1996년 1월에 파면당하는 사태가 벌어졌다.[26] 그 비리와 분규 과정을 거치면서 대구미래대학은 빠르게 추락하기 시작했다.[27] 교육부는 2000년 6월, 애광학원과 대구미래대학에 대한 종합감사에 나섰고, 그 결과 확인된 각종 비리 책임을 물어 이사 전원을 해임하고 임시이사를 파견하기에 이르렀다. 2000년 8월 18일이었다.

고은애 여사는 영광학원(대구대학교)에 이어 애광학원(대구미래대학) 경영에서도 물러나게 된 것이다. 말하자면 두 번째 대학 경영 실패를 기록한 것이다.

1998년, 그 비극의 실체가 드러나다

1995년 대구대학교-대구미래대학의 비극의 진실은 영원히 묻힐 뻔했다. 그런데 기적처럼 그해의 진실이 해 아래 드러났다. 타락한 권력과 돈의 베일을 뚫고서였고 전혀 예상하지 못한 방식으로였다. 3년의 세월이 흐른 뒤인 1998년 9월 18일이었다. 전국의 신문과 방송이 1면 머리기

---

[26] 김○○ 의장은 학교를 떠났고 장○○ 부의장은 3년 넘게 지난 1999년 2월에서야 대법원으로부터 해임 무효 확정판결을 받았다. 대구미래대학에서도 문제 제기하는 교수들이 줄줄이 내쫓기고 있었던 것이다.
[27] 2018년 2월의 자진 폐교 씨앗도 이때 뿌려진 것이라고 할 수 있다.

사와 메인 뉴스로 '1995년 대구대학교-대구미래대학교 사건'을 대대적으로 보도했다. 사설로 쓰지 않은 신문이 없을 정도였다. 요지는 1995년 6월에 교육부가 실시한 대구대학교 감사가 구재단의 로비로 진행된 표적 감사·청부 감사였다는 것이다. 『조선일보』는 이렇게 썼다.[28]

> 서울지검 동부지청 형사5부(부장 이한성)는 17일 대학 재단 측으로부터 돈을 받고 관선이사진에 대해 '청부 감사'를 한 혐의로 전 교육부 감사관 태칠도 씨 등 전현직 교육부 공무원 3명을 구속했다. 검찰은 재단 측 비자금을 이들에게 건넨 혐의로 대구대 부설 점자도서관장 한○○ 씨 등 재단 측 관계자 2명과 직선총장 퇴진을 위해 학생들을 동원해 달라는 청탁과 함께 1억 원을 받은 혐의로 김○○(전 Y대 총학생회장) 씨도 구속했다. 태씨는 1995년 5월 한씨로부터 '대학 감사를 통해 관선이사진의 비리를 밝혀 이들이 퇴진할 수 있게 해 달라'는 청탁과 함께 3천만 원을 받고 특별감사를 한 혐의를 받고 있다. 함께 구속된 현직 교육부 서기관 김○○ 씨와 교육행정 주사 김○○ 씨는 재단 측으로부터 각각 1천6백만 원과 5백만 원을 받은 혐의를 받고 있다고 검찰은 밝혔다.

수사 진행 과정을 전혀 알지 못하고 있다가 접한 보도였다. 힘겹게 덮어 뒀던 3년 전의 악몽이 떠오르며 큰 충격에 빠졌다. 대학 구성원들도 같은 마음이었다.

---

[28] "'관선이사 비리 캐라' 돈 받고 청부 감사", 『조선일보』 1998. 9. 17. (https://www.chosun.com/site/data/html_dir/1998/09/17/1998091770506.html)

구재단이 불법 로비로 노린 것은 임시이사진을 퇴진시키고 윤덕홍 당선자의 총장 취임을 저지하는 것이었다. 이를 위해 교육부 감사관실과 대학지원국의 전·현직 공무원을 비롯해 전 국회의원 보좌관 등을 매수한 것이다. 더 놀라운 것은 총학생회장과 이웃 Y대학교의 전 총학생회장까지 매수했다는 사실이다. 그들의 역할은 이사회 회의장 주변에서 이사들을 괴롭히고 협박하는 것이었다. 이사회 회의가 열리는 날이면 늘 회의장 주변을 에워싸고 공포 분위기를 조성한 이들이 바로 그들이었다. 윤덕홍 당선자를 총장으로 임명하지 못하도록 이사들을 겁박한 것이다. 그리고 그들의 로비 자금은 당시 농성으로 의혹을 제기했던 대구미래대학 교수들의 주장대로 대학 교비에서 빼돌린 돈이었다.

실은 나도 당시 학생회 간부들로부터 어불성설의 공격을 받았다. 나에 대한 인격모독성 비난 대자보가 학교 게시판에 나붙은 것이다. 학생으로부터의 공격은 교육자에게 참으로 난감한 일이 아닐 수 없다. 아무리 학생이 잘못을 저지른 것이라 해도 교수가 공개적으로 그에 대응하기란 쉽지 않기 때문이다. 학생까지 매수한 것은 교수들의 그런 심리를 이용한 패악이었다.[29] 그들의 작전은 성공했다. 윤덕홍 당선자는 총장에 취임하지 못했고 이사들은 대부분 사표를 제출한 뒤 대학을 떠났다. 그리고 대학은 또다시 구재단이 복귀할 위험에 노출됐다. 대학 구성원은 불법적인 방법으로 국가기관과 대학 민주주의를 농락한 구재단 인사들

---

[29] 구재단에 매수돼 대학을 비극의 나락으로 떨어뜨리고 나를 인신공격했던 당시 총학생회장은 수년이 지난 뒤 찾아와 그때의 탈선에 대해 진심으로 사과했다. 물론 나는 그를 용서했다.

에 분노했다. 대학 하나를 망가뜨리고 교육을 짓밟은 교육부 관료들에 대해서도 치를 떨었다. 전국 교육계도 큰 충격에 빠졌다.

그렇게 구재단과 부패 공무원의 검은 유착이 3년이 지나 드러난 것이다. 그 부패 고리에 가담한 공무원들과 구재단 관계자들, 매수된 청년들까지 법의 심판을 받았다. 1998년 12월의 1심 판결에서 유죄를 선고받은 관련자는 모두 19명이었다. 그중 교육부의 태칠도 감사관이 '징역 3년, 집행유예 4년'이라는 가장 무거운 형을 선고받았고, 교육부 감사관실과 대학지원국의 고위직 3명이 '징역 10월, 집행유예 2년'을 각각 선고받았다. 교비를 빼돌려 거액의 비자금을 조성한 대구미래대학의 이예숙 총장이 '징역 1년 6월, 집행유예 3년'을 선고받았으며, 그 아래에서 실무를 맡은 대구대학교의 한○○ 직원과 대구미래대학의 김○○ 교수도 '징역 2년, 집행유예 3년'을 선고받았다. 대구대학교의 김○○ 학생회장과 이웃 Y대학교의 김○○ 전 학생회장도 '징역 8월, 집행유예 1년 6월~2년'을 각각 선고받았다.

1995년 대구대학교 비극의 진실이 세상 밖으로 드러나게 된 것은 뜻밖에도 구재단 가족 간의 갈등 때문이었다. 발단은 1995년 '표적 감사·청부 감사 사건' 이후 이태영 총장의 장남인 이근용 당시 대구미래대학 교수가 누나인 이예숙 총장과 모친인 고은애 이사장에 의해 내쳐진 것이었다. 교수직을 잃게 되면서 생계까지 위협받게 된 것이다. 대구대학교와 영광학원의 경영권을 장남인 이근용으로부터 뺏기 위한 공격으로 해석되었다. 대구대학교와 영광학원을 둘러싼 유산 싸움, 재산 싸움인 것이다. 이근용 교수는 자신도 일부 관여했던 1995년의 표적 감사·청부 감사 사건의 전모를 서울동부지방검찰청에 고발했고 그들은 돌아올 수 없는 강을 건너게 된 것이다.

구재단은 누구인가?

여기서 구재단에 대해 간략하게라도 살펴보는 것이 필요하겠다. 먼저 학교법인 영광학원의 설립자는 대구대학교 설립자이기도 한 성산(惺山) 이영식(李永植, 1894~1981) 목사다. 경북 성주에서 출생해 대구 계성학교에 다니던 중 3·8만세운동에 참여하는 등 독립운동에 투신했고 두 차례 2년 6개월간 옥고를 치렀다. 1923년에 일본 고베신학교에 입학하고 1927년에 졸업해 목사가 되어 돌아온 뒤 대구애락원(大邱愛樂園) 나환자교회에서 시무했다. 이후 1938년에는 대구를 떠나 함경북도와 만주 등지에서 목회하다 광복 직전에 귀국했다. 대구에서 광복을 맞은 그는 1945년 9월, 대구애생원(大邱愛生園) 나환자교회를 설립해 시무했다.

이듬해인 1946년 4월에는 대구 대명동의 공동묘지 터를 대구시로부터 불하받아 장애인 시설과 대구맹아학원(현 대구광명학교)을 설립했다. 장애인 돌봄 사업과 장애인 교육 사업에 본격 뛰어든 것이다. 1946년은 학교법인 영광학원과 우리나라 최초의 특수학교인 대구광명학교가 설립된 해로 기록된다. 그 뒤 이영식 목사는 지체장애, 청각장애, 정서장애, 정신지체 등 다양한 장애 영역별로 특수학교들을 설립했다.[30] 이영식 설립자와 장남 이태영이 학교 경영을 맡았으며 그들은 우리나라 특수교육을 개척한 선구자로 평가받는다.

그 뒤 이영식 설립자는 장애인 교육을 위해서는 전문가가 필요하다고 생각했다. 1956년에 한국이공학원이란 이름의 대학을 설립한 이유였다. 이듬해 한국사회사업대학으로 교명을 바꿨는데 바로 현 대구대학교의 전신이다. 대구대학교는 우리나라에서 특수교육학을 가장 먼저 연구하고 가르치기 시작한, 특수교육·장애인재활·사회복지 특성화대학이다. 이영식 목사는 한사대학의 초대 학장을 역임한 뒤 1961년부터는 장남 이태영에게 학장직을 물려주었다.

이영식 목사는 그 뒤 생애 마지막 사업에 뛰어들었다. 태평양의 사이판과 티니언섬 정글에 수천 구의 조선인 유골이 묻혀 있다는 사실을 우연히 알고 나서였다. 일제강점기 때 끌려간 뒤 조국 땅을 밟지 못하고 억울하게 죽어 간 조선인들이었다. 이영식 목사는 그냥 지나칠 수 없었다. 직접 사이판과 티니언섬의 정글 숲을 샅샅이 훑어 유해를 수습했고 천안 '망향의 동산'에 봉환했다. 모두 5천여 구에 달했다.[31] 국가가 할 일을

---

30 영화학교(1947년 설립, 청각장애 학생 특수학교), 보명학교(1966년 설립, 정신지체 학생 특수학교), 보건학교(1967년 설립, 지체장애 학생 특수학교) 등이 그것이다. 그의 타계 후에는 덕희학교(1983년 설립, 정서장애 학생 특수학교)와 포항명도학교(1989년 설립, 지체장애 학생과 청각장애 학생 특수학교)가 설립되었다.

31 이영식 목사는 한국사회사업대학(대구대학교의 전신)의 후원 재단인 괌 국제문화센터가 추진하는 태평양 지역 심신장애아 특수교육기관 설치를 위해 1975년 괌을 방문했다가 우연히 징용으로 끌려온 한국인을 만났고 그로부터 태평양전쟁 때 희생된 수천 명의 한국인 유해가 섬 어디엔가 묻혀 있다는 말을 듣게 되었다. 그것이 유해 발굴 사업의 시작이었다. 티니언섬 출루에 있는 일본인 묘지 부

개인이 팔 걷어붙이고 감당한 것이다.

이영식 설립자로부터 대학 경영권을 물려받은 장남 이태영도 대학을 크게 성장시켰다. 특히 1970년대 후반에 경북 경산에 대규모 교육 부지를 확보해 이전한 것, 1982년에 종합대학으로 승격시키고 교명을 대구대학교로 변경한 것[32] 등은 그의 큰 업적이었다. 대학 구성원도 이태영 총장의 교육철학과 인품 그리고 열정을 존경했다.

그런데 이태영 총장은 불치병에 걸려 너무 일찍 쓰러졌고 1988년 10월에 도미한 뒤 1995년 11월에 세상을 떠났다. 그것이 대구대학교 비극의 시작이었다.

설립자의 며느리 고은애 여사

이태영 총장이 쓰러지고 난 뒤에는 그의 부인이자 설립자의 며느리인 고은애 여사가 재단과 대학의 경영을 맡았다. 이태영 총장과 함께 미국에 체류하면서 남편을 대리해 재단과 대구대학교를 원격 경영했다. 이태영 총장의 친구인 황종동 계명대학교 교수가 이사장, 부광식 경북대

근 정글에서 '조선인지묘(朝鮮人之墓)' 비석과 합장된 무덤 3기를 발견하게 됐고, 한국으로의 봉환 사업을 추진했다. 그 후 1977년에, 발굴된 조선인 유해 5천 구를 한국으로 봉환하게 된 것이다. '조선인지묘' 비석은 현재 대구대학교 박물관에서 소장하고 있다. 사이판 티니언섬은 일본에 투하된 원자폭탄이 B29기에 장착되어 이륙한 공군기지가 있던 군사상 요충지이자, 태평양전쟁 당시 미국과 일본이 치열한 공방전을 벌인 격전지였다.

32 과거에도 대구대학교가 있었다. 1947년에 대구 유지들에 의해 설립된 뒤 1967년에 청구대학교와 통합되어 현 영남대학교가 된 (구) 대구대학교다. 따라서 1982년 이후의 현 대구대학교는 1967년까지 존재했던 대구대학교(현 영남대학교의 전신)와는 전혀 다른 대학인 것이다.

임시이사 파견 직전의 구재단 7인 이사 명단 (~1994.2.22.)

성명	소속	비고
황종동	계명대학교 교수	이사장 이태영 총장의 친구
이태영	대구대학교 총장	대학설립자 이영식 목사의 장남 1988.10. 질병 치료차 도미
고은애	전 대구대학교 교수	이태영 총장의 처 설립자의 며느리
부광식	경북대학교 교수 전 경북대학교 교무처장	이태영 총장의 친구
이세준	전 대한체육회 이사 경일건설 회장	이태영 총장의 친구
박정인	전 대구전문대학 교수	이태영 총장의 인척
김양순	전 대구여자중학교 교사	1993년 당시 84세

학교 교수 등이 이사를 맡았고, 이태영 총장과 고은애 여사도 이사로 참여했다.

이태영 총장이 쓰러지고 5년여가 지난 1993년부터는 교수와 학생의 비리 재단 성토 목소리가 커졌지만, 고은애 여사는 불통으로 일관했고 황종동 이사장을 비롯한 이사들은 문제 해결을 위한 실권을 갖지 못했다. 결국 1994년 2월, 이태영 이사와 고은애 여사를 포함해 이사 전원이 해임되고 임시이사가 파견된 것이다.

대학 경영의 실패는 법률적·형식적으로는 황종동 이사장을 비롯한 당시 7명 이사진의 실패로 보이지만 실제로는 고은애 여사와 그를 둘러싸고 있던 일부 가족, 대학 내 측근 보직 교수들의 실패였다. 이태영 총장이 쓰러지고 난 뒤 구재단의 실질적인 경영 주체는 고은애 여사와 그녀를 대리한다고 주장한 딸 이예숙과 차남 이근민이었기 때문이다.

그녀는 대형 대학을 경영할 능력을 갖추지 못하기도 했지만, 더 큰 문제는 불통이었다. 임시이사가 파견되기까지의 극한 분규 때는 물론이고 이어진 분규 국면에서도 한 차례도 공개석상에 등장하지 않았다. 1993년에 교수협의회 총무간사로 활동하다 재임용 탈락해 해직되는 전 과정에서는 물론이고 2009년에 총장에 취임한 뒤 재단 정상화 과정의 한복판에서도 고은애 여사는 나와 대화 테이블에 마주 앉은 적이 없었다.

나뿐만이 아니었다. 대학 구성원 누구도 그가 2020년 7월 미국에서 사망할 때까지 만나 대화한 이가 없었다. 심지어 장남인 이근용도, 교육부 관료도 같은 처지였다. 마치 절벽 앞에 선 것 같은 느낌이었다. 따라서 누구라도 고은애 여사의 생각을 알 길이 없었다. 고은애 여사의 명의로 작성되어 교육부나 사학분쟁조정위원회, 검찰이나 법원에 제출된 문건이 수없이 많았지만 실제로 그의 뜻인지조차 확인할 길이 없었다.

이태영 총장의 장녀 이예숙과 차남 이근민

구재단의 다음 핵심 인물은 이태영 총장과 고은애 여사 사이의 3남 1녀 가운데 장녀인 이예숙(1956~)이다. 1995년에 대구미래대학의 교비를 빼

돌려 교육부 관료 등에게 뇌물을 제공한 사실이 발각되어 1998년 12월, '징역 1년 6월, 집행유예 3년'을 선고받았다(표적 감사·청부 감사 사건). 1999년 12월에도 돈 받고 교수를 채용한 혐의로 또다시 징역 1년형을 선고받았다. 2011년 11월에 대구대학교 재단에 정이사가 취임하기 전후의 분규, 2014년 5월 다시 임시이사가 재파견되고 2019년 4월에 정이사회로 재출범하기까지 20년 넘는 기간의 대구대학교 분규에서 모친 고은애 여사, 남동생 이근민 교수와 함께 구재단의 핵심 주역이었다.

그녀는 부친인 이태영 총장으로부터 경북 영천시 소재 특수학교인 경북영광학교와 자유재활원을 물려받아 운영해 왔다. 2014년에는 동생인 이근민 애광학원 이사장의 요청으로 대구미래대학 총장으로 다시 부임했다. 하지만 대구대학교 경영 복귀에 더 관심을 기울이면서 대구미래대학은 빠른 속도로 부실화됐다. 2016년에는 임금체불로 징역 8월에 벌금 700만 원의 형을 선고받았지만 임금체불 해결이 시급하다고 판단한 법원의 배려로 법정구속은 피할 수 있었다. 얼마 지나지 않은 2017년 10월, 경북영광학교에서 회계 비리 사건이 또 터져 징역 2년, 벌금 1억 1천만 원의 형을 선고받아 구속되었다.

이태영 총장의 차남 이근민도 누나 이예숙과 함께했다. 부친이 형인 이근용에게 물려주겠다고 한 대구대학교와 영광학원 경영권을 차지하기 위해 긴 세월 누나인 이예숙과 손잡고 형인 이근용과 대학 구성원, 그리고 총장이었던 나를 공격했다. 2011년 7월에는 사학분쟁조정위원회의 '구재단 중심 정상화'로 대구미래대학 재단(애광학원)의 정이사가 된

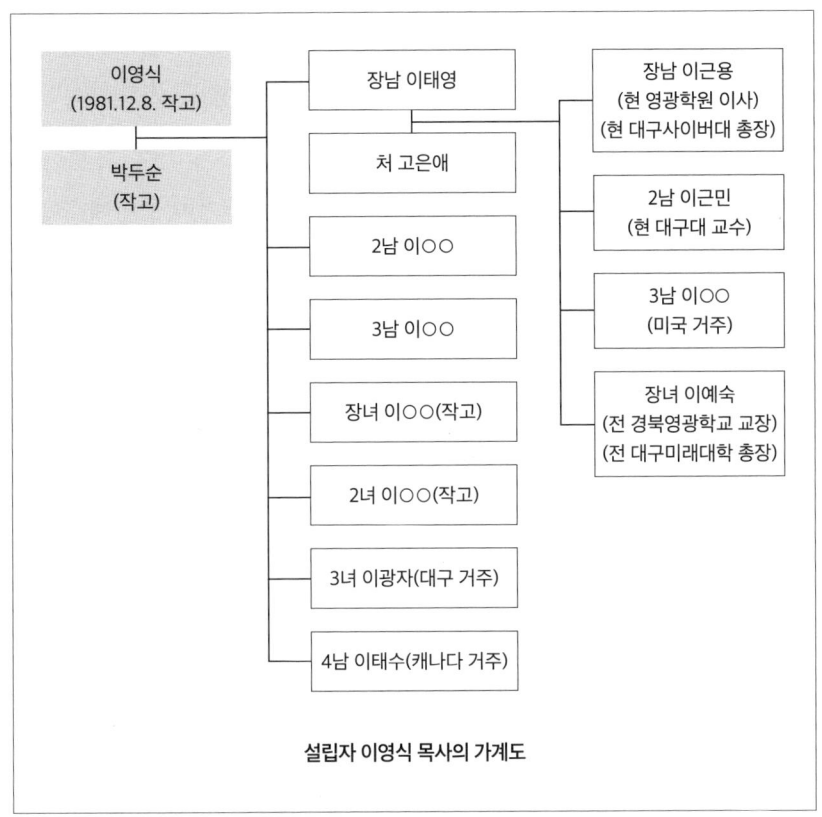

설립자 이영식 목사의 가계도

뒤 9월에 이사장으로 취임했지만 결국 경영에 실패하고 2016년 12월 이사회에서 대구미래대학 폐교를 의결했다. 그보다 앞선 2016년 2월에는 누나 이예숙과 결별을 선언했고 형인 이근용을 지지하는 입장으로 선회함으로써 대구대학교(영광학원) 정상화의 물꼬를 트기도 했다.

한편 이태영 총장의 막내아들 이○○는 오랜 세월 미국에서 모친인 고은애 여사와 함께 생활했다. 주로 누나 이예숙, 작은형 이근민과 같은 주장을 펴면서 큰형인 이근용에 맞섰다.

이태영 총장의 3남 1녀 자녀 가운데는 유일하게 장남 이근용만이 모친인 고은애 여사와 누나 그리고 남동생들과 입장을 달리한 것이다. 물론 그도 가족과 결별하기 전인 1995년에는 누나와 함께 대구미래대학의 교비로 대구대학교를 찾기 위한 로비를 벌여 실형을 선고받은 적이 있었다. 하지만 가족과 결별한 후로는 모친인 고은애 여사의 방식으로 대학을 경영하는 것은 더 이상 불가능하다고 생각하고 대학 구성원과 손을 잡았다.

이태영 총장의 유지

대학 구성원들과 지역 여론에 비추어 대구대학교 재단의 정상화는 상식적으로 진행될 수도 있는 일이었다. 그 상식은 이태영 총장이 도미하기 전인 1988년 10월에 작성한 유지(遺志)를 존중하는 것이었다. 내용은 이태영 총장이 운영하던 세 개의 학교법인 경영권을 자녀들에게 나눠서 물려준다는 것이었는데, 대구대학교 재단인 학교법인 영광학원(榮光學園)은 장남인 이근용과 막내 이○○에게, 대구미래대학을 운영하는 학교법인 애광학원(愛光學園)은 차남인 이근민에게, 그리고 경북영광학교와 자유재활원을 운영하는 학교법인 영광학원(永光學園)은 딸인 이예숙에게 물려준다는 것이었다. 부인인 고은애 여사는 세 개의 학교법인 모두에 이사로 등재하라고 되어 있었다.

하지만 장녀 이예숙과 차남 이근민에게 부친 이태영 총장의 유지는 중요하지 않았다. 대구대학교 재단의 종전이사로서 모친이 갖고 있던 법적 권리를 활용해 대구대학교를 차지하기 위해 모친을 앞세운 채 대구대학교 재단 분쟁을 주도해 온 것이다. 자산 가치로 보면 대구대학교는 대구미래대학이나 경북영광학교와는 비교할 수 없이 큰 규모였기 때문이다. 그들의 관심은 대구대학교와 영광학원의 경영권 차지에 있었던 것이다. 그들은 심지어 대구대학교 설립자를 조부인 이영식 목사로부터 부친인 이태영 총장으로 변경하려는 시도도 서슴지 않았다. 그것이 모친 고은애 여사와 자신들의 지분을 키우는 데 유리하다고 본 것이다.

이태영 총장의 유지와 유족 사이의 갈등을 고려하면 구재단의 개념은 명확하지 않다. 먼저 구재단의 법률적 의미로는 종전이사를 가리키게 되는데, 이때는 황종동 이사장과 고은애 이사 등 1994년 2월 임시이사 파견 직전의 이사들을 말한다. 여기서도 황종동 이사장을 비롯해 그 외의 이사들보다는 고은애 여사가 종전이사진의 중심이고 실권자임은 말할 필요도 없다.

하지만 구재단은 실질적으로는 1994년 2월 임시이사 파견 당시 생존해 있던 이태영 총장 겸 이사를 가리키게 된다. 그렇지만 그는 1995년에 사망했기 때문에, 그가 생전에 공증받은 유지에서 밝힌 것처럼 영광학원의 경영권을 물려주겠다고 한 그의 장남 이근용을 구재단의 실제 당사자로 보아야 한다는 주장이 대학 구성원과 지역사회에서 널리 인정받고 있었다. 이태영 총장과 친구였던 원로 교수들도 같은 입장이었다. 이태영 총장의 생존 형제들인 이태수, 이광자 등도 이태영 총장의 유지를 확인해 주며 이근용에게 지지와 후원을 보내 주었다.

한편, 이태영 총장과 고은애 여사 외에 그들의 자녀들, 예컨대 이예숙과 이근민, 이○○ 등도 구재단의 당사자로 등장한다. 하지만 그들은 독자적으로 당사자 자격을 갖는 것이 아니라, 미국에 체류 중이던 고은애 여사로부터 대리인 자격을 위임받았다고 주장함으로써 당사자로 활동한 것이다. 여기서도 법적인 쟁점이 하나 남는다. 실제로 고은애 여사로부터 권한을 위임받았는지의 여부가 확인되지 않았다는 사실이다. 그것은 고은애 여사가 그 누구와도, 심지어 갈등하고 적대해 온 장남 이근용과도 대화나 면담에 나서지 않았기 때문이기도 하다.

4.
대학의 울타리를 넘어

대학을 넘어 대구·경북의 진보 지식인으로

다시 1993년으로 거슬러 올라간다. 그해 3월, 교수협의회 총무간사로 대학 민주화운동에 뛰어든 뒤 8월의 해직, 1994년 2월의 구재단 퇴진, 1994년 9월의 명예 복직에 이르기까지 1년 반은 하루하루가 숨 막히는 날들이었다. 그 550여 일 동안 나는 숱한 사건들을 직접 겪거나 가까이서 지켜보았다. 비록 어렵게 자랐고 유신체제에서는 매일매일을 극한의 긴장 속에 지낸 나였지만 교수로서 맞닥뜨린 고통은 평생 처음 겪는 종류의 고통이었다. 해직 사건을 말하는 것이 아니다. 대학을 뒤덮고 있던 비상식과 반지성에 맞선다는 것은 참으로 슬픈 일이었다. 대학에서만큼은 있어선 안 된다고 믿었던 일들, 회유와 협박, 기회주의와 배신을 적나라하게 목격한다는 것 자체가 힘든 고통이었다.

하지만 그 아픔과 시련을 이겨 내는 과정에서 기쁜 순간들, 의미 있는 경험들도 많았다. 특히 함께해 준 교수, 학생과의 연대는 늘 벅차오르는 감격이었다. 고군분투하는 힘없는 교수들을 성원해 주는 정치인과 언론인을 만나는 것은 사막에서 오아시스를 만난 것 같은 기쁨이었다. 평생을 연구실에서만 생활하는 교수였다면 가질 수 없는 소중한 경험들이었다. 한 대학을 민주화하는 일은 결코 관념적인 일도 낭만적인 일도 아니었다. 철학도 이론도 아니었고 그럴듯하게 아름다운 일도 물론 아니었다. 하루하루 격한 탄식과 좌절과 공포와 싸워야 했고, 순간순간 진한 기쁨과 감격과 보람으로 위로받기도 했다. 긴장과 고독한 결단의 연속이었다.

1993~1994년은 내 인생의 큰 전환점이었다. 해직과 복직 사건 이후의 나는 그 전의 나와 같을 수 없었다. 해직 전의 내가 민주주의와 사회 발전을 꿈꾼 조용한 진보 사회학자였다면 복직 후의 나는 교육 정의와 사학 민주화를 상징하는 실천 사회학자로 알려지기 시작했다. 대구대학교의 울타리를 넘어 대구·경북의 진보 지식인으로도 불리기 시작했다.

대구·경북은 물론 전국 여러 대학의 교수들에게서 연락을 받기도 했다. 주로 분규 사학들이었고 대학 민주화운동에 참여해 해직되는 등 행동하는 교수들이었다. 전국 대학가에 민주화운동이 빠르게 확산하는 중이었고 그만큼 해직 교수도 적지 않은 시절이었다. 그들이 종종 나를 찾곤 했다. 대구대학교의 민주화와 나의 명예 복직은 전국 대학가에서 보기 드문 성공 사례로 평가되었기 때문이다. 나 역시 대학 민주화 과정에서 처절하게 고생하는 교수들을 볼 때마다 사회적 책임감과 정의감이 불끈했다. 해직 교수들을 만나 함께 고민하며 도울 방법을 찾기도 했다. '전국사립대학 교수협의회 연합회' 같은 사학 민주화 단체들과도 긴밀히 교류하며 협의했다.

대학 민주화와 교육 정의의 영역에서만은 아니었다. 나는 대구·경북의 다양한 시민단체들과도 교류하기 시작했다. 대구참여연대, 대구YMCA, 대구·경북흥사단, 새대구·경북시민회의, 대구청년협의회(KYC), 대구희망포럼, 대구사회연구소, 대구·경북지역혁신협의회, 대구·경북분권혁신아카데미 등이 직간접으로 관계해 온 단체들이었다. 특히 대구·경북의 보수 독점 정치 지형, 보수 편향의 언론 지형, 지역감정에 함몰된 시민사회, 수도권과의 불균형 구조 등을 바로잡기 위해 고민하는 청년·시민 활동가들과 교류하기를 즐겨 했다.

2006년 7월 7일자 『매일신문』 기사는 나를 놀라게 했다. 지역의 여론 주도층 인사 211명을 대상으로 한 인터뷰 조사를 통해 '친밀도'와 '영향력' 기준 각 상위 20명을 추려 발표했는데, 내가 두 영역에서 12위와 10위로 조사된 것이다. 당연히 보수계 지도자와 지역 출신 인사가 대거 포함된 가운데, 영역별 진보인사 4~6명 가운데 1인으로, 특히 외지 출신의 진보 인사로는 유일하게 포함된 것이다.[33]

---

[33] 「대구 리딩그룹 네트워크 대해부」 친밀도·영향력」, 『매일신문』 2006. 7. 7. (https://www.imaeil.com/page/view/2006070708573323577)

칼럼니스트로, 방송 토론 사회자로

대구·경북 사회에서 내게 주어진 또 하나의 역할은 칼럼니스트였다. 물론 그전에도 몇몇 월간지와 계간지, 중앙 및 지역 일간지에 칼럼을 기고하곤 했다. 하지만 해직과 복직 사건은 내가 지역 언론계에 칼럼니스트로 본격 등장하는 계기가 됐다. 그 뒤 고정 칼럼을 기고하지 않은 지역 신문이 없을 정도였다.

인터넷 매체와도 관계를 맺었다. 인터넷신문 『평화뉴스』가 대표적이다. 『영남일보』 기자였던 유지웅 편집장이 2004년 2월 28일에 창간한 인터넷 진보 매체였다. 창간 준비 과정에서 그가 찾아왔다. 그리고 내게 고정 칼럼을 부탁했다. 나는 흔쾌히 수락했다. 평소 절대적으로 기울어진 보수 우위의 여론 구조, 보수 독점의 정치 구조를 대구·경북 사회의 가장 큰 문제로 생각하고 있던 터여서 『평화뉴스』 창간을 의미 있는 도전으로 받아들였기 때문이다. 첫 칼럼을 2월 28일 창간일에 기고했고, 그 뒤 1년 동안 매주 1회 시사칼럼을 썼다.[34]

방송에도 출연하기 시작했다. 첫 인연은 1996년 8월이었다. 복직하고 2년 정도 지난 뒤였다. 대구CBS 라디오의 생방송 〈금요토론〉에서 사회자 역할로 데뷔했다. 매주 금요일 오후 5시부터 6시까지, 한 주 동안의 시사 문제를 전문가 패널들과 함께 토론하는 대구CBS의 대표 시사 프로

---

[34] 힘들긴 했지만 1년을 채운 뒤의 뿌듯함은 말할 수 없이 컸다. 2005년 2월 28일, 창간 1주년을 맞아 유지웅 편집장은 후원인과 필자를 초청해 저녁 식사를 내면서 내게 감사패를 주었다.

그램이었다. 방주화, 이동유 프로듀서들과도 호흡이 맞았다.

〈금요토론〉 진행은 1년여간 이어졌다. 1997년 9월부터 미국 리버사이드 캘리포니아 주립대학(University of California, Riverside)에 방문 교수로 떠나게 되어서였다.[35] 귀국한 뒤 다양한 방송 채널로부터 출연을 섭외받게 된 계기가 되기도 했다. 2000년에는 TBN 대구교통방송에서 나의 이름을 건 프로그램, 〈홍덕률의 세상 읽기〉에 출연했다. 권기영 PD(현재 TBN 부산교통방송 편성제작국장)와 호흡을 맞췄다. 매주 월요일 오전 9시부터 20분 동안 한 주의 시사 문제를 정리하는 프로그램이었다. 내 이름을 걸고 진행한 첫 프로그램이어서 부담이 되었지만 보람도 컸다.

대구CBS와 TBN 대구교통방송 출연은 곧바로 공중파 TV 출연으로 이어졌다. TV 첫 출연은 TBC 대구·경북방송이었다. 물론 그전에도 간단한 뉴스 코멘트나 시사프로그램 인터뷰에는 응해 왔지만 토론 프로그램 진행은 처음이었다. 정규 토론 프로그램이 없는 지역 민영방송이어서 수시로 편성되는 특집 토론 생방송에 사회자로 출연했다. 대구MBC에도 특집 토론 진행이나 토론자 역할을 부탁받아 출연하곤 했다.

2005년부터 2년여 동안은 대구KBS의 정규 토론 방송을 진행했다. 〈생방송 화요진단〉이었다. 매주 화요일 저녁 7시부터 한 시간가량 지역

---

[35] 방문 교수 1년 기간에도 『LA한국일보』에 칼럼을 기고했다. 리버사이드시의 교민 사회 지도자로 활동하던 이종운 객원기자가 내 글을 좋게 평가해 신문사에 연결해 줬다. 그와는 지금도 소식을 주고받으며 각자 쓴 글을 공유하기도 한다.

대구KBS 〈PD리포트 시선〉 포스터.

의 핫이슈를 택해 4명의 전문가 패널을 출연시켜 토론하는 형식이었다. TV토론 생방송 진행은 역시 쉽지 않았다. 1년쯤 지나서는 매월 1차례씩 심층 토론이 필요한 주제를 택해 끝장 토론도 진행했다. 밤 11시에 시작해 새벽 1시 전후까지 생방송으로 진행하고 나면 늘 파김치가 되곤 했다. 하지만 보람도 컸다. 종편 채널이나 유튜브 등의 여타 영상 매체가 없던 때여서 시청률도 높았고 지역사회에서의 의제 형성 기능도 감당했기 때문이다.

2007년경부터는 대구KBS에서 또 다른 프로그램 사회자로 일했다. 〈PD리포트 시선〉이었다. PD가 매주 두 개 정도의 사회문제를 심층 취재해 보도하는 시사 고발 프로그램이었다. 두 프로그램 모두 정동희 PD

와 호흡을 맞췄다. 특히 〈PD리포트 시선〉에서는 정동희 PD를 팀장으로 백종희, 김영민, 이형일, 정범수, 이은형, 정현진, 지우진 PD 등과도 즐겁게 함께했다. 개인적으로 열정을 쏟고 보람도 느낀 프로그램이었지만 2009년 9월 총장선거 출마를 앞두고 그만두었다.

여러 채널에서 시사토론 및 시사고발 프로그램을 진행한 것은 매우 유익한 경험이었다. 사회학자로서도 좋은 공부 기회였다. 무엇보다도 다양한 사회문제와 관련해 책에서 접할 수 없는 생생한 현장을 직간접적으로 경험할 수 있었다. 현실 사회의 복잡한 단면들, 각 이해관계 집단의 행위 양식들, 문제 해결의 성공 및 실패 사례는 물론 문제를 둘러싼 전문가의 다양한 관점까지 접할 수 있었다. 사회문제에 대한 균형감과 종합적 관점을 개발하는 데도 매우 유익했다. 특히 토론 프로그램 사회자로서의 경험은 더욱 그랬다. 특정 주제에 대해 찬반 입장을 가진 패널들을 초대해 토론을 주관하면서 균형 감각을 키울 수 있었던 것도 좋은 공부였다.

중앙정부와 지방정부의 자문위원으로

그 외에도 나는 중앙정부와 지방정부에서 다양한 역할을 경험하는 기회를 가졌다. 참여정부(2003. 2.~2008. 2.)에서 특히 그랬다. '대통령자문 정책기획위원회', '대통령자문 국가균형발전위원회', '교육부 정책자문위원회', '행정자치부 정책자문위원회' 등이 대표적이다. '대통령자문 정책기획위원회'에서는 계간으로 발간하던 『정책포럼』 편집위원장도 맡았다. 평소 주장하던 국가균형발전 정책, 혁신적 지역발전 정책, 지방대학 육성 정책 등을 기획하거나 다듬는 과정에서 최선을 다했고 그만큼 보람도 컸다. 특히 '신활력사업'으로 명명된 농촌마을 활성화 정책, 교육부의 '지역혁신을 위한 지방대학 지원정책(NURI사업)' 설계에 참여한 경험은 지금도 소중한 기억으로 남아 있다.

유럽과 중남미 주요 국가들에서의 지방도시 활성화 성공 사례, 생태도시 성공 사례를 견학하면서 전국의 전문가들과 토론했던 것도 유익한 경험이었다. 특히 전국의 지방자치단체장, 국책연구소장, 도시계획 연구자 등 25명의 '중남미 생태환경 연수팀' 인솔 책임을 맡은 경험은 내게 여러 가지 면에서 큰 공부가 되었다.

뜻하지 않게 나는 국가균형발전 정책을 비롯해 참여정부 국정 과제의 기획·추진에 기여한 공을 인정받아 2008년 2월, 노무현 대통령으로부터 표창장을 받았다.

지방자치단체들에서도 여러 역할에 참여했다. '대구·경북지역혁신협의회', '대구시 반부패위원회', '경상북도 지방행정혁신 자문위원회' 등이 대표적이다. 그 외에도 대구사회연구소장과 한국지역사회학회 회장으로 활동하면서 지역사회의 혁신적 발전에 봉사하는 기회를 가졌다. 대구사회연구소는 '분권과 혁신'을 모토로 내걸고 활동한 지역 민간연구소로, 참여정부가 '국가균형발전과 지역혁신'을 국정 과제로 채택하면서

위 • 노무현 대통령과 국가균형발전위원회 위원. 뒷줄 우측 두 번째가 필자.
아래 • 코스타리카 환경에너지부 장관과 함께.
우측에서 세 번째가 장관, 두 번째가 필자(2006.11.22.).

전국적인 주목을 받기도 했다.

이는 모두 평교수 때의 경험들이었고 그 후 총장이 되어 대학을 경영할 때 많은 도움이 되었음은 물론이다.

지역의 폐쇄성과 색깔론에 맞서다

대구·경북 사회는 흔히 폐쇄성과 배타성으로 비판받곤 한다. 외지인이 정착하기 어려운 지역이라는 뜻이다. 실제로 대학에는 전국 각지 출신의 남성 교수가 많은데 그의 부인과 자녀가 대구·경북 사회에 적응하지 못해 교수 혼자 생활하는 경우를 흔히 보게 된다. 지역의 보수 정서에 거스르는 이념과 사람에 대해서는 더더욱 배타적인 지역이기도 하다.

실제로 대구·경북 지역에서 활동하면서 힘들었던 것 가운데 하나는 강고한 이념적 보수성이었다. 한국전쟁과 반세기 넘게 이어진 냉전체제의 결과 우리나라 어디라도 보수 편향과 이념 과잉에서 자유로울 수 없겠지만 대구·경북은 특히 심했다. 반공을 국시로 삼은 박정희 패러다임과 그를 이은 전두환, 노태우 군사정권 그리고 이명박, 박근혜 등 TK 보수 정권과의 연고가 강하게 작동하는 지역이기 때문이라고 생각했다.

그것은 종종 색깔론으로 발전했다. 다른 이념과 다른 생각에 대해서는 좌파, 나아가서는 빨갱이, 종북으로 매도하거나 매장하려고 하는 것이다. 그것은 더 이상 대화를 안 하겠다는 뜻이고, 대한민국에서 함께 살

수 없다는 뜻이기도 하다. 대화와 설득과 공존의 대상이 아니라 척결과 타도의 대상이라고 공개 선언하는 것이기도 하다. 1950년대에 미국에서 유행했던 매카시즘과 한국전쟁 전후의 극한 이념 전쟁이 대구·경북에서는 수십 년 지난 21세기에도 위력을 발휘하고 있는 것이다.

사람들은 통상 지배적인 이념과 정서에 자신을 맞추려고 하는 경향을 보인다. 대개 출세나 생존을 위해서다. 지배적인 이념이나 정서에 동의하지 않는 이들은 자신의 의견을 감추게 된다. 그 역시 생존을 위해서다. 지배적인 정서와 의견과 이념은 쉽게 재생산되고 그에 반하는 의견과 이념은 숨어 버리거나 지리멸렬해진다. 그것은 보수 이념이 쉽게 폭력화되거나 파쇼화되는 토양이기도 하다. 비판 혹은 견제하는 세력이 없어서일 텐데 대구·경북은 오랫동안 그랬다.

이 문제가 쉽게 해소되지 못하는 이유 가운데 가장 중요한 것은 보수 정치권과 정치인들이 자신의 정치적 입신을 위해 이를 적극 활용하기 때문이다. 이용하는 것을 넘어 자극하고 선동한다. 그 결과로 정치적 다양성이 실종되고 보수당 일당 체제가 강고하게 지역을 지배하게 되는 것이다.

나는 사회학자로서 대구에 정착하던 1980년대 말부터 이 문제의 심각성을 다양한 방식으로 경고하거나 문제 제기해 왔다. 대구·경북의 발전을 가로막는 가장 큰 걸림돌이라고 지적하기도 했다.

생각과 이념이 다르더라도 대화와 토론의 문을 닫아선 안 되고 개방과 포용의 자세를 잃지 않아야 한다고 주장했다. 물론 나 자신도 그러려고 노력했다. 다행히 지역의 합리적 보수 인사들도 나를 대화할 수 있는 진보 인사라고 평하며 존중해 주었다. 나는 지금도 정책 지향이 보수, 진보인가보다 대화가 가능할 정도의 열린 자세를 지니고 있는지가 더 중요하다고 생각한다. 진보 인사 가운데서도 대화와 토론이 어려울 정도로 닫힌 이가 있는가 하면, 보수 인사 가운데서도 얼마든지 대화와 토론이 가능한 열린 이가 있는 것이다. 오늘날의 다원주의 사회에서 무엇보다 중요한 덕목은 다른 생각, 다른 입장을 존중하며 소통하는 열린 자세라고 생각했다.

그래도 나는 잘 정착한 편이었다. 대구에 온 지 5년 만에 해직되는 사고를 겪긴 했지만, 그 뒤 나는 지역사회에서 내 나름의 역할을 찾아 정착할 수 있었다. 그 과정에서는 지역의 언론계와 학계, 시민사회계의 협조와 지원이 결정적이었다.[36] 최소한 지역의 지식인 사회와 언론계 일부는 내가 발언하고 활동할 수 있는 공간과 여지를 열어 주었다.

하지만 격렬한 재단 분규의 한복판에서는 나 자신도 이런 지역 정서의 피해자가 되는 것을 피해 갈 수 없었다. 1993년, 구재단의 불의에 맞서 해직될 때에도 구재단 인사들은 나를 국법 질서를 위협하는 위험인물로 공개 매도했고, 2009년 총장에 취임하고 수년 동안 재단 정상화 과제에 임했을 때도 그들은 나를 친북 좌파, 빨갱이라 비난하며 매장하려

---

[36] 여기서는 학교 밖 은인으로 특히 두 사람을 언급하려고 한다. 1990년대 후반에 처음 만난 최세호 『내일신문』 대구·경북본부장과 2000년 5월경 대구대학교 특별보좌역으로 합류한, 대구 2·28민주화운동의 주역 장주효 선생이다. 모두 나와 인간적인 교류를 이어 가며, 배타적인 대구 사회에 내가 정착할 수 있도록 이끌어 주었다. 그들이 아니었으면 나의 대구 사회 정착이 가능했을까 생각될 정도다.

했다. 구재단 관계자들이 청와대와 교육부와 검찰 등에 제출한 수많은 투서 문건에서도 나는 늘 종북 좌파, 빨갱이로 그려져 있었다. 당시 이명박·박근혜 보수 정권 아래서 자신들을 반대하는 나를 매장할 수 있는 가장 효과적이고 손쉬운 방법이라고 생각했을 것이다.

제2부

대구대학교 민주화 2기

1.
총장에 도전하다

나중에 보니 총장 수업이었다

2009년 9월 16일. 대구대학교 제10대 총장선거가 있었고 나는 도전했다. 하지만 그것은 나로부터 시작된 것은 아니었다. 일종의 '떠밀린 결단'이었다. '운명'이라고 해야 하는 걸까? 그 시작은 1993년의 해직 사건으로까지 올라갈 수 있겠지만, 2000년 2월부터 2년간 대학 본부 보직을 맡아 일하게 된 것도 그 못지않은 계기였다. 사연은 이랬다.

1999년 12월 2일, 제7대 총장선거가 치러졌다. 5명의 교수가 출마했고, 1차 투표에서 과반 득표자가 없어 치러진 2차 결선투표에서는 윤덕홍 교수와 최대식 교수가 대결했다. 1993년 대학 민주화운동의 구도가

제7대 총장선거 결과 (1999.12.2.)

성명	소속	득표수 (득표율)	
		1차 투표	2차 투표
윤덕홍(당선)	사회교육과	116 (30.4%)	206 (55.0%)
최대식	경제·보험금융학과	76 (19.9%)	166 (44.3%)
권기덕	심리학과	70 (18.3%)	—
이재규	경영관광학부	65 (17.0%)	—
김두식	사회학과	55 (14.4%)	—
무효표 수		0	2 (0.7%)
총 유권자 : 394 (투표율)		382 (100.0%)	374 (100.0%)

그대로 재연된 것이다. 최대식 교수는 1993년 4월 7일, 구재단에 의해 신상준 총장과 함께 부총장으로 기습 임명된 이였으며, 1993년 7월에는 나와 조기섭 총장 당선자의 재임용 탈락을 진행한 심사평정위원회 위원장이기도 했다. 결과는 55.0% 대 44.3%로 윤덕홍 교수[37]의 큰 표 차 당선이었다. 하지만 구재단의 세가 여전히 만만치 않다는 사실을 확인해 준 결과이기도 했다. 윤덕홍 당선자의 총장 임기는 2000년 2월 17일에 시작될 예정이었다.

---

[37] 그는 1995년 5월 총장선거에서 당선되고도 구재단과 교육부의 되치기로 취임하지 못했을 뿐만 아니라 교수직까지 해임당한 비극의 주인공이었다. 이듬해인 1996년, 행정소송을 거쳐 복직했고 자신의 징계 해임을 포함한 1995년 대구대학교의 비극이 구재단의 로비를 받은 교육부의 청부·표적감사 때문이었음이 세상에 알려지면서(1998. 9.) 명예도 회복할 수 있었다.

취임 직전인 2000년 1월 1일에는 임시이사진도 교체되었다. 임시이사회가 새로 구성되면 누가 이사장을 맡을 것인가가 늘 초미의 관심이었다. 재단 이사장의 권한은 막강하기 때문이다. 전두환 정권 때 내무부 장관과 관선 대구시장을 역임한 이상희 이사가 이사장으로 취임했다. 그는 이영식 설립자, 이태영 총장과 같은 경북 성주 출신으로 구재단이 교육부에 추천해 이사로 임명된 보수 진영의 원로였다.

3기 임시이사 명단 (2000.1.1.~2003.12.31.)

성명	임기	비고
이상희	2000.1.1. ~ 2003.12.31.	전 대구광역시장, 전 내무부 장관 이사장(2000.1. ~ 2003.12.31.)
유종탁	2000.1.1. ~ 2001.12.31.	대구·경북개발연구원장
서석구	2000.1.1. ~ 2000.9.29.	변호사
도승회	2000.1.1. ~ 2001.9.28.	전 경북교육감
최달곤	2000.1.1. ~ 2003.12.31	영진전문대 학장
박찬석	2000.1.1. ~ 2003.12.31.	경북대학교 총장
김상태	2000.1.1. ~ 2003.12.31.	전 영남일보 사장
이병렬	2000.9.28. ~ 2002.9.27.	회계사
여춘동	2001.3.14. ~ 2005.3.20.	전 대구지방법원 부장판사
윤덕홍	2002.1.1. ~ 2003.3.6.	직선총장(2000.2.17. ~ 2003.3.6.)
김상연	2000.9.28. ~ 2006.10.2.	대구대학교 총동창회장

2000년 대구대학교의 위기에 맞서다

위기감과 악몽이 또다시 대학을 휘감았다. 구재단과 특수 관계였던 이상희 이사장이 영광학원과 대구대학교를 구재단에게 넘겨줄 위험이 크다고 우려했기 때문이다.[38] 곧 취임할 윤덕홍 총장의 첫째 과제는 그것을 막는 것이었다. 윤덕홍 당선자와 동료 교수들이 나를 압박해 들어왔다. 대학 본부에 들어가 일하라는 것이었다. 구재단 복귀를 막아 내라는 요구였다.

고민이 컸다. 구재단 복귀는 당연히 막아야 했지만 그렇다고 내가 대학 본부에 들어가야 한다고는 생각하지 않았다. 스스로를 보직 체질이 아니라고 생각했기 때문이다. 내가 가장 잘할 수 있는 일은 연구하고 강의하고 글 쓰는 일이라고 굳게 믿었다. 사회 진보를 설계하는 사회학자, 자유로운 지식인, 존경받는 교육자로 살고 싶었다.

여러 날 동안 동료 교수들과 실랑이했다. 피해 다니기까지 했다. 하지만 결국 졌다. 그만큼 교수들 사이에 구재단 복귀를 우려하는 여론이 컸던 것이다. 윤덕홍 총장과 교수들의 요구대로 홍보비서실장을 맡았다. 대학의 홍보와 대외협력, 그리고 총장을 보좌하는 비서실 업무를 총괄하는 자리였다. 어느 부서에도 속하지 않는 재단 관련 업무를 책임지라는 뜻이었다.

---

[38] 실은 박윤흔 총장의 임기 중이던 1996년 2월부터 1999년 말 사이에도 구재단의 경영 복귀 기도는 끊임없이 이어졌다. 한편으로는 구재단의 가족 간 갈등 때문이기도 했지만, 구재단의 지나친 요구에 난색을 보인 박윤흔 총장과 개혁 성향의 이성대 이사장의 방어로 성사되지 못했을 뿐이었다.

떠밀려 맡게 된 보직이었지만 2년 동안 최선을 다했다. 대구대학교가 나아가야 할 방향을 설정하고 구성원의 공감대를 확보하는 일을 중요하게 고민했다. 교무처, 학생처, 기획처, 사무처, 국제처 등 대학 본부의 주요 부서들을 조율하는 일도 중요한 역할이었다. 총장을 보좌하고 대학 구성원의 역량을 결집해 내는 일도 늘 고민했던 과제였다. 윤덕홍 총장에게 기대와 지지를 보내 준 지역 시민사회단체 활동가들과도 원활한 관계를 이어 가기 위해 노력했다.

특히 '젊은 대학, 큰 대학, 열린 대학'이라는 대학 슬로건을 만든 것은 지금까지도 보람으로 남아 있다. 대구대학교의 이상과 현실, 대구대학교 구성원이 추구하는 가치를 담아내고자 했던 비전이자 슬로건이었다. 구성원과의 소통을 위해 온라인 소식지를 발행하고 '새길포럼'을 통해 외부 저명인사 초청 특강도 진행했다. 최영선 기획처장이 책임을 맡아 추진한 대구사이버대학교 설립 준비에도 참여해 2002년 3월 개교를 성사시키게 된 것 역시 큰 보람이었다.

하지만 그 어떤 과제보다도 내게 주어진 미션은 구재단 복귀를 막아내는 것이었다. 물론 윤 총장이 이사들과의 관계를 잘 설정하고 구성원과의 소통에 힘쓰며 대학을 성공적으로 경영함으로써 구재단 복귀의 명분을 근원적으로 제거하는 것이야말로 가장 훌륭한 방어책이라고 생각했다. 다행히 이상희 이사장은 취임 후 10개월쯤 지나 구재단과 사실상 결별했다. 자신을 이사로 추천한 구재단 인사들뿐만 아니라 그에 맞선 윤 총장과 대학 본부 보직자들을 두루 만나 본 뒤 내린 결론이라고 했다.

구재단 인사들은 대학을 경영할 수 있을 정도의 도덕성과 능력을 갖추지 못했다는 사실을 확인했다고 했다. 반면에 윤 총장이 이끄는 대학 본부는 구재단이 주장하는 것처럼 머리에 뿔난 빨갱이들이거나 대학을 탈취하려는 사람들이 아니라 대학 발전을 위해 헌신하는 교육자들이라는 결론에 도달했다고도 했다. 있는 그대로 보고 판단해 준 이상희 이사장이 고마웠다. 윤 총장과 대학 본부에게는 그 무엇보다도 큰 성과였다. 구재단 복귀 저지를 미션으로 보직을 맡았던 내게도 쾌거였다.

보직 생활 2년, 대학 경영을 배우다

나는 보직을 시작한 지 1년을 채우고 연구실로 돌아가겠다는 뜻을 윤 총장과 동료 보직 교수들에게 밝혔다. 나의 가장 중요한 미션이 완수됐으니 본부에 남아 있어야 할 이유가 없다고 했다. 그러나 완강한 만류에 부딪혔고 결국 뜻을 이루지 못했다. 2년 임기를 다 채운 뒤에야 보직을 벗고 연구실로 돌아올 수 있었다.[39]

어떻든 본부 보직 2년 동안 대학 경영과 관련해 많이 배울 수 있었다. 대학 홍보와 대외 협력 분야에서도 그랬지만 비서실 업무를 통해서는 대학 경영 전반을 고민하고 경험할 수 있었다. 정의로운 교수들, 헌신

---

[39] 후임으로는 권오진 물리학과 교수를 윤 총장에게 추천했다. 실력 있는 학자인 데다 대구 출신이어서 지역사회와의 협력도 원활할 것이라고 생각했다. 구재단 반대 입장도 확고한 교수였다. 10년쯤 지난 2013년 9월의 총장선거에서는 나와 경쟁하는 관계가 됐다. 이 역시 '운명'이라고 나는 생각했다.

적인 직원들과 함께 민주 대학을 건설해 간 것도 큰 행운이자 보람이었다. 먼저 사무처장을 맡은 김문봉 교수는 대학 분규가 극한으로 치닫던 1993년에 교수협의회 부의장으로 고통스러운 대학 민주화운동을 사실상 지휘했던 선배 교수였다. '뚝심과 추진력'으로 상징되는 그는 1993년 재단퇴진운동을 이끈 일등공신이자 대구대학교 민주화 1세대의 중심이었다. 윤덕홍 총장 체제에서 함께 본부 보직을 맡아 일할 때도 가장 깊이 고민을 나눴다. 그러나 안타깝게도 사무처장으로 1년을 고생한 뒤 건강 악화로 부득이 중도에 사임해야 했다.

학생처장으로 일하다 김문봉 교수의 사임 뒤 사무처장직을 이어 맡은 남인길 교수 역시 나보다는 2년 선배 교수였다. 정보통신대학 교수였기에 그전에는 만날 기회가 없다가 본부에서 처음 만났다. 인간적으로 따뜻하고 섬세할 뿐만 아니라 강직함도 갖추고 있어서 동료 교수는 물론 직원들로부터도 폭넓게 존경받는 교수다. 나의 총장 임기 중 처음 2년은 교무처장을, 다음 2년은 부총장을 맡아 재단 정상화 과정의 가시밭길도 함께 걸었다. 대학을 떠난 지금까지도 가장 가깝게 만나고 있는 교수다. 신영식 교무처장, 이상기 교무부처장, 박상규 학생처장, 박성복 기획처장, 최영선 기획처장, 이효삼 연구처장, 그리고 외부에서 영입한 장주효 특별보좌역 등과도 호흡을 맞췄다.[40]

---

[40] 신영식 교무처장은 본부 처실장단의 연장자로 좌장 역할을 감당해 주었으며 내가 총장에 취임하고 넉 달 뒤인 2010년 2월에 정년퇴임했다. 이효삼 처장은 나의 첫 번째 총장 임기의 전반부 2년을 부총장으로 함께 일했고, 이상기 부처장은 나의 두 번째 총장 임기 4년 동안 부총장으로 일하면서 굵직한 정부재정지원사업을 따내는 데 크게 기여했다. 박상규 교수는 나의 총장 임기 전반부에는 기초교육

홍보비서실장으로 2년 동안 대학의 안정과 발전에 작게나마 기여할 수 있었던 것은 윤 총장의 배려에 힘입은 바 크다. 윤 총장은 공사가 분명하면서도 소탈한 민주적 리더십을 갖춘 개혁 인사였다. 대구에서 출생해 경북고등학교를 졸업한 지역 인사였음에도 지역의 권위주의적이고 폐쇄적인 문화와는 거리가 멀었다. 그의 리더십을 가까이서 보며 지도자의 자질과 덕목에 대해서도 많이 배울 수 있었다. 윤 총장 체제에서 홍보비서실장으로 일한 경험과 교내외의 훌륭한 학자, 언론인, 시민운동가와 맺은 동지적 관계는 후일 총장으로 취임해 학교 경영을 책임지게 된 내게 매우 유익한 자산이 되었다.

또 한 번, 운명에 맡기다

홍보비서실장직에서 물러나고 1년쯤 뒤인 2003년 3월, 참여정부가 막 출범한 때였다. 윤덕홍 총장은 부총리 겸 교육인적자원부 장관으로 발탁되어 총장직을 사임하게 되었다. 총장 임기를 1년 정도 남겨 둔 때였다. 이강언 총장 직무대행 체제에서 2003년 5월 23일, 8대 총장선거가 치러

원장을 역임하고 두 번째 임기 중에는 '재단정상화 범대책위원회' 위원장을 맡아 숱한 어려움을 감당해 주었다. 박성복 처장은 2009년 9월의 총장선거에 출마해 나와 경쟁했다.
2·28대구민주화운동의 주역으로 지역사회에서 존경받던 원로인 장주효 특별보좌역은 윤덕홍 총장을 도와 대학의 대외협력 업무를 비롯해 많은 분야에서 유익한 자문을 주었다. 그 뒤에는 영광학원의 임시이사로 수고해 주기도 했다. 내가 대구 사회에 잘 정착할 수 있도록 섬세하게 배려하고 자문해 준 은인이기도 하다.

제8대 총장선거 결과 (2003 5.23.)

성명	소속	득표수 (득표율)	
		1차 투표	2차 투표
이재규(당선)	경상대학 경영학과	129 (33.4%)	184 (50.3%)
이종한	사회과학대학 심리학과	134 (34.7%)	182 (49.7%)
김병하	사범대학 특수교육과	52 (13.5%)	—
이송근	경상대학 경영학과	30 (7.8%)	—
안태환	행정대학 도시·지역계획학과	20 (5.2%)	—
임경수	공과대학 자동차공학과	19 (4.9%)	—
무효표 수		2 (0.5%)	0 (0.0%)
총 유권자 : 400 (투표율)		386 (100.0%)	366 (100.0%)

졌다. 대학 민주화운동 진영을 대표해 출마한 이종한 교수는 낙선했고 재단 문제에 거리를 두었던 이재규 교수가 당선됐다. 2표 차였다.

2003년 7월 1일에 취임한 이재규 총장은 임기의 반을 남겨 놓은 2005년 8월 15일, 총장직에서 사임해야 했다. 직원들에게 행한 비인격적 막말 등이 문제가 되어 대학이 분규에 빠진 뒤였다. 사임 형식을 갖추긴 했지만 사실상 불명예 퇴진이었다.

교수협의회는 또다시 예정에 없던 총장선거를 치렀다. 2005년 9월 29일의 9대 총장선거를 앞두고 여러 교수가 출사표를 던졌다. 나는 예기치 않은 상황에 부닥쳤다. 출마 요구를 받은 것이다. 주로 후배 교수들로부터였다. 대구대학교가 위기에 처해 있다며 나서 달라는 것이었다. 구재단의 공격으로부터 대학을 지켜야 한다는 것과 곧 학령인구 급감 사태가 도래할 텐데 그에 대비해 대학의 경쟁력을 키워야 한다는 것이었다. 2년 전에 출마했다가 낙선한 이종한 교수로는 당선을 기대하기 힘들다는 분석도 곁들였다.

나는 어불성설이라는 생각이 들었다. 무엇보다 나는 외지 출신이라는 사실을 상기시켰다. '대구·경북은 외지인에게 배타적인 지역이다. 나는 대구·경북에 지연도 학연도 없는 외지 사람이고 대학 선거에서도 지연과 학연은 무시할 수 없는 것이 엄연한 현실'이라고 답했다. 실제로 유권자인 교수와 직원 중에 나와 초·중·고등학교 동문인 교수나 직원은 한 명도 없었다. 그뿐만이 아니었다. 나는 대학 안에서는 물론이고 지역에서도 진보적인 사회학자로 알려져 있었다. 당연히 대구의 선거에서는 불리한 변수였다. 또 있다. 그때 나는 마흔여덟이었다. 보수적이고 권위적인 대구·경북 사회가 총장으로 받아들이기 어려운 나이라고 생각했다. 대학 안에서도 선배 교수들이 즐비한 상황이었다. 갑작스러운 총장 선거에 출마를 준비하는 교수들도 모두 나보다는 최소한 5년 이상의 선배 교수들이었다.

또 하나의 이유가 있었다. 구재단 복귀 가능성에 대한 걱정은 당분간은 내려놓아도 된다고 생각한 것이다. 임시이사진이 비교적 진보적인 인사들로 구성되어 있었기 때문이다. 그중에는 류창우 이사장과 주보돈, 장주효 이사 등 개인적으로 가깝게 교류하던 지인들도 여럿 있었다.

4기 임시이사 명단 (2004.1.1.~2007.12.31.)

성명	임기	비고
류창우	2004.1.1.~2008.1.2.	전 영남대학교 총장 이사장(2004.1.27.~2008.1.2.)
이효태	2004.1.1.~2005.12.31.	경일대학교 총장
주보돈	2004.1.1.~2008.1.2.	경북대학교 교수회 의장
황인보	2004.1.1.~2008.1.2.	전 『매일신문』 편집국장
서정석	2005.3.21.~2008.6.30.	변호사
김상연	2002.9.28.~2006.10.2.	대구대학교 총동창회장
장주효	2003.3.21.~2007.3.20.	시민운동가
이강언	2006.1.3.~2008.1.2.	전 총장 직무대행
이용두	2006.12.14.~2008.12.13.	대구대학교 총장

당시 정부가 참여정부라는 사실도 중요한 변수였다. 나 자신이 대통령실 자문기구와 교육부 정책자문위원회에 참여하고 있었던 것도 구재단과 관련한 고민을 덜게 해 주었다.

실은 내게는 그 못지않게 중요한 이유가 하나 더 있었다. 고등학생 때부터 간직해 온 꿈은 존경받는 학자, 어두운 세상에서 빛과 소금의 역할을 하는 양심적 지식인이 되는 것이었다. 학자의 삶이 나의 적성에 가장 맞는다고 확신하고 있었다. 오랜 꿈을 포기하고 싶지 않았다. 총장 출마를 종용해 온 후배 교수들에게 나의 길이 아니라고 양해를 구했다.

본격적인 선거 국면으로 접어들던 어느 날이었다. 이종한 교수로부터 연락을 받았다. 2년 전의 패배를 딛고 대학 민주화운동 진영을 대표해 재도전을 준비하던 그였다. 모처럼 둘이 마주 앉았다. 자신이 출마해서 대학 경영을 맡아보려 하니 양보해 달라고 했다. 나의 출마 가능성을 우려했던 것 같았다. 후배 교수들로부터 출마 종용을 받고 있긴 하지만 나는 출마할 생각이 없다고 답했다. 며칠 뒤에는 이용두 교수가 밤늦은 시간에 나의 집을 방문했다. 그만큼 그와는 가족 간에도 가깝게 소통하며 지내는 사이였다. 그 역시 자신의 출마 의지를 밝혔고 나는 출마 생각이 없다고 했다. 두 선배 교수의 말에는 모두 자신이 출마하고자 하니 나는 다음을 준비하면 좋겠다는 뜻이 담겨 있었다.

모두 8명의 교수가 출사표를 던졌다. 나는 선거에서 손을 뗐다. 각별하게 지내던 이종한, 이용두, 두 선배 교수가 출마한 데다 나와 같은 사회학과의 김두식 교수도 출마해서였다. 특히 앞의 두 교수는 1993~1994년의 대학 민주화 시기에 중요한 역할을 맡아 나와 함께 고생한 선배 교수들이었다.[41] 두 교수가 당선권에 가장 근접한 유력 후보였고 모두 구재단에 단호한 입장이었던 것도 마음을 놓게 했다. 두 교수가 성격이나 리더십 스타일에서는 크게 달랐지만 모두 대구대학교의 소중한 자산이라고 나는 생각했다. 부득이하게 대학 민주화 과정에서 헌신했던 교수들도 두 후보의 참모로 나뉘어 선거전에 뛰어들었다. 그리고 결과

---

[41] 이용두 교수는 내가 1993년 교수협의회 총무로 일하다 재임용 탈락했을 때 부의장이었으며, 이종한 교수는 조기섭 초대 직선총장 때 사무처장으로 일하다 윤덕홍 총장 당선자와 함께 징계 해임됐다가 소송을 거쳐 복직한 교수였다.

제9대 총장선거 결과 (2005.9.29.)

성명	소속	득표수 (득표율)	
		1차 투표	2차 투표
이용두(당선)	정보통신공학과	104 (23.0%)	216 (51.9%)
이종한	심리학과	115 (25.4%)	197 (47.4%)
권정호	회화과	68 (15.0%)	—
김두식	사회학과	62 (13.7%)	—
김병하	특수교육과	53 (11.7%)	—
황규탁	환경공학과	28 (6.2%)	—
임경수	자동차공학과	20 (4.4%)	—
신도길	관광학부	2 (0.4%)	—
무효표		1 (0.2%)	3 (0.7%)
총 유권자 470 (교수 416, 직원 54)		453 (100.0%)	416 (100.0%)

는 이용두 교수의 신승으로 끝났다.

 2005년 11월 1일, 이용두 총장이 취임한 후 나는 모처럼 학교 일에서 벗어나 나의 일로 바쁘게 지냈다. 실천하는 지식인, 사회학자로서의 활동에 집중할 수 있었다. 참여정부의 정책자문위원, 지방자치단체의 자문위원, 신문 칼럼니스트, TV 생방송 토론 사회자, (사)대구사회연구소장과 한국지역사회학회 회장 등으로 바빴던 것도 이때였다. 돌아보면 그때가 실천적 지식인으로서 나의 절정기이고 황금기였다는 생각이 든다.

결국 총장선거에 나서다

반면에 학교 안에서는 불편할 수밖에 없었다. 교수들과 직원들은 이미 나를 유력한 차기 총장 후보로 생각하는 분위기였다. 이용두 총장의 임기가 후반으로 접어들고 학교 일이 꼬이면서 나를 바라보는 시선은 더 따가워졌다. 2008년 2월, 이명박 정부가 출범한 후부터는 더욱 그랬다. 교수들은 크게 두 가지 일을 걱정했다. 하나는 이명박 정부가 출범하자마자 임시이사 파견 대학을 대상으로 재단 정상화 프로그램을 강력하게 추진한 것이다. 보수적인 교육정책 가운데 하나이기도 했다. 구재단을 지지하는 교수들의 교내 발언도 점점 거칠어지고 있었다. 구재단 복귀에 단호한 입장인 이용두 총장이었지만 제대로 대응하지 못하고 있다는 불만이 팽배했다.

다른 하나는 교육부의 대형 국책사업들에서 계속 탈락한 것이었다. 대학 구성원은 자존심에도 큰 상처를 입었다. 이용두 총장의 대학 본부가 학령인구 급감에 대비한 치열한 고민과 전략 없이 안일하게 학교를 경영한다는 비판이 강하게 일었다. 특히 소장 학자들의 위기감이 컸다.

그럴수록 나를 향한 교수들의 요구도 커져만 갔다. 2005년 선거에서는 단호하게 거절했지만 소장 학자들의 걱정과 요구를 외면만 하고 있기가 어려워졌다. 특히 이명박 정부의 재단 정상화 프로그램을 둘러싼 대학 구성원의 걱정과 위기감은 나를 깊은 고민에 빠지게 했다. 가까운 교수들과 진지하게 상의하기 시작했다. 나를 아끼던 많은 교수는 내가 외지 출신이라는 사실을 걱정해 주었다. 그러면서도 결심하면 적극 돕겠다고 했다.

대학 밖에서 지역사회와 지역 정치의 문제를 함께 고민해 온 교육계, 언론계, 시민사회계 인사들도 격려와 응원의 뜻을 전해 주었다. 이웃 대학에 재직하면서 대학과 교육의 가치를 고민하는 교수들도 걱정 반, 기대 반의 인사를 건네 왔다.

숱한 번민이 있었지만 결국 결심했다. 실패 가능성에 대한 걱정 외에 개인적으로 가장 큰 고민은 학자의 삶을 포기해야 하는 것이었다. 그 외에 아내의 동의를 얻어야 하는 숙제가 남아 있었다. 시간이 걸리긴 했지만 아내도 대구대학교와 대구 지역사회에서의 나의 역할을 이해하고 공감해 주었다. 그렇더라도 실패 가능성에 대한 중압감은 여전히 나를 짓눌렀다. 패배한다면 그것은 나 개인의 패배가 아니라 대구대학교에 구재단이 복귀하게 되는 것을 의미한다고 생각했기 때문이다.

선거 과정은 평소에 만날 수 없었던 다양한 전공 교수들의 고충과 기대를 알게 된 기회였다. 공약을 준비하면서 대학의 현안과 과제에 대해서도 깊이 연구했다.[42] 나를 포함해 6명의 후보가 나섰다. 두 차례 출마했다가 낙선한 이종한 교수도 또다시 출마했다. 세 번째 도전인 셈이었다. 이용두 현직 총장도 연임하겠다며 재출마했다. 1993년 교수협의회

---

[42] 총장직선제는 우리나라 대학에 처음 도입됐던 1980년대 후반부터 대학 현장에 퍼져 있던 비리와 전횡을 퇴치하는 데 크게 기여했으며, 그 역할을 다한 후에는 대학 민주주의의 상징으로 그리고 대학 구성원의 역량을 결집해 내는 과정으로 여전히 의미를 갖는다고 생각한다.

재무간사로 재단퇴진운동에 함께했으면서도 그 뒤로는 재단 이슈에 관심을 보이지 않고 있던 박성복 교수도 나섰다. 일부 교수들이 외부에서 영입한 김종민 전 문화관광부 장관도 출마했다. 구재단과 가장 가까운 후보로는 공재식 교수[43]가 출마를 선언했다.

나는 구재단 문제에 대해서는 가장 선명한 입장을 취했다. 구재단 복귀를 반대하며 교권과 학습권을 존중하는 건강한 재단을 세워 가는 일을 중요한 과제로 삼겠다고 약속했다. 그 위에서 학생을 존중하고 학생에게 양질의 교육을 제공하는 정책을 우선적으로 추진하겠다고 했다.

정책을 다듬는 외에 학생들과 대학에 부끄럽지 않은 선거를 치르기 위해 노력했다. 돈 선거, 골프 선거, 술 선거, 보직 약속하는 매직·매표 선거 안 하겠다고 결심했고 그렇게 했다. 원래 골프를 배우지 못했으니 골프 선거는 처음부터 할 수 없는 일이었고, 돈도 없고 술도 못 마시는 편이니 그 역시 실천하기가 어렵지 않았다. 그런 낡은 방식 대신에 교수 연구실을 일일이 방문해 대학의 미래와 과제를 주제로 진솔한 대화를 많이 나눴다. 다양한 전공 교수들의 생각과 걱정과 바람도 직접 들었다. 그리고 그것은 총장직을 수행할 때도 큰 도움이 되었다.

---

43 공재식 교수는 재단 정상화 과정에서 '대구대학교 정상화를 위한 교직원공동대책위원회'라는 비공식 단체의 핵심 교수로 활동하며 구재단의 입장을 대변했다. 구재단에 대한 관점을 기준으로 보면 나와는 대척점에 섰던 것이다.

당선, '기적'이라 쓰다

구재단의 복귀 가능성을 걱정하는 선배 교수들, 대학의 장래와 지속 가능성을 우려하는 후배 교수들, 대학이 바로 서기를 염원하는 직원들까지 진심과 정성을 다해 도와준 이들이 많았다. 정책과 공약을 만드는 일뿐만 아니라 공식 찬조 연설과 득표 운동에 이르기까지 큰 도움을 받았다. 내게는 2년 선배 되는 남인길 교수가 선거 과정 전 기간을 이끌었다. 특유의 성실과 헌신으로 교수와 직원으로부터 폭넓게 존경받던 교수였던 데다, 대구·경북 지역 인사이고 컴퓨터 분야를 전공한 이공계 교수여서 내게는 여러모로 큰 힘이 되었다.[44]

대구대학교 민주화 1기를 이끈 김문봉 교수를 비롯해 이상기, 최영선, 조희금, 전영란, 이주만, 조문수, 전문장 교수 그리고 나와 같은 사회학과의 김영범 교수 등도 모두 진심으로 도와준 선배 교수들이었다. 대학에서 후배 교수의 총장선거를 나서서 돕기란 쉽지 않은 일임을 나는 잘 안다. 쉰둘이라는 비교적 젊은 나이에 출마한 내게 선배 교수들의 성원은 큰 힘이 되었다.

---

[44] 나와 경쟁한 후보 중에는 그의 고등학교·대학 선배, 단과대학 내 선배 교수도 있었는데, 아무런 지연·학연도 없는 후배 교수인 나를 도운 것이다. 경북 영해의 독립운동가 후손인 그는 전형적인 영남 선비다운 심지와 품격으로 교수, 직원에게 귀감이 되는 교수였다. 보수적이고 폐쇄적인 대구 사회에서 외지 출신의 내가 가진 약점을 보완해 주었을 뿐만 아니라, 대규모 종합대학의 선거에서 사회과학대학 소속의 내가 평소에 교류하지 못했던 이공계 교수들의 마음을 얻는 데도 큰 역할을 해 주었다. 2020년 8월에 정년을 맞은 뒤, 2023년 4월부터는 대학 구성원의 추천을 받아, 정상화된 영광학원의 개방이사로 취임해 대학 민주화와 정상화의 정신을 실천하고 있다.

평소에는 특별한 교류가 없었고 오히려 구재단과의 인연이 깊었을 원로 교수 중에서도 힘이 되어 준 분들이 있었다. 특수교육과 이규식 교수, 사회복지학과 전재일 교수, 언어치료학과 석동일 교수, 직업재활학과 박석돈 교수, 초등특수교육과 조인수 교수 등이 그들이었다. 구재단에 맞서 해직까지 됐던 내게 그들은 천군만마였다.

4년여 전부터 나의 총장 출마를 종용했던 후배 교수들도 학교를 구한다는 각오로 나서 주었다. 그들은 지연도 학연도 없는 나의 약점을 거뜬히 메워 주었다. 특히 권웅상, 양진오, 권욱동, 박순진, 권혁철, 박상규, 송록영, 최철영, 강태원, 최웅용, 김시만, 송건섭 교수 그리고 2015년 4월에 하늘나라에 간 고(故) 고진한 교수 등의 후배 교수들이 자기 일처럼 뛰어 주었다.

대학 밖의 학계, 언론계, 시민사회계 등의 지인들도 아낌없는 성원을 보내 주었다. 참으로 고마운 이들이 아닐 수 없었다. 연고도 없고 표를 모으는 다른 재주도 없지만 인복은 참 많다고 생각했다. 돕겠다고 나서 준 교수, 직원과 함께 최선을 다했다.

2009년 9월 17일, 투표일이었다. 유권자는 교수 450여 명, 직원 250여 명, 총 700여 명이었다. 직원의 경우는 전체 교수표의 15%로 환산해 반영하는 것으로 했다. 물론 총장선거를 주관하는 교수회가 직원노동조합과의 지난한 협상을 통해 결정한 것이었다. 오후 3시까지 1차 투표를 하고 과반수 득표자가 없을 경우 1, 2위 득표자를 대상으로 오후 4시부터 2차 투표를 하게 되어 있었다.

제10대 총장선거 결과 (2009.9.17.)

성명	소속	득표수 (득표율)	
		1차 투표	2차 투표
박성복	행정대학 지역사회개발학과 교수	7 (1.4%)	—
김종민	전 문화관광부 장관(외부 영입)	87 (17.9%)	—
이용두	제9대 총장(당시 현직 총장)	88 (18.1%)	—
이종한	사회과학대학 심리학과 교수	113 (23.3%)	221 (46.2%)
홍덕률(당선)	사회과학대학 사회학과 교수	151 (31.1%)	257 (53.8%)
공재식	경상대학 보험금융학과 교수	40 (8.2%)	—
유효표 수		486 (100.0%)	478 (100.0%)
무효표 수		2	4
전체 투표자 수		488	482

* 총 유권자 수 : 500표 = 교수 454표(454명) + 직원 46표(환산표).

　1차 투표 결과는 1위, 하지만 과반 득표에는 미치지 못했다. 모두 6명이 출마했으니 예상한 결과였다. 2위 득표자는 예상한 대로 세 번째 출마한 이종한 교수였다. 그는 과거 두 차례 출마했을 때는 주로 민주개혁 성향의 교수 직원으로부터 지지받았지만 이번에는 구재단과 가까운 교수 직원들로부터도 지지받았다. 곧바로 이종한 후보와의 결선투표에 들어갔다. 나와 이종한 후보를 비롯해 전체 교수와 직원이 숨죽이며 대기했다. 지역 언론사 기자들도 투표장에 모여들었다. 학생 대표와 이웃 대학 교수들도 촉각을 곤두세우고 결과를 기다렸다.

결과는 당선이었다. 53.8% 득표로 46.2% 득표한 이종한 교수에게 승리한 것이다. 오래전부터 가깝게 지낸 선배 교수였는데, 비록 승리했지만 마음은 편치 않았다.

언론도 놀라다

그래도 기뻤다. 감격했다. 나를 도와 함께한 교수들도 부둥켜안고 기뻐했다. 특히 돈 선거, 술 선거, 향응 선거, 골프 선거, 보직 약속하는 선거 안 하고 정직한 선거운동으로 당선됐다는 사실이 더욱 기뻤다. 성숙한 유권자들과 대구대학교가 얼마나 감사하고 자랑스러웠는지 모른다. 구재단 복귀 위험을 일단 물리쳤다는 사실 때문에도 안도했다.

이튿날 지역 언론들도 크게 보도했다. 대부분 '사건', '이변', '기적'이라고 썼다. 보수 도시 대구에서 지연과 학연이 없는 젊은 진보 사회학자가 당선된 것에도 놀라움을 표했다. 먼저 『매일신문』 김재경 기자의 기사를 소개한다.[45]

인천 생, 서울대 출신, 진보적 성향의 활발한 시민사회 활동. 지역의 대학 사회와는 잘 어울리지 않는 수식어를 몇 개씩 달고 다니는 홍덕률 대구대 사회학과 교수가 대

---

[45] 「"변화·발전 염원에 보답할 것" … 홍덕률 대구대 총장 당선자」, 『매일신문』 2009. 9. 18. (https://www.imaeil.com/page/view/2009091810405555114)

구대 총장선거에 출사표를 던졌을 때 외부에서는 다소 무모한 도전으로 여겼다. 총장직에 오르기에는 51세의 나이 역시 걸림돌로 판단됐다. 하지만 대구대 구성원들은 그를 선택했다. 사회과학대 한 교수는 "갈수록 힘겨워지는 대학의 환경, 더딘 재단 정상화, 풀리지 않는 학내 갈등 등 지금의 위기 상황을 돌파하는 데는 합리성과 추진력, 패기를 갖춘 리더가 필요하다는 판단이 작용한 것 같다"고 분석했다.

『한겨레』 구대선 기자는 또 이렇게 썼다.[46]

그의 당선은 보수적인 대구 지역사회에선 하나의 '사건'으로 받아들여진다. 학연·지연·이념 등 여러 면에서 대구의 '주류'와는 동떨어진 인물이기 때문이다. 인천에서 태어난 그는 그곳에서 고교를 나와 서울대를 졸업했다. 대구대 교수 460여 명 가운데 고교 동문이 단 한 명도 없는 것으로 알려졌다. 그는 대구사회연구소장과 대구·경북분권혁신아카데미 원장으로 활동했고, 지역 언론에 사회 현안에 대해 꾸준히 제 목소리를 내는 등 개혁적 면모를 보여 왔다. … 일부 지역 시민단체들은 그의 당선을 두고 보수적인 대구 사회의 변화 징후라고 보거나, 지역사회에 새 활력을 불어넣은 계기가 될 것이라고 보기도 한다.

---

[46] 「16년 전 해직 교수 … 이제는 총장님 — 홍덕률 대구대 총장 당선자 "학생 위한 학교 만들 것"」, 『한겨레』 2009. 9. 18. (https://www.hani.co.kr/arti/society/society_general/377499.html?utm_source=copy&utm_medium=copy&utm_campaign=btn_share&utm_content=20250303)

제10대 총장으로 취임하다

그렇게 나의 삶은 평소에 전혀 생각하지 않고 살았던 새로운 궤도에 올라탔다. 모든 것이 생소하고 낯설었지만 중요한 것은 교육자적 양심을 잃지 않고 최선을 다하는 것이라 생각했다. 당선자 신분으로 처음 내린 결정은 관사를 반납하는 것이었다. 관사는 권위주의 시대의 잔재라는 평소 생각 때문이었다. 20년 넘게 대구에서 가족과 함께 생활하고 있으니 관사로 옮겨야 할 필요도 느끼지 못했다. 이유는 또 있었다. 대구에 아무런 연고 없이 부임하는 신임 교수와 직원이었다. 나는 그들의 불편함을 잘 알고 있었다.[47] 관사 전세 비용 3억 원으로 캠퍼스 내 숙소인 문천관을 리모델링하도록 했다. 외지에서 온 신임 교수와 직원이 거처를 마련할 때까지 사용할 수 있도록 하기 위해서였다. 실제로 매학기 여섯 가족이 일정 기간 생활할 수 있는 교직원용 숙소가 확보되었다. 당시 『중앙일보』는 나의 이 작은 결정에 주목해 이렇게 보도했다.[48]

홍덕률 대구대 총장 "관사 전세금 빼 교직원용 아파트 얻을 것"

이달 5일 취임한 대구대 홍덕률(52·사회학) 총장은 지난달까지 1500cc 국산 소형차

---

[47] 나 자신이 21년 전에 대구대학교 교수로 부임할 때 급하게 거처를 구하기 어려워 애를 먹은 적이 있었기 때문이다.

[48] 「홍덕률 대구대 총장 "관사 전세금 빼 교직원용 아파트 얻을 것"」, 『중앙일보』 2009. 11. 18. (joongang. co. kr/article/3879888)

를 타고 다녔다. 2000년식으로 9년 가까이 탔다. 사는 아파트는 105m²(32평형) 크기다. 경산시의 66m²(20평형)에 살다가 10년 전쯤 융자를 얻어 대구에 마련한 집이다.

그는 총장에 당선한 뒤 관사(160m²) 입주를 사양하고 자택에서 출퇴근하기로 했다. "관사로 써 온 대구 수성구 아파트의 전세 기간이 마침 끝나가기에 전세금 3억 원을 빼서 신규 임용된 교직원을 위한 전세 아파트를 얻을 계획입니다." …

총장 자택치고는 집이 아담하다는 지적에 그는 "교수 월급 받아 자식 대학 보내고 이런 집에 살면 괜찮은 것 아니냐"고 반문했다. 총장 차량은 체어맨이다. 그는 "갑작스레 큰 차를 타니 적응이 잘 안 된다"고 말했다. 대구에서 양심적인 지식인으로 통하는 홍 총장은 소박한 생활이 몸에 배었다. 내 것을 챙길 줄 모르고 나누는 데는 앞장선다.

취임식은 나눔을 실천하는 자리로 마련했다. 그는 취임식 초대장을 보내면서 축하 화환 대신 쌀을 보내 달라고 요청했다. 취임식장엔 쌀 261포대(20kg)가 답지해 다음 날 대학 인근의 저소득층 가정과 복지재단에 기부했다. 그는 "취임 첫날부터 돈 한 푼 안 들이고 농민도 돕고 기부도 할 수 있었다"고 말했다. …

당선자 신분으로 부서별 업무보고를 받았다. 11월 1일에 공식 업무를 시작했고 11월 5일에는 취임식도 했다. 3시 취임식에 이어 4시 30분에는 내빈들을 모시고 가벼운 축하연을 열었다. 조해녕 이사장과 김관용 경상북도지사가 직접 참석해 축하해 주었다. 인천의 고향 친구 중에서도 직접 참석해 축하해 준 친구들이 있었다. 서울과 부산의 형님, 동생도 바깥나들이가 어려웠던 어머니를 모시고 참석해서 축하해 주었다. 인천의 처가 식구들도 먼 길을 달려와 함께 기뻐했다. 연세대학교에 재학 중

총장 취임식 후 축하연에서 아내, 아들과 함께.

이던 아들도 내려와 그 기쁜 순간을 함께해 주었다. 공적으로 의미 있는 날이었지만 개인적으로도 무척 기쁜 날이었다.

취임식 날 저녁은 아내, 아들과 함께했다. 단출한 세 식구지만 함께 외식한 것도 참 오랜만의 일이었다. 기쁠 때나 슬플 때나, 아플 때나 힘들 때나 늘 곁에서 지지해 주고 지켜 준 소중한 가족이다. 그들에게 총장 취임이라는 선물을 줄 수 있어서 나도 기뻤다.

총장 취임사

그날의 총장 취임사를 소개한다.

제10대 총장 취임사

― 대구대학교의 위대한 역사를 새롭게 만들어 나갑시다

존경하는 교수님, 친애하는 직원 선생님, 그리고 사랑하는 2만 학생 여러분,

우리 대구대학교는 53년 전, 사랑·빛·자유의 이상을 이 땅에 구현하기 위해 설립된 참으로 아름다운 대학입니다. 그렇지만 개교 이래 대구대학교 역사는 결코 순탄하지만은 않았습니다. 크고 작은 도전과 시련, 범상치 않은 위기들을 겪어야 했습니다. 그러나 대구대학교는 그 어떤 경우에도 좌절한 적이 없었습니다. 우리 대구대학교는 소외된 이웃과 함께하는 배려와 사랑의 정신을 실천해 온 역동적 인문주의, 도전을 뛰어넘는 참 용기, 그 어떤 시련도 넘어서고야 마는 집단 지성, 그리고 결국에는 새 역사를 창조해 내는 비전 경영을 통해서, 오늘날 2만여 학생들이 땀 흘리며 연마하는 대규모 명문 사학으로 성장했습니다.

앞으로도 대구대학교는 사랑·빛·자유의 고귀한 건학 정신을 세계만방에 알리고 꽃피울 것입니다. 미움과 어둠과 억압을 걷어 내고 사랑·빛·자유가 물결치는 지구촌을 건설해 갈 것입니다. 대구대학교의 이 웅대한 비전이 새롭게, 그리고 반드시 실현될 수 있도록 이 자리에 참석하신 내빈들께서도 적극 성원해 주시기를 부탁드립니다.

존경하는 내외 귀빈 여러분!

그러나 우리 대구대학교는, 저희들이 품고 있는 비전의 웅대함만큼이나 만만치 않은 도전과 난관에 봉착해 있습니다. 지역의 많은 대학들, 나아가 대한민국도 지금 같은 운명에 처해 있다고 저는 진단하고 있습니다. 사회는 빠른 속도로 지식정보 사회, 무한 경쟁의 글로벌 시대로 이행하고 있고, 인구감소 시대, 고령화 사회, 고용 없는 성

장 체제로 빠져들고 있습니다. 정치와 경제, 사회와 문화 모두 전혀 새로운 체제와 구조로의 재편을 요구받고 있습니다. 사회 발전의 동력도, 사회가 요구하는 인재상도 달라졌으며, 따라서 교육의 패러다임도 질적 전환을 강요받고 있습니다. 대학들도 예외가 아니어서, 지금 대부분의 대학들은 한편으로는 새로운 역할과 정체성을 모색해야 하는 어려운 숙제를, 다른 한편으로는 적정 규모의 학생을 유치해 생존을 담보 받아야 하는 절박한 과제를 떠안고 있습니다.

저는 이 어려운 시기에 이 위대한 대구대학교의 경영을 책임지게 되어, 한편으로는 무한히 영광스럽게 생각하면서도 다른 한편으로는 어깨가 참으로 많이 무겁습니다. 하지만 반드시 이겨 내야 하는 도전이고 넘어서야 할 숙제들이기에 저는 비장한 각오로 여러 내빈들 앞에서 대구대학교의 참 번영을 위한 저의 대학 경영 원칙 7가지를 천명하고자 합니다.

첫째, 미래 경영, 통찰 경영, 비전 경영입니다. 앞서 말씀드렸듯이 저는 21세기 급격한 시대 변화와 대학 환경의 변화를 매 순간 통찰해 내는 데 심혈을 기울일 것입니다. 역사적 전환기에는 개인이나 조직이나 지역사회나 국가 모두에게, 사회 변화에 대한 통찰력과 미래를 준비하는 능력이 생존과 지속 가능한 번영을 보장하기 때문입니다. 사회 변화의 원리와 방향, 미래 사회의 구조와 질서에 대한 통찰에 근거하여, 웅대하면서도 실현 가능한 비전을 세우고, 우리 구성원의 역량과 지혜를 모아 갈 것입니다. 시대의 변화를 따라잡는 경영, 미래를 준비하는 경영, 나아가 밝은 미래를 창조해 가는 비전 경영을 저의 첫 번째 경영 원칙으로 천명합니다. 저의 임기 4년은 지방대학의 미래를, 나아가 대한민국의 미래를 선도하는 4년이 될 것입니다.

둘째, 인간 경영, 교육 경영의 원칙입니다. 변화를 통찰하고 미래를 준비하는 일이라도, 저의 대학 경영은 교육과 인간의 본질에 대한 깊은 이해와 인문학적 지혜에 바탕을 둘 것입니다. 그래서 우리가 바라보고 우리가 꿈꾸는 미래가, 인간이 존중받는 사회, 서로가 사랑하고 배려하는 아름다운 관계, 누구라도 소외되지 않고 살맛 나는 세상이 되도록 하는 데, 우리 대구대학교가 크게 기여할 수 있도록 할 것입니다. 인간이 부차화되는 교육, 교육의 본질에서 멀어진 대학 행정, 지식을 단순히 돈벌이와 출세의 수단으로만 여기는 천박한 지식 상업주의 대학 경영을 저는 배격할 것입니다.

셋째, 학생 중심 경영입니다. 저의 대학 경영은 학생과 미래 세대에 대한 무한 애정과 무한 신뢰에 기초할 것입니다. 머지않아 바로 이곳 진량벌에서, 세계가 존경하는 한국의 톨스토이가, 한국의 페스탈로치가, 한국의 피카소가, 한국의 만델라가, 한국의 찰스 다윈이, 한국의 스티븐 호킹이, 한국의 헬렌 켈러가 나올 것이라고 저는 굳게 믿고 있습니다. 제2의 우장춘 박사가, 제2의 백범 선생님이, 제2의 정약용 선생님이 이곳 대구대학교 연구실에서, 도서관에서, 기숙사에서 나올 것이라고 저는 확신하고 있습니다. 꼭 그렇게 될 수 있도록, 저는 제가 할 수 있는 모든 일을 다 할 것입니다. 우리 학생들이 세계 최고 수준의 교육 환경에서 전국 최고 수준의 교육 프로그램을 제공받을 수 있도록 할 것입니다. 재학 기간 4년 동안, 꿈과 인품과 실력 모든 면에서 놀라운 성과를 거두게 되도록 할 것이며, 궁극적으로 사회에서 인정받고 존경받는 인재로, 사랑·빛·자유의 DU형 트라이앵글 인재로 성장하도록 할 것입니다. 학생이 큰 꿈을 키울 수 있는 대학, 학생이 성장하는 대학, 그래서 학생이 진정 행복한 대학을 만들어 가는 데, 저는 최우선 가치를 둘 것입니다.

넷째, 건학 정신의 구현을 추구하는 뿌리 경영입니다. 미래와 미래 세대에 대한 무한 애정과 무한 책임감은 사랑·빛·자유의 대구대학교 건학 정신의 다른 표현이기도 합니다. 저와 우리 대학 구성원은 대구대학교의 건학 정신과 그것의 구현 과정으로서의 위대한 대구대학교 역사를 한결같이 자랑스럽게 생각하고 있습니다. 이 위대한 건학 정신을, 대학 경영에는 물론이고, 다양한 교과교육 프로그램 및 비교과교육 프로그램에, 그리고 강의실과 캠퍼스 구석구석에 깊이 스며들게 할 것입니다. 나아가 우리 지역사회와 국가와 지구촌에 더욱더 넓게 퍼져 나가게 할 것입니다.

다섯째, 열린 경영, 지역 친화 경영, 책임 경영입니다. 저는 우리 대구대학교를 지역과 국가와 인류에 대한 무한 책임을 실천하는 위대한 대학으로 도약시켜 갈 것입니다. 이제 스스로 자족하는 갇힌 대학은 존재할 수 없습니다. 담장 허물기와 소통은 21세기 시대정신이기도 합니다. 울타리 안의 우리 학생들뿐만 아니라, 울타리 밖의 소외된 지역민과 인류를 늘 고민하고, 지역사회 및 국가 발전을 견인해 가는 대구대학교의 역할을 적극 모색할 것입니다. 설립자이신 이영식 목사님과 이태영 총장님께서 장애인과 비장애인 사이의 높은 장벽들을 허무는 일에 심혈을 기울이셨듯이, 대학과 지역사회 간의 장벽, 대학 연구실과 기업 현장 사이의 장벽, 나아가 우리 한국인과 외국인 사이에 존재하는 다양한 차별과 장벽들을 허물어, 대구대학교와 지역 산업계, 대구대학교와 지역사회, 한국과 이웃 나라들이 상생 발전할 수 있도록 할 것입니다. 산학협력의 모델, 대학과 지역사회의 생산적 협력 모델, 다문화 캠퍼스 모델을 선도할 것입니다. 캠퍼스도 물론 지역친화형 캠퍼스로 더욱 발전시켜 갈 것입니다. 지역에서 존경받고 신뢰받는 대구대학교로, 지역민의 자부심으로 우뚝 서게 될 것입니다.

여섯째, 소통 경영, 정도(正道) 경영, 위너자이즈 경영의 원칙입니다. 우선 저는 소통과 정도 경영을 통해 대학 통합을 구현할 것입니다. 많은 조직과 국가들이 지금 소통의 부족, 그로 인한 갈등과 분열로 몸살을 앓고 있습니다. 구성원 간의 소통에서 시작해, 대학과 지역사회, 대학과 세계를 소통시켜 낼 것입니다. 21세기 글로벌 스탠더드인 투명 경영, 윤리 경영도 아울러 실천할 것입니다. 그것은 제가 우리 대학의 위기 극복 방법으로 모색해 온 위너자이즈(We+Energize) 경영의 첫발이기도 합니다. 우리 모두의 놀라운 잠재력과 발전 에너지를 결집해 내고 폭발시켜 내는 위너자이즈 경영을 통해서, 꼭 우리 앞에 놓여 있는 모든 난관을 헤쳐 내고야 말 것입니다.

일곱째, 글로벌 경영입니다. 글로벌화의 추세에 적극 대응해, 우리 교수님과 학생들이 세계를 향해 사고하고, 세계의 청년 학도들이 이 캠퍼스에서 꿈을 키워 가는 데 부족함이 없도록 할 것입니다. 지역사회가 대구대학교를 통해서 세계를 알고, 세계와 교류하며, 세계로 나아가도록 할 것입니다. 사랑·빛·자유의 건학 정신은 이미 온 인류가 함께 품기에 전혀 손색이 없는 너무도 고귀한 보편 이상입니다. 이 위대한 건학 정신을 세계를 무대로 실천하고 세계를 향해 전파할 것입니다. 그것이야말로 글로벌 대학 경영의 기본 정신이요 철학이어야 한다고 저는 굳게 믿고 있습니다.

존경하는 내외 귀빈 여러분!

참으로 어려운 숙제들입니다. 하지만 저는 불가능하다고 생각하지 않을 것입니다. 힘들다며 미뤄 두지도 않을 것입니다. 외람되지만, 비록 길지 않은 저의 52년 생애는 불가능이라고 너무 쉽게 간주되어 온 목표들을 향한 쉼 없는 도전이요 보람찬 성취의 과정이었습니다. 물론 저 혼자 한다는 생각도 하지 않을 것입니다. 여러 존경하는 교수님, 직원 선생님, 그리고 사랑하는 학생들과 위너자이즈의 정신으로, 이 어려운 역사적 과제들을 하나하나 풀어 가겠습니다. 함께 격려하고 함께 이끌며 밀어 주고 함께해 나가겠습니다. 이 자리에 함께해 주신 내빈 여러분께서도, 나아가 사랑·빛·자유의 대구대학교 건학 정신에 공감하는 세계의 벗들도, 저희들의 이 숭고한 도전을 격려해 주시고 지혜와 힘을 보태 주실 것으로 굳게 믿습니다.

이제 대구대학교의 위대한 역사는 다시 시작될 것입니다. 이 설레는 역사의 현장에서 드린 저의 약속들을 잊지 않고, 4년간 솔선수범하며 진실되게 실천하겠습니다. 대구대학교의 위대한 새 역사를 여는 초석이 되도록 하겠습니다.

다시 한 번 바쁘신 중에도, 이 자리에 왕림해 주셔서 축하해 주신 내외 귀빈 여러분께 진심으로 감사의 인사를 올립니다. 여러분, 감사합니다.

2009. 11. 5.

대구대학교 제10대 총장 홍덕률

2.
재단 정상화,
실패로 끝나다

재단 정상화에 도전하다

 임시이사는 재단의 임원 간 분규 혹은 재단이 설치·운영하는 학교의 비리나 분규 등으로 교육기관으로서의 최소한의 기능조차 수행할 수 없게 됐을 때, 교육 기능 회복의 임무를 받고 파견된 이사들이다. 파견 주체는 그 학교가 대학일 경우 교육부 장관이 된다. 오래전에는 관선이사라고 불렸다. 임무를 완수해 재단과 재단 산하 학교가 제 기능을 회복하게 되면 경영권을 정이사진에게 넘겨주고 해체되어야 하는 임시 관리 체제인 것이다.
 임시이사 체제의 대학들에서는 정이사진의 구성이 초미의 과제요 관심사일 수밖에 없다. 먼저 재단 정상화의 내용에 따라 대학과 대학 구성원은 다시 나락으로 떨어질 수 있기 때문이다. 구재단 관계자들에게도 절체절명의 과제로 받아들여지긴 마찬가지다. 그들이 경영 복귀를 위해 필사적으로 임하리라는 것은 쉽게 예상할 수 있다. 결국 재단 정상화는 불가피하게 분규의 재발을 초래하는 과정이라고 할 수 있다.

이명박 정부는 출범하자마자 재단 정상화 프로그램을 강도 높게 추진하기 시작했다. 나를 비롯해 대학 구성원이 우려하며 긴장할 수밖에 없는 상황이었다. 통상 진보 정권은 교수와 학생의 이해관계 즉 교권과 학습권을 중요하게 고려하는 반면, 보수 정권은 재단의 이해를 대변하는 경향이 있다. 진보 정권은 비리 재단의 퇴진과 임시이사 파견에, 보수 정권은 재단의 경영권과 정이사 체제로의 전환에 더 관심을 보인다. 재단 정상화 과제와 씨름하면서 더 고통스러울 수밖에 없었던 것도 나의 총장 재임 기간 8년이 모두 이명박 정부와 박근혜 정부 등 보수정당 집권기와 겹쳤기 때문이다.

재단 정상화는 중차대할 뿐만 아니라 어느 대학에게나 지난한 과제이기도 했다. 실제로 대구대학교 재단 정상화는 나의 임기 8년 내내 피를 말리고 마음에 상처를 입게 한 과제였다. 나뿐만이 아니라 교수, 학생, 직원은 물론 동문과 지역사회까지 장기간에 걸쳐 많은 희생을 치러야 했다.

총장 출마를 결심한 것도 재단 정상화 과제에 대한 책임감 때문이었다. 총장에 취임하면서 임명한 첫 본부 보직자들과 함께 당시 대학의 가장 중차대한 과제인 재단 정상화에 시동을 걸었다. 교수의 교권과 학생의 학습권을 지켜야 한다는 사명감과 교육 정의를 수호해야 한다는 교육자의 양심으로 임했다.

그렇더라도 총장과 대학 본부 처장단의 의지와 노력만으로 될 수 있는 일은 아니었다. 1993년 재단퇴진운동 때처럼 대학 구성원의 중지를 모아 내지 않으면 안 되는 과제였다. 물론 쉽지 않은 일이었다. 구재단의 실체를 아는 구성원들은 비장한 각오로 임했지만 그렇지 않은 구성원들은 달랐다. 16년 전의 분규 과정에서 구재단의 실상을 직접 경험한 이들은 이미 대학을 떠났거나 원로 교수 혹은 고위직급 직원이 되어 있었다. 구재단이 퇴진한 1994년 이후에 부임한 교수와 직원 그리고 학생은 구재단이 어떠한지 잘 알지 못했고 구재단이 대학 경영에 참여하면 왜 문제가 되는지, 대학 구성원은 왜 피해를 감수하면서까지 재단 정상화 과제에 관심을 갖고 나서야 하는지에 대해서도 깊이 공감하지 못했다.

지역의 언론계와 지역 시민사회도 대구대학교 구재단의 실체에 대해 정확히 알지 못하기는 마찬가지였다. 그만큼 세월이 많이 흐른 것이다. 대학을 구재단으로부터 지켜 내기 위해서는 대학 구성원의 연대와 지역 사회의 지지가 꼭 필요한데 난감한 일이 아닐 수 없었다.

숙제는 또 있었다. 정부 정책이 노골적으로 구재단 편향이었던 것이다. 그런 관점은 이명박 정부와 박근혜 정부 내내 이어졌다. 보수 정권이기에 어느 정도는 예상했지만 상상을 초월했다. 그들은 구재단에게 대학 경영권을 넘겨주는 것을 재단 정상화라고 보았다. 구재단 인사들이 과연 대학 경영인으로서의 최소한의 자질과 도덕성을 갖추고 있는지, 그들이 다시 경영권을 넘겨받게 되면 대학은 어떻게 피폐해질지, 대학 구성원과의 관계는 어떠한지 등은 고려하지 않았다. 재단 정상화 과제에 관한 한 가장 본질적이고 중요한 난관이었다.

실제로 비슷한 시기에 재단 정상화를 추진하던 대학들이 줄줄이 구재단 손에 넘어갔다. 비상한 각오로 지혜와 힘을 모아야 했다. 이 어려운 일을 해내라고 교수들과 직원들이 나를 총장에 당선시켜 준 것 아니겠는가? 나는 불가능한 과제라기보다는 어렵지만 꼭 해내야 하는 숙제라고 생각했다.

'건강한 재단 정상화'의 원칙

재단 정상화의 시작은 2006년 4월로 거슬러 올라간다. 총장에 취임하기 3년 반 전이었고 이용두 총장 때였다. 교육부는 학교법인 영광학원(대구대학교)을 임시이사 파견 사유가 해소된 재단으로 분류했다. 그 후 교육부는 영광학원에 재단 정상화를 촉구하는 공문을 여러 차례 보내왔다. 교육부도 임시이사 파견 대학들의 재단 정상화를 다룰 사학분쟁조정위원회를 2007년 12월에 출범시켰다. 사학분쟁조정위원회 제도를 만들고 출범시킨 것은 임기 말의 참여정부였던 것이다.

당시 영광학원 정상화 추진의 최종 책임을 맡아 주요 절차를 관리했던 임시이사진의 명단은 다음과 같다. 서용규 교수와 정종섭 교수는 구 재단 측 추천으로 이사가 된 것으로 알려졌지만 조해녕 이사장의 리더십과 나의 끈질긴 설득으로 입장을 바꿨다. 결국 이사회는 큰 내부 분란 없이 대학 구성원과 조율하며 재단 정상화 방안을 도출할 수 있었다.

영광학원 이사회는 교육부의 지침에 따라 재단 정상화 프로그램을 진행하기 시작했다. 2008년 3월에 '학원정상화추진위원회' 규정을 제정한 것을 시작으로 각 기구 대표들이 참여하는 워크숍(2008년 9월), 이사 간담회(2008년 12월), 대학 구성원 대상 설명회(2009년 2월) 등을 거쳐 2009년 6월 4일에는 '영광학원 정상화 추진위원회'를 공식 출범시켰다.

영광학원의 산하 학교들인 대구대학교와 대구사이버대학교, 6개 특

재단 정상화 당시의 영광학원 임시이사진 (2008.8.6.~2011.10.31.)

성명	임기	약력
조해녕 이사장	2008.8.6. ~ 2011.10.31.	전 대구시장, 전 내무부 장관
정지창 이사	2008.8.6. ~ 2011.10.31.	영남대학교 교수
이선우 이사	2008.8.6. ~ 2011.10.31.	변호사, 전 부장판사
정종섭 이사	2008.8.6. ~ 2011.10.31.	서울대학교 법과대학 교수, 로스쿨 원장
임승빈 이사	2008.8.6. ~ 2011.10.31	경상북도 부교육감
서용규 이사	2008.8.6. ~ 2011.10.31.	가야대학교 교수, 대구대학교 동문
김성팔 이사	2008.8.6. ~ 2011.10.31.	전 대구은행 지점장, 대구대학교 동문

학원정상화추진위원회(2009.6. 출범) 명단

추천 주체		1차 (2009년)	2차 (2010년)
재단		김성팔 이사	김성팔 이사
대구대학교	총장	이재돈 부총장	이재돈 부총장
	교수회	김인숙 회화과 교수	전형수 경제학과 교수
		박상규 생명환경학부 교수	김성애 유아특수교육과 교수
		조순제 도시행정학과 교수	김진상 물리치료학과 교수
		김경무 전산통계학과 교수	오세창 산림자원학과 교수
	총학생회	현광호 회장	하석수 회장
	직원	이양우 총무팀장	이양우 총무팀장
		양춘호 노동조합 위원장	양춘호 노동조합 위원장
	총동창회	정판규 부회장	정판규 부회장
대구사이버대학교		박희태 사무처장	정진호 사무처장
6개 특수학교 교장협의회		장병윤 포항명도학교 교장	최미지 대구덕희학교 교장
설립자 유족	며느리 고은애	불참	불참
	장손 이근용	장익현 대구지방변호사회장	장익현 대구지방변호사회장

수학교 구성원 대표들을 비롯해 설립자 유족을 대표하는 이들이 학원정상화추진위원으로 참여하도록 했다. 내가 총장에 취임하기 5개월 전에 출범했으니 13명의 위원 가운데 내가 추천한 위원은 한 사람도 없었다.

위원장은 당시 이용두 총장의 추천을 받아 위원으로 참여한 이재돈 부총장이 맡았다. 나는 총장에 취임한 뒤에도 그가 위원장 역할을 계속 맡도록 했다.

구성원의 의견 수렴으로 원칙을 정하다

먼저 재단 정상화의 원칙과 큰 틀을 짜는 것이 중요했다. 이를 위해 학원정상화추진위원회는 재단 산하 전 구성원을 대상으로 의견을 수렴했다. 2009년 9월 7일부터 8일 동안 1,166명이 응답했다. 가장 중요한 것은 재단 정상화의 방법에 대한 구성원의 의견이었다. 구재단 복귀를 선호한 구성원은 5.5%에 불과했다. 구성원의 절대다수가 구재단 복귀를 반대한다고 답했다. 정리하면 다음과 같다.

'바람직한 영광학원 정상화 방법'에 대한 재단 구성원의 의견

학원 정상화 방법 응답자수 비율(%)	구재단 복귀	합리적 통합형 (설립자 유족 + 덕망 있는 공익이사)	공영이사 영입	국립화 (혹은 도립화)	교육 투자자 유치	합계
빈도(명)	64	720	138	176	57	1,155
비율(%)	5.54	62.34	11.95	15.24	4.94	100

* 학교법인영광학원 정상화추진위원회, 「영광학원 정상화 추진을 위한 공청회 자료집」(2009. 10. 21.), 18쪽.

대학 본부의 처실장들, 교수회와 직원노동조합의 임원들, 오래전부터 재단 정상화를 위해 헌신했던 평교수들도 진지하게 토론했다. 대학의 미래를 결정지을 중요한 주제였기 때문이다. 여론조사와 공청회 등의 과정을 거치면서 재단 정상화 방법과 관련해 구성원 사이에 다음과 같은 공감대가 확보되었다.

첫째, 건학 정신을 계승할 수 있는 재단 정상화여야 한다. 설립자 유족의 전횡과 독선에 몸서리친 구성원들이었지만 이영식 목사의 인품과 건학 정신에 대해서는 존경의 마음을 갖고 있었다. 건학 정신은 마땅히 계승·구현되어야 하며, 그를 위한 상징으로 설립자 유족이 필요하다면 그것은 당연히 이근용 교수여야 한다고 했다. 이근용 교수는 설립자 이영식 목사의 장손이며 이태영 총장도 장남인 이근용 교수로의 승계를 유지로 남겼기 때문이다. 물론 이근용 교수와 대학 구성원 간의 신뢰와 연대가 이태영 총장의 유지로만 가능한 것은 아니었다. 이근용 교수는 1995년 교육부의 청부 감사·표적 감사와 그로 인한 대구대학교의 비극에 책임 있는 당사자였기 때문이다. 이근용 교수에 대한 대학 구성원의 의구심은 그가 2010년 11월경부터 교내 포털과 『대구대신문』(807호, 2010. 11. 17.)과 언론에 '소유와 경영의 분리' 입장을 공개 천명함으로써 상당 부분 해소될 수 있었다. 『한국일보』의 전준호 기자는 2011년 3월, 이근용 교수와 인터뷰한 후 핵심 내용을 다음과 같이 소개했다.[49]

---

[49] 「이근용 교수 "소유·경영 분리 바람직 … 구성원 의견 반영해야"」, 『한국일보』 2011. 3. 15. (https://www.hankookilbo.com/News/Read/201103151754129882)

'학교를 옛 주인에게 돌려주는 것이 정의'라는 견해에 대해서는 고개를 갸우뚱했다. 이 교수는 "구재단에 참여 기회를 주는 것은 좋다고 생각하지만 너무 획일적으로 해석해 무조건적으로 종전이사에게 돌려주는 것은 정의가 아니다"고 말했다. 그는 "과거 잘못에 대한 반성 없는 구재단을 복귀시키면 상지대 사태처럼 갈등만 양산, 현 정부에도 부담으로 남을 것"이라고 지적했다.

이 교수는 "대구대의 바람직한 미래상은 소유와 경영을 분리하고 구성원의 다양한 의견을 반영할 수 있는 이사진이 대화로 학교를 끌어가는 것"이라고 말했다.

둘째, 이근용 장손 외의 구재단 인사들은 재단 경영에 복귀해선 안 된다. 1994년 2월, 임시이사가 파견되기까지 그들이 보여 준 행태, 1995년 대구미래대학에서 교비를 빼돌려 교육부 고위 관료를 매수하고 임시이사에 대한 청부감사·표적감사를 부른 사건, 2000년 대구미래대학에서의 재단 비리 및 이사진 해임(임시이사 파견) 사건 등을 볼 때, 구재단은 학교 경영을 맡을 최소한의 도덕적 자격을 갖추지 못하고 있다는 데 폭넓은 공감대가 만들어진 것이다. 여기서 구재단은 고은애(이영식 설립자의 며느리이자 이태영 전 총장의 처), 이예숙(이태영 전 총장의 장녀), 이근민(이태영 전 총장의 차남) 등을 말한다. 그들과 입장을 함께해 온 3남, 이○○는 미국에서 학업을 마치고 정착해 살고 있었기에 관심 대상은 아니었다.

셋째, 정치적 이념이나 정파의 이해관계에서 벗어나야 한다. 정이사진을 구성할 때 중요한 것은 정치이념이나 특정 정파와의 친소가 아니라 사학비리 근절에 대한 단호한 의지와 교육 정의에 대한 확고한 신념이라는 데 의견을 모았다.

넷째, 재단 정상화는 반드시 대학의 안정에 기여해야 한다. 교수와 직원 사회는 물론 학생들의 지지를 받는 이사진으로 구성되어 재단 정상화가 분규의 재발이 아닌 대학의 안정과 지속 가능한 발전을 담보할 수 있어야 한다는 것이었다.

나는 대학 구성원이 합의한 방식의 재단 정상화를 '건강한 재단 정상화'라고 칭했다. 재단 정상화의 내용과 절차를 관리하고 결정하는 사학분쟁조정위원회와 교육부, 그리고 이명박 정부의 청와대도 반대할 명분이 적을 것이라고 기대했다.

다음 절차는 위 원칙에 입각해 사학분쟁조정위원회에 정이사 후보로 추천할 인사를 결정하는 것이었다. 학원정상화추진위원회는 일간신문에 정이사 후보 공모 광고를 냈다. 2010년 1월이었으니 총장에 취임하고 두 달쯤 지났을 때였다.

30여 명이 공모에 응했다. 학원정상화추진위원회는 여러 차례의 격론을 거쳐 7인의 정이사 후보를 선정했다. 이태영 총장의 유지를 존중해 설립자 유족을 대표하는 정이사로 이근용 교수를 포함해 그가 추천한 차흥봉 전 보건복지부 장관, 허명 변호사, 윤점룡 한국 재활복지대학 학장이, 대학 구성원의 추천을 받은 이상희 전 임시이사장(전 대구시장)과 당시 총동창회장이던 이노수 TBC대구방송 사장 그리고 직선총장이던 내가 7인의 이사 후보로 포함되었다. 이명박 정부도 반대하기 쉽지 않은 보수 진영의 명망가가 대부분이었다. 내가 포함되는 것에 대해서는 나 자신이 적극 반대했지만 조해녕 이사장과 학원정상화추진위원회에 의해 받아들여지지 않았다. 자연인 홍덕률이 아니라 교수와 직원의 선택을 받은 직선총장 홍덕률이 이사로 포함되는 것이라고 했다. 조해녕 이사장은 재단 구성원이 긴 토론을 거쳐 합의한 후보 7인을 정이사로 추인해 줄 것을 교육부와 사학분쟁조정위원회에 요청했다.

하지만 문제는 역시 구재단이었다. 자신들이 대학과 법인의 경영권을 다시 찾아야 한다고 주장했다. 학원 가족이 설립자 유족 대표로 동의한 이근용 장손에 대해서는 적대적이기까지 했다. 급기야 그들은 '학원정상화추진위원회'에 참여하지 않겠다고 선언했다. 한술 더 떠 '학원정상화추진위원회'라는 똑같은 명의로 별도의 이사 후보 명단을 교육부에 제출했다. 하지만 그들의 단체가 어떤 조직이고 어떻게 구성됐는지는 공개하지 않았다. 구성원을 상대로 한 여론조사나 토론, 정이사 후보진 공모 등 어떤 공식 절차도 없었다. 밀실에서 마련한 별도의 정이사 후보 명단을 교육부에 제출한 것이다. 상상을 넘어선 꼼수고 편법이 아닐 수 없었다. 당시 이사진과 대학 구성원들도 혀를 찼다.

사학분쟁조정위원회의 '정상화 심의 원칙'

구재단이 최소한의 형식과 민주적 절차도 무시하며 막무가내식으로 일관할 수 있었던 것은 재단 정상화 과정에서 절대 권한을 행사하던 사학분쟁조정위원회와 당시 이명박 정부 때문이었다. 재단 정상화를 '종전이사에게 경영권을 돌려주는 것', 즉 '이사 정수의 과반수 추천권을 종전이사[50]에게 주는 것'으로 정의한 사분위야말로 구재단에게는 든든한 버팀목이었던 것이다. 사분위는 그것을 '정상화 심의 원칙'이라고 했다. 전국의 임시이사 파견 대학들이 사분위의 '정상화 심의 원칙'에 격렬하게 반대했지만 소용없었다.

그 원칙을 정한 사분위는 2007년 12월 27일에 출범하면서 구성됐던 1기 위원회가 아니었다. 이명박 정부 출범 후 2010년 2월에 출범한 2기 위원회였다. 진보 인사들이 다수였던 1기 사분위는 의미 있는 정상화 실적을 내지 못한 채 임기를 마쳐야 했고, 전국의 임시이사 운영 대학들을 대상으로 한 본격적인 재단 정상화는 이명박 정부에 들어와 구성된 보수 성향의 2기 위원회에 의해서 추진된 것이다.

2기 위원 중에서도 강민구 위원과 고영주 위원이 정상화 심의 원칙을 확립하는 데 결정적인 역할을 했다. 두 위원 모두 법조인이었다.[51] 당시 교육계에서는 이 정상화 심의 원칙을 '강민구·고영주 안'이라고 불렀다. 그들은 철저하게 보수적 관점을 견지하면서 여러 대학의 재단 정상화를

---

50 종전이사는 법률적으로 임시이사가 파견되기 직전의 정이사를 가리킨다.
51 고영주 위원은 1980년대 부산 지역 용공 조작 사건으로 유명했던 부림사건 담당 공안검사였다. 사학분쟁조정위원으로 임명되기 전후 시기에 종북좌파 세력 척결을 내걸고 다양한 활동을 벌였는데, 친북 반국가행위 인명사전 편찬(2000년), 민주노동당 해산 촉구 청원(2011년)이 대표적이다. 박근혜 정부에서는 방송문화진흥회(MBC) 이사장을 맡았으며(2015. 8.~2017. 11.), 2015년 10월에는 정기국회 국감장에서 '노무현 전 대통령은 변형된 공산주의자', '사법부에 김일성 장학생이 있다'고 주장해 물의를 빚기도 했다.

사학분쟁조정위원회 1기와 2기 위원 명단

추천 주체	1기 사학분쟁 조정위원 (2007.12.~2009.11.)	2기 사학분쟁 조정위원 (2010.2.~2012.1.)
대통령	채종화 경상대학교 교수	고영주 법무법인KCL 대표변호사
	김윤자 한신대학교 교수	민경찬 연세대학교 대학원장
	주경복 건국대학교 교수	정재량 민주평통 자문위원
국회	이장희 한국외국어대학교 교수	이장희 교수(연임 후 2010.8. 중도 사퇴) 김형태 변호사(2011.3.~2011.12.)
	박거용 상명대학교 교수	배경율 상명대학교 서울캠퍼스 부총장
	정순영 동명정보대학교 총장	김성영 성결대학교 신학부 교수
대법원장	박영립 법무법인 화우 변호사	강민구 서울고등법원 부장판사
	정귀호 대법원 대법관	김동찬 법무법인 세창 변호사
	유원규 서울가정법원장	이미현 대한변호사협회 부회장
	곽무근 법무법인 로고스 변호사	이우근 법무법인 충정 대표변호사
	김영석 연세대학교 교수	김영석 연세대학교 교수(연임)

주도했다. 교육의 공공성에 대한 문제의식과 고민은 설 땅이 없었다. 교육계 출신 위원들도 심의 원칙 수립 과정에서 의미 있는 역할을 하지 못했다. 재단 정상화 과정을 진행한 대부분의 분규 사학에서 종전이사들이 경영에 복귀하게 된 데는 강민구·고영주 법조인의 활약이 결정적이었다.

대표적인 예가 상지대학교였다. 2기 사학분쟁조정위원회는 2010년 8월 9일, 소위 '재단 정상화 심의 원칙'에 입각해 상지학원의 정상화 방안을 결정했다. 9명의 정이사회를 구성했는데 구재단의 김문기 측 인사를 7명이나 포함시킨 것이다. 재단과 대학의 경영권을 구재단 김문기에게 완벽하게 돌려준 것이었다.

김문기 중심의 상지대학교 재단 정상화는 대학 구성원에게는 물론 교육계에도 큰 충격을 안겨 주었다. 상지대학교는 분규 사학의 상징으로, 김문기는 사학 비리의 대명사로 알려져 있었기 때문이다. 먼저 상지대학교 비상대책위원회는 긴급 성명을 발표해 불복종운동을 전개할 것을 천명하면서 2기 사분위를 해체하라고 주장했다.

사분위 결정(8월 9일)에 대한 상지대 비대위의 입장

오늘 정의는 죽었다. 사분위가 희대의 교육 비리 전과자 김문기 씨의 상지학원 탈취를 끝내 허용하고 말았다. 교과부는 이른바 김문기 비리 구재단 복귀 '2단계 음모'를 관철시켜 사분위의 사학 비리 복귀 시나리오의 들러리 역할을 떠맡았다.

우리는 사학 비리 전과자 김문기의 학원 탈취를 허용한 사분위와 교과부의 반교육적 만행과 폭거를 규탄한다. 이에 김문기 비리 구재단의 학원 탈취를 저지하기 위해 전면 불복종운동을 전개할 것을 선언한다.

우리는 교과부의 재심 청구, 사학 비리 옹호 제2기 사분위 자체의 해체를 위해 대통령, 교과부에 대해 총력을 다해 대응할 것이다. 아울러 사분위가 선임했다는 이사 후보들에게 사학 비리자의 학원 탈취에 들러리를 서지 말고 선임 수락과 취임을 거부하는 의로운 결단을 내려 사분위와 교과부의 음모에 철퇴를 가해 줄 것을 호소한다.

마지막으로 한나라당이 사학 비리 옹호 사분위와 교과부의 만행과 폭거를 수수방관해 방조하지 말고, 교과부의 재심 청구 요청, 사분위에 대한 청문회 개최 등에 나설 것을 촉구하며, 이를 거부할 경우 국민과 함께 그 책임을 물을 것임을 밝혀 둔다.

2010. 8. 10.

상지대학교 비상대책위원회

사분위, 논란의 중심에 서다

재단 정상화를 진행하고 있던 임시이사 파견 대학의 구성원들도 충격에 빠졌다. 대구대학교를 비롯해 세종대학교, 덕성여자대학교, 동덕여자대학교 등이 그들이다. 상지대학교 구성원들과 함께 '비리재단 복귀 반대를 위한 범대책위원회'를 구성해 공동 대응하기로 결의했다.

2기 사분위원 가운데 진보 성향의 이장희 한국외국어대학교 교수는 상지대학교 정상화 결정에 반발해 위원직을 사퇴했다. 역시 진보 성향의 김형태 변호사도 사분위의 운영 방식을 비판하며 7개월 만에 위원직 사퇴를 선언했다. 민주당의 안민석 교육위원은 비리 재단 복귀 통로로 전락한 사분위를 강하게 비판하며 해체를 검토해야 한다고 주장했다.

그와 함께 보수 성향 사분위원들의 도덕적 해이를 둘러싼 논란도 일기 시작했다. 예컨대 위원직을 사퇴한 김형태 변호사는 '사분위원을 상대로 한 분규 사학의 로비가 너무 심각하다'고 주장했다. 실제로 구재단에 대학운영권을 돌려준 뒤 재단 이사로 참여하거나 사분위원이 소속된 로펌이 비리 재단의 소송을 수임하는 일이 종종 눈에 띄어 비판을 받곤 했다.[52]

비리 구재단이 경영에 복귀하면서 대학이 분규에 빠지고 급기야 대학 경쟁력이 급격히 추락한 사례도 적지 않다. 예컨대 대구미래대학은 2011년에 구재단이 복귀해 2018년 2월에 자진 폐교됐다. 김문기 비리 구재단이 2010년 8월에 경영에 복귀한 상지대학교 역시 2013년 8월에는 교육부 평가에서 '재정지원 제한대학'으로 평가받았다. 그 피해는 고스란히 대학 구성원, 특히 학생들에게 돌아갔다. 권력의 비호를 받는 비리 재단이 어떻게 한 대학과 학생 수업권을 침해하게 되는지 보여 준 대표적인 사례였다. 그 뒤 상지대학교 구성원은 소송 등을 거쳐 사학분쟁조정위원회의 상지대학교 재단 정상화 결정이 잘못됐다는 법원 판단을 끌어냈고 공익적 인사들로 다시 정이사진을 구성할 수 있게 됐지만(2018년 8월), 대학의 경쟁력은 이미 심각하게 타격을 받은 뒤였다.

대학 구성원의 격렬한 반대 없이 구재단의 입성이 마무리된 사실상 유일한 예는 영남대학교였다. 영남대학교는 1988년 11월에 입시 부정

---

[52] 예컨대 2기 위원회의 고영주 변호사가 소속되어 있던 '법무법인 KCL'의 변호사들도 정상화 대상 대학들의 이사로 선임되거나 관련 소송에서 구재단 측 법률 대리인으로 참여하곤 했다. 대구대학교 영광학원의 정이사가 된 함귀용 변호사와 대구미래대학 애광학원 정이사로 선임된 고건호 변호사도 고영주 위원과 같은 법무법인 KCL 소속 변호사였다.

등으로 박근혜 이사장을 비롯한 이사 전원이 사퇴하고 1989년 2월에 임시이사가 파견되었다. 그때만 해도 영남대학교는 우리나라 사학 민주화의 선봉이었던 것이다. 그러나 대부분의 대학들이 구재단에 경영권을 돌려준다는 사분위의 결정에 격렬하게 반대한 것과 달리 영남대학교에서는 다수 교수와 직원, 총동창회가 찬성 입장이었다.[53]

이미 미래 권력으로 부상해 있던 박근혜 전 한나라당 의원을 영입함으로써 대학 발전에 유리한 입지를 확보할 수 있을 것으로 기대한 것이다. 결국 2009년 7월, 영남대학교는 이렇다 할 분규 없이 박근혜 의원이 과반수 이사를 추천한 정이사회가 출범하게 되었고 그 후 일사천리로 민주주의의 후퇴를 겪었다. 지식인의 민주화 의지가 얼마나 취약할 수 있는지를 보여 준, 대학사의 뼈아픈 사건이었다.

'건강한 재단 정상화'를 위한 총력전

한편 영광학원의 경우는 종전이사 개념부터 명확하지 않았다. 구재단 측에서는 1994년 2월 임시이사가 파견되기 직전의 이사진 가운데 2009~2010년 당시 생존해 있던 고은애, 황종동, 부광식 3인의 이사들이

---

[53] '영남대학교 재단 정상화 추진위원회'는 2008년 11월 27일, 재단 산하 영남대학교와 영남이공대학교의 교수, 직원, 동창회 관계자 등 2,500여 명을 대상으로 실시한 여론조사에서 95%가량의 압도적인 지지로 임시이사 체제 출범(1989년 2월) 직전의 구재단 이사들(종전이사)이 정이사 구성에 참여해야 한다는 데 의견이 모아졌다고 발표했다.

종전이사라고 주장했다. 반면에 대학 구성원은 1994년 이전 이사회의 실질적 경영자였던 이태영 총장이 남긴 유지를 존중해 설립자의 장손인 이근용 교수가 실질적인 권리를 행사할 수 있어야 한다고 주장했다.

당시 영광학원 임시이사회와 대학 구성원이 설립자의 장손인 이근용 교수를 포함해 합리적인 보수계 명망가들을 정이사 후보로 추천한 것은, 보수 정권과 대구 지역사회의 정서를 고려한 현실적인 결정이었다. 민주화교수협의회 소속 교수를 포함해 진보적인 교수들도 동의한, 사실상 전 대학 구성원의 지지를 확보한 합리적인 안이었으며 따라서 보수 정권도 거부하기 힘들 것이라고 기대했다.

아울러 '학원정상화추진위원회'와 대학 구성원들은 법률적 종전이사의 핵심인 고은애 여사와 그를 대리한다고 주장하는 이예숙은 이미 대학 경영의 자질과 도덕성을 갖추지 못했음이 수차례에 걸쳐 확인된 만큼 대학 경영에 복귀하면 안 된다고 주장했다. 또한 그들이 영광학원 산하 학교들의 전 구성원과 설립자 유족이 함께한 '학원정상화추진위원회'의 민주적인 정이사진 후보 구성 절차에 불참한 것도 그들의 중요한 귀책사유라고 강조했다.

이제 대학 구성원, 아니 전 재단 가족이 합의한 정상화 방안을 관철해야 하는 숙제가 남게 되었다. 나는 이 안이 채택되어야 재단과 대학의 안정을 바탕으로 한 '건강한 재단 정상화'가 가능하고 건학 정신도 제대로 구현할 수 있다고 교육부와 사분위에 설명했다.

그러나 사분위의 분위기는 크게 달랐다. 소위 '정상화 심의 원칙'을 들어 내용으로나 절차적으로나 최소한의 요건도 갖추지 못한 구재단의 안을 채택하려 한다는 움직임이 감지되었다. 하지만 대학 구성원 누구도 사분위원을 만나 대학 구성원의 의견을 전달하는 것이 여의치 않았다. 사분위는 심사 대상의 대학 관계자 누구와도 직접 접촉하지 않는다는 내부 지침을 갖고 있었기 때문이다.

나는 이 답답한 상황을 타개하기 위해 조금이라도 도움을 줄 수 있는 이라면 누구라도 만났다. 우선 김범일 대구시장과 김관용 경상북도지사, 우동기 대구교육감과 이영우 경북교육감으로부터 위 재단 정상화 방안을 지지한다는 내용의 탄원서를 받아 교육부 장관에게 제출했다(2010년 7월).[54] 조해녕 이사장이 함께 적극 나서 주었고 큰 힘이 되었다. 여기 그 내용을 소개한다.

대구·경북 주요 단체장의 탄원서

존경하는 교육과학기술부 장관님.

대구대학교(학교법인 영광학원)는 사랑·빛·자유의 고귀한 정신을 실현하기 위해 고(故) 성산 이영식 목사가 설립한 학교입니다. 설립자의 숭고한 건학 정신을 반세기 넘게 구현해 온 대구대학교는 이제 지역을 대표하는 명문 사학으로서 그 위상을 널리 인정받고 있습니다.

---

54 당시 이근용 교수의 법률 대리인으로 '영광학원 정상화추진위원회'에 참여해 온 장익현 변호사가 대구지방변호사회 회장을 맡고 있었기에 그의 탄원서도 함께 제출했다.

하지만 안타깝게도 대구대학교는 학내의 여러 가지 사정으로 말미암아 지난 1994년부터 현재에 이르기까지 임시이사 체제로 운영 중에 있습니다. 그러던 중 교육과학기술부로부터 임시이사 파견 사유 해소 대학으로 분류된 대구대학교는 지난 2008년부터 재단 정상화를 추진해 온바, 이는 학내 구성원은 물론 지역민들을 고무시키는 매우 반가운 소식이었습니다. 지역민들의 지대한 관심 속에서 진행된 대구대학교의 정상화 추진은 학원 내 구성원이 참여한 합리적이고도 민주적 절차를 존중한 것이었다고 할 수 있습니다. 이제 학원 산하 각 구성 주체들이 참여한 학원정상화추진위원회를 통해 그 모든 합법적 절차를 완료하고 마침내 정이사 후보를 선정하여 관할청으로 정상화 계획(안)을 제출하였다고 하니, 참으로 기쁜 일이 아닐 수 없습니다.

대구대학교의 정상화는 우리 지역뿐 아니라 우리나라 교육의 주요 관심사라 사료되어 대구대학교 정상화 추진과 관련하여 몇 가지 의견을 밝힙니다.

1. 조해녕 임시이사장을 비롯한 학교법인 영광학원 임시이사회가 관할청으로부터 부여받은 학원정상화 추진 업무에 대하여 열과 성을 다한 것에 대하여 전폭적인 지지와 감사를 표합니다.
2. 영광학원 임시이사회가 학원 내 전체 구성원의 의견 수렴을 거쳐 학원 구성단위 대표들로 학교법인 영광학원정상화추진위원회를 구성하고 구성원 전체의 의견에 근거해 학원정상화 추진을 진행하도록 한 것은 매우 민주적이고도 적법한 절차였음을 인정합니다.
3. 학원 구성단위 대표들로 구성된 영광학원정상화추진위원회가 학원 설립자 유족 및 종전이사들의 의견 개진과 정상화 추진 참여 기회를 충분히 보장한 점을 높이

평가합니다.

4. 영광학원정상화추진위원회가 전체 구성원의 의견에 바탕해(설문조사, 공개 청문회) 학원정상화 추진을 진행한 것은 매우 민주적이고 합법적인 절차였음을 인정합니다.

5. 대구대학교의 정상화 추진과 관련하여 극소수 이견도 있음을 인지하나, 이로 인하여 새로운 학내 분규가 야기될 수 있음을 우리는 매우 우려하는 바, 관할청은 극소수 의견이 아니라 대구대학교 전체 구성원과 지역사회의 의견을 적극 존중해 줄 것을 당부합니다.

6. 민주적이고도 적법한 절차를 거쳐 제출한 학교법인영광학원정상화계획(안)을 원안대로 승인해 줄 것을 건의합니다.

2010. 7.

대구광역시장 김범일, 경상북도지사 김관용, 대구광역시 교육감 우동기,

경상북도 교육감 이영우, 대구지방변호사회 회장 장익현

그들 외에도 당시 여·야당의 교육위원, 청와대 비서관, 교육부 차관과 국장, 과장 등까지 가리지 않고 만나 대구대학교 상황과 대학 구성원의 의견을 설명했다. 교육부 장관은 분규 대학 당사자라는 이유로 면담 자체를 수용하지 않았다. 한국교통대학교 노현종 교수, 서울교육청의 강연홍 국장, 당시 여당 국회의원의 김철기 보좌관 등으로부터도 직간접으로 도움을 받았다.

'영광학원정상화를 위한 범대책위원회'

영광학원 산하 8개 학교 구성원들도 '영광학원정상화를 위한 범대책위원회(이하 범대위)'를 출범시켰다. 2010년 7월 5일이었다. 대구대학교 교수, 학생, 직원, 총동창회, 대학 본부 외에 대구사이버대학교와 6개 특수학교의 교장단이 모두 참여했다. 물론 대구대학교 구성원들이 중심 역할을 맡았다. 여기 출범 선언문을 소개한다.

'학교법인영광학원정상화를 위한 범대책위원회' 출범 선언문

대구대학교가 비리와 전횡으로 얼룩진 구재단을 비호동산에서 몰아내고 학원민주화를 이룬 지 16년이 지났다. 그동안 대구대학교는 설립자의 숭고한 건학 이념을 바탕으로 구성원 모두가 하나 되어 발전을 거듭한 결과 오늘날 당당한 지역 명문 사학으로 우뚝 섰고 학원정상화의 열망 또한 높아지고 있다.

그러나 구재단은 그동안 대구미래대학에서, 경북영광학교에서 여전히 부패와 비리의 구태를 벗지 못하고 일말의 반성도 하지 않은 채 대구대학교의 정상화를 앞두고 또다시 재단 복귀의 야욕을 드러내고 있다.

사학재단은 개인이 설립했지만 개인의 사유물이 아니다. 지난날 구재단의 문제점은 이를 망각하고 개인이 재단을 전횡함에 따른 것이다. 학령인구 급감에 따른 예견된 위기로 지역 대학 전체가 벼랑 끝에 선 지금, 대구대학교가 또다시 학원 분규에 휘말린다면 이는 다시 헤어날 수 없는 위기를 초래하게 될 것이다.

이에 우리 학교법인 영광학원 산하 제 단체가 하나 되어 '학교법인영광학원정상화를 위한 범대책위원회'를 결성한다. 범대위는 '영광학원 정상화 추진위원회'가 교과부에 제출한 7인의 정이사 후보자 명단이 공정하고도 합법적인 절차에 따라 법인 산하 각 기관 구성원 전체의 합의로 이루어진 만큼, 영광학원의 안정과 발전을 위해 전적으로 존중되어야 한다고 확신한다.

정부 당국이 우리 법인 구성원 전체의 염원을 무시하고 일부 대학의 사례와 같이 구재단의 복귀를 전제로 한 일방적 정이사 선임으로 오히려 학내 분규를 조장한다면 우리는 결코 좌시하지 않을 것이며, 그로 인한 책임은 전적으로 교육과학기술부와 사학분쟁조정위원회에 있음을 천명한다. 이에 우리는 다음과 같이 요구하는 바이다.

1. 영광학원 정상화추진위원회가 추천한 7명의 정이사 후보를 조속히 정이사로 임명하라.
2. 비리와 무능으로 영광학원을 파국으로 몰아간 종전이사들 및 그 대리인이 학원 경영에 관여하는 것을 절대 용납하지 말라.

2010. 7. 5.

학교법인영광학원정상화를 위한 범대책위원회

범대위는 재단 정상화 과정에서의 구성원 의견 수렴과 대외 활동을 주관했다. '구재단 복귀 반대'를 주제로 한 자료집을 제작해 교육부와 국회 등 관계자들에게 배포했다. 교수, 학생, 직원 등 대학 구성원의 상경 시위도 이끌었다. 대표단은 삭발과 단식도 불사했으며 철야농성은 일상화됐다. 대학 구성원의 처절한 투쟁이 범대위를 중심으로 전개된 것이다. 활동 비용은 교수, 직원의 자발적인 성금으로 충당했다.

교수회 의장과 김인숙 교수가 공동 위원장을 맡았다. 범대위의 역할이 커지고 일이 힘해지면서 교수회 의장 외에 김인숙 교수가 십자가를 짊어진 것이다. 출범 과정과 초기에는 인문대학의 홍승용 교수, 본격 활동 기간에는 권욱동 교수의 수고가 특히 컸다. 범대위의 중심 주체였던 교수회와 직원노동조합, 총학생회의 대표단을 재단 정상화 과정의 일등공신으로 여기 기록해 둔다.

총장 임기 중 대구대학교의 주요 기관 대표

연도	교수회 의장 / 부의장	총학생회장	직원노동조합 위원장
2010	전형수 / 김성애, 나인호.	하석수	양춘호
2011	전형수 / 김성애, 나인호	전환용	양춘호
2012	김진상 / 박상규, 권욱동	권석제	양춘호
2013	박상규(직무대행) / 권욱동	최보규	양춘호
2014	김재훈 / 강태원, 김성애	이승혁	이준희
2015	김재훈 / 강태원, 김성애	구준범	이준희
2016	김재훈 / 송록영, 김성애	박기덕	이준희
2017	김재훈 / 송록영, 김성애	김선휘	이준희

본부 처실장단의 헌신

나의 첫 임기 4년 동안 대학 본부의 처실장으로 수고한 이들 모두 '건강한 재단 정상화'를 위해 몸을 사리지 않았다. 첫 보직인사 때 가장 중요하게 고민한 것이 부총장과 홍보비서실장 인선이었는데 모두 재단 정상화에 강한 의지를 갖고 대학 구성원의 참여를 최대한 끌어낼 수 있는 인사를 찾았다.

먼저 홍보비서실장은 인문대학 국어국문과의 양진오 교수에게 부탁했다. 책임감과 진정성으로 요약될 수 있는 후배 학자였다. 부총장은 자연과학대학 수학과 이효삼 교수를 삼고초려로 모셨다. 윤덕홍 총장 시절, 연구처장이던 그는 나도 존경하며 따르던 선배 교수였다. 특히 총장 선거 과정에서 경쟁 후보였던 이종한 교수를 지지한 그와 함께함으로써 재단 정상화를 주제로 구성원의 의지를 최대한으로 모아 내고 싶었다.

그 외의 본부 보직 인선에서도 최소한 '건강한 재단 정상화'에 확고한 의지를 갖고 있으면서 학생 사랑과 도덕성 면에서도 모범이 되는 교수들을 찾았다. 선거 과정에서 누구에게도 지지를 대가로 보직을 약속한 바가 없었기 때문에 오로지 능력과 열정, 그리고 학문 분야별 안배를 고려해 인선할 수 있었다.

모두가 훌륭한 학자면서 실천하는 지성인이었다. 그들은 자신의 고유 업무 외에 재단 정상화 과제를 위해서도 땀 흘리며 고생해 주었다. 그들의 정의감과 열정이 있었기에 피 말리는 시간들, 절망적인 순간들을 헤쳐 올 수 있었다.

제10대 총장 임기(2009.11.1.~2013.10.31.) 중 본부 보직자

보직명	성명	소속
부총장	이효삼	자연과학대학 수학과
	남인길	정보통신대학 컴퓨터정보공학부
	김덕진	공과대학 식품공학과
대학원장	양재섭	자연과학대학 의생명과학과
	전영란	인문대학 중어중문학과
교무처장	남인길	정보통신대학 컴퓨터정보공학부
	조희금	사회과학대학 가정복지학과
	함재용	공과대학 화학공학과
교무부처장	박순진	행정대학 경찰행정학과
	함재용	공과대학 화학공학과
	이진숙	사회과학대학 사회복지학과
취업학생처장	조문수	생명환경대학 원예학과
	강태원	법과대학 법학부
	이정호	사범대학 과학교육학부
기획처장	최철영	법과대학 법학부
	김정재	경상대학 회계학과
	권응상	인문대학 중어중문학과
	박순진	행정대학 경찰행정학과
기획부처장	김홍석	공과대학 기계공학부
	박순진	행정대학 경찰행정학과
	안현효	사범대학 일반사회교육과
산학연구처장	최병재	정보통신대학 전자전기공학부
	전하준	생명환경대학 원예학과
입학처장	손명원	사범대학 지리교육과
	변찬석	사범대학 초등특수교육과

사무처장	권혁철	재활과학대학 작업치료학과
	하영수	사회과학대학 국제관계학과
사무부처장	박상룡	직원(3급)
	안재홍	직원(3급)
	김병춘	직원(3급)
국제처장	이주만	인문대학 러시아어러시아학과
	이채욱	정보통신대학 정보통신공학부
홍보비서실장	양진오	인문대학 국어국문학과
	송록영	조형예술대학 패션디자인학과
학생행복지원단장	송건섭	행정대학 행정학과
	홍경구	행정대학 도시·지역계획학과

 여기서는 한 후배 교수를 특별히 언급하려 한다. 평생 빚진 마음이 크기 때문이다. 첫 임기 4년 가운데 전반기 2년(2009.11.1.~2011.10.31.)간 홍보비서실장을 역임한 양진오 교수다. 국문학을 전공한 문학평론가 교수다. 재단 정상화를 둘러싼 구재단과의 갈등이 폭발했던 첫 고비 때였다. 홍보비서실장 재직 시에도 고생이 컸지만 2년 임기를 마치고 연구실로 돌아간 후에도 그는 내내 시달려야 했다. 구재단 측 교수들이 나와는 가장 지근거리에 있는 교수이고 반(反) 구재단 운동의 중심 인사라고 보고 집중 공격했기 때문이다. 특히 두 가지 일이 마음에 걸린다.

 하나는 강○○ 교수로부터 명예훼손을 당한 사건[55]이고, 다른 하나는

---

55 강○○ 교수가 양진오 교수의 명예를 훼손하는 내용의 글을 교내 여러 교수에게 전자메일로 보낸 사건을 말한다. 과거 교수 채용 과정에서 양 교수가 신임 교수에게 부도덕한 로비를 받았다는 내용이었다. 양 교수와 해당 신임 교수는 심하게 반발했다. 두 교수는 2012년 11월, 강○○ 교수를 명예훼손 혐

2013년 7월, 구재단 측 이사 3인의 반대로 승진을 거부당한 사건이다. 구재단 측 이사들과 구재단 복귀 운동을 벌이던 교수들로부터 집중 공격을 받은 것이다. 나도 교수들도 분노했지만 양진오 교수가 받은 심적 고통은 이루 말할 수 없이 컸다. 크게는 재단 분규가 낳은 비극이었지만 작게는 나의 청으로 본부 보직을 맡아 고생하다 겪게 된 아픔이었다. 나는 그에게 평생 미안한 마음을 갖고 산다.

잊지 못할, 학생과 직원의 헌신

직원 가운데서는 특히 직원노동조합 임원과 몇 고위직급 직원의 수고가 컸다. 노동조합 임원진 가운데 가장 기억에 남는 이는 이준희 위원장과 양춘호 위원장, 그리고 곽성희 부위원장 등이다. 고위직급의 직원 가운데는 김현수 전 노조위원장과 사무처의 박상룡, 안재홍, 김병춘 부처장이 특히 고생을 많이 했다. 설립자 이영식 목사와 인척 관계면서도 직원 사회의 리더 역할을 해 온 이충기 법인국장의 역할도 컸다. 그가 대학 민주화에 강한 의지를 가진 것은 '건강한 재단 정상화'를 위해 다행이 아닐 수 없었다.

나와 한 몸처럼 움직였던 홍보비서실 직원들의 노고도 빼놓을 수 없

의로 고발했고 강 교수는 1심과 2심을 거쳐 2016년 3월 24일에 대법원에서 '징역 8월, 집행유예 2년'을 확정판결 받았다. 그해 2월 28일에 정년퇴직한 직후였다. 양진오 교수는 그 뒤에도 강 교수로부터 소송에 시달려야 했으나 잘 이겨 냈다. 하지만 그 과정에서 양 교수는 너무 큰 정신적 고통을 감당해야 했다.

다. 먼저 김문한 대외협력팀장과 김동환 선생, 박상규 기사, 손중환 기사는 1년 365일, 아침 일찍부터 밤늦은 시간까지 나와 한 몸처럼 함께했다. 개인의 삶을 희생하면서까지 대구대학교 정상화와 경쟁력 제고를 위해 헌신한 그들에게는 지금까지도 미안한 마음이 크다.

정정석 홍보팀장과 최영무 선생은 수년간 이어진 크고 작은 사건들의 맥락과 의미를 기자들에게 설명하고 지역사회와 전국 교육계에 대구대학교의 재단 정상화 관련 소식을 알리면서 대학 밖 정의로운 응원 세력의 지지와 성원을 모아 내는 데 결정적인 역할을 했다. 그들은 여전히 남아 있던 기자 촌지 및 술자리 관행에도 의존하지 않고 오직 대학인답게 논리와 명분과 진정성으로 기자들과 교류하면서 대학 사정을 알리는 데 성공했다. 그들의 성실하고 열정적인 업무 처리가 아니었다면 대구대학교 재단 정상화는 사실상 불가능했을 것이다.[56]

2010년부터 총학생회를 이끈 하석수, 전환용, 권석제, 최보규, 이승혁, 구준범, 박기덕, 김선휘 회장과 임원들도 고비 때마다 큰 역할을 감당해 주었다. 장길화 총동창회장과 황병윤, 박용구, 이영윤, 김영숙 등 민주동문회 임원들도 위기 국면마다 궂은일을 마다하지 않았다.

사회학과 제자들 역시 자신의 모교를 위해, 그리고 대학의 정의와 '건강한 재단 정상화'를 위해 고군분투하는 나를 위해 팔을 걷어붙였다. 특

---

[56] 어느 대학에서나 직원은 교수보다 재단 분규에 나서기가 쉽지 않은 신분이다. 직원이 재단을 상대로 한 싸움에 나서는 것은 훨씬 더 고통스러운 결단을 요구하기 마련이다. 나는 재단 정상화 과정에서 직을 걸고 헌신해 준 직원들에게 늘 감사한 마음을 갖고 있고, 지금도 허물없는 형제처럼 만나고 있다.

히 검찰 조사를 받고 재판받을 때, 총장에 당선되고도 구재단 인사들의 반대에 부딪혀 인준받지 못하고 있을 때도 나를 신뢰하며 탄원하고 목소리를 높여 주었다. 고마운 제자들이 아닐 수 없다. 그들과는 지금도 때로는 동지로, 때로는 사랑하는 제자로, 때로는 교육 정의를 염원하며 함께 실천하는 민주시민으로 만나고 있다. 그들이 아니었다면 재단과 대학은 오래전에 구재단의 손에 넘어갔을 것이다.

총력전 한가운데서 만난 비극

교수, 학생, 직원 등 대학 구성원과 동문의 힘을 모아 내는 일이 쉬운 일은 아니었지만, 그럼에도 범대위를 중심으로 성과를 거둘 수 있었던 것은 다행이 아닐 수 없었다. 물론 아쉽고 힘든 일도 종종 있었다. 첫째는 구재단을 지지하는 교수와 직원들로 인한 혼란이었다. 핵심은 극소수였지만 그들은 특정 단체의 명의로 외부 활동을 전개했다. 유인물을 만들어 교육부와 사분위를 비롯해 중요한 정책결정 기관들에 배포하는 방식으로 학내 여론을 왜곡해 알리고 일간신문에 대형 광고를 싣는 일을 주로 했다.

대표적인 단체가 '대구대학교 정상화를 위한 교직원공동대책위원회'(이하 공대위)였다. 공대위는 무엇을 지향하는지, 활동 비용은 어떻게 조달하는지, 임원은 누구인지 등이 공개되지 않은 채 10명 미만의 교수,

직원이 활동하는 것으로 추측될 뿐이었다. 총동창회가 구재단 반대의 입장에 서자 '총동창연합'이란 이름의 단체로 각계에 유인물을 만들어 배포한 것도 같은 맥락이었다. '총동창연합' 역시 몇 명의 동문이 참여하는지, 대표가 누군지 알려지지 않은, 사실상 유령 단체라 할 수 있었다.

하지만 내게 더 힘들었던 일은, 구재단 반대 운동을 누구보다 활발하게 펴 온 두 선배 교수가 입장을 바꿔 구재단을 지지하며 나와 대학 구성원에 적대적인 입장을 취한 일이었다. 두 선배 교수 모두 나와 함께 진보적인 교수 단체인 민교협 활동을 했고 구재단에 반대하는 입장에서 교수회 의장을 역임하기도 했다. 전○○ 교수는 1993년의 대학 분규 때도 교수 농성의 주역이었고 2010년에 출범한 범대위의 초대 위원장을 맡아 구재단 복귀 반대 운동에 헌신했던 선배 교수였다. 총장이 책임지고 구재단 복귀를 막아 내야 한다며 내게 신신당부하기도 했다. 강○○ 교수는 2005년 교수회 의장으로 직원노동조합과 함께 이재규 총장 퇴진 운동을 벌인 선배 교수였다.

그들이 입장을 바꿔 나를 공격하기 시작한 것은 대략 2012년 봄부터였다. 구재단에 맞선 대다수 교수, 학생, 직원과 결별하고 다른 길을 걷기 시작한 것이다. 그 씨앗은 이미 2009년 9월 총장선거 때 잉태됐을 것으로 교수들은 해석했다. 두 교수 모두 나의 경쟁 후보로 출마했다가 또다시 낙선한 이종한 교수의 핵심 참모였기 때문이다. 이종한 교수는 이전의 두 차례 선거에서는 구재단에 맞선 후보였지만 세 번째 출마한 2009년에는 구재단 측 교수·직원의 지지도 받는 애매한 입장을 취했다.

그들의 극적인 입장 변화에 대해서는 여러 해석이 구구했지만 정확하게는 알 수 없는 노릇이었다. 당시 많은 임시이사 파견 대학들이 속속 구재단으로 넘어가고 대구대학교 재단 정상화의 전망도 매우 비관적이던 상황이 그들의 입장 변화에 영향을 미쳤을 것으로 추측할 뿐이었다. 이 사건은 10여 년에 걸쳐 진행된 재단 정상화의 전 과정에서 대학 구성원을 가장 힘들게 한, 가장 이해할 수 없는 사건이었다.

그들은 나에 대한 공격부터 시작했다. 교내 포털 게시판에서 거친 험담으로 나를 비난했다. 교수와 직원에게 '홍 총장은 결국 구속될 것이다', '구재단 복귀는 피할 수 없다', '구재단이 복귀하면 자신이 총장을 하게 될 것이다'라고 말하면서 자신을 따르라고 종용하기도 했다. 청와대와 교육부에도 나를 비난하며 구재단의 입장을 옹호하는 문건들을 보냈다. 나를 검찰에 고소·고발한 것도 여러 차례였다. 대학 구성원에게는 큰 충격이 아닐 수 없었다.

대학 밖에서 구재단 반대 운동을 지지하고 지원해 주던 교수 단체와 시민단체 인사들도 혼란스러워했다. 나를 포함해 구재단 반대 운동에 여념이 없던 대학 내 교수, 학생, 직원에게 마치 큰 문제가 있는 것처럼 오해받기도 했다.

특히 전○○ 교수의 입장 변화는 비단 대구대학교와 지역사회 문제로 그치지 않았다. 그가 2013년 6월에 당시 야당인 민주당 추천 사분위원으로 임명되었기 때문이다. 대구대학교 내에서 진행되던 그의 입장 변화를 미처 알지 못했던 '사립학교 개혁과 비리 추방을 위한 국민운동본부'(이하 사학국본) 관계자들이 그를 민주당에 사분위원 후보로 추천한 것이다. 사분위원으로 임기를 시작한 뒤 그의 친(親) 구재단 입장은 전국 교육계의 큰 문제로 등장했다.

특히 그를 사분위원으로 민주당에 추천한 사학국본 관계자들도 크게 당혹해했다. 뒤늦게 그의 입장 변화를 확인한 사학국본은 2014년 4월 10일, 다음의 성명을 발표하기도 했다.

전○○ 사분위원의 사퇴를 촉구한다!

사학개혁국민운동본부는 사학 비리 척결과 학원민주화를 위해 힘써 왔다. 그간 상지대, 대구대 등 수많은 대학에서 비리 구재단의 복귀를 막기 위한 학교 구성원들의 눈물겨운 투쟁이 전개되었고 사학개혁국민운동본부는 이러한 싸움에 언제나 동참해 왔다. 그 과정에서 과거 대구대의 구재단 반대 투쟁에 앞장섰던 전○○ 대구대 교수가 민주당 추천을 받아 야당 몫의 사학분쟁조정위원으로 추천되었다.

그러나 유감스럽게도 전○○ 교수는 사분위원에 취임한 이후 과거와는 전혀 다른 행보를 보였다. 전○○ 교수는 어제까지 반대 세력이었던 대구대 비리 구재단의 편에 서서 비리 구재단에 맞서 힘겹게 투쟁하고 있는 구성원 추천 이사들과 교수회, 총학생회, 직원노조, 특수학교 학부모회 등으로 구성된 범대위를 공격하는 데 앞장섰다. 그뿐만 아니라 대구대가 이사 분규로 인해 정상적인 운영이 어렵다고 판단하여 현 이사진 해임과 임시이사 파견을 추진하는 교육부의 결정을 무산시키기 위해 구재단과 하나가 되어 온갖 방해를 하고 있다.

전○○ 교수의 이러한 행보는 사분위원으로서, 더 나아가 사학 민주화를 대변해야 할 민주당 추천 사분위원으로서의 자신의 직분을 망각한 반민주적이고 반교육적인 처신이라 하지 않을 수 없다. 과거 전○○ 교수는 민교협의 원로 회원이자 대구대 민주화의 산증인이었지만 그간의 자신의 이력과 정체성을 부정하고 있는 지금의 전○○ 위원은 더 이상 과거의 전○○ 교수가 아니다.

현재 많은 대학 및 초중등학교가 비리 재단과의 갈등으로 학내 분규의 몸살을 앓고 있다. 민주화된 학원, 정상화된 학원을 염원하는 수많은 학교 구성원들이 재단의 전횡과 비리에 맞서 어려운 싸움을 전개하고 있다. 이러한 상황에서 국민과 학교 구성원의 뜻을 받들어 오로지 학원민주화와 학교 구성원들의 염원을 대변해야 할 민주당 추천 사분위원이 비리 구재단과 결탁한 행보를 하는 것은 참으로 통탄할 일이다.

더구나 지난 3월 24일의 사분위 회의에서 전○○ 위원은 과연 무엇을 했는가? 지난 3월의 사분위 결정은 대구대에 대한 임시이사 파견을 저지하고 상지대 비리 구재단이 대학을 완전히 장악할 수 있게 물꼬를 터 준 회의였다. 대구대 비리 구재단과 결탁한 사분위원이 비리 구재단의 복귀를 막기 위해 투쟁하고 있는 다른 학교의 문제를 정상적인 교육의 시각에서 바라볼 수 있겠는가?

이에 사립학교개혁과 비리추방을 위한 국민운동본부는 다음과 같이 요구한다.

— 전○○ 교수는 지금까지의 행동을 반성하고 사분위원직에서 즉각 사퇴하기 바란다.
— 민주당은 전○○ 교수의 사분위원직을 철회하고 사학 민주화를 추진할 수 있는 새로운 인물을 사분위원으로 추천하라.

2014. 4. 10.

사립학교개혁과 비리추방을 위한 국민운동본부

전○○ 교수는 사분위원 임기를 마친 뒤에도 전(前) 사분위원 명의로 전체 위원들과 교육부 등에 대구대학교 구성원과 나와 이근용 교수, 그리고 당시 임시이사 및 대학 구성원 추천 정이사들을 비난하는 투서를 여러 차례 제출했다.

나와 대학 구성원이 강○○ 교수와 전○○ 교수의 입장 변화로 인해 치른 고통은 말할 수 없이 컸다. 인간에 대한 회의로 의욕이 꺾였던 적도 많았다. 그럴 때마다 다시 추스를 수 있었던 것은 오로지 대학 민주화에 대한 의지로 함께 고락을 헤쳐 온 교수, 학생, 직원 덕분이었다.

분쟁을 '조장'하는 사학분쟁조정위원회

사학분쟁조정위원회는 결국 대구대학교의 전체 구성원뿐만 아니라 재단 산하 7개 학교의 주체들 그리고 설립자 장손까지 참여해 마련한 재단 정상화 안을 거부했다. 교육부로부터 미션을 부여받은 임시이사회가 중심을 잡고 재단 산하 각급 학교들의 구성원 의견 청취, 설문조사, 신문광고를 통한 후보자 공개 모집, 심사, 장기간의 토론을 거쳐 준비한 지극히 상식적인 안을 거부한 것이다. 지역의 보수적인 민선 단체장 전원이 공개 지지한 합리적 안이기도 했지만, 그 역시 사분위원들에게는 별 고려 사항이 아니었다. 사분위는 위 안 대신 설립자의 일부 유족이 밀실에서 작성해 제출한 안을 대거 채택한 것이다.

구재단은 자신들의 주장을 관철하기 위해 수단과 방법을 가리지 않았다. 먼저 재단 정상화 과정에서 중심 역할을 맡은 이들에 대한 노골적인 색깔과 이념 공세에 총력을 기울였다. 나를 좌파 총장이라고 당시 이명박 정권 핵심부와 여당을 상대로 집요하게 선전했다. 총장 취임 전 진보 사회학자로 취했던 다양한 사회활동에 대해서도 사사건건 시비를 걸었다. 그들은 대구대학교 전 구성원과 지역사회가 함께 지지한 재단 정상화 방안을 좌파 총장이 주도한 안이니 채택하지 말아야 한다고 주장했다. '친북 반미 이념을 추구하는 좌파 세력의 학원 침탈 음모'로 매도하기까지 했다. 그뿐만이 아니었다. 아예 대구대학교를 좌파 지식인들이 장악한 좌파 대학이라고 주장했다.

1994년 2월에 임시이사가 파견된 것에 대해서도 자신들은 잘못이 없었는데 좌파 교수들이 학교를 탈취한 것이라고 했다. 우파 정권인 이명박 정부가 영광학원과 대구대학교를 자신들에게 돌려줘야 한다고 주장했다. 그들의 눈에는 나와 교수들만 좌파가 아니었다. 교육부가 파견한 임시이사회의 조해녕 이사장에 대해서도 좌파라고 비난했다. 조해녕 이사장은 김영삼 정부 때 내무부 장관을 역임한 정통 관료로 2002년에는 한나라당 후보로 대구광역시장에 당선된 대구·경북 보수계의 원로였다. 한마디로 자신을 지지하지 않는 이는 모두 좌파로 매도한 것이다. 구재단의 도 넘은 색깔 공세에 대해 대학 구성원은 물론 언론에서도 우려를 표했다.

설립자의 장손이면서 자신들의 반대편에 선 이근용 교수에 대해서도 험담을 퍼부었다. 하나는 무능하다는 것이고 다른 하나는 패륜아라는 비난이었다. '자신의 모친을 외면하고 불효를 일삼았다', '좌파 교수들에게 이용당하고 있다', 심지어 '조부이자 대학 설립자인 이영식 목사의 모친 묘소를 파헤쳤다'며, 가짜 뉴스와 인신공격성 비난을 퍼부었다.

영광학원 정상화 안건을 다룬 사분위 소위원회는 2011년 3월, 구재단 측 주장을 채택해 영광학원 정이사 배분 비율을 잠정 결정했다. 원래부터 편들고 싶었던 구재단의 주장에만 일방적으로 귀 기울인 것이다. 구재단이 과거에 어떤 잘못을 저질렀는지, 그들의 정상화 방안은 어떤 절차와 과정을 거쳐 만들어졌는지 따져 볼 생각도 없었다. 그들에게는 재단 경영권을 구재단에게 돌려준다는 생각밖에 없었다. 그들은 7명의 정이사를 '종전이사 추천 4 : 재단 산하 학교 구성원 추천 2 : 교육부 추천 1'로 배분하겠다고 잠정 결론을 내렸다.

대학 구성원은 경악하고 분노했다. '영광학원정상화를 위한 범대책위원회'도 강력한 투쟁 기조로 전환했다. 사분위 전체 회의라는 최종 결정 절차가 남아 있으니 그때까지 더욱 노력하자고 의견을 모았다. 18년 전 처절한 대학 민주화운동을 통해 비리와 독선과 파행을 물리치고 상식과 정의와 민주주의의 배움터로 세워 냈던 자랑스러운 역사가 이렇게 무너져서는 안 된다고 뜻을 모았다. 임시이사 체제 18년 동안 전 대학 구성원이 땀 흘려 성취한 눈부신 발전이 물거품이 되는 것을 보고 있을 수 없다고 의기투합했다.

임시이사 체제에서의 대학 발전

실제로 대구대학교는 임시이사 체제 기간 중에 눈부신 발전을 이룩했다. 대학 구성원 사이에서는 재단이 대학에 재정을 지원하지 않더라도 대학의 교비를 빼 가지만 않으면 구성원의 노력과 땀으로 대학을 발전시킬 수 있다는 인식이 팽배해 있었다. 흔히 임시이사와 임시이사 파견 대학 교수·직원의 도덕적 해이와 무책임이 사회적으로 문제 된 경우가 종종 있었지만, 최소한 영광학원과 대구대학교는 달랐다.

대부분의 임시이사들이 재산 처분이나 정관 개정과 같은 적극적인 권한 행사에 제한을 받으면서도 대학의 안정과 발전을 위해 최선을 다했다. 교수와 직원의 투표로 선출된 총장과 구성원들도 곡절과 갈등 가운데서도 최선을 다해 대학을 발전시켜 왔다. 나는 18년의 임시이사 체제 기간 중 대학의 발전상을 정리해 사분위원들과 교육부 등에도 알렸다.

임시이사장의 역할

특히 내가 겪은 임시이사회 이사장들은 보수계든 진보계든 관계없이 대구대학교의 안정과 발전을 위해 혼신의 힘을 기울여 주었다. 총장에

임시이사 체제에서의 대구대학교 발전상

영역	항목	1993년	2011년	증감
재무 (천 원)	예산액	44,614,217	229,613,749	▲184,999,532
	자산	90,791,395	430,570,013	▲339,778,618
	적립금	7,754,030	116,832,735	▲109,078,705
	부채	2,629,709	0	▼2,629,709
학생 및 교직원 (명)	학생	15,049	21,506	▲6,457
	교원	354	512	▲158
	직원	285	373	▲88
학과 수 (개)	학부·학과 수	72	101	▲29
	대학원 학과 수	44	77	▲33
토지 및 건물 (m²)	토지(교지)	1,314,819	2,356,631	▲1,041,812
	건물	182,029	349,078	▲167,679
도서관·박물관	장서 수(권)	369,746	1,449,654	▲1,079,908
	열람석 수(석)	2,330	3,300	▲970
	유물 보유(점)	2,710	7,590	▲4,880

취임하기 직전의 류창우 이사장과 내가 총장직을 떠날 때의 이정우 이사장은 대구·경북의 대표적인 진보 지식인이었다. 그들을 제외하면 이명박 정부와 박근혜 정부에서 임시이사장 혹은 잠시의 정이사장을 맡아 일한 조해녕, 이상희, 권혁재, 한부환 이사장 등의 보수계 인사들도 나와 대학 구성원의 정상화 노력을 적극 지지해 주었을 뿐만 아니라 대학의

안정을 위해서도 최선을 다해 주었다.

그 가운데 일찍이(2000. 2.~2003. 12.) 구재단 추천으로 임시이사장에 취임했던 이상희 이사장의 경우는 구재단을 직접 겪고 난 뒤부터는 '구재단 배제의 정상화 원칙'에 흔쾌히 동의해 주었다. 그로부터 10년이 지나 정이사로 취임해 일할 때(2011. 11.~2014. 5.)에도 구재단의 복귀를 막기 위한 대학 구성원의 노력을 적극 지지해 주었다.

1차 재단 정상화 때 임시이사회 이사장을 맡았던 조해녕 이사장(2008. 8.~2011. 10.)의 경우도 비록 사분위에 의해 배척되긴 했지만, 대학 구성원과 함께 영광학원 정상화 원칙을 정하고 7인의 정이사 후보를 선정해 지역사회 지도자들의 동의를 받아 내는 과정에서 결정적인 역할을 감당해 주었다. 나와 대학 구성원과 함께 지역사회로부터도 폭넓게 지지받을 수 있는 영광학원 정상화(안)를 이루어 낸 것이다.

권혁재 이사장과 한부환 이사장의 경우도 2차 정이사 해임(2014. 5.) 후 임시이사장을 맡아 구재단의 고소·고발과 공격으로부터 대학과 재단을 지켜 내는 데 결정적으로 도움을 주었다.

보수 성향의 이사장들 모두 비록 나와는 정치적 견해가 다르긴 했지만 불의한 구재단으로부터 신성한 교육 현장을 지켜야 한다는 대의에는 흔쾌히 의기투합했다. 감사한 일이 아닐 수 없다. 그뿐만 아니라 내가 그들을 존경하게 된 이유가 하나 더 있다. 그들은 총장인 나의 학사 통할권과 대학 행정에 부당하게 간섭하거나 사사로운 일을 부탁한 일이 전혀 없었다. 오히려 밖으로부터의 외압이나 부당한 로비 등을 차단해 주었다. 내가 오로지 교육자적 양심에 입각해 학사를 책임지고 대학을 운영할 수 있었던 데는 그들의 역할이 결정적이었다. 나는 그들을 통해 합리적이고 품격 있는 보수의 전형을 보았다. 보수 정권과 사분위의 폭거 아래 있었지만 대구대학교가 구재단의 복귀 기도를 막아 낼 수 있었던 것은 대학 구성원의 피나는 노력과 함께 보수 성향 임시이사장들의 합리적이고 품격 있는 리더십이 결정적이었던 것이다.

사분위의 반교육에 맞선 대학 구성원

하지만 답답하고 참담한 심정은 이루 말할 수 없었다. 대학의 역사와 성과는 물론 대학 구성원의 순수한 교육 열정마저도 하찮게 여기면서 대학을 사유재산으로만 보려고 하는 사분위의 반교육적 탁상행정에 화가 났다.

하루하루 피 말리는 날들이 이어졌다. 삼킬 듯이 덤벼드는 거센 파도에 맞서는 기분이었다. 2만여 명의 학생, 500여 명의 교수와 250여 명 직원의 교권과 학습권, 생존권을 어깨에 짊어지고 거친 절벽을 오르는 느낌이었다. 과연 이 파도를, 이 절벽을 넘을 수 있을까 두려웠다. 하지만 절박한 눈빛으로 나를 바라보는 교수와 학생, 직원들에게 자신 없다고, 포기하자고 말할 수도 없는 노릇이었다. 그때부터 나는 칠흑같이 어두운 터널에서 길을 찾는 일에 나의 전부를 던져야 했다. 오직 대학 구성원의 열정과 정의감 하나만 믿고 그들 앞에 서서 길을 열어야 했다.

세종로 교육부 청사 인근 범대위 시위.
'잘나가는 우리 대학, 비리 재단 거부한다'는 현수막이 눈에 띈다(2011.6.23.).

우선 동요하는 대학 구성원을 진정시키면서 사분위 소위원회의 잠정 결정을 뒤집기 위해 최선을 다하겠다고 선언했다. 반(反)구재단 운동의 핵심 교수와 직원도 총장이 책임지고 이 문제를 해결해야 한다고 압박해 들어왔다. 다행히 재단 정상화의 책임 주체였던 조해녕 이사장 등 임시이사들도 적극 나서 주었다. 이사회는 오직 법률 대리인을 통해서만 대학 구성원의 의견을 전달할 수 있게 한 사분위의 내부 지침과 교육부 담당자의 권고를 고려해 정식으로 변호사를 선임하기로 의결했다. 이제 대학과 이사회 그리고 학원정상화추진위원회의 입장을 사분위에 전달하고 설득하는 일은 변호사에게 맡기는 수밖에 없었다.

한편 대학 구성원들도 범대위를 중심으로 투쟁 수위를 높여 갔다. 한

달에 한 차례씩 사분위 회의가 열렸는데 그때마다 교수, 학생, 직원이 여러 대의 버스로 상경해 시위했다. 시위 현장에서는 비슷한 사정의 대학들에서 올라온 교수, 학생이 즉석 연대해 사분위를 성토했다. 상지대학교, 덕성여자대학교, 동덕여자대학교의 교수와 학생이 그들이었다. 교내에서 농성하는 교수들, 단식으로 저항하는 교수들도 나타났다.

정이사회 출범, 그러나 새로운 분규의 시작

2011년 7월 14일이었다. 사학분쟁조정위원회는 영광학원의 정이사 7인 명단을 확정해 발표했다. '종전재단 추천 이사 4 : 재단 산하 학교 구성원 추천 이사 2 : 교육부 추천 이사 1'의 3월 소위원회 안이 '3 : 2 : 2'로 바뀌었다. 종전재단 추천 이사를 3인으로 줄이고 교육부 추천 임시이사 1인을 추가한 것이다.

대학 구성원과 설립자 장손이 함께 만들고 지역사회가 지지한 '건강한 재단 정상화안'이 부정당한 것은 여전했다. 하지만 최악은 면했다고 해석했다. 종전이사에게 이사 정수의 과반인 4인을 배정하기로 한 소위원회 안이 철회된 것만으로도 다행이라고 생각했다. 하지만 구재단과 대학 구성원 어느 쪽도 과반을 차지하지 못함으로써 사사건건 부딪치며 재단 분규가 재연될 가능성이 커진 것이다.

정이사 6인과 임시이사 1인은 신원 조회 절차를 거쳐 11월 1일에 정

영광학원 정이사 명단 (2011.7.14. 사분위 임명 / 2011.11.1. 임기 시작)

성명	소속 혹은 주요 경력	교육부의 분류	비고
이상희	전 대구시장 전 임시이사장 (2000.1. ~ 2003.12.)	재단 산하 학교 구성원 추천 정이사	2012.5. 이사장 취임
이근용	대구대 교수 설립자의 장손		구재단을 대표할 수 있는 인사로 대학 구성원이 추천
박영선	전 대구대 식품영양학과 교수	종전재단 추천 정이사	고은애 종전이사(설립자의 며느리) 추천
양승두	전 연세대 법학과 교수		
함귀용	변호사(법무법인 KCL)		
황수관	전 연세대 의과대학 외래교수	교육부 추천 정이사	대구대학교 동문 2012.12. 사망
김홍원	전 교육부 국장	교육부 추천 임시이사	임기 1년 2012.11. 편호범 임시이사로 교체

식 임기를 시작했다. 이사들은 이사장 선출을 놓고 부딪쳤다. 이사장은 이사회의 향후 방향을 결정짓게 될 관건이었기에 양측 모두에게 첨예한 관심사였다. 범대위를 중심으로 한 절대다수 구성원은 이상희 이사를 지지했다. 나도 마찬가지였다. 가장 연장자이며 내무부 장관과 대구시장, 경상북도지사 등을 역임한 지역의 원로 지도자였기 때문이다. 2000년 1월부터 4년간 임시이사회 이사장을 역임하면서 대학 사정을 잘 알게 된 이사이기도 했다. 이태영 총장과는 물론이고 그 가족, 즉 종전재단 측 인사들과도 가깝게 알고 있어서 설립자 유족 간 화해를 비롯해 이

사회를 정상화하는 과제에서도 적임자라고 판단했다. 설립자 장손인 이근용 이사도 같은 입장이었다. 반면에 구재단 측 이사 3인은 자신들 가운데 연장자인 양승두 교수를 이사장으로 선출하자고 주장했다.

캐스팅보트는 교육부가 추천한 이사 2인의 손에 쥐어졌다. 양측 모두 그들을 설득하고 견인하기 위해 총력을 기울이면서 첨예하게 부딪쳤다. 구재단은 교육부 추천 이사 2인 모두 자신을 지지할 것이라며 의기양양했다. 대학 구성원은 두 이사 모두 교육계 경험이 풍부한 인사들이니만큼 대학 안정을 위해 대학 구성원이 지지하는 이상희 이사장 안에 동의해 줄 것으로 기대하며 설득했다.

2011년 11월 11일 오전 11시, 임시이사 체제 18년 만에 출범한 정이사회의 첫 회의가 개최됐다. 대명동 캠퍼스 재단 회의실에서였다. 역사적인 순간이었다. 예상한 대로 이상희 이사와 양승두 이사가 이사장 자리를 놓고 격돌했다. 회의장 주변도 양측의 몸싸움으로 아수라장으로 변했다. 결국 이사장을 선출하지 못한 채 회의는 끝났다. 대학 구성원은 황수관 이사와 김홍원 이사의 애매한 입장에 경악했다.

나중에 알게 된 것이지만 2인 모두 구재단과 가까운 정치권 실력자들이 교육부에 압력을 행사해 임명된 이사들이었다. 외견만 중립 인사이지 속내는 구재단 쪽에 기운 인사들이었던 것이다. 구재단이 여유 있었던 것도 그 때문이었다. 교육부에 부당하게 압력을 행사하고 개입한 정치권 인사들과 그들의 압력을 받아 이사 추천권을 행사한 사분위와 교육부에 의해 학생 2만여 명의 대구대학교와 대구사이버대학교, 6개 특수학교의 운명이 휘청거리게 된 것이다.

그 후에 이어진 회의에서도 마찬가지였다. 결말 없이 양측의 대결만 격화될 뿐이었다. 경산 캠퍼스 본관 회의실에서 이사회가 열린 2012년 2월 11일에는 구재단이 동원한 외부 청년들이 전기충격기를 휘두르고 입에 담을 수 없는 욕설을 퍼부어 회의장 주변의 학생들이 피해를 입기도 했다. 『매일신문』 최병고 기자는 당시 현장 상황에 대해 이렇게 썼다.[57]

대구대 이사회장 경호원 학생 폭행 — 전기충격기 휘두르고 욕설

11일 영광학원 이사회가 열린 대구대학교 경산 캠퍼스 본관에서 사설 경호원으로 보이는 이들이 대학생들을 향해 전기충격기를 휘두르고 욕설을 퍼붓는 등 폭력을 행사해 물의를 빚고 있다.

현장에 있던 대학생과 교직원들에 따르면 이날 오후 2시 10분쯤 건장한 남성 10여 명이 종전재단 추천 이사 중 한 명을 경호하면서 본관 1층 로비로 함께 진입을 시도했다. 당시 1층 로비 안에 자리 잡고 있던 대학생 50여 명과 교직원들은 '재단이사, 학생, 교직원 이외에는 출입할 수 없다'며 낯선 남성들을 막아섰다. … 검정색 양복 차림의 한 남성이 자신을 막는 학생들에게 전기충격기를 휘둘렀고 학생들 사이에서 비명소리가 터졌다. … 현장에서 만난 한 대학원생은 "앞줄에서 '따다닥' 하면서 불꽃이 튀었

---

[57] 「대구대 이사회장 경호원 학생 폭행 — 전기충격기 휘두르고 욕」, 『매일신문』 2012. 2. 13. (https://www.imaeil.com/page/view/2012021310355645804)

고, 한 남성이 대학생들을 향해 몇 차례 위협적으로 휘둘렀다. 입에 담지 못할 욕설도 난무했다"고 말했다. …

총학생회는 2월 14일, 사건의 근본 원인이라고 할 수 있는 구재단의 반교육적 행태를 강력하게 규탄하는 내용의 성명을 발표했다.

전기충격기 위협 용역 폭력, 강력 규탄한다

지난 2월 11일 우리 대학에서 이사회가 열렸다. 그런데 상상할 수 없는 사건이 일어났다. 바로 전기충격기 위협 사건이다. 우리 대학과 아무런 관련이 없는 구재단 관계자들의 본관 출입을 막는 과정에서 구재단 측 용역 폭력배들은 전기충격기를 꺼내 우리 학생들을 위협했다. 정말 믿기지 않는 사건이다. 어떻게 우리 대학, 그것도 심장부라 할 본관에서 그것도 학생들을 향해 전기충격기를 쓸 생각을 할 수 있단 말인가? 이에 총학생회는 2월 11일 이사회 전기충격기 위협 사건을 대구대학교 학생 인권을 침해한 중대 사건으로 규정, 아래와 같이 강력 규탄하며 요구한다.

하나, 2월 11일 전기충격기 사건은 구재단의 본질을 정확히 드러낸 사건이다. 대학과 학생을 바라보는 구재단의 인식은 조폭과 다름없다. 구재단은 학교 경영 능력이 전혀 없는 집단이다. 구재단의 학교 찬탈 적극 반대한다.

하나, 학교 당국은 전기충격기 사건에 대한 후속 대책에 미온적이다. 이 사건에 대한 학교 당국의 분명하고 명확한 입장을 요구한다.

하나, 전기충격기 위협을 지시한 세력이 구재단 이사 내지 관계자들이 분명하므로 구재단 이사들은 즉각 사퇴하라.

하나, 용역 폭력배들은 전기충격기만이 아니라 여학생들에게 입에 담기 어려운 욕을 했고 총학생회장에게는 침까지 뱉었다. 이는 우리 대구대학교 학생을 능멸하는 사건이다. 결코 묵과하지 않을 것이다.

하나, 구재단 이사들은 전기충격기 사건으로 자신들이 왜 이사장이 되어서는 안 되는가를 입증했다. 더는 이사장직을 생각하지 말아야 하며 이사직도 조속히 사퇴해야 한다.

2012. 2. 14.

대구대학교 제28대 돋보기 총학생회

심지어 회의장 주변에 한센인들이 동원된 적도 있었다. 이사회 회의장을 지키고자 했던 대구대학교 교수, 학생, 직원은 회의장 주변의 한센인들과도 몸싸움을 벌여야 했다. 학교 경영권 장악을 위해 한센인들까지 동원하다니, 대학 구성원들은 그들의 잔인함에 혀를 내둘렀다. 그들에게는 학생 학습권도 교육 정의도 별 의미가 없었다. 장애인 특수교육의 선각자로 존경받는 이영식 설립자와 이태영 총장의 명예에 침 뱉는 후손들의 비상식적인 행태에 슬펐다. 이사회를 둘러싼 대학 분위기는 늘 그렇게 험악했다.

교육부 추천 이사 2인은 급기야 자신이 이사장을 맡겠다는 뜻을 비치기도 했다. 일은 더 복잡해졌다. 대학 구성원은 결국 투쟁 강도를 높여 갔다. 김진상 범대위 의장을 비롯해 교수회 의장단 교수들은 삭발도 하고 단식도 했다. 이사들에게 간절히 읍소하기도 했다. 그래도 그들은 꿈쩍하지 않았고, 대학은 사실상 분규 상태로 빠져들어 갔다. 그렇게 막고자 애를 썼지만 역부족이었다.

황수관 이사와 김홍원 이사를 추천한 것으로 짐작되거나 그들에게 영향력을 행사할 수 있을 것으로 알려진 이들을 만나 협조를 요청하기도 했다. 보수 기독교계 원로인 김진홍 목사와 김장환 목사가 대표적이다. 송록영 홍보비서실장과 독실한 크리스천인 권욱동 교수 등도 김장환 목사를 직접 찾아가 간곡히 호소했다. 대학 구성원들이 함께 만든 정상화 방안을 합리적이라고 판단한 기독교계 지도자, 정치권 실력자, 교육부 관계자, 언론계 인사도 두루 만나 도움을 청했다. 그러나 별 효과가 없었다. 회의가 열릴 때마다 이사회 내 극한 갈등만 표출되었다.

2012년 2월 11일, 그날도 회의는 긴장과 갈등 가운데 진행되고 있었다. 그러던 중 구재단 추천이사 3인이 자리를 박차고 일어나 퇴장했다. 교육부 추천 이사들이 안건 처리 때마다 자신들 편을 들어주지 않은 것이 주된 이유였다. 구재단 측 이사 3인은 교육부 추천 2인 이사의 협조를 받아 내지 못하면서 이사회에서 자신들의 뜻을 관철할 수 없는 상황이 이어진 것이다. 이사회 회의 도중에 자리를 뜬 그들은 연말까지 회의에 참석하지 않았다.

5월 25일에 소집된 이사회 회의도 구재단 측 이사 3인이 불참한 채 4인

이사만 참석한 가운데 진행되었다. 참석 이사 4인은 구재단 측 이사 3인이 출석해 이사장을 다시 선출할 때까지 이상희 이사가 이사장을 맡기로 결정했다. 정이사회 출범 7개월 만에 이사장을 선출함으로써 외형상으로는 정상화를 향해 한 발 다가설 수 있게 되었다. 나를 포함해 재단 산하 8개 학교의 학교장들은 함께 환영 성명을 발표하면서, 건학 정신의 구현과 학교 발전 그리고 지역민의 성원에 보답하기 위해 최선을 다할 것을 학교 구성원과 지역사회에 천명했다. 구재단 측 이사 3인의 이사회 불참이 계속되면서 재단과 대학은 '어색하지만 소중한 안정'을 누릴 수 있게 됐다.

3.
역경과 고난의
한가운데서

고발과 고소를 당하다

2012년 11월 21일 아침이었다. 일본 출장길, 김해공항에서 송록영 홍보비서실장의 전화를 받았다. 강○○ 교수가 학교 포털에 게시한 글을 알려 왔다. 나를 검찰에 고발했다는 것이다. 고발인은 강 교수와 전○○ 교수였다. 그들 외에 4명의 교수가 참고인으로 고발장에 서명했다고도 했다. 조○○, 배○○, 장○○, 김○○ 등이었다. 그들이 주장한 나의 혐의는 사립학교법 위반에 업무상 횡령, 그리고 뇌물 제공이었다. 전○○ 교수와 강○○ 교수는 원래 구재단 반대 운동의 핵심이었고 최소한 조○○, 장○○, 배○○ 교수 등 세 교수도 같은 입장이었다. 그래서 구재단

반대 운동에 열심이던 대학 구성원에게 타격이 더 컸다. 나도 물론 착잡하고 슬펐다.[58]

사실 그들이 나를 고발한 것이 갑작스러운 일은 아니었다. 나를 고발하려고 준비한다는 얘기는 꾸준히 돌고 있었다. 고발당하지 않으려면 임기 중에 퇴진하라는 얘기도 들려왔다. 차기 총장선거에 출마하지 않겠다고 약속하라고도 했다. 2013년 10월 말에 총장 임기가 만료되고 9월쯤에 차기 총장선거가 치러질 예정이었기 때문에 2013년 1학기 중에 나를 고발할 것이라는 얘기도 있었다. 물론 나는 그런 요구와 압박에 응하지 않았다. 최소한 대학에서만큼은 있어선 안 될 정치 공세고 협박이라고 생각했다.

그들은 이사회가 재단 정상화 추진을 위해 변호사를 수임하고 내가 교비로 수임료를 지불한 것을 문제 삼았다. 당시 이사회는 교육부의 권유를 받아들여 변호사를 수임해 사분위에 대응하도록 하고 수임료는 대구대학교가 지불하도록 의결했다. 2011년 4월 23일의 이사회에서였다. 서울의 '법무법인 바른'과 계약했고 계약서에는 조해녕 이사장과 총장인 내가 함께 날인했다. 2년여에 걸쳐 지불된 수임료는 합계 4억 5천만 원 정도였다.

이사회가 변호사 수임료를 교비로 지출하도록 의결한 데는 몇 가지 이유가 있었다. 첫째는 당시 재단의 재정이 사무직원 인건비조차 감당

---

[58] 그로부터 4~5년이 지난 어느 날, 배○○ 교수는 당시의 고발 건에 대해 '그때는 잘 몰랐다, 미안하다'는 뜻을 전해 왔다. 나는 그의 사과를 고맙게 받았다.

하기 어려울 정도로 어려웠기 때문이다. 둘째는 1994년 2월의 임시이사 파견이 재단 산하 8개 학교 가운데 대구대학교에서의 분규 때문이었으며 재단 정상화를 통해 가장 크게 영향을 받게 될 기관도 대구대학교이기 때문이었다. 셋째는 영광학원 정상화 추진위원회의 구성과 정상화 방안 도출 과정에 가장 많이 참여한 기관 역시 대구대학교라는 사실도 고려되었다.

나 역시 변호사 수임료를 교비로 지출하는 것이 법률적으로 문제가 되리라고는 생각하지 못했다. 대학 구성원, 즉 교수회와 직원노동조합, 총학생회와 총동창회가 모두 지지하는 재단 정상화안을 사분위에 설명하기 위한 변호사 수임료인 데다 재단 정상화가 구재단 복귀로 귀결될 경우 대구대학교 교수, 학생의 교권과 학습권이 위협받게 될 것이 명약관화했기 때문이다. 교권과 학습권과 학사 자율권 수호가 첫째 책무인 총장으로서 달리 생각할 여유가 없었다. 그뿐만이 아니었다. 변호사 수임료를 교비로 지출하도록 의결한 이사회에는 관료 사회에서 행정의 달인으로 소문난 조해녕 이사장(전 대구시장, 전 내무부 장관)을 비롯해 부장판사 출신의 이선우 변호사와 정종섭 서울대학교 로스쿨 원장(이후 국회의원) 등 법률 전문가들이 포함되어 있었다. 재단의 이충기 사무국장도 문제 될 것 없다고 설명해 주었다.

그렇게 지불된 변호사 수임료에 대해 교육부는 잘못된 지출이었다고 지적한 것이다. 2011년 11월의 교육부 회계감사를 통해서였다. 교육부는 교비로 지불한 변호사 수임료를 재단회계에서 교비회계로 전출하도록 시정 명령하면서 조해녕 이사장과 나에 대해 '경고' 처분을 내렸다.

그 교육부 감사 결과가 빌미가 됐다. 강○○, 전○○ 교수는 교육부로부터 경고받은 감사 결과를 들고 나를 검찰에 고발한 것이다.[59] 그 며칠 뒤였다. 이번에는 구재단 측 교수 몇이 같은 사안으로 나를 고발했다. 앞선 고발인들이 한때 구재단 반대 운동을 함께한 교수들이었다면 이번에는 구재단과 가까운 교수들이었다. 배○○, 권○○, 박○○, 유○○ 교수 등이었다. 그로부터 또 며칠 뒤에는 구재단으로부터 추천받은 정이사 3인, 박영선, 양승두, 함귀용 이사도 나를 고소했다.

재단과 대학의 경영권을 접수하는 데 내가 가장 큰 걸림돌이라고 본 것이다. 나만 쓰러뜨리면 재단과 대학은 쉽게 접수할 것으로 생각했을 것이다. 나를 제거하는 일에 구재단이 총력을 기울였고 한때 구재단 반대 운동에 앞장섰던 선배 교수들까지 그 일에 힘을 보탰다. 인간적인 번민과 배신감에 늘 마음이 심란했다.

대학의 주요 보직자들이 몇 차례 검사실로 소환되어 조사를 받았다. 먼저 담당 팀장과 재단의 이충기 사무국장이 조사를 받았다. 이어서 하영수 사무처장이 2013년 1월 28일에, 남인길 부총장은 1월 30일에 조사받았다. 모두 마음고생을 심하게 했다.

다음 날인 1월 31일에는 이사회가 열렸다. 회의장 주변에는 나를 고

---

[59] 심지어 그들은 처음에는 그 돈을 내가 정이사가 되기 위해 사분위원에게 뇌물로 썼다고 주장했다. 수임 변호사가 사분위원에게 뇌물을 전달하는 역할을 했다고 주장하며 변호사도 뇌물수수 혐의로 검찰에 고발했다. 물론 얼마 지나지 않아서 뇌물수수 혐의는 고발장에서 뺐고 변호사 고발도 철회했다.

발한 교수를 포함해 7~8명의 교수들이 이상희 이사장과 나와 이충기 재단 사무국장을 향해 퇴진하라며 피켓 시위를 벌였다. 그리고 다음 날인 2월 1일, 금요일 아침이었다. 부슬비가 내렸다. 검찰에 출두해 조사를 받았다. 대구지방검찰청사 입구에서 한 청년과 맞닥뜨렸다. 마스크를 쓰고 피켓으로 얼굴을 가린 채 서 있었다. 이사회 때마다 회의장 주변에서 목격된 정체불명의 청년 중 하나였다. 피켓에는 '홍 총장을 구속하라'는 붉은색 글씨가 흉측하게 씌어 있었다.

1988년 3월에 대구대학교 교수가 된 뒤 대학 민주화와 교육 정의 수호를 위해 최선을 다했고 그 과정에서 온갖 일을 다 겪었다고 생각했지만 결국은 검찰 조사까지 받게 되니 세상이 참으로 험하고 사람들이 잔인하다는 생각이 들었다.

검찰 조사를 받고 나온 다음 날, 토요일이었다. 아내와 함께 병원을 찾았다. 아내도 나도 여기저기 탈이 나 있었다. 극도의 스트레스와 심신의 피로가 몸 이곳저곳에서 경고를 보내고 있었다.

죽음의 유혹과 마주하다

주말을 쉬고 월요일, 2월 4일이었다. 2박 3일 일정의 교무위원 워크숍이 예정되어 있었다. 제주도에서였다. 평소 대학 발전을 위해 고생하는 교무위원들을 위로하고 2013학년도 새 학기를 준비하기 위한 워크숍이었다. 대구대학교 역사상 처음 갖는 교무위원 워크숍이기도 해서 꼼꼼하게 준비했다. 교무위원들도 대부분 참여했다. 사흘 전 검찰 조사를 받고 나온 뒤의 착잡한 기분을 달래고 싶기도 했다.

나는 바다를 좋아한다. 특히 거친 파도를 좋아한다. 수영도 못하고 낚시도 해 본 적이 없지만 그냥 바다를 좋아하고 해변길 산책을 좋아한다. 삼킬 듯 덤벼드는 성난 파도를 바라보는 것만으로도 지친 마음이 치유되는 느낌을 받는다. 모처럼 제주에 온 만큼 잠시라도 짬을 내 겨울 바다를 걸으며 분노로 가득한 마음을 다스리고 싶었다.

하지만 그럴 여유조차도 갖기 힘들어졌다. 워크숍 첫날인 월요일 저녁이었다. 홍보팀의 정정석 팀장으로부터 전화를 받았다. 대구지방검찰청에서 출입기자 간담회가 열렸는데 지난 주말 나를 소환해 업무상 횡령 혐의를 조사했다는 내용의 브리핑이 있었다고 했다. 지역의 공중파 TV방송도 방금 저녁 뉴스로 보도했다고 했다.

낮에 하영수 사무처장이 검찰청을 방문해 몇 가지 보충 설명을 하고 돌아왔는데 분위기가 썩 좋지 않았다고도 했다. 전화로 보고받고 심란했지만 중요한 행사 중인 만큼 애써 마음을 다스리며 예정된 일정을 소화했다. 오후 세미나, 저녁 만찬, 토론, 늦은 시간 2차 간담회에 이르기까지 무사히 마쳤다.

파김치가 된 몸과 마음을 끌고 객실에 들어왔다. 만감이 교차했다. 머리도 맑지 못했다. 정신이 온통 혼잡하고 헝클어진 상태였다. 대구대학교가 대체 나에게 무엇이기에 이토록 고통을 받아야 하는가? 그동안 학생과 교육 정의를 위해 물불 안 가리고 헌신해 왔는데 결국 이렇게 무너지는 것인가? 한 줌도 안 되는 이들이 재단을 장악하려고 학교를 만신창이로 만드는 이런 일이 언제까지 계속되어야 한단 말인가? 법이란 대체 무엇을 위해 존재하는가?

분한 감정과 착잡한 생각이 꼬리에 꼬리를 물고 이어졌다. 뉴스를 접한 이들은 나에 대해 얼마나 실망할 것인가? 나를 믿고 성원을 아끼지 않았던 많은 이들은 대구대학교 재단 정상화에 어떤 입장을 보일 것인가? 그들에게 이 사건의 진실을 어떻게 알려야 하는가? 과연 진실을 알릴 방법이 있는 것인가? 대구대학교는 앞으로 어떻게 될 것인가? 그동안 불의한 이들로부터 교육과 대학을 지키기 위해 얼마나 많은 교수, 학생, 직원이 고통받으며 여기까지 왔는데, 대구대학교와 교육 정의는 이렇게 무너지고야 마는 것인가? 결국 불의가 다시 창궐하게 될 대구대학교를 보게 되는 것인가? 나의 마음은 끝도 없이 가라앉으며 무너지고 있었다. 손가락 하나 꿈쩍할 힘조차 없을 정도로 에너지가 완전히 방전된 느낌이었다.

무엇보다도 불명예를 감당할 자신이 없었다. 세상 앞에 나설 용기도 잃었다. 짊어진 십자가가 너무 무겁게 느껴졌다. 계속 짊어지고 저 철벽을 넘어설 자신이 서지 않았다. 대학 구성원과 교육 정의를 지켜야 한다는 의욕도 책임감도 거추장스럽게 느껴졌다. 재단 정상화를 둘러싼 전쟁 같은 상황이 끝도 없이 이어지는 것도 힘들었다. 구재단과 함께 고소·고발로 공격해 오는 한때의 동지 교수들에 대한 배신감도 견디기 어려웠지만, 평생 처음 겪는 검찰 조사 과정에서의 자괴감은 나를 너무 힘들게 했다. 게다가 피상적인 언론 보도를 접한 세상 사람들이 나를 오해하고 손가락질할 것이라는 생각, 그것에 제대로 대응할 수단이 내겐 없다는 무력감이 나를 무너지게 한 것이다. 이럴 바에는 모든 것을 내려놓을 수밖에 없다는 생각을 하고 말았다.

아내에게 전화했다. 뭔가 정리하려면 아내에게 지금의 나를 설명해야 한다고 생각했다. 하지만 제대로 말을 잇지 못했다. 그냥 호소 반 푸념 반, 10분여를 넋두리했다. 그러나 그 뒤에도 좀처럼 진정되지 않았다.

라마다호텔의 높은 층, 바다 쪽 객실이었다. 어느새 동트기 직전의 새벽녘이었다. 베란다 문을 열고 아래를 내려다보았다. 바람이 차갑게 느껴졌다. 하지만 저 아래 저 멀리 검은 바다와 하얗게 부서지는 파도는 마치 포근한 침대처럼 보였다. 아내와 아들이 떠오르면서 목이 메어 왔다. 언제나 내게 용기를 주던 아내에게 미안했다. 학교 일이 바쁘다는 이유로 함께 시간을 보내지 못한 아들에게도 미안했다. 언제나 어떤 상황에서나 나를 믿고 응원해 준 어머니 얼굴도 머리를 스쳤다. 왜 대구에 가서 그렇게 고생하고 사냐며, 어서 올라오라고 했던 고향 친구들도 생각났다.

지금 생각해도 그날 밤 고비를 무사히 넘긴 것은 기적이었다. 무슨 힘엔가에 끌려 생각을 돌렸다. 내가 가시밭길을 걸으며 아파할 때마다 내 옆에서 함께 울어 주던 예수님의 손길이라고 생각했다. '해낼 수 있다, 헤쳐 갈 수 있다, 헤쳐 가야 한다, 믿고 따라 주는 이들이 안 보이는가?

이 정도에 무릎 꿇으면 앞으로 무슨 일을 할 수 있겠는가? 단련을 위한 시련일 뿐이다, 이 시련은 짊어져야 하는 십자가다' 하는 위로가 무너져 가던 나를 흔들어 깨웠다. 아내의 기도에 예수님이 나를 잡아 준 것이라는 생각이 불현듯 스쳤다.

나를 칭칭 동여맸던 두려움과 걱정, 그리고 분노까지도 모두 내려놓기로 했다. 재단 정상화와 대학에 대한 나의 계획과 책임감도 다 내려놓고 마음을 비우기로 했다. 그리고 기도했다. 나와 대학의 모든 것을 신의 뜻에 맡기기로 했다. 나는 할 수 있는 모든 일을 했으니, 남은 일은 신의 몫이라 생각하기로 했다. 그러고서야 한 시간 남짓 눈을 붙일 수 있었다.

다음 날, 워크숍 2일째였다. 남인길 부총장과 아침 식사를 했다. 나를 걱정하는 눈빛이 역력했다. 아마 내 걱정에 밤잠을 못 잤을 것이라고 생각했다. 그럴 정도로 그는 세심하고 특히 나를 걱정하는 선배 교수였다. 오전 행사를 진행하면서도 내 머리는 계속 방황하고 있었다. 모든 것을 내려놓기로 했으면서도 마음은 여전히 편치 않았다.

오후에는 올레길을 걷는 일정이었다. 7코스였고, 비가 부슬부슬 내렸다. 모두 우의를 걸치고 걸었다. 나는 비를 맞는 것이 차라리 좋았다. 아니, 좀 더 세찬 비였다면 하는 아쉬움이 컸다. 순간순간 여전히 복잡한 생각에 시달려야 했지만 몇몇 교무위원들이 진지하게 나를 위로해 주었다. 이상기 사범대학장의 위로와 조언은 좀 달랐다. 가을에 있을 총장선거에 출마하라고 했다. 대학 구성원은 재단 정상화를 향한 나의 진정성과 사건의 진실을 잘 알고 있으니, 선거에 출마해 신임을 묻고 정면 돌파하는 것이 좋겠다고 했다. 하지만 그건 피하고 싶었다. 재단 정상화의 과제를 안고 총장을 한 번 더 한다는 것은 참으로 끔찍한 일이라고 생각했기 때문이다. 나는 다른 방법으로 나의 무죄를 입증하고 싶었다.

대구에서 걸려온 위로 전화도 여러 통 받았다. 누구나 내가 사심 없이 대학을 위해 일한 것을 알고 있으니 상심하지 말라는 내용이었다. 마음을 비우고 일희일비하지 않기로 마음을 굳게 다잡았다.

제주도 워크숍 사흘째인 2월 6일 아침, 대구로 돌아와 학교에 갔다. 2시에 학생 대표들에게 특강하기로 예정되어 있어서였다. 500여 명의 학생 대표들이 경주로 1박 2일 리더십 연수를 떠나기에 앞서서 총장 특강 시간을 마련한 것이다. 곤혹스러웠다. 총장이 업무상 횡령 혐의로 검찰 조사를 받았다고 보도된 직후였기 때문이다. 학생들이 나를 어떻게 볼까 걱정되었다. 지친 몸을 끌고 강당에 갔다. 하지만 학생들 앞에서 힘들어할 수는 없는 노릇이었다. 억지로라도 기운을 내고 어깨를 폈다.

30분 정도 학생들에게 강의했다. 대구대학교 학생으로서 자긍심을 가져 달라, 학생 대표로서 학생 행복을 위해 솔선수범해 달라, 신입생들이 대구대학교에 잘 정착할 수 있도록 다음 주 신입생 예비 대학을 잘 준비해 달라고 당부했다. 학생들은 나의 얘기에 귀 기울여 주었고 나를 믿어 주었다. 고마운 학생들이었다. 역시 학생들은 내가 헌신하고 희생해도 좋을 명분으로서 부족함이 없다고 생각했다.

빗발친 위로와 격려, 다시 용기를 얻다

참으로 험하고 힘든 날들을 헤쳐 왔지만 고비마다 많은 이들로부터 위로와 격려를 받았다. 쓰러지려 할 때마다 부축해 준 이도 많았고 다시 일어설 수 있게 용기를 준 이도 많았다.

제주도 출장에서 돌아와 사흘 지난 2월 9일부터는 설 연휴가 시작되었다. 김민규 총대의원회 의장 학생이 8일 금요일 저녁, 설 인사를 겸한 위로 문자를 보내왔다. 나는 감동했다. 여기 김민규 학생의 문자메시지를 소개한다.

> 안녕하십니까, 총장님. 저는 총대의원회 의장 김민규입니다. 오늘 찾아뵙고 인사드렸어야 하는데 집안일 때문에 못 찾아뵈었습니다. 총장님, 이번 일 때문에 걱정 많으신 걸로 알고 있습니다. 총장님이 당당하고 청렴하신 것은 대구대학교 2만 학우 전부가 알고 있습니다. 총장님 뒤에서 교수, 직원, 학생이 지키고 있습니다. 총장님, 걱정은 털어 버리시고 설 잘 쇠십시오. 설 쇠고 찾아뵙겠습니다.
>
> '학생이 행복한 대학'의 행복한 학생 김민규 올림

검찰 수사를 받고 기소되고 재판이 진행되는 과정에서 검찰청과 재판부에 탄원서를 제출하며 응원해 준 이도 많았다. 먼저 조해녕 이사장이었다. 변호사 수임료를 교비로 지불하라는 내용의 이사회 의결을 이끌었고 나와 함께 변호사 수임 계약서에 서명한 이사장이었다. 물론 내가 고소당했을 때는 이미 정이사회가 출범하고 자신은 영광학원을 떠난 뒤였다. 나 혼자 고소당해 고초를 겪고 있는 것을 매우 미안해했다. 그는 검찰청에 장문의 탄원서를 써 제출해 줬다. 후일 1천만 원의 벌금형이 확정된 뒤에는 자신이 절반이라도 나눠 부담하겠다고까지 얘기해 주었다. 물론 나는 그 마음만 받았다. 나는 오히려 아무 관계도 없는 대구대학교와 영광학원의 정상화 책임을 맡아 고생한 조해녕 이사장에게 미안해하던 중이었다. 그렇게 나와 조해녕 이사장은 서로 존중하면서 재단 정상화와 대학 발전을 위해 의기투합했다. 당시 이상희 이사장도 전후 사정을 확인한 뒤 나를 위해 적극 탄원해 주었다. 그 역시 대구·경북의 보수계 원로였다.

교수회 의장단, 교무위원, 총학생회 회장단, 단과대학 학생회 대표 30여 명, 역대 총장, 역대 총학생회장단 등도 팔을 걷고 탄원서에 서명해 주었다. 모두 감사한 일이 아닐 수 없다. 총장에 취임하기 전 사회학과 교수였을 때의 제자들도 탄원서에 연대 서명해 재판부에 제출했다. 이사장부터 교수, 학생, 졸업한 제자들에 이르기까지 검찰청과 법원에 제출한 탄원서들은 다음과 같이 요약될 수 있었다.

홍 총장은 개인의 이익을 위해 일할 사람이 아니다. 홍 총장이 교비로 변호사 수임료를 지출한 것은 학생들의 수업권을 지키기 위한 불가피한 선택이었다. 이사회의 의결도 있었다. 당시 이사들은 교육부가 임명한 임시이사들이었고 행정 전문가와 법률 전문가도 다수 있었다. 그뿐만이 아니라 학생 수업권을 지키기 위해서는 다른 방법이 없었다. 대구대학교의 특수한 사정을 고려하지 않으면 안 된다.

많은 탄원서 가운데서도 역대 총학생회장들이 검찰에 제출한 탄원서를 소개한다.

탄 원 서

존경하는 검사장님, 그리고 검사님.

먼저 우리 사회의 정의 구현을 위해 밤낮없이 헌신하시는 검사장님과 검사님께 마음 깊이 존경의 인사를 드립니다. 저희들은 2010년과 2011년, 2012년에 대구대학교 총학생회장을 맡아 2만 학생들의 교육권 신장과 복지 확대를 위해 활동하다, 지금은 학교를 떠나 사회생활을 하고 있거나 졸업을 눈앞에 두고 있는 전 총학생회장들입니다.

저희들이 뜻을 모아 이렇게 탄원을 하게 된 것은, 존경하는 홍덕률 총장님께서 학원 정상화 과정에서 있었던 변호사비용 교비 지출로 고소·고발을 당하시고 그로 인해 지금 학교가 많이 어려워지고 있다는 소식을 접해서입니다. 처음에는 저희들이 온몸을 던져 막아 온 구재단의 일상적인 공세려니 생각하였습니다만, 자칫 총장님께서 어려운 처지에 빠지시게 될지 모른다는 걱정에, 만에 하나 그렇게 될 경우 어렵게 확보한 대학의 안정이 또다시 파괴되고 온갖 고초를 이겨 내고 지켜 낸 저희들의 모교가 다시 분규와 파행의 늪에 빠지게 될 수 있다고 걱정되어서입니다.

존경하는 검사장님, 그리고 검사님.

먼저 홍덕률 총장님께서는 진정 우리 학생들을 위하시고 학생들이 양질의 교육을 받아 훌륭한 인재로 성장할 수 있도록 정성을 다해 노력해 오신 총장님이십니다. 저희들이 1년 임기의 총학생회장으로 취임할 때에는 총장님과 대학 본부의 여러 정책들에 맞서 크고 작은 갈등을 빚은 적이 없지 않았습니다만, 총장님을 만나 대화하고 총장님께서 펴시는 여러 정책들을 보면서 저희 총학생회장들을 포함해 총학생회 간부들은 예외 없이 총장님을 존경하게 되었습니다. 총장님은 늘 저희 학생들을 편안히 맞아 주셨고, 학생들과 만나 대화하며 학생들의 고충을 들어 해결해 주시려고 애쓰셨습니다. 저희들이 일하면서 만나게 된 교직원 선생님들도 한목소리로 총장님의 도덕성과 인품에 대해 높이 평가해 주셨습니다. 또한 저희들은 총장님의 학생 중시 철학과 헌신적인 노력으로 2만 학우들의 교육권이 크게 신장되고 저희 대구대학교가 진정 '학생이 행복한 대학'으로 한 발 한 발 나아가는 모습을 보면서 감사한 마음을 갖게 되었습니다.

특히 총장님께서는 17년을 끌어 오던 임시이사 체제를 끝내고 학원 정상화를 추진하는 과정에서 말할 수 없는 고통을 감당하셨습니다. 학생들, 교수님들, 교직원 선생님들 그리고 동창회 선배님들의 여론을 수렴하면서 학원 정상화가 궁극적으로 대구대학교의 안정과 발전으로 이어질 수 있도록 하기 위해서 총장님께서는 모든 노력을 기울이셨습니다. 우리 학생들이 사분위 회의가 열릴 때마다 서울로 상경 집회를 떠날 때, 교내에서 집회할 때, 특히 총장실까지 점거해 농성할 때, 총장님께서는 학생들의 수업권이 위협받고 교육 현장이 흔들리는 모습을 보면서 너무 안타까워하셨습니다. 빨리 학원 정상화가 잘 마무리되어 학생들이 편안하게 수업받으며 학업에 전념할 수 있도록 되어야 한다고 늘 말씀해 주셨습니다. 저희들 역시 구재단 복귀로 인해 비리가 만연하게 되고, 교육 현장이 피폐해지며, 학생들 수업권이 또다시 침해되는 비극이 재연되어서는 절대 안 된다는 일념으로, 학원 정상화에 적극 참여해 왔습니다. 학원 정상화는 학우들의 수업권이 확보되느냐, 아니면 대학이 또다시 분규와 파행에 빠져 교수님들과 학우들의 교육권과 수업권이 위협받게 되느냐를 가르는 중대한 주제였던 것입니다. 2만 학우들과 총장님뿐만 아니라, 교수님들, 직원 선생님들 모두의 절박한 관심사였고, 대학의 운명과 미래를 가르는 주제였습니다. 학생 대표까지 포함하여 대학의 모든 구성원이 '학원정상화추진위원회'를 만들고 '학원정상화를 위한 범대책위원회'를 구성해 나선 것도 그 때문이었다고 저희들은 믿고 있습니다.

존경하는 검사장님, 그리고 검사님.

저희들은 홍덕률 총장님이 학원 정상화를 위해 사심 없이 기울여 오신 노력에 감사한 마음과 존경하는 마음을 갖고 있습니다. 총장님께서 횡령과 뇌물 공여라는 끔찍한 내용으로 고발과 고소를 당하셨다는 이야기를 들으면서 저희들 모두는 귀를 의심했습니다. 저희들은 총장님을 고발·고소한 사람들을 도저히 이해할 수도 용납할 수도 없는 심정입니다. 저희들은 총장님이 오로지 학생과 대구대학교를 위해 애쓰시고 헌신해 오신 것을 너무도 잘 알고 있습니다. 저희들은 총장님의 높으신 인품과 도덕성을 믿습니다. 당시는 임시이사 체제였다는 점, 임시이사 체제는 매우 예외적인 체제라는 점, 그래서 이사회와 대학의 권한과 역할 등 많은 부분에서 일반적인 사립대학들과는 구조적으로 다를 수밖에 없다는 점은 이 사안을 판단하는 데 매우 중요한 고려사항이어야 한다고 생각합니다.

나아가 구재단과 구재단을 대변하는 분들의 평소 언행은 교육 현장에서는 도저히 있을 수 없는 상식 밖이었다는 사실, 구재단 복귀에 대한 결사 반대는 2만 학우들의 절대적인 지지를 받고 있다는 사실, 구재단이 만약 복귀하게 되면 학생들의 수업권이 즉각 위협받게 되고 대학의 위상 역시 급격하게 추락하게 될 것이라는 사실 또한 충분히 고려되어야 한다고 믿습니다. 이 모든 사안들을 적극 검토하셔서 검사장님과 검사님께서 현명하신 판단을 내려 주실 것을, 저희들은 간절한 심정으로 기대할 뿐입니다.

더 이상 후배 학생들이 대학 현장의 분규와 파행으로 수업권을 위협받지 않을 수 있기를 저희들은 바랍니다. 저희들의 영원한 모교가 될 대구대학교가 더 이상 구재단의 공격으로 흔들리거나 위협받지 않고, 안정 위에서 총장님의 교육철학 그대로 '학생이 행복한 대학'으로 나날이 발전해 갈 수 있기를 기대합니다. 존경하는 검사장님과 검사님께서 저희 학우들의 바람을 깊이 헤아려 주시기를 깊이깊이 당부드립니다. 감사합니다.

2013. 1. 23.

2010학년도 총학생회장 하석수(일반사회교육과 졸업)

2011학년도 총학생회장 전환용(재활공학과 졸업)

2012학년도 총학생회장 권석제(정보통신공학부 졸업 예정)

변호사 수임료, 교수·직원 성금으로 해결하다

비단 탄원서만이 아니었다. 교수들과 직원들은 문제가 된 변호사 수임료 교비 지출과 관련해 교육부의 감사 처분을 이행하기 위해 성금을 거뒀다. 교육부는 교비로 지출된 변호사 수임료를 재단이 2013년 3월

11일까지 교비 회계로 전출해야 하며 그러지 않을 경우 대학이 제재를 받게 될 것이라고 했다. 이사회는 2013년 2월 23일 회의에서 이 안건을 처리하고자 했으나 구재단 측 이사 3인이 반대해 성사시키지 못했다. 결국 범대위가 나섰다. 3월 7일, 대학 구성원이 모금해 법률 자문료 문제를 해결하기로 결의한 것이다. 그로부터 불과 3일 사이에 351명의 교수와 직원이 모금에 참여했으며 최종적으로는 368명이 참여해 조성한 총 2억 2752만 원을 재단에 넘길 수 있게 됐다. 대구대학교의 교수, 학생, 직원만 참여한 것이 아니었다. 대구사이버대학교 교수, 특수학교 교장단과 교직원 그리고 민주동문회도 참여했다. 재단은 자체 자금을 합해 4억 5천만 원의 법률 자문료를 교비 회계로 전출했고, 교육부 감사 결과 지시 사항을 이행하게 된 것이다. '십시일반의 기적'이었다.

구재단은 당황했다. 교육부의 지시 사항을 이행하지 못해 대학이 제재를 받게 되면 그것을 이유로 나와 대학을 궁지로 몰려고 했던 계획이 틀어졌기 때문이다. 그렇다고 그냥 지나칠 리도 없었다. 성금 모금에 대해 시비를 걸어왔다. 강제 모금이었다고 주장하면서 검찰에 고소한 것이다. 검찰은 구재단의 주장을 받아들이지 않았고, 구성원들의 자발적인 모금에 의한 법률 자문료 문제 해결은 위기에 처한 재단 정상화에 새로운 돌파구를 열어 주었다. 『대구일보』의 김승근 기자는 3월 13일자 기사에서 다음과 같이 썼다.[60]

---

[60] 「대구대 법률 자문료 사건, 구성원 성금 모금 '새 국면'」, 『대구일보』 2013. 3. 13. (https://www.idaegu.com/news/articleView.html?idxno=234107)

대구대 법률 자문료 사건, 구성원 성금 모금 '새 국면'

대구대 내홍의 큰 원인이었던 법률 자문료 사건이 구성원들의 성금 모금으로 새로운 분수령을 맞이하고 있다. 대학 구성원들이 자발적으로 성금을 모금해 학원 위기 상황을 해결하려는 사례는 전국에서 처음이어서 이 사안에 대한 교과부의 판단이 주목된다. 지난 7일 학교법인영광학원정상화를 위한 범대책위원회는 '법률 자문료 건에 대한 범대위 결의문'을 통해 이 안건의 이사회 처리를 반대한 종전이사 측 이사들을 비판하며 학원과 대학 구성원들이 자발적으로 성금을 모금해 이 문제를 해결하자고 제안했다. … 범대위 공동의장인 김인숙 교수는 "성금 모금은 구재단의 학교 장악을 저지하기 위한 구성원들의 의지와 대학의 안정을 바라는 구성원들의 열망의 표현"이라며 "이를 강제 모금으로 매도하는 건 성금 기부자들에 대한 모욕"이라고 목소리를 높였다. …

대학이 교육부의 행정 제재를 피할 수 있게 됐을 뿐만 아니라 나도 당시 재판 과정에서 큰 짐을 덜 수 있게 됐다. 그야말로 감동이고 눈물겨운 일이 아닐 수 없었다.

그 외에도 재단 정상화 과정에서 소요되는 자금을 충당하기 위해 혹은 재정이 부실해 법정 의무를 이행하지 못하고 있던 재단의 재정 부담 의무를 대신 커버하기 위해서도 교수들과 직원들은 여러 차례에 걸쳐 성금을 거둬야 했다. 그때마다 교수와 직원에게 미안한 마음을 금할 수가 없었다. 앞뒤로 꽉 막힌 캄캄한 터널 같고 사방이 지뢰밭이었지만 나와 교수, 학생, 직원, 동문은 그렇게 마음을 모으고 뜻을 모아 헤쳐 갈 수 있었다.

'벌금 1천만 원', 내 인생의 오점? 훈장?

2013년 6월 28일, 대구지방검찰청은 '사립학교법 위반과 업무상 횡령' 혐의가 인정된다며 '벌금 1천만 원'에 약식기소했다.[61] 하지만 나는 승복할 수 없었다. 정식 재판을 청구하기로 하고 변호사와 상담하던 중이었다. 법원도 좀 더 면밀한 검토가 필요해 보인다는 취지로 정식 재판에 회부하겠다고 연락해 왔다. 이제 이 사건은 법원의 판단으로 결론 나게 되었다.

검찰의 약식기소를 통보받고 며칠을 우울하게 지내야 했다. 마음을 달랠 겸 사나흘 짬짬이 컴퓨터 앞에 앉아 글을 적어 갔다. 그렇게 정리된 '소회 글'을 교내 포털에 올렸다. 사건 보도를 접하고 궁금해하며 나를 걱정하고 있을 대학 밖의 지인들에게도 비슷한 내용의 글을 보냈다. 나를 응원해 온 주위 지인들에게 어떻게든 설명하고 싶은 마음도 있었기 때문이다. 그 글을 소개한다.

---

[61] 약식기소란, 검찰이 피고소인의 행위를 실정법 위반으로 보면서도 사안이 크지 않아 벌금형에 해당된다고 판단할 때 법원에 재판 절차 대신에 약식명령을 해 달라고 청구하는 절차를 말한다. 내가 검찰의 약식기소를 받아들이고 법원이 인정하면 1천만 원의 벌금형이 재판 절차 없이 확정되는 것이다.

존경하는 ○○○ 님

[1] 심려를 끼쳐 드려 죄송합니다. 그리고 감사합니다.

저는 오늘 비장한 심정으로 펜을 들었습니다. 지난주 금요일(6월 28일), 대구지방검찰청은 저를 벌금 1천만 원으로 약식기소했습니다. 재단 정상화 과정에서 사용된 변호사 수임료를 재단 회계가 아닌 교비 회계에서 지출한 것이 잘못되었다는 것입니다.

먼저 '건강한 재단 정상화'와 대학의 안정을 위해 많은 고통을 감내하며 헌신해 준 대학 가족 여러분, 특히 저희들을 믿고 성원해 주신 지역사회의 많은 분들께 심려를 끼쳐 드리게 된 점에 대해 죄송한 말씀을 드립니다.

아울러 '건강한 재단 정상화' 과제의 어려움과 중요성을 이해하시고 격려해 주신 대학 가족, 건학 정신과 교육 정의 구현을 위해 혼신의 힘을 다하면서 저를 위로해 주고 계신 이상희 이사장님과 이근용 이사님, 특히 저에 대한 신뢰와 '학생이 행복한 대학'을 만들기 위해 혼신의 힘을 쏟아 온 저의 교육철학에 대한 지지를 바탕으로 응원을 보내 준 학생들과 동문 여러분, 직접 간접으로 위로와 격려의 말씀을 전해 주신 모든 분들께 깊은 감사의 인사를 드립니다. 신성한 대구대학교에 복귀하기 위해 수단과 방법을 가리지 않고 있는 종전재단 측의 공세로 또다시 위기에 빠져 있는 '건강한 재단 정상화' 과제를 성공적으로 완결 짓기 위해 흔들림 없이 최선의 노력을 다할 것을 다짐하면서, 약식기소 후 저의 소회를 정리해 말씀드릴까 합니다.

[2] 저의 초임 교수 시절이 생각납니다.

위 소식을 접한 저의 머릿속에는 잠시 대구대학교에서 보낸 25년의 삶이 주마등처럼 스쳐 지나갔습니다. 저는 1988년 3월, 만 서른 살의 나이에 대구대학교 사회학과 교수로 부임했습니다. 그해 2월, 저는 동기 교수님들과 함께 이태영 전 총장님을 뵈었습니다. 하지만 그때 총장님께서는 이미 불치의 병을 얻어 말씀을 못하시는 상태였습니다. 목례로만 인사를 드리고 총장실을 나섰습니다. 그것이 저에게는 이태영 전 총장님을 뵌 처음이자 마지막이었습니다. 총장님께서는 그해 가을 질병 치료를 위해 미국으로 건너가셨고, 그 뒤 1995년에 운명하셨습니다. 이태영 총장님이 도미하셔서 부재중이던 7년여, 그리고 저의 초임 교수 시절의 대구대학교는 안타깝게도 혼란과 파국의 연속이었습니다. 당시 많은 분들은 혼란과 파국의 책임이 이태영 총장님이 빠져 계셨던 당시 이사진, 요즘 명칭으로 하면 종전재단 측에 있었다고 믿었습니다.

그리고 그 핵심에는 누구도 이태영 총장님의 근황, 심지어 생사 여부조차 확인할 수 없게 할 정도의 불통과 비상식이 자리하고 있다고 생각했습니다. 예컨대, 이태영 전 총장님과 함께 대학을 일구셨던 원로 교수님들, 매년 말 교수총회에서 총장님의 근황을 공개적으로 묻고 확인을 요구했던 교수협의회 대표님들, 심지어는 친동생과 장남인 이근용 이사님을 비롯한 가족과 친지들까지도 이태영 총장님을 병문안하지 못했음은 물론 생사조차 확인할 수 없었던 것입니다. '이태영 총장 사망설'이 널리 유포되기까지 했습니다. 학생들은 '이태영 총장님을 찾습니다'란 제목의 포스터를 시내 곳곳에 붙였고, 지역 언론사 기자들은 이태영 총장님의 생사를 확인하기 위해 취재에 나섰습니다. 하지만 모두 실패했습니다. 문명사회에서는 있을 수 없는 상황이 이어졌던 것입니다. 그런 상황과 그로부터 비롯된 대학의 혼란과 파국을 지켜봐야 했던 저의 초임 교수 시절은 너무 안타깝고 속상한 기억들로 점철되어 있습니다.

[3] 꼭 20년 전, 해직의 시련과 복직의 보람도 머리를 스쳐 지나갑니다.

그런 상황에서 켜켜이 쌓여만 갔던 각종 비리 의혹을 척결하고 대학을 민주화하자는 운동이 불길처럼 번졌습니다. 그리고 저는 그것이 정점에 달했던 1993년 8월, 당시 교수협의회 총무간사로 일했다는 이유로 교수재임용에서 탈락, 해직되었습니다. 지금으로부터 꼭 20년 전의 일이었습니다. 8월 23일, 저는 교수 비상총회에서 교수님께 고별인사를 드렸습니다. 그런데 뜻하지 않은 일이 전개되었습니다. 저의 고별인사를 들으신 많은 교수님들께서 철야농성에 합류하신 것입니다. 저로서는 처음 뵙는 원로 교수님들까지 참여하셨습니다. 그뿐만이 아닙니다. 교수님들께서는 저에게 매달 200만 원의 생활비를 성금으로 거둬 도울 테니 학교를 떠나지 말라고 하셨습니다. (금년 봄학기, 교육부의 지적에 따라 재단 회계에서 교비 회계로 변제되어야 할 변호사 수임료 문제가 일부 이사진의 비협조로 어려움을 겪자, 교수와 직원이 나서서 성금으로 조성하는 것을 보면서 저는 대구대학교의 오래된 저력과 대학 가족의 애교심을 다시금 확인하는 듯했습니다.) 실로 저에게는 눈물겨운 성원이었습니다.

그리고 그 농성은 189일 동안 이어졌습니다. 추석날에도 크리스마스 날에도 그리고 신정 연휴에도 철야농성은 중단되지 않았습니다. 이듬해 2월 22일, 임시이사가 파견되고서야 처절했던 교수 농성은 끝이 났습니다. 그로부터 다시 6개월이 지난 1994년 9월, 저는 재임용 탈락 과정에서 어이없게 실추됐던 저의 명예까지 회복 받는 절차를 거쳐 1년 전으로 소급해 복직할 수 있었습니다. 우리나라에는 많은 사학 분규가 있어 왔고 그 과정에서 해직의 아픔을 겪은 분들이 적지 않았지만, 저처럼 교수님들의 성금을 받아 해직 기간 동안 생활하고 나아가 명예를 회복해 복직까지 한 교수는 아마 없을 것입니다.

[4] 대구대학교는 저에게 특별한 대학입니다.

저는 그렇게 복직하면서 결심한 것이 하나 있었습니다. 그 어느 대학에서 파격적인 조건과 대우를 제의해 온다 하더라도 대구대학교를 떠나지 않겠다는 것이었습니다. 저를 다시 살려 내신 교수님과 대구대학교를 위해서라면 저를 온전히 바치겠다는 것이었습니다. 그 뒤 잠시 보직을 맡아 일할 때나 아니면 교수협의회 간부로 일할 때, 혹은 평교수로 근무할 때에도 대구대학교를 위해 제가 할 수 있는 모든 일을 다 했습니다. 누가 알아주기를 기대해서도, 어떤 영예를 누리기 위해서도 아니었습니다.

대구대학교는 저에게 그냥 하나의 직장이 아니었던 것입니다. 1993년의 해직과 1994년의 복직을 겪은 뒤부터 대구대학교는 저에게 무한 책임감을 갖고 헌신하며 지켜야 할 매우 특별한 대학이었던 것입니다.

[5] 4년 전, 저는 십자가 짊어지는 심정으로 총장에 나섰습니다.

4년여 전, 저는 여러 교수님과 직원 선생님들로부터 총장 출마를 제의받았습니다. 실은 8년 전에도 그랬습니다. 이유는 두 가지였습니다. 재단 정상화를 구성원의 염원과 교육 정의에 입각해 잘 완수해 달라는 것이 첫째였고, 대학의 체제를 개혁하고 경쟁력을 높여 닥쳐올 위기 상황에서 대구대학교를 구해 내 달라는 것이 둘째였습니다. 누가 보더라도 대구대학교가 당면한 절체절명의 과제들이었습니다. 하지만 8년 전에는 제가 적임자가 아니라고 생각했습니다. 50도 안 된 젊은 나이이기도 했지만, 선배 교수님들께서 뜻을 세우고 저에게 양보를 요구한 것도 작용했습니다. 저는 선배 교수님들께 잘해 주십사 당부드리고 비교적 홀가분하게 저를 향한 요구를 피해 갈 수 있었습니다. 그러나 4년 전에는 달랐습니다. 고통스럽게, 진지하게 고민했습니다.

결론은 피할 수 없는 십자가라면 피해 가지 않겠다는 것이었습니다. 무엇보다도 재단 정상화가 한 발도 나가지 못하고 있던 당시 상황이 저를 움직였습니다. 재단 정상화는 더 이상 미룰 수 없는 과제라고 믿었기 때문입니다. 대학 환경이 더 어려워지기 전에 재단 정상화를 완수해 놓고 건강한 재단과 함께 힘차게 대학 경쟁력 제고에 나서야 한다고 판단했기 때문입니다. 하지만 저는, 재단 정상화가 총장직을 넘어 또다시 교수직까지 걸어야 할지도 모르는 험난한 과제라는 사실을 잘 알고 있었습니다.

그 일에 제가 필요하다면 기꺼이 저를 던지겠노라고 결심했습니다. 총장직을 화려한 권력의 자리라고 생각했다면 고민하지 않고 피했을 것입니다만, 4년 전 저에게 대구대학교 총장직은 고난의 십자가로 읽혔던 것입니다. 그리고 그 십자가를 운명이라고, 피할 수 없는 소명이라고 생각했습니다. 그렇게 비장한 심정으로 저는 나섰습니다.

[6] 아쉬운 일도 많지만 최선을 다했습니다. 함께해 주셔서 감사합니다.

총장 일을 보는 3년 8개월여는 하루도 편한 날이 없었을 정도였습니다. 밤을 하얗게 지새운 날도 적지 않았습니다. '대학 경쟁력 제고'도 어려운 과제였지만, 특히 '건강한 재단 정상화' 과제는 각오했던 것 이상으로 험난한 과제였습니다. 이 자리에서 차마 공개할 수 없는 온갖 매도와 회유와 협박들도 받아 왔습니다. 하지만 저는 굴하지 않았습니다. 오로지 대구대학교의 미래를 위해 한 톨 밀알이 되겠다는 자세로 저를 던졌습니다. 고독한 결단의 순간들도 많았습니다.

여전히 많은 숙제들을 남겨 놓고 있어서 안타깝고 착잡한 생각이 들기도 합니다만, 이 정도의 재단 정상화라도 전국에서 가장 모범적인 사례로 부러움을 사고 있는 것, 경쟁력 제고 면에서도 몇 가지 가시적인 성과들을 거두고 있는 것 등은 그나마 다행이라는 생각을 갖게도 됩니다. 무엇보다도 학생을 대학 경영의 중심에 두고 교수님들과 직원 선생님들께서 '학생의 행복'과 '학생의 미래'를 위해 할 일을 찾아가는 문화를 만들어 온 것이야말로 저의 기억에 가장 크게 남는 보람이었습니다.

모든 면에서 아직 미흡하고 모든 성과들마다 미완의 성과들이지만, 그래도 이 시간 제가 자신 있게 말씀드릴 수 있는 것은 '건강한 재단 정상화'와 '대학 경쟁력 제고', 그리고 '학생이 행복한 대학 만들기' 등에서 저는 최선을 다했다는 것입니다. 저의 진정성을 믿고 어려운 환경에서 함께 최선을 다해 주신 교수님들과 직원 선생님들, 그리고 지역사회 지도자분들이 저는 너무도 감사할 따름입니다.

[7] 검찰의 약식기소 결정은 제가 짊어져야 할 또 하나의 십자가라고 생각하고 있습니다.

지난 6월 말, 제가 검찰로부터 약식기소를 받게 된 변호사 수임료 교비 지출 건 역시, 지금 돌이켜 몇 번을 다시 생각해도 당시로서는 피할 수 없는 선택이었다고 저는 생각하고 있습니다. 특히 이사회의 의결이 있었고, 당시 재단이 아무런 재산 처분권도 갖고 있지 못한 임시이사회여서 더욱 그랬습니다. 재단 정상화를 둘러싼 당시의 엄혹했던 환경을 고려하면 더더욱 그렇습니다. 그럴더라도 이 일을 겪으면서 저는 모든 결정과 행정 처리에 있어서, 심지어 이사회 의결을 거친 사안들에 대해서까지도 더욱 더 신중에 신중을 기하는 것이 필요하겠다는 교훈도 갖게 되었습니다.

다른 한편, 이번 일을 경험하면서 저는 세상사에는 실정법이 미치지 못하는 영역과 차원이 있다는 생각도 갖게 되었습니다. 재단 구성과 관련해 교수, 직원, 학생, 동문, 그리고 (특수학교와 대구사이버대학교 나아가) 설립자 장손까지 참여해 도출했던 합의안을 존중해 최대한 관철시켜 내는 것이 총장의 책무라고 저는 믿었고, 대학을 사유재산으로만 여기면서 2만 학생의 학습권과 교수님들의 교권, 우리 대학의 학사 자율권을 하찮게 여기고, 심지어 재단 산하 각급 학교 교직원의 신분마저 위협하며 복귀를 시도하는 인사들로부터 대학 가족과 대학의 미래를 지켜야 한다고 저는 확고하게 믿었으며, 처절하고 험난한 위기 상황을 헤쳐 가기 위해서는 대구대학교에서 또다시 농성과 단식 등의 극단적인 분규가 재현되어서는 안 된다고 저는 확신했습니다. 그런 교육철학과 소신을 가지고, 저는 당시 이사회 의결에 따라 변호사 수임료를 교비로 지출했던 것입니다.

하지만 실정법을 다루는 검찰은 결국 저를 약식기소하는 결정을 내렸습니다. 실정법에 대해 저는 물론 비전문가입니다. 당연히 검찰의 결정과 검찰의 고충을 이해하고 존중합니다. 하지만 저는 당시 저의 판단이 제가 지켜야 하는 대학 가족과 대구대학교의 미래, 그리고 '건강한 재단 정상화'를 위해 잘못되었다고는 지금도 생각하지 않고 있습니다. 그렇기에 이것이 제가 대구대학교를 위해 짊어져야 하는 십자가라면 아무런 원망 없이 짊어질 것입니다. 그리고 이 시간 이후에도 '건강한 재단 정상화의 완결'을 위해 한 치의 흔들림도 없이 나아갈 것입니다. 변함없이 '건강한 재단 정상화' 의지를 갖고 계신 교수, 직원, 학생, 동문, 나아가 특수학교와 대구사이버대학교 교직원 등과 함께 더욱 강한 사명감을 갖고 재단 정상화 과제에 임할 것입니다. 대학 가족 여러분과 더욱 긴밀히 의논하고 협력하면서 뚜벅뚜벅 나아갈 것입니다.

[8] 하지만 저에게는 한 가지 소망이 있습니다.

단지 저에게는 한 가지 소박한 소망이 있습니다. 저의 작은 희생이 부디 헛되지 않앉으면 하는 것입니다. 제가 짊어진 십자가를 통해 대구대학교와 학교법인 영광학원이 보다 건강해지고 제가 늘 그리던 '사랑과 평화의 동산'으로, '학생이 행복한 대학', '지역사회로부터 존경받는 따뜻한 대학-지역사회에 봉사하며 지역과 함께 발전하는 대학'으로 멋있게 거듭날 수 있으면 하는 것입니다. 대학 가족의 염원이, 교육 정의가, 설립자이신 고 이영식 목사님과 고 이태영 총장님의 건학 정신이 진량캠퍼스에서 멋있게 꽃피고 열매 맺게 되는 것입니다. 그리고 그날은 반드시 올 것이라 믿어 의심치 않습니다.

[9] 저는 더 강해질 것입니다.

제가 대구대학교에서 보낸 25년의 삶은, 늘 도전과 시련, 고난과 보람의 연속이었습니다. 그런 삶과 체험을 통해 조용한 학자이기만 했던 저는 많이 강해졌습니다. 저와 함께한 대구대학교의 25년 역사 역시 배반과 야합, 탐욕과 시련을 이기고 성장해 온 자랑스러운 역사였습니다. 이번 시련을 통해서도 저는 더욱 강해질 것이고 대구대학교 역시 더욱 탄탄해질 것입니다. 저와 대구대학교가 또 한 차례 더 강해지고 더 탄탄해질 수 있게 된 것에 감사하기로 했습니다. 안으로는 교수님과 직원 선생님들, 사랑하는 학생들과 동문 여러분께서 더 강한 자신감과 더 큰 담대함으로 이 시련과 혼돈을 함께 이겨내 주시기를, 그리고 밖으로는 지역사회 지도자분들께서 변함없이 저희들의 노력을 신뢰해 주시고 성원해 주시기를 간곡히 당부드립니다.

[10] 대구대학교를 지키기 위해 혼신의 힘을 다하겠습니다.

대학 구성원으로 하여금 그 많은 고통과 희생을 치르게 했던 '건강한 재단 정상화'

의 고지도 바로 코앞에 와 있습니다. 교육부도 우리가 가고 있는 길이 옳다고 성원하고 있습니다. 그뿐만이 아니라 지역사회도 변함없이 저와 대학 구성원을 성원해 주실 것이라 저는 믿고 있습니다. 나아가 우리는, 학교법인 영광학원의 경영은 장남인 이근용 이사에게 맡긴다고 한 이태영 전 총장님의 유지까지 받들고 있습니다. 종전재단의 복귀는 제가 어떤 희생을 치르더라도 막을 것이며, 그 일의 맨 앞줄에는 '학원정상화를 위한 범대책위원회'와 함께 늘 제가 서 있을 것입니다. 4년 전에도 그랬고 총장으로 일한 지난 3년 8개월여의 기간에도 그랬으며, 약식기소에 처해진 지금도 그렇고, 앞으로도 물론 그럴 것입니다.

오로지 대학 가족과 대구대학교를 지키기 위해 혼신의 힘을 다할 것입니다. '건강한 재단 정상화'와 우리 학생들, 그리고 대구대학교의 밝은 미래를 위해 나아가겠습니다. 그런 원칙과 대의 위에서 앞으로 닥칠 모든 도전에 의연하고도 당당하게 임할 것입니다. 대구대학교의 건학 정신과 교육 정의만 생각하며 나아갈 것입니다. 다시 한 번 그간의 성원에 감사드리며, 부득이하게 심려를 끼쳐 드린 점에 대해 죄송한 말씀을 올립니다. 감사합니다.

2013 . 7. 12.

대구대학교 총장 홍덕률 올림

지역사회의 격려

이 글을 받아 읽고 당시의 대학 상황과 나의 생각을 소상히 이해할 수 있게 됐다며 격려해 준 이들이 많았다. 다행이었다. 지역 언론들도 나의 소회를 적은 글 내용을 소개하며 지역사회의 반응도 함께 전했다. 『영남일보』의 이은경 기자는 이렇게 썼다.[62]

> 대구대 홍덕률 총장이 최근 지역사회의 각계각층에 보낸 편지가 잔잔한 감동을 불러일으키고 있다. '약식기소 후 저의 소회'라는 편지글에서 홍 총장은 "총장직은 고난의 십자가이며, 그 십자가는 운명이며 피할 수 없는 소명"이라면서 "법인(재단) 정상화가 총장직을 넘어 또다시 교수직까지 걸어야 할지도 모르는 험난한 과제지만 피할 수 없는 십자가"라며 "피해 가지 않겠다"고 강조했다. … 홍 총장의 편지에 대한 반응은 뜨겁다. '현실을 주변 동창에게 제대로 알리겠다'는 제자의 응원에서부터 '함께해야 할 십자가의 고통을 함께 나눌 수 있도록 동참하겠다'는 동료 교수, '지역사회로부터 존경받고 봉사하며 함께 발전하는 대학으로 거듭나기를 바란다' 등 각계의 성원이 잇따르고 있다. …

너무 답답해 써 내려간 글에 많은 지인들이 격려와 응원으로 화답해 준 것이다. 예상치 못한 반응에 나 자신도 놀랐다. 역시 감사한 일이 아닐 수 없었다.

하지만 불편한 현실은 여전했다. 재판을 받는 중에 나는 2013년 9월 12일의 총장선거에 나섰다. 구재단은 연일 교비 횡령범, 파렴치범이라

---

[62] 「"대구대 정상화 험난해도 피하지 않겠다"— 각계에 보낸 홍덕률 총장 '장문의 편지' 잔잔한 감동」, 『영남일보』 2013. 7. 18. (https://m.yeongnam.com/view.php?key=20130718.010070802310001)

고 나를 몰아세웠다. 참으로 고된 과정이었다. 다행히 나는 선거에 승리했다. 11월 1일에 재선 총장으로 취임해야 했지만 구재단 추천 이사 3인의 반대로 취임하지 못하고 있었다. 평교수로 돌아가 모처럼의 휴식을 만끽하고 있던 11월 14일, 1심 재판의 선고일이었다.

판사가 판결 요지를 읽어 내려갔다. 결론은 '벌금 2천만 원'이었다. 나는 실망했다. 판사는 변호사 수임료를 법인 회계가 아닌 교비 회계로 지출한 것은 실정법 위반이고, 4억 5천여만 원이 상당 액수라는 사실을 지적했다. 교육부 감사에서 대구대학교의 특수 사정을 고려해 '경고' 처분한 사안에 대해 법원은 벌금 '2천만 원'을 선고한 것이다. 가까운 교수들에게 심경을 피력했다.

이유가 무엇이든, 그동안 고통스러운 재단 정상화 과정에 함께한 교수, 학생, 직원들에게 미안한 마음이 크다. 이제 나에게 내려진 '벌금 2천만 원' 선고를 계기로 나와 함께 끝까지 이 길을 갈 것인지 아니면 나를 내려놓고 새 팀을 짜서 새롭게 시작할 것인지를 결정해야 할 것이다. 각 단체별로 그 결정이 내려질 때까지 나는 비켜 있으면서 개인적으로 휴식하는 시간을 갖겠다.

당분간 혼자만의 시간을 갖고자 했다. 학교 연구실과 집의 서재도 정리했다. 각종 서류와 책이 뒤엉켜 있어 꼬박 사흘이 걸렸다. 마음은 편치 않았다. 최선을 다했지만 재단과 대구대학교는 여전히 정상화되지 못한 채 파행을 거듭하고 있고, 나는 '벌금 2천만 원'을 선고받았다. 고통

가운데 보낸 지난 4년의 세월이 허무하게 느껴지기까지 했다.

교수회와 총학생회와 직원노동조합의 임원들은 나와 함께 끝까지 재단 정상화를 마무리하겠다고 답해 왔다. 수년 동안 '건강한 재단 정상화'를 위해 모진 고생을 함께 이겨 내면서 어느덧 동지가 된 것이다. '벌금 2천만 원' 판결은 개인 비리도 아니고 총장 임명에 법적 결격인 것도 아니니 꼭 총장으로 취임하도록 해서 교육 정의를 세워 내겠다고 내게 얘기했다.

나는 즉시 항소했다. 몸도 마음도 지쳐 있던 나는 법적 다툼을 그만하고 싶기도 했지만, 나를 믿고 함께하기로 의지를 모아 준 동료 교수와 학생, 직원이 고마워서 그럴 수도 없었다. 나는 자신을 추스르면서 기운을 냈다. 그들과 함께 '건강한 재단 정상화'를 마무리할 때까지 나 자신부터 흔들리지 말아야 한다고 다짐했다. 항소심 재판부에 편 나의 주장은 간단했다. 간추리면 다음과 같다.

1. 사학분쟁조정위원회는 분규 사학의 총장이든 교수, 학생, 직원 대표든 만나지 않는다는 내부 지침을 갖고 있었다. 교육부도 변호사를 수임해 대학 구성원의 입장과 주장을 개진하라고 권유했다.
2. 교수, 학생, 직원 등 대학 구성원 모두도 재단 정상화의 직접 당사자라고 나는 생각한다. 1994년 2월에 임시이사가 파견되기 전의 대학 상황을 돌이켜 보자. 교수들은 189일 동안 철야농성을 해야 했고 학생들은 200일 넘게 철야농성을 했다. 가두시위는 물론 수업 거부, 단식 등도 있었다. 1993년 한 해에 전체 교수를 대표했

던 교수협의회 의장과 총무간사였던 나, 그리고 직선총장 당선자 등 셋이 해직되었다. 당시 영광학원 재단의 비리와 전횡은 대학 구성원들에게 치명적인 피해를 주었던 것이다. 어느 사립대학들에서나 재단 문제는 늘 학생들의 학습권을 침해해 왔고 교수들의 교권도 심각하게 추락시켜 왔다. 재단 문제의 결과는 재단에만 미치지 않는 것이다.

3. 따라서 재단 정상화는 재단 이사들만의 관심사가 아니라 대학 구성원들의 절대적인 관심사일 수밖에 없다. 게다가 영광학원의 정상화에 대해서는 영광학원 산하 8개 학교(대구대학교, 대구사이버대학교, 6개 특수학교)의 총장(학교장), 교수(교사), 학생, 직원, 총동창회 모두가 같은 목소리를 내고 있었다.

4. 그런데 당시 재단에는 변호사를 수임할 수 있는 재정 여력이 없었고, 이사회는 대구대학교 교비로 변호사 수임료를 지출할 것을 의결했다. 과거에 대구대학교에서의 분규로 이사진이 해임되었고, 대구대학교 구성원들의 절대적인 관심사이며, 대구대학교 학생의 학습권과 교수의 교권에 가장 직접적으로 관계되는 일이기 때문이다.

5. 게다가 당시 재단 이사들은 교육부 장관이 임명한 임시이사들이었다. 그들 중에는 서울대학교 초대 로스쿨 원장도 있었고 부장판사를 역임한 중견 변호사도 있었다. 교육행정 전문가도 있었다. 개인 비리를 위해 교비를 빼돌릴 이사회가 아니라 분규 사학을 안정시키고 정상화하기 위해 교육부의 요청을 받고 파견된 이사들이다. 대구대학교 학생들의 학습권과 교수들의 교권을 보호해야 하는 최종 책임자인 총장으로서도 교육부 장관이 파견한, 대학정상화를 위해 혼신의 힘을 다하고 있던 이사회의 의결과 지시를 마다할 수 있는 상황이 아니었다.

6. 재단 정상화 과정의 변호사 수임료를 교비로 지출해서는 안 된다고 하는 것은 사립학교법 조항을 지나치게 좁게 그리고 형식적으로 해석한 것이라고 생각한다. 우리나라에서 흔히 발생해 온 사학 비리들, 즉 비리 재단이 사적 이익을 위해 교비를 빼 쓰는 것을 엄격히 막고 처벌하기 위해서 만든 사립학교법 조항을, 나와 대구대학교 사례에 기계적으로 적용하는 것은 타당하지 않다.

그러나 나의 무죄 주장은 받아들여지지 않았다. 2014년 7월 17일이었다. 벌금액만 2천만 원에서 1천만 원으로 조정되었을 뿐이었다. 하지만 항소심 판결문은, '대구대학교 총장으로서 학교법인 영광학원의 정상화를 위하여 법률 자문료를 지출한 것이고 개인적인 이익을 위하여 지출한 것은 아닌 점, 대학 구성원들의 성금 모금을 통해 교비 회계에서 지출된 금액이 모두 학교로 반환된 점, 이 사건이 문제 된 이후에 실시된 총장선거에서 다시 대구대학교 총장으로 당선된 점'을 참작한다고 적시함으로써 작게나마 위안을 주었다.

내가 총장직을 잃게 될 뿐만 아니라 구속될 것이라고 공언해 온 구재단 측 인사들은 허탈해했다. '벌금 1천만 원'은 당시 사립학교법상 총장 임명의 결격 사유가 아니었기 때문이다. 그들은 또한 나 자신이 정이사가 되기 위해 교비를 썼다고 주장하면서 개인 비리라고 공격해 왔는데 법원은 그런 주장도 받아들이지 않았기 때문이다. 구재단이 내게 씌우고자 했던 억지 누명을 벗을 수 있었던 것은 그나마 다행이었다.

그렇더라도 아쉬움이 남고 억울하다는 생각을 떨칠 수 없었다. 임시이사 체제하의 대구대학교 특수 사정을 고려하지 않고 법조항을 지나치게 기계적으로 적용한 것은 잘못이라는 생각도 들었다. 같은 상황에 다시 맞닥뜨린다 해도 달리 행동할 수 없을 것이라는 생각도 여전했다. 교육현장에 정의를 지켜 주지 못하는 법이라면 무슨 소용과 의미가 있겠는가 하는 생각도 들었다. 나는 다시 대법원에 상고했다.

그러나 대법원은 이유 없다고 기각 판결을 내렸다. 2015년 2월 26일이었다. 섭섭했지만 이로써 법적 판단은 모두 끝나게 됐다. 1심부터 대법원 상고심까지의 재판 전 과정에서 장익현 변호사에게 크게 의지했다. 이근용 교수의 법률 대리인으로 재단 정상화 과정의 처음부터 참여해 대학 사정을 잘 아는 변호사였다. 대구지방변호사회 회장을 역임한 그는 특유의 성실과 진정성으로 최선을 다해 주었다.

'벌금 1천만 원'의 의미와 뜻하지 않은 보람

이제 '사립학교법 위반 및 업무상 횡령, 벌금 1천만 원'을 나의 일부로 안고 살아야 했다. 지워지지 않는 '주홍글씨'로 받아들여야 했다. 결벽증이라고 할 정도로 나 자신에게 엄격한 성격이기에 쉽지 않았다. 참으로 고통스러웠다. 그렇지만 어쩌겠는가? 상처와 희생 없는 도전이 과연 있겠는가, 희생을 각오한 도전 없이 쟁취한 진보가 인류 역사에서 과연 있었는가 하고 자신을 위로했다. 희생과 제물이 필요하다면 총장인 내가 감당하는 것이 떳떳하다고 생각하기로 했다. 내 인생의 '오점'일 수도 있지만, 대학 민주주의와 교육 정의를 위해 매진하다 갖게 된 '훈장'이라고 생각하기로 했다. 1993년 교수협의회 총무직을 맡았다가 해직된 것이 나의 '운명'이었듯이, 2009년 총장에 취임한 뒤 '건강한 재단 정상화'를 위해 씨름해야 했던 것도 '운명'이었고 그 과정에서 갖게 된 벌금형의 상처 역시 나의 '운명'이라 받아들이기로 했다.

그로부터 6년쯤 지난 2021년 8월, 나의 희생이 헛된 것만은 아니었음을 확인해 준 사건이 하나 있었다. 사립학교법이 일부 개정됐는데 '25조 (임시이사의 선임) 6항'에서 다음 조문을 새로 추가한 것이다.

⑥ 국가나 지방자치단체는 임시이사가 선임된 학교법인 중 재정이 열악한 학교법인의 최소한의 이사회 운영 경비, 사무직원 인건비 및 학교법인의 정상화를 위하여 소요되는 대통령령으로 정하는 소송비용을 지원할 수 있다.

재정이 열악한 임시이사 재단을 정상화하는 과정에서 불가피하게 지출되는 소송비용을 국가나 지방자치단체가 지원할 수 있도록 한 것이다. 마침 그때는 한국사학진흥재단 이사장으로 부임한 뒤 두 달쯤 지난 때였다. 나는 위 개정법률안에 근거해 한국사학진흥재단이 관련 실무를 집행하도록 했다. 2022년부터 '재정이 열악한 임시이사 재단에 법인운영비, 사무직원 인건비, 소송비 등을 지원하는 업무'를 신설해 직원을 배치하고 예산을 배정해 지원하도록 한 것이다. 더 이상 나 같은 희생자가 생기지 않기를 바라며 관련된 첫 공문을 결재할 때는 울컥했다.

1993년 8월의 재임용 탈락 사건이 전국 이슈로 부상하고 교수재임용 제도 개혁으로 결실을 맺은 데 이어, 2012년의 나의 불행은 2021년의 사립학교법 개정으로, 그리고 2022년의 한국사학진흥재단 업무 개시로 또다시 열매 맺게 된 것이다. 그동안 치른 고통이 헛되지 않았다고 생각하고 위안 삼으며 감사하게 생각하고 있다. 그렇게 누군가 눈물로 뿌린 씨앗이 움트고 자라 역사는 한 발 한 발 나아가는 것이 아니겠는가?

2013년, 사방에서 날아오는 화살을 맞으며

4년의 총장 임기(2009. 11. 1.~2013. 10. 31.) 내내 피 말리는 날의 연속이었지만, 마지막 해인 2013년은 참으로 힘든 한 해였다. 앞서 회고했지만 1, 2월의 검찰 조사와 이후의 재판 과정이 특히 고통스러웠다. 일상적인 학교 일로도 눈코 뜰 새 없이 바빴지만 재판에 신경 써야 하는 일은 상당한 스트레스였다. 하지만 그것이 전부가 아니었다. 구재단 측 인사들은 나를 제거하기 위해 수단과 방법을 가리지 않았다. 학교 포털 게시판은 입에 담기조차 부끄러운 험담과 인격 모독과 비난으로 도배됐다. 대개 4~5명의 교수들이 등장했다. 구재단과 가까운 교수도 있었지만, 갑자기 입장을 바꾼 교수들도 있었다. 학과의 교수 채용 때 자신이 지지하는 후보를 채용해 주지 않았다는 이유로 등 돌린 교수도 있었다. 주요 부속기관의 장으로 임명받고 직원과 마찰을 빚은 뒤 내가 자신의 편을 들어주지 않는다는 이유로 차마 입에 담을 수 없는 험담을 쏟아부은 교수도 있었다. 도저히 알 수 없는 이유로 나에 대한 비난 대열에 합류한 교수도 있었다. 어떤 이유도 찾을 수 없었기에 후배가 총장을 하는 것에 대한 시기와 질투 아닐까 하고 생각한 적도 있었다.

나는 공익으로 위장한 그들의 사익 추구와 구재단 옹호로의 입장 변화에 종종 절망하곤 했다. 지식인, 교육자, 학자, 아니 인간의 본질에 관해 깊이 사유하게 된 계기이기도 했다.

학교 포털에서만이 아니었다. 학교 밖에서도 늘 시달려야 했다. 구재단이 동원한 정체불명의 청년 몇은 아파트 앞에서까지 피켓 시위를 했다. 대구검찰청 입구에서 또는 청와대 앞과 세종시 교육부 청사 입구에서도 시위를 벌였다. 『조선일보』와 지역의 『매일신문』 등 일간지에 대형 비방 광고를 싣기도 했다. 가장 많이 들은 비난은 '좌파', '친북 좌파', '횡령범'이었다. '자해공갈단 수괴'라는 기상천외한 비난도 등장했다. '총장직 해임하라', '구속하라'는 귀가 따갑도록 들은 피켓 구호였다.

그들의 목표는 하나였다. 내가 더 이상 총장직에 머물러 있지 못하도록 괴롭히는 것이었다. 도저히 못 견디고 총장직에서, 대구대학교에서, 대구에서 떠나도록 하는 것이 그들의 노림수였다. 신변의 위협을 느낀 적도 여러 번이었다.

교수가 된 뒤 가르치고 연구하는 일 말고는 해 본 것이 없던 나였다. 사회학을 전공한 나였지만 사회가 이토록 험악한지, 사람들이 이렇게까지 잔인할 수 있는지 미처 알지 못했다. 역사책에서나 접했던 야만과 비극의 장면들을 내 주위에서 직접 경험할 것이라는 생각은 꿈에서도 하지 못했다. 가난하게 자라고 대학생 때는 폭압적인 군사정권에 맞서 싸우며 고생했다고 생각했지만 나는 역시 온실 속 화초였다는 사실, 나의 고민은 역시 관념적이었다는 사실도 뼈저리게 느꼈다.

광야 한복판에 선 채 사방에서 날아오는 화살을 맞고 버텨야 하는 시간이 길어지면서 지쳐만 갔다. 앞뒤가 꽉 막힌 터널에서 빛을 찾아 헤매야 하는 암담한 날들이 이어지면서 절망도 깊어만 갔다. 교수들과 직원들이 나를 걱정했다. 그 많은 비방 글과 협박을 견디며 과연 평상심을 유지할 수 있을지, 건강을 유지할 수 있을지 걱정해 주었다. 신변의 위협을 느낄 때면 가까이에서 나를 지켜 주기도 했다.

더 이상 참지 말고 그들을 명예훼손으로 고발하라는 조언도 수없이 들었다. 하지만 참았다. 대학 안의 일인 만큼 대학인답게, 교육자답게 문제를 풀고 싶었다. 함께 맞고발하고 그들과 같은 방식으로 대응한다면 대학은 더 피폐해질 것이라고 걱정했다. 참고 참고 또 참았다.

그러는 사이 나는 몸도 마음도 만신창이가 됐다. 태어나서 55년 동안 병원에 누워 있던 날을 모두 합친 것보다 더 많은 날을 2013년 한 해 동안 병원에 누워 있어야 했다.

어느 상황에서나 나의 마지막 버팀목은 늘 아내였다. 1993년 8월, 구 재단에 의해 재임용 거부되어 해직됐을 때도 나보다 더 강한 의지로 나를 지켜 준 아내였다. 2013년에도 그랬다. 마치 개인 비리로 검찰 조사를 받은 것처럼 지역 TV 뉴스에 보도되어 주위로부터 걱정을 들을 때도,

나를 매도하고 비난하는 대형 광고가 신문광고면에 연이어 실릴 때도, 심지어 대구검찰청 앞과 아파트단지 입구에서 '홍 총장을 구속하라'고 쓰인 피켓 시위가 벌어질 때도 아내는 흔들리지 않고 나를 지켜 주었다. 끝도 없이 가라앉을 때, 병상에 누워 신음할 때도 아내는 곁에서 나를 위해 기도해 주었다. 아내의 신앙과 위로는 나를 지탱해 준 마지막 버팀목이었다. 나도 더 이상 견디기 힘들 때면 신에게 의지했다. 내게 닥친 시련과 내게 지워진 십자가를 신의 사랑으로 해석하면서 비로소 평온을 찾기 시작했다.

   2013년은 고난도 컸지만 실은 기쁨 또한 그 이상으로 컸다. 깊은 수렁에 빠진 해였으면서 또한 그 수렁에서 우뚝 일어선 해이기도 했다. 총장선거에 출마해 연임에 성공한 것이다. 이 이야기는 장을 바꿔 이어가 본다.

4.
벼랑 끝에서 일어서다

영광학원, 다시 분규의 늪으로

나의 총장 임기는 2013년 10월 31일까지였다. 2009년 9월, 출마했을 때는 물론이고 임기 중에도 한 차례의 4년 임기만 최선을 다하고 평교수로 돌아가겠다고 생각했다. 총장은 내게 어울리지 않는 옷이라 생각했기 때문이다. 자유로운 지식인, 존경받는 교육자로 살고 싶었기 때문이다. 연임은 조금도 생각하지 않고 과제에만 몰두했다.

하지만 임기 말이 다가오면서 고민이 깊어졌다. 구재단의 고발이 이어지고 재판까지 받게 되면서 재선 도전으로 돌파해야 한다는 주변의 요구도 커졌다. 뜻밖의 사건으로 재단 정상화가 다시 원점으로 돌아갔기 때문이기도 하다. 황수관 이사가 갑작스레 사망하고 이사회가 사실상 기능 마비에 빠진 것이다.

2012년 12월이었다. 구재단 추천 이사 3인은 그해 2월부터 이사회에 출석하지 않고 있었다. 이사회는 안정됐지만 그것은 매우 '불안한 안정'이었다. 4인의 이사로만 이사회가 운영되고 있었기 때문이다.

12월 6일, 부산 해운대 그랜드호텔에서 열린 '전국 특수학교 교장 연수회'에 초청받아 특강을 마치고 부지런히 대구로 향했다. 황수관 이사의 요청으로 저녁 식사가 예정되어 있어서였다. 황 이사와 둘이 마주 앉은 것은 그때가 처음이었다.

그는 12월 하순에 이사회가 예정되어 있는데 1년 가까이 참석하지 않고 있는 구재단 추천 이사 3인이 이번에도 불참하면 자신도 참석하지 않겠다고 했다. 낭패였다. 구재단 추천 이사 3인이 이사회에 참석하도록 하는 것은 총장의 권한과 책임을 벗어난 것이기 때문이다. 더 중요한 것은 구재단 추천 이사 3인이 이사회에 참석할 리 만무했기 때문이다. 기어코 황 이사마저 참석하지 않으면 이사회는 개최조차 할 수 없게 되고, 그러면 대학 운영에 필요한 어떤 안건도 처리할 수 없게 된다. 나는 설득도 하고 사정도 했다. 구재단 추천 이사 3인이 회의에 참석할 수 있도록 이사장과 재단 사무국에서 최선을 다하고 있으니 꼭 이사회에 참석해 대학의 긴급한 안건들을 심의해 주어야 한다고 당부했다.

일주일쯤 지났다. 재단 사무국으로부터 연락을 받았다. 황수관 이사가 연락이 안 된다고 했다. 가족이 전화를 받긴 하는데 황 이사가 외국

출장 중이라 한다고 했다. 그런데 계속 연결되지 않으니 걱정이라고 덧붙였다. 며칠 뒤면 12월 19일 대통령 선거일이니 그 전후로 연결되리라고 생각했다. 그는 내게 박근혜 후보 특보로 뛰고 있다고 얘기했기 때문이다. 그런데 선거 후에도 연결되지 않았다. 뭔가 일이 잘못 돌아가고 있는 것이 분명했다.

재단 사무국은 황 이사와 연락이 안 된 채로 12월 28일 이사회를 소집해 놓았다. 연내에 처리해야 하는 안건들이 있었기 때문이다. 혹시 외국에 체류하고 있을지 모른다고 생각하면서 화상회의 시스템도 준비했다. 그러나 이사회 소집일 사흘 전까지도 연락이 되지 않았고 결국 이사회는 무산됐다. 재단과 학교에는 비상이 걸렸다.

갑작스러운 비보, 황수관 이사 작고하다

이틀 뒤인 12월 30일, 일요일이었다. 오전 10시경, 여느 때와 마찬가지로 교회에 가기 위해 집을 나설 때였다. 지역 신문의 서울취재본부장으로 일하는 장원규 기자로부터 전화를 받았다. 나와 황 이사 사이에서 가교 역할을 해 준 기자였다. 황 이사가 연락이 안 될 때 백방으로 그를 찾아 나선 기자이기도 했다. 그는 황 이사가 위독하다고 했다. 순간 충격이었다. 건강 전도사로 알려져 있고 볼 때마다 늘 건강했던 황 이사였다. 3주쯤 전에 만나서 식사할 때도 물론 건강해 보였다. 그런데 이것이 무슨 날벼락인가.

예배 시간 내내 혼란스러웠다. 황 이사의 욕심 때문에 고생하긴 했지만, 막상 위중하다는 얘기를 들으니 심란했다. 그가 병마와 싸워 이기기를, 무탈하기를 간절하게 기도했다. 그러나 결과는 아니었다. 예배가 끝나자마자 황 이사가 세상을 떠났다는 소식을 들었다. 정신없이 몇 군데 연락하고 신촌 세브란스병원으로 향했다. 2011년 7월에 정이사로 내정되고 11월에 정식 임명을 받은 뒤 그 시간까지 그와 만난 1년 반이 주마등처럼 스쳐 갔다. 그의 부재로 인해 영광학원과 대구대학교가 또다시 극심한 혼돈에 빠지게 될 것으로 예감되면서 마음이 무거워졌다.

지금도 그를 떠올리면 만감이 교차한다. 그가 대학 구성원의 바람과 대학의 안정, 그리고 학생의 학습권을 지키는 방향으로 주요 사안들을 심의해 주기를 바라는 마음에서 직접 간접으로 수차례 만나 협의했지만 쉽지 않았다. 그와 가까운 지인들을 찾아가 사정을 설명했고 여러 사람이 나서 도와주었지만 성과가 없었다.

나중에야 알게 됐지만 교육부에 황 이사를 대구대학교 정이사로 추천한 이는 권력 실세인 이상득 국회의원이었다. 그것이 교육부의 현실이고 중요한 정책 결정 시스템의 수준이었다. 이 나라의 권력과 교육부는 어느 시대를 살고 있는지 분노가 치올랐다. 그뿐만이 아니었다. 황 이사 자신의 정치적 야망도 놀라웠다. 그는 대통령선거에 직접 출마하겠다며 내게 도와달라고도 했다. 자신의 정치적 입신을 위해 이런저런 요구를 해 와서 곤혹스러웠던 적도 한두 번이 아니었다. 그는 영광학원 이사장 자리에도 욕심을 냈다. 참으로 어렵고 복잡한 성격의 소유자로 지금도 내 기억에 남아 있다.

황수관 이사의 갑작스러운 사망 사건은 여전히 분규 중이던 영광학원과 대구대학교에 큰 충격으로 다가왔다. 당장 이사회가 위기에 빠졌다. 대학 구성원이 추천한 정이사 2인과 교육부 추천 이사 2인 등 4인 이사가 재단과 대학의 운영에 필요한 안건을 처리해 왔는데 황 이사가 작고하면서 구재단 추천 이사 3인의 협조 없이는 아무런 안건 처리도, 심지어 이사회 개최조차도 어려워졌기 때문이다.

재단 사무국과 대학은 곧바로 황 이사의 후임 이사 선임과 관련한 법률 검토에 들어갔다. 사립학교법이 정한 대로 개방이사를 선임해야 한다는 결론에 도달했다. 교육부의 해석도 같았다. 교육부는 황 이사의 후임을 개방이사로 선임해 이사회 운영에 차질이 없도록 하라는 취지의 공문을 재단에 보내왔다. 재단은 개방이사 후보 추천권을 가진 대학평의원회에 2배수 후보를 추천하라고 통보했고, 허영은 일어일문학과 교수가 의장으로 있던 대학평의원회는 개방이사추천위원회를 구성해 2배수의 개방이사 후보 명단을 이사회에 제출했다. 2013년 1월 말이었다.

2012년 2월부터 1년 가까이 이사회에 출석하지 않던 구재단 추천 이사 3인도 곧바로 이사회 개최를 요구하고 나섰다. 2013년 1월 31일, 이사회가 소집됐다. 거의 1년 만에 양측의 이사가 함께 참석한 이사회가 열린 것이다. 긴장감이 감돌았다. 하지만 초미의 관심사였던 개방이사 선임 안건은 처리되지 못했다. 구재단 추천 이사들이 반대했기 때문이다.

그들의 주장은 두 가지였다. 첫째는 사립학교법의 개방이사[63] 조항이 위헌 소지가 있다는 것이었고, 둘째는 이사회가 추천해야 하는 재단 몫의 개방이사 추천위원을 이사장이 결정했다는 것이었다. 하지만 본질은 당시 대학 구성원의 여론 구조로 볼 때 구재단에 우호적인 인물이 개방이사로 선임될 가능성이 없다는 사실이었다.

그 후에도 개방이사는 선임되지 못했다. 2월 23일에 서울에서 열린 이사회에서도 개방이사 선임 안건은 처리되지 못했다. 이사회는 계속 3대 3의 대립 구도로 이어졌고 그것은 어떤 안건도 제대로 처리할 수 없다는 것을 의미했다. 신임 교수 임명 안건과 2013학년도 대학 예산안도 기형적으로 통과되었다.

총장 재선에 성공하다, 그러나 취임하지 못하다

그렇게 이사회 파행은 계속됐다. 나의 총장 임기가 10월 말까지이니 그 전에 차기 총장이 임명되어야 하는데, 이사회는 1학기가 끝날 때까지 총장 선출 방식에 대해서도 아무런 의사결정을 못 하고 있었다. 이사들 사이에 직선제는 부작용이 크니 간선제로 바꾸자, 이미 시간이 촉박하

---

[63] 개방이사 제도는 2007년 사립학교법 개정 때 마련된 조항으로, 이사 정수의 1/4을 개방이사로 선임해야 한다는 규정이었다. 사학재단의 전횡을 막고 투명한 의사결정을 보장하기 위해 도입된 제도적 장치였다.

고 제도를 바꾸는 것은 사실상 불가능하니 당시의 학칙 규정에 따라 직선제로 총장후보를 선출하자는 등, 논란만 무성했다. 구재단 추천 이사 3인과 구재단을 지지하는 '대구대학교 정상화를 위한 교직원공동대책위원회'(공대위) 소속의 교수들은 직선제 폐지를 주장했다. 박근혜 정부의 방침도 그들에게 힘을 실어 주었다. 여러 이유를 댔지만 구재단 측 3인 이사와 교수들은 내가 출마해 당선될 가능성을 우려했다.

이사회가 차기 총장 선임 방법을 결정하지 못하고 있으니 기존의 관례와 학칙대로 총장선거 외에 다른 대안이 없다는 현실론이 힘을 얻고 있었다. 교수회도 총장선거관리위원회를 구성하는 등 선거 준비를 위한 실무 작업에 착수했다.

8월 19일, 이사회가 열렸다. 임기를 두 달 열흘 정도 남겨 둔 시점이었다. 이사회의 요구로 나도 직접 출석했다. 구재단 추천 이사 3인이 나에게 총장선거를 강행할 것인지 물었다. 나는 "총장선거는 총장이나 대학 본부의 소관이 아니다. 교수회가 결정할 것이고, 선거를 치를 경우 준비·관리 역시 교수회의 몫이다"라고 답했다. 총장선거에 출마할 것인지도 집중적으로 물어 왔다. 사실상 총장선거에 출마하지 말라는 압박으로 읽혔다. 나는 "총장선거가 치러질 경우 출마 여부를 고민하고 있다"고 말했다. 그리고 이사들이 대학 발전을 위해 머리를 맞대 줄 것을 간청했다.

이사회가 끝나고 나와 대학 구성원은 큰 충격에 빠졌다. 구재단 추천 이사 3인의 주도로 교권을 위협하는 결정이 내려졌기 때문이다. 예컨대 총장선거관리위원으로 참여한 교수 중 재임용 대상인 3인의 교수에게 경위서를 요구해 재임용을 보류했다. 몇몇 교수는 결국 선거관리위원을 사퇴했다. 또 있다. 양진오 교수의 교수 승진을 보류시켰다. 나의 총장 임기 4년 중 전반기 2년 동안 홍보비서실장을 맡아 재단 정상화에 헌신했던 교수였다. 구재단 지지로 입장을 바꾼 강○○ 교수로부터 명예훼손을 당해 법적 다툼을 벌이던 교수이기도 했다. 교수들은 양 교수에 대한 승진 거부 결정을 구재단의 교권 탄압으로 해석했다.

1993년, 나를 포함해 3명의 교수 해직 사건으로 대학이 분규에 빠진 뒤 꼭 20여 년 만에 또다시 교수 신분이 노골적으로 위협당하는 사건이 벌어진 것이다. 교수 여론도 들끓기 시작했다. 구재단은 대학 경영에 참여해선 안 된다는 교수 사회의 공감대는 더 탄탄해졌다. 교수회도 긴급 성명서를 발표했다.

종전이사들의 교권 침해를 규탄하며

… 제556회 영광학원 이사회 안건은 개방이사 선임, 대구사이버대학교 총장 임명, 특수학교 교장 임명 건으로 시작하였으나 이 안건 모두 종전이사 추천 이사들의 반대로 통과되지 못했습니다. … 도대체 종전이사 추천 이사들은 왜 이렇게 대학 발전에 역행하는 조치를 반복하는지 그 이유를 헤아리기 어렵습니다.

신규 교원 임용의 건에서는 추천된 신규 임용 후보자 13명 중 6명을 탈락시켰고 산학중점교원도 추천된 4명 중 3명을 탈락시켰습니다. 주지하듯이 우리 대학은 교원 충원율이 낮은 대학으로서 교육부의 권고 기준을 미달하고 있어 이번 충원이 반드시 필요했습니다. … 지난 학기에 이어 2회 연속 신규 임용 후보자 무더기 탈락 사태가 일어난 것입니다. … 학과 운영의 파행은 물론이고 우리 대학의 대외 신인도 하락이 불을 보듯 뻔합니다. …

마지막으로 교권에 중대한 침해를 준 결정이 재임용 및 승진에 대한 결정입니다. 중앙선거관리위원회 위원으로 참석한 교수들 중 재임용 대상 3명의 교수에게 경위서를 요구해 재임용을 보류했으며, 한 명의 교수에게는 품위 유지를 강변하며 승진을 보류시켰습니다. 교수회는 신규 임용 후보자 무더기 탈락 사태와 함께 특히 재직 중인 교원에 대한 경위서 요구와 승진 보류 조치를 구재단의 교권 침해로 규정합니다. 결단코 재임용과 승진은 법에 의한 절차 외의 다른 자의적 판단에 의해 보류될 수 있는 것이 아닙니다. 종전이사 추천 이사 주도로 이뤄진 경위서 요구 및 재임용과 승진 보류 조치를 교수회는 우리 대학 교수 누구에게도 해당될 수 있는 문제로 간주해 비상한 의지로 대응코자 합니다. …

2012. 8. 21.

대구대학교 제3대 교수회

그날 이사회의 비상식적 결정으로 나의 출마를 종용하는 여론이 더 거세졌다. 하지만 피하고 싶은 마음이 굴뚝같았다. 재판이 진행 중인 데다 선거 결과에 대한 부담도 컸다. 패하면 결국 구재단이 복귀하게 되고 대학은 황폐해질 것이라는 걱정이 무엇보다 나를 짓눌렀다. 그 부담감에 밤잠을 이루지 못할 정도였다. 설령 당선된다 해도 또다시 그런 격무와 진흙탕 싸움을 견뎌 낼 수 있을까 하는 걱정도 컸다.

총장 재선에 도전하다

힘겹게 다시 마음을 추슬렀다. 총장 재선에 도전하는 것으로 결심을 굳혔다. 동료 교수와 직원의 성화를 외면할 수 없었던 것이 가장 큰 이유였지만 교권과 학습권이 노골적으로 위협받는 것을 보는 것도 견디기 힘들었다. 여전히 안갯속이던 '건강한 재단 정상화'를 이대로 놔두고 손을 떼는 것 역시 무책임한 자세라는 생각도 들었다. 뻔한 가시밭길이지만 피하지 않겠다고 결심했다. 재촉하던 주위 교수들에게 나의 각오와 결심을 알렸다.

이로써 선거전은 오래전부터 선거를 준비해 온 문헌정보학과 김상호 교수, 가깝게 지낸 물리학과 권오진 교수와의 3파전으로 틀이 잡혔다. 재단 분규가 험악하게 진행되고 있었고 구재단 추천 이사들에 의해 신분을 위협당하는 상황이어서 출마자가 상대적으로 적었다.

풍전등화의 위기에 처한 대학을 구해야 한다는 절박감으로 힘든 몸을 끌고 최선을 다해 뛰었다. 나와 함께 재단 정상화에 열정을 쏟아 온 교수들도 재단과 대학을 지켜야 한다는 절실함으로 선거전에 임했다.

선거일은 2013년 9월 12일로 잡혔다. 결과는 예측할 수 없었다. 재단 정상화 과정에서의 피 말리는 분규가 4년 내내 지루하게 이어지면서 교수와 직원의 피로도가 상당히 높은 것이 걱정이었다. 나를 타깃으로 한 구재단의 흑색선전도 상상을 초월하는 수준이었다. 『조선일보』, 『동아일보』를 비롯해 지역의 여러 일간지에 나를 횡령범, 빨갱이로 난도질하는 대형 광고가 연이어 실렸다. 교내 포털에도 몇몇 교수가 나를 비방하는 험악한 글을 계속 쏟아 내고 있었다. 구재단과 구재단 지지 교수들의 고소·고발로도 정신을 차리기 힘들었다. 선거운동 기간에도 재판 절차는 진행됐는데 그들은 내가 실형을 선고받게 될 것이라고 장담했다. 설령 내가 총장에 당선되더라도 취임할 수 없을 것이라고 했다. 선거 자체를 반대하는 운동도 했다. 선거 당일, 투표소인 강당 입구에서 대형 현수막을 펼쳐 들고 교수와 직원을 대상으로 선거 불참을 독려하기도 했다. 소장 교수들이 전전긍긍하기도 했다.

구재단 측은 심지어 '대구대학교 총장초빙위원회'라는 임의단체 명의로 『동아일보』 등에 총장 초빙 광고를 내기도 했다. 교수회와 선거관리위원회는 행정적인 선거관리 업무 외에도 총장직선제의 수호와 투표율 제고를 위해서도 힘을 쏟아야 했다.

나와 함께 구재단에 맞섰던 권오진 후보는 자신이 지역 출신인 점을 강점으로 내세웠다. 보수 정권 아래서 재단 정상화와 대학 발전을 꾀해야 하는 데 자신이 유리할 것이라고 했다. 4년 전부터 꾸준히 득표 운동을 해 온 김상호 교수는 재단 문제와 대학 민주화에는 미온적이거나 양비론이었다. 선거 때는 구재단을 지지하는 교수와 직원의 지지를 주로 받았다.

제11대 총장선거 결과 (2013.9.12.)

	유권자 수	투표자 수	득표수 및 득표율			
			홍덕률(당선)	권오진	김상호	무효
교수	482	376	210	49	111	6
직원 (환산)	228 (146)	199 (73)	122 (45)	22 (9)	51 (19)	4 (0)
합계 (환산)	710 (628)	575 (449)	332 (255) 56.8%	71 (58) 12.9%	162 (130) 29.0%	10 (6) 1.3%

* 총장선거는 교수회가 주관. 교수와 직원의 참여로 실시.
* 직원 표(199명)를 교수 유권자 수(482명)의 15%(73명)로 환산하여 계산.
* 투표율은 575/710 = 81%.

구재단 추천 이사들과 구재단 지지 교수들의 선거 방해가 심했지만 교수회와 총장선거관리위원회의 빈틈없는 대응으로 흠결 없이 진행됐다. 교수회의 의장과 부의장은 박상규 교수와 권욱동 교수가, 총장선거관리위원장은 생물학과 유병제 교수가 맡아 수고했다. 결과는 여유 있는 당선이었다. 간절히 원했지만 나 자신도 놀란 뜻밖의 결과였다. 1차 투표에서 56.8%를 득표해 결선투표 없이 당선을 확정지은 것이다. 1차 투표로 끝낸 것은 대구대학교 총장선거 역사상 처음이었다.

압승하다, 그러나 취임하지 못하다

지역 신문들도 나의 '압승'이라고 썼다. 2013년 9월 13일자 『매일신문』

기사의 일부를 소개한다.[64]

> 홍덕률(56) 대구대 총장이 대구대 차기 총장 후보를 뽑는 선거에서 압승했다. 대구대는 12일 치러진 제11대 총장 후보 선거에서 홍 총장이 차기 총장 후보로 당선됐다고 밝혔다. … 대구대에 따르면 1993년부터 시작된 대구대 총장 후보 선거에서 1차 투표에 과반수 당선자가 나온 것은 이번이 처음이다. 2차 투표까지 가는 접전 끝에 근소한 차로 당선자가 나왔던 예년의 선거와 달리 홍 총장은 이번 선거에서 2위 후보와 125표라는 큰 표차로 당선됐다. 그 배경에는 재단(영광학원) 정상화 이후에도 계속되고 있는 대구대 학내 분열이 종식되기를 바라는 대구대 구성원들의 염원이 홍 총장에 대한 지지로 이어진 것으로 풀이된다. 또 최근 대구대가 취업률이나 각종 국고 유치 사업에서 우수한 성과를 이어 가며 상승 분위기인 점도 홍 총장에 대한 지지를 키운 것으로 보인다. … 홍 총장은 "2기 임기가 시작되면 재단 정상화를 완결하고 대학 위기를 극복하는 데 최선의 노력을 다하겠다"고 강조했다. …

선거제도와 관련하여 아쉽게 생각하는 것이 하나 있었다. 교수회가 주관하는 총장선거에서 투표권은 교수와 직원에게만 주어지고 학생들에게는 원천 배제됐다는 사실이다. 1993년 5월의 첫 총장선거 때부터 그래 왔다.[65] 특히 '학생 중심 대학 경영 패러다임으로의 전환'을 중요하

---

[64] 「대구대 총장 후보 선거 홍덕률 압승 — 1차 투표서 56.8% 득표」, 『매일신문』 2013. 9. 13. (https://www.imaeil.com/page/view/2013091310360172550)

[65] 총장선거 때마다 학생들의 투표권 요구가 있었지만 교수와 직원의 반대에 부딪혀 번번이 좌절된 것이다. 1993년 총장직선제 쟁취 과정에서 학생들의 헌신과 희생이 교수나 직원의 희생보다 컸던 사실

게 생각한 나로서는 더더욱 동의하기 힘든 결함이었다.

이번에도 같은 상황이었다. 구재단과의 싸움을 이겨 내야 하는 긴박한 상황이어서 학생들이 또 양보한 것이다. 학생자치기구인 총대의원회는 자체적으로 '후보 초청 소견 발표회'를 갖고 학생 간부 투표를 실시하기로 했다. 물론 구속력이 없는 비공식 투표였다. 후보 소견 발표장인 학생회관 강당에 학생 간부를 중심으로 관심 있는 학생들이 모여들었다. 소견 발표를 마치고 자유로운 질의·응답 시간을 가졌다. 소신껏 발표했고 학생들의 질문에도 성의껏 답변했다. 모든 절차를 마친 후 투표가 진행됐고 결과는 나를 깜짝 놀라게 했다. 아니 민망했다고 하는 것이 정확할 것이다. 사실상 만장일치 지지를 받았기 때문이다.

학생 간부 유권자 25명 중 20명이 투표에 참여했는데, 무효표 2명을 제외한 18명 모두가 나를 선택해 준 것이었다. 지난 4년간 학생들과 진솔하게 소통하며 '학생이 행복한 대학'을 만들기 위해 땀 흘린 결과였다고 학생 간부들과 교수들은 평가했다. 다시 취임하게 되면 오로지 학생을 위해, 학생의 미래 행복을 위해 몸 아끼지 않고 뛰겠다고 다짐했다.

감사한 일이었다. 험한 매도와 비방과 고소·고발에 상처투성이로 버티고 섰던 나를 신뢰하고 지지해 준 교수와 직원, 학생이 고마웠다. 비록 숱한 피고발 사건 가운데 한 건의 1심 재판에서 벌금형을 선고받긴 했지만, 정치적·도의적으로는 대학 구성원으로부터 더 튼튼한 지지를 획득

을 생각하면 합리적이지 않다고 나는 생각한다.

한 것으로 확인됐기 때문이다.

그러나 마냥 기뻐할 수만도 없는 일이었다. 상황은 여전히 엄혹했기 때문이다. 구재단과 타협하지 않는 한 총장직은 고통일 수밖에 없음을 잘 알고 있었기 때문이다. 가장 먼저 맞닥뜨린 과제는 이사회의 인준을 받는 것이었다. 그러나 구재단 추천 이사 3인은 나의 총장 인준 안건이 상정된 10월 11일과 29일 이사회에 아예 불참했다. 10월 31일에 임기를 마친 나는 결국 이사회로부터 총장 인준을 받지 못하고 사회학과 교수로 복귀해야 했다.

새 임기가 시작되어야 하는 11월 1일에도 이사회가 소집됐지만 무산됐다. 구재단 추천 이사 3인은 이사회에 불참하고 같은 날 서울에서 따로 모여 강○○ 교수를 총장 직무대행으로 임명했다고 발표했다. 총장 궐위 시에 총장 직무대행은 부총장이 맡도록 재단 정관에 규정되어 있지만 그들은 막무가내였다. 물론 3인 이사의 모임은 이사회의 최소 요건도 갖추지 못한, 아무런 결정도 할 수 없는 비공식 간담회일 뿐이다.

이사진 해임되고 임시이사 재파견되다

11월 1일부터 나는 총장 당선자, 혹은 법외 총장으로 비켜서 있게 되었다. 구재단 추천 이사 3인은 11월 14일과 27일의 이사회에도 계속 불참했다. 총장 인준 안건을 다뤄야 할 이사회가 다섯 번째 무산된 것이다. 총장 부재 상황이 언제까지 이어질지 알 수 없다는 사실이 더 걱정이었다. 대학 구성원의 불안은 커져만 갔고 대학은 또다시 표류하기 시작했다. 교무위원회와 학장협의회, 교수회와 직원노동조합, 총학생회 등 대학의 중요한 주체들은 홍 총장 당선자를 즉각 임명할 것을 이사회에 촉구하고 나섰다.

그러나 구재단 추천 이사들은 마이동풍이었다. 특히 11월 14일에 1심 재판부가 '벌금 2천만 원'을 선고한 뒤, 구재단 측 인사들은 나를 완전히 제거하기 위해 더 맹렬하게 움직였다. 그들은 벌금형으로 끝난 것을 아쉬워하면서도 홍 총장은 결코 11대 총장으로 취임할 수 없을 것이라고 호언했다. 자신들이 곧 재단과 대학의 경영권을 인수하게 될 것이라고도 큰소리쳤다. 구재단과 손잡고 기회를 엿보던 교수와 직원도 수면 위로 머리를 내밀었다. 전국의 대학가를 놀라게 할 정도로 성과를 거뒀던 정부재정지원사업 유치에서도 휘청거렸다. 대학 구성원들은 위기를 피부로 느끼기 시작했다.

대구대학교뿐만이 아니었다. 재단 산하의 2개 특수학교(대구보명학교와 대구광명학교)도 대구대학교보다 두 달 앞선 2013년 9월 1일부터 학교장 부재 사태에 빠졌다. 두 학교의 장애 학생 학부모들은 천막 농성까지 하며 교육부와 대구교육청을 규탄하고 나섰다. 대구사이버대학교는 더 심했다. 2012년 8월에 정년 퇴임한 이영세 총장의 후임을 선임하지 못한 채 1년 넘게 장기 표류하고 있었다.

영광학원 산하 8개 학교 가운데 2개의 대학과 2개의 특수학교가 학교장 없이 흔들리게 된 것이다. 학교법인의 가장 큰 권한과 책무는 학교장을 임명하는 것인데 학교장의 임기가 끝날 때마다 후임을 임명하지 못하고 학교를 혼란에 빠뜨려 온 것이다. 한마디로 이사회의 핵심 기능이 작동하지 않은 것이다.

교육부는 11월 25일, 이사 전원을 교육부 회의실로 불렀다. 대구대학교를 비롯해 4개 학교가 학교장 공석 사태 장기화로 표류하고 있는 것을 더 이상 방치할 수 없어서였다. 그러나 구재단 추천 이사 3인은 교육부의 중재에도 입장을 굽히지 않았다. 크게 두 안건에서 첨예하게 대립했다. 하나는 황수관 이사의 사망과 교육부 추천 임시이사의 직무집행정지 결정으로 야기된 이사 2인의 공석을 어떻게 채울 것인가였다. 대학 구성원과 교육부는 사립학교법 규정에 따라 개방이사로 충원해야 한다고 해석한 반면에 구재단 추천 이사 3인은 자신들이 추천권을 행사해야 한다고 주장했다.

둘째는 나를 대구대학교 차기 총장으로 임명할 것인지 여부였다. 구재단 추천 이사 3인은 나를 절대로 인준할 수 없다고 한 반면에 대학 구성원은 나의 총장 임명을 강력하게 주장하며 팽팽하게 맞선 것이다.

중재에 실패한 교육부는 12월 30일, 2014년 1월 20일까지 '이사회 결원(개방이사) 미선임'과 '4개 학교장 미선임' 사태의 시정을 이행해 보고하라는 최후통첩 공문을 재단에 보냈다. 미이행 시에는 임원 간 분쟁을 사유로 임원취임 승인을 취소(이사 전원 해임)할 것이라는 경고를 덧붙였다. 그러나 구재단 추천 이사 3인은 위 사안을 논의하기 위해 소집된

1월 7일 이사회에도 불참했다. 이후 1월 17일에 열린 이사 간담회에도 함귀용 이사가 불참하는 바람에 긴급 이사회를 성사시키지 못했다. 교육부의 시정 요구를 기한 내에 이행하지 못하게 된 것이다.

급기야 대구대학교와 대구사이버대학교의 구성원들 그리고 2개 특수학교 학부모들은 교육부에 정이사진 해임을 요구하기로 했다. 차라리 임시이사 체제로 돌아가는 것이 학교 안정을 위해 낫다고 판단한 것이다. 총학생회 비상대책위원회와 총대의원회는 구재단 추천 이사 3인의 해임을 교육부에 촉구했다. '영광학원정상화를 위한 범대책위원회'도 1월 21일, '교육부는 구재단 이사를 즉각 해임하고 2월 말까지 임시이사를 파견해 3월부터는 모든 학교가 정상 운영될 수 있도록 해야 한다'고 주장했다. '대구시민단체연대회의'도 2014년 1월 6일 발표한 성명서에서 '교육부는 대구대학교 정상화를 위해 파행적 운영을 야기하고 있는 이사들을 해임하고 임시이사를 파견하는 등 즉각적인 조치를 단행하라'고 촉구했다.

이상희 이사장과 이근용 이사도 자신을 포함한 이사진 전원 해임과 임시이사 재파견이 불가피하다는 데 인식을 같이하고 교육부에 공식 요구하고 나섰다. 이 상황이 계속 이어진다면 재단 산하 8개 학교가 모두 파행에 빠지게 될 것이라고 우려했기 때문이다. 교육부는 그 후에도 임원 간 중재를 시도했지만 결국 실패했고, 결원 이사 미선임과 대구대학교를 비롯한 4개 학교의 파행은 계속 이어지게 됐다.

2014년 3월 14일이었다. 교육부 장관은 정이사 전원을 임원취임 승인

취소(해임)한다고 발표했다. 교수회와 직원노동조합과 총학생회도 모두 환영했다. 대구사이버대학교와 6개 특수학교 교장단과 구성원들, 학부모들도 모두 환호했다. 이사회의 기능 마비와 파행으로 몸살을 앓아 온 재단 산하 8개 학교 구성원들 모두 같은 마음이었다.

하지만 아쉬움이 남았다. 이상희 이사장과 이근용 이사도 함께 해임됐기 때문이다. 나는 이상희 이사장과 이근용 이사까지 해임되는 것에는 동의할 수 없다고 교육부에 여러 차례 의견을 전달했지만 역부족이었다. 이사진 해임 사유가 임원 간 분쟁에 따른 학교 운영 마비에 해당하기 때문에 전원 해임이 불가피하다고 교육부는 설명했다. 교육부가 '임원취임 승인취소처분서'에서 밝힌 취소(이사 해임) 사유는 다음과 같았다.

(학교법인 영광학원) 임원취임 승인취소처분서

□ 임원취임 승인취소 사유

교육부의 학교법인 운영 정상화 촉구에도 임원 간의 분쟁으로 결원 임원 선임, 학교의 장 임명, 임시이사 후임 정이사 추천 등의 명령을 미이행하여 당해 학교 운영에 중대한 장애를 야기함.

1) 임원 간 분쟁으로 이사회 파행 운영

○ 학교법인 영광학원의 정상화에 따른 정이사 6명(임기 2011.11.1.~2015.10.31.) 및 임시이사 1명 선임 이후 이사회 개최 방식 등과 관련한 이사 간 이견이 있었고, 임원간담회(2012.5.25.)를 통해 이사 이상희가 이사장으로 선출되자 이후 이사

박영선, 양승두, 함귀용의 불참(2012.6.15., 6.26., 7.19., 12.11.) 속에 이사회가 운영되었으며, 이사 황수관의 사망(2012.12.30.) 이후에는 정상적으로 운영되었으나,

— 당시 대구대학교 총장 홍덕률이 총장 후보자에 당선(2013.9.12.)된 이후에는 교육부의 이사회 운영 정상화 촉구 공문 시행(2013.10.10., 10.23., 12.31.)에도 불구하고, 이사회 개최 장소 변경, 안건 조정 등을 이유로 최근까지 8차례에 걸친 이사회가 무산되었으며(이사 박영선·양승두·함귀용 불참(2013.10.11., 11.1., 11.14., 11.27., 12.11., 12.27., 2014.1.7.), 결원 임원(개방이사, 추천감사 포함 감사 2명) 3명 선임 및 공석 상태에 있는 4개 학교의 장 임명 요구, 이사회 정상화 등 교육부의 시정 명령(계고) 사항 또한 이행하지 않는 등,

— 이사회에 출석하여 학교법인의 업무에 관한 사항을 심의·결정하는 이사로서의 직무를 해태한 사실이 있음.

2) 결원 임원(개방이사 및 감사) 미선임

○ 학교법인 영광학원과 이사 박영선·양승두·함귀용의 이사 황수관 사망에 따른 결원이사 선임 방법 질의(2013.2.5., 5.6.)에 대하여, 교육부는 사립학교법 부칙에 따라 개방이사로 선임하도록 회신(2013.4.15., 5.21.)하였고, 이후 지속적으로 개방이사 1명 및 추천감사를 포함한 결원감사(2013.3.18. 임기만료) 2명 등 결원 임원 3명의 조속한 선임을 촉구(2013.10.10., 10.23., 12.31.)하였으나, 이사 간의 분쟁으로 현재까지 이행하지 않은 사실이 있음.

3) 설치·경영하는 학교의 장 미임명

○ 교육부에서는 학교법인 영광학원의 상황을 사학분쟁조정위원회 제94차 회의(2013.12.9.) 시에 보고하였고, 사분위에서는 종전이사 측과 학내 구성원 측의

합의를 통해 결원인 임시이사(편호범)의 후임으로 정이사 후보 2명을 추천하도록 하였으나 이사 간의 분쟁으로 미이행하였음.

4) 설치·경영하는 학교의 주요 현안 미처리

○ 임원 간의 분쟁에 따른 이사회 파행으로 2013학년도 추가경정예산(안) 심의, 2014학년도 학교비회계 본예산(안) 심의, 2014학년도 법인회계 본예산(안) 심의, 교원 임용(신규, 재임용, 승진), 대구광명학교 교원 징계 및 징계위원회 위원 임면 등의 주요 현안이 처리되지 못함으로써, 이사로서의 선관주의(善管注意) 의무를 명백히 해태하여 설치·경영하는 학교운영에 중대한 장애를 야기한 사실이 있음.

구재단 측은 교육부의 결정에도 순순히 승복하지 않았다. 1년 가까이 이사회에 출석하지 않았고 개방이사 선임과 산하 학교장의 임명 등 주요 사안마다 번번이 무산시켜 재단과 대학을 파행에 빠뜨렸으면서도 교육부 장관의 해임 결정에 불복하고 나선 것이다. 그들은 이사 해임 결정이 잘못됐다며 교육부 장관을 상대로 서울행정법원에 가처분소송을 제기했다. '임원취임 승인취소처분 취소청구 가처분소송'이었다. 교육부가 지루할 정도로 절차를 따져 가면서 이사 해임 결정을 내렸던 만큼 가처분 1심과 2심, 상고심에 이르기까지 모두 기각되었다.

정이사진 해임 두 달 뒤인 2014년 5월 28일, 교육부 장관은 7명의 임시이사진을 확정 발표했다. 다시 임시이사 체제로 복귀한 것이다. 영광학원에 두 번째 임시이사 파견이었다. 착잡하고 또 허탈했다. 정이사진

임시이사 7인 명단 (2014.5.28.~2015.5.27.)

성명	소속 및 직위 / 주요 경력
권혁재(이사장)	경북대학교 로스쿨 교수. 전 부장판사
박윤흔	전 환경처 장관, 전 대구대학교 총장(1996.2.~2000.2.)
이창기	영남대학교 사회학과 교수
박명호	계명대학교 부총장
김철호	안진회계법인 전무
정원기	전 경상북도 교육위원
정일용	경상북도 부교육감

구성 2년 6개월 만에 다시 임시이사가 파견됨으로써 지난 4년여 동안 전 대학 구성원과 함께 흘린 땀이 물거품이 됐다는 생각 때문이었다. 온몸에서 힘이 빠져나가는 것을 느꼈다. 함께 고생해 준 대학 구성원들에게 미안했다. 나와 대학 구성원의 노력을 지지해 준 지역사회에도 미안하기 그지없었다.

다른 한편으로는 교육부와 사분위와 법원 등, 우리 사회의 정의와 상식을 지켜 내야 할 마지막 보루들이 원망스러웠다. 한 대학의 교육 정의를 지키는 일이 이렇게 고통스러워야 한다는 사실이 믿기지 않았다. 재단 산하 8개 학교의 전 구성원과 설립자의 장손이 합의하고 지역사회 여론까지 강력하게 지지하는 안도 받아들이지 않는다면 도대체 어떻게 해야 하는지 길이 보이지 않았다.

임시이사진의 고뇌

정이사 해임과 임시이사 파견은 문제의 해결이 아니라 새로운 국면으로의 전환일 뿐이었다. 코앞의 파국은 피했지만 새로운 과제들은 여전히 첩첩산중이었다. 가장 시급한 과제는 대구대학교를 비롯해 4개 학교의 학교장을 임명해 학사를 정상화하는 것이었다. 5월 29일자 『매일신문』도 "대구대 임시이사 7명 새로 선임 … 총장 인준 첫 과제"라는 제목의 기사를 실었다.

이사회 첫 회의는 6월 3일에 열렸다. 경산 캠퍼스 본관 회의실에서였다. 대학 구성원은 기대를 안고 회의실 주변에 집결했다. 학교장이 공석이었던 2개 특수학교의 학부모들도 함께였다. 상식적인 이사들이라면 대학을 파행에 빠뜨린 원인을 어렵지 않게 파악할 수 있을 것이라고 기대했다. 지역의 대학과 교육계 인사가 대부분이었으니 7개월여의 총장 부재 사태를 해소하는 것이 시급하다는 사실도 쉽게 이해했을 것이라고 기대했다. 학교 구성원들은 회의실로 입장하는 이사들을 박수로 맞았다. 그만큼 정이사진이 구성되어 활동했던 2년 반 동안 마음고생이 깊었고, 임시이사진에게 거는 기대 또한 컸던 것이다. 교육부의 담당 과장과 사무관도 참석했다.

하지만 이사들은 상견례만 하고 어떤 안건도 처리하지 않은 채 회의를 마쳤다. 그 소식이 알려지자 회의장 주변의 구성원들과 특수학교 학부모들은 탄식을 쏟아 냈다. 얼마나 기다려 온 오늘인데 아무런 결정도 하지 않고 한가하게 인사만 하고 헤어진단 말인가? 대학 구성원들은 회의를 마치고 떠나는 이사들에게 거칠게 항의했다.

그날뿐만이 아니었다. 6월 11일에 열린 다음 이사회에서는 이사장만 선출하고 해산했다. 이사장도 대학 구성원이 지지하며 예상했던 박윤흔 전 총장이 아니고 권혁재 경북대학교 교수였다. 대학 구성원은 탄식했고 구재단은 환영했다.

여기서 잠시 박윤흔 이사에 대한 기억을 꺼내 본다. 박윤흔 이사는 1996년 2월부터 2000년 2월까지 대구대학교 총장을 역임했다. 1995년 5월에 윤덕홍 교수가 총장에 당선된 후 교육부의 청부감사·표적감사로 총장에 취임하지 못했음은 물론 그해 12월 30일에 교수직까지 해임된 직후였다. 구재단에 반대해 온 교수들은 윤덕홍 교수가 해임되자 크게 낙담했다. 절망감과 환멸이 캠퍼스를 덮었다. 일부 중도 성향의 교수들이 구재단을 지지하는 교수들과 합세해 외부에서 영입해 총장에 당선시킨 이가 박윤흔 전 환경처 장관이었다. 박 총장은 취임하면서 구성원 간 화합을 강조했다. 하지만 그는 처음부터 반(反)구재단 성향의 교수들이나 직원들과는 가까울 수 없는 운명이었다. 1993년에 교수협의회 부의장으로 재단퇴진운동에 함께했던 이용두 교수가 연구처장에 합류했을 뿐이었다.

다행인 것은 박 총장이 고은애, 이예숙 등의 구재단 핵심 인사들과 소원해졌다는 사실이다. 그 대신 그들과 적대 관계로 돌아선 장손 이근용 교수에 대한 적극적인 후견인이 되었다. 그는 총장 임기를 마치고 대학을 떠난 후에도 이근용 교수 후원 활동에 적극 나섰다.

반(反)구재단 성향의 대학 구성원은 재단 정상화 과정에서 설립자의 장손 이근용 교수와 연대하게 되면서 박윤흔 전 총장과도 관계를 회복하게 되었다. 반면에 구재단 측 인사들은 장손 이근용과 손잡은 박윤흔 전 총장이 이사장으로 선출되는 것을 결사반대하고 나섰다. 구재단은 전국 일간지에 나와 임시이사진과 교육부를 비난하면서 나의 총장 임명을 반대하는 내용의 대형 광고를 연거푸 싣기도 했다. '대구대학교 정상화를 위한 교직원공동대책위원회'라는 정체불명의 단체가 주로 등장했다.

권혁재 경북대학교 로스쿨 교수가 이사장으로 선출되자 대학 구성원들 사이에 불길한 예감이 확산되기 시작했다. 이사회가 구재단의 비상식적인 주장에 휘둘린다는 걱정이 덮친 것이다. 이사장으로 선출된 권혁재 교수가 대학과 교육과 구재단에 대해 어떤 입장인지도 알 수 없었다. 구재단이 권혁재 이사장의 선임 결정을 환영한다는 취지의 담화문까지 발표하면서 불안은 증폭됐다.

늦어지는 총장 인준

이틀 뒤인 6월 13일에 다시 이사회가 열렸다. 오후 2시에 시작한 회의는 밤 12시가 넘어서야 끝났다. 우선 처리 시한을 크게 넘긴 2013학년도 결산안과 2014학년도 예산안, 교수 승진 및 재임용 안건을 처리한 것은 학사의 정상화를 위해 다행이었다. 무엇보다도 2개 특수학교의 교장을 임명한 것도 성과였다. 하지만 이사회는 이번에도 대구대학교 총장 선임 안건은 처리하지 않았다. 대학 구성원의 실망이 이만저만이 아니었다. 이사들이 퇴장한 뒤, 대명동 캠퍼스 본관 1층에서 만난 교수와 직원에게 위로와 격려의 인사를 건넸다. 모두 허탈한 마음이었지만 지치지 말자며 서로를 위로했다.

중국어중국학과의 전영란 교수는 『교수신문』에 기고한 글에서 이사회가 총장 인준을 서둘러 대구대를 정상화시켜야 한다고 호소했다. 다음은 그 글의 전문이다.[66]

'총장 인준' 이게 바로 대구대 정상화의 답이다
— 혼란과 파행 일차적 책임 교육부에 있다

올해로 대구대에 30년째 재직 중이다. 30년, 짧지 않은 시간이다. 이 짧지 않은 시간이 나에게 준 교훈은 크고도 깊다. 사람 가르치는 일의 엄중함을 나는 이곳 대구대에서 비로소 알게 됐고, 돈으로 환산할 수 없는 소중한 삶의 교훈도 바로 이곳, 대구대에서 깨달았다. 그런데 나는 지난 몇 년 동안 대구대에서 벌어진 믿기지 않는 사태를 목격하며 다시금 사람 가르치는 자가 걸어야 할 정도를 되새기고 있다.

도대체 이 믿기지 않는 대구대 사태를 어디서부터 이야기해야 할까. 결론부터 말하자면 이렇다. 현재 대구대에는 임시이사가 파견된 상황이다. 임시이사가 파견되면

---

[66] 전영란, 「"'총장 인준' 이게 바로 대구대 정상화의 답이다"」, 『교수신문』 2014. 6. 30. (http://www.kyosu.net/news/articleView.html?idxno=29136)

대구대가 조속히 안정될 것이라고 기대했다. 그러나 순진한 생각이었다. 그게 아니었다. 대구대 정상화는 요원해 보인다.

대구대는 지난해 9월 12일 직선 방식으로 총장 후보자를 선출했다. 당시 총장이었던 홍덕률 교수가 구성원들의 전폭적 지지로 차기 총장 후보로 당선됐다. 학칙 기구인 교수회가 학칙에 정해진 바대로 주관한 선거였다. 그렇지만 선거는 쉽게 진행되지 않았다. 당시 구재단 측 이사들의 선거 흔들기가 대단했던 까닭이다. 그 흔들기를 압도한 건 대학이 바로 서야 한다는 교수와 직원들의 신념이었다. 그런데 그 신념은 다시 한계의 벽에 부딪혔다. 당시 구재단 측 이사들이 이사회에 불참하는 방식으로 총장 인준 안건을 처리하지 않음으로써, 대구대는 지난해 11월 1일부터 오늘 이 시간까지 총장 없는 사고 대학이라는 오명을 뒤집어쓰고 있다.

대학이란 곳이 종횡으로 인간관계가 엮인 장이다 보니 해당 대학 현안에 자기 목소리를 내는 게 쉽지 않다. 이사회가 총장을 인준해 주든 말든 그게 내 문제가 아니라고 선 그으면 맘 편히 살아갈 수 있는 까닭이다. 그리고 오불관언의 심정으로 정년만 기다려도 누가 뭐라 하지도 않기에 더욱 그럴 수 있다. 그런데 그럴 수가 없었다. 연구실에만 앉아 있을 수 없었다. 대학 민주주의? 그런 주제를 깊이 있게 고민해 본 적이 없다. 이유가 있다면 대구대 사태의 최대 피해자인 학생들의 얼굴이 눈에 밟혀서다.

지난 4년, 대구대의 많은 학생들이 상경해 광화문 정부중앙청사 후문에서 구재단 반대를 외쳤다. 그 학생들이 졸업을 했고, 뒤이어 입학한 학생들도 비바람 속에서 '사랑하는 우리 대학, 구재단이 웬 말이냐'를 외쳤다. 이러한 학생들의 외침을 어찌 잊으랴. 그 외침은 사람 가르치는 일의 엄중함을 다시 일깨우는 계기였다. 그래서 지난 4년을 학생들과 직원 선생님, 그리고 동료 교수들과 함께 서울 정부중앙청사로, 세종시로 이

전한 교육부로 바삐 오갔다. 청사 앞 거리에서 마이크를 잡고 우리 대학에 이미 비리를 저질렀던 구재단을 파견해서는 안 된다고 외치고 또 외쳤다. 그러나 결국 구재단 측 이사 3명이 포함된 7명의 이사들이 재단 정상화의 미명하에 파견됐다.

잠시나마 구재단을 경험한 지난 3년, 참으로 믿기지 않는 사건들이 연이어 일어났다. 구재단 측 이사들은 언제나 군림하는 자세였다. 이들에게 대구대는 공공재로서의 사학 법인이 아니라 되찾아야 할 재산이었다. 대학의 구성원은 그저 자신들의 지시를 일방적으로 이행해야 할 통제 대상이었다. 멀쩡하게 총장 당선자가 있음에도 구재단 측 이사들은 아예 이 엄연한 사실을 인정하지 않았다. 그런데 믿기지 않는 사태는 임시이사 파견 후에도 이어지고 있다. 임시이사들도 구재단 측의 현실적 영향력으로부터 전혀 자유로워 보이지 않는다.

교육부가 원망스럽다. 교육부로서야 임시이사를 파견한 이상 자신들은 할 일을 다 했다고 생각할 수 있다. 그런데 정말 그럴까. 잘 커 오던 대구대를 이렇게 혼란과 파행으로 몰고 간 일차적 책임은 교육부에 있다. 지금이라도 교육부는 대구대 정상화에 책임을 져야 한다. 구재단 반대는 적어도 대구대 구성원들에게는 경험적 진실이다. 이 호소의 진실을 교육부는 사려 깊게 청취했어야 했다.

교육부는 임시이사 파견을 결정한 관할청으로서 파견된 임시이사들이 선량한 관리자의 역할을 다하도록 행정력을 발휘해야 한다. 물론 그 선량한 관리자 역할의 가장 현실적 본질은 총장 인준이다. 이게 바로 대구대 정상화의 답이다.

신성하지 않은 교육의 장은 없다. 대구대도 그렇다. 2만여 젊은이가 자신과 우리 민족의 꿈을 키워 가고 있다. 대구대는 이제는 조속히 정상화돼야 한다. 대구대가 이렇게 오랜 시간 내홍을 앓을 이유가 없다.

지역 언론도 나서다

지켜보던 언론들도 우려하며 나섰다. 이사회가 개최된 6월 18일 아침에는 『경북일보』 김윤섭 기자가 "총장 임명으로 대학 안정 물꼬 터야"라는 제목의 '취재노트'를 실었고, 다음 날인 6월 19일에는 같은 『경북일보』가 총장 인준을 처리해야 한다는 취지의 사설을 실었다.[67]

대구대 권혁재 신임 이사장에게 거는 기대

… 24일 영광학원 이사회가 총장 인준 문제를 어떻게 처리할지 지역사회는 많은 관심을 기울이고 있다. 인준 대상자인 홍덕률 전 총장은 지난해 9월 치러진 총장선거에서 1차 투표에서 과반수를 확보해 차기 총장 후보로 당선됐지만 구재단의 신임 획득에 실패해 8개월째 인준을 받지 못해 현재 총장이 공석이다. 이에 따라 지방대 특성화, 대학구조개혁평가 등 산적한 학교 현안 사업이 제대로 추진되지 못하고 있는 현실이다. … 다수 교직원과 학생들이 지지하는 총장 인준 건을 법적인 하자가 없다면 신임 이사장 취임을 계기로 조속히 처리하는 게 마땅하지 않을까 생각한다. 홍 총장이 재임하는 동안 대구대는 취업률을 높이고 거액의 국고 사업을 유치하는 등 재정 지원에서 우수한 성과를 이뤄 냈다는 것은 부인할 수 없는 사실이 아닌가. …

다음 이사회는 6월 24일에 열렸다. 그러나 그날에도 총장 선임 안건

---

[67] 「(사설) 대구대 권혁재 신임 이사장에게 거는 기대」, 『경북일보』 2014. 6. 19. (https://www.kyongbuk.co.kr/news/articleView.html?idxno=658375)

은 처리하지 않았다. 이사들은 다음 회의 때 총장 선임을 주제로 이해관계자들을 불러 의견을 청취할 것이라고 밝혔다. 교수회, 학생회, 직원노동조합, 총동창회 대표뿐만 아니라 구재단을 대표하는 이예숙과 그를 따르는 공대위 대표들도 불러 의견을 듣겠다고 했다. 구성원들은 이사회의 원칙 없는 진행에 참았던 불만을 터뜨리기 시작했다.

> 이예숙 씨에게 무슨 공적 자격이 있길래 그의 의견을 듣느냐, 그럴 거면 설립자의 장손인 이근용 전 이사의 의견은 왜 듣지 않는가? 공대위는 무슨 자격으로 의견 진술 기회를 갖는 것인가? 그렇다면 교수 테니스회와 같은 비공식 교수단체에도 의견 개진 기회를 주어야 하는 것 아닌가?

그동안 참고 기다렸지만 이사들을 믿을 수 없다는 주장이 구성원들 사이에서 터져 나오기 시작한 것이다. 다음 이사회는 7월 4일에 열렸다. 이사회가 지명한 위의 이해관계자들이 출석해 의견을 개진했다. 이예숙과 공대위 대표들은 나의 총장 임명을 강력 반대했다. 신문의 대형 광고를 통한 선전전도 계속 이어졌다. 김재훈 교수회 의장과 이준희 직원노동조합 위원장, 이승혁 총학생회장 등 대학의 주요 공식기구 대표들은 한목소리로 나를 서둘러 총장에 임명하라고 촉구했다.

다음 회의는 열흘 뒤인 14일에 열겠다고 했다. 나에게 참석해 줄 것을 요구했다. 대학 구성원들은 자존심 상한다고 불만을 터뜨렸다. 학생들도 더 이상 참을 수 없다며 격한 행동에 나설 기세였다. 교육부든, 이사들 근무지든 찾아가 항의하겠다고 했다. 학생들을 달래느라고 학생지원팀 직원들이 고생했다. 분노하는 대학 구성원을 간신히 진정시키며 14일 이사회 회의에 참석했다. 권혁재 이사장이 내게 10분가량의 시간을 주며 입장과 의견을 말하라고 했다. 그동안 재단 정상화를 추진하며 겪었던 일과 생각을 진솔하게 이야기했다. 마친 뒤 이사들의 질문에 대해서도 소신껏 답했다. 재단이 대학의 발전을 지원하지는 못할망정 대학 구성원의 눈물겨운 노력을 발목 잡아선 안 된다고 호소했다.

하지만 그날도 이사회는 총장 선임 안건을 처리하지 않고 다음 회의로 미뤘다. 7월 17일로 예정돼 있던 나의 항소심 결과를 보고 결정하겠다고 했다. '총장 인준 여부 결정이 17일에 있을 홍 총장 당선자 항소심에 영향을 미칠 우려가 있다'는 이유도 댔다.[68] 그때서야 이사들이 나의 총장 인준 절차를 계속 미뤄 왔던 이유가 이해되었다. 그들은 처음부터 항소심 판결을 기다렸던 것이다. 구재단은 끊임없이 내가 항소심에서 벌금형이 아닌 구속형을 선고받을 것이라고 주장했기 때문이다. 하지만 그럴 가능성은 전혀 없다고 확신했던 대학 구성원은 하루하루 대학이 무너지는 것을 아파했고 총장 선임을 미루기만 하는 이사회를 원망했다.

회의가 그렇게 끝나자 회의실 밖에서 간절하게 기다리던 교수들이 뛰어 들어갔다. 김인숙 범대위 위원장과 전영란 대학원장, 권욱동 산학연구처장, 안현효 기획부처장 등이었다. 그들은 이사들에게 항의했다. 이

---

[68] 「(취재파일) 대구대, 이젠 총장 인준만 남았다」, 『한국일보』 2014. 7. 18. (https://www.hankookilbo.com/News/Read/201407180423482910)

러면 안 된다고 호소도 했다. 회의실 밖의 구성원들도 분노를 참지 못해 힘들어하는 표정이 역력했다. 하지만 달리 방법이 없었다. 구성원들은 참고 또 참았다.

지역 언론들은 임시이사회가 구성된 5월 28일 이후, 한목소리로 대구대학교의 안정을 위해 총장 인준이 시급하다는 의견을 밝혔다. 이사회가 연거푸 총장 인준을 미루자 총장 인준을 촉구하며 이사회를 성토하기까지 했다. 7월 10일자 『동아일보』에 실린 이권효 기자의 기사 일부를 소개한다.[69]

대구대 이사회, 홍덕률 총장 임명 길 열어야

"미래를 위해 시간을 아끼며 공부해야 할 우리들이 총장 인준을 호소하는 현실이기가 막힙니다. 14일 이사회에서 결단해야 합니다." 대구대 총학생회가 8일 발표한 성명의 일부다. 학생들은 "우리들은 교육을 잘 받고 행복하게 살 권리가 있다"고 밝혔다.

학생들은 지난해 9월 홍덕률 사회학과 교수(57)가 교직원 직선으로 총장에 선출됐는데도 아직까지 임용되지 못하자 그동안 여러 차례 호소문을 냈다. 교육부는 지난달 총장 임명 등 대구대 정상화를 위해 기존 이사를 해임하고 임시이사 7명을 파견했다. … 임시이사들은 그동안 5번 이사회를 열어 교수회와 총학생회, 동창회 등 구성원 대표자들의 의견까지 듣는 절차를 마쳤다. 14일 이사회에는 총장 당선자를 불러 최종적

---

[69] 「(동서남북) 대구대 이사회, 홍덕률 총장 임명 길 열어야」, 『동아일보』 2014. 7. 10. (https://www.donga.com/news/article/all/20140710/65072142/1)

으로 소명을 들을 예정이다. 총장 임명을 반대하는 학내 단체는 '대구대정상화를 위한 교직원공동대책위원회'라는 것이다. 그런데 이 대책위원회의 실체가 분명하지 않다. 법인 사무국 관계자는 "위원회의 대표자가 누구인지, 어떤 교직원이 참여하는지 알려진 게 없다며 교직원 10여 명 정도가 참여하는 것으로 파악된다"고 말했다. 대구대 교직원은 850여 명(교수 550, 직원 300명)이며 학생은 2만여 명이다. 동문은 10만여 명이다. 절대 다수의 교직원과 학생, 동문이 총장 임명을 하루빨리 해 달라고 요구하는데도 이사회가 극소수 구성원의 반대로 눈치를 보는 듯한 행태는 합리적이지 않다. … 이사회 활동을 지켜보는 구성원 사이에 '식물 이사회', '무능 이사회'라는 말이 나온다. 이사회는 구성원 절대다수가 원하는 방향을 열어 주는 것이 올바르다.

『영남일보』의 이은경 기자도 7월 8일자 '취재수첩'란에서 결정을 늦추는 이사회를 질타했으며, 『한국일보』의 전준호 기자 역시 7월 18일자 '취재파일'란을 통해 총장 임명을 촉구하고 나섰다.

제11대 총장으로 인준받다

7월 17일, 항소심 선고가 내려졌다. '벌금 1천만 원'. 나의 무죄 주장은 받아들여지지 않았고 벌금 액수만 2천만 원에서 1천만 원으로 감액되었다. 아쉽고 착잡했지만 의미가 없는 것도 아니었다. 선거 때는 구속형이 나올 것이라며 공격했고 선거 후에는 따라서 나를 총장으로 인준하면

안 된다고 한 구재단의 주장도 예상대로 배척했기 때문이다. 벌금형은 금액에 관계없이 법적으로는 총장 자격에 문제가 되지 않으니 총장 인준을 앞두고 고민하던 이사회도 부담을 덜게 되었다. 판결문은 또한 나의 개인 비리라는 구재단(고발인)의 주장도 배척했다. '횡령범', '비리범'으로 매도해 온 구재단의 공세와 덫을 물리친 것으로 그나마 다행이라 생각하기로 했다.

4일 뒤인 7월 21일 오전 10시 30분, 일곱 번째 이사회가 열렸다. 아침 일찍 재단 회의실이 있는 대명동 캠퍼스로 향했다. 인문대학 이주만 학장의 승용차로 이동했다. 그는 내가 힘들 때마다 늘 힘과 용기를 주던 2년 위 선배 교수였다. 후배 교수들에게 존경받는 신사이기도 했다. 회의장 부근의 간호학과 회의실에서 몇몇 보직 교수들과 함께 회의 결과를 기다렸다. 모두 긴장하는 표정이 역력했다.

12시 5분 전쯤이었다. 이사회 회의장 가까이에서 대기하고 있던 하영수 사무처장에게서 전화가 왔다. 총장 인준 안건이 가결되었다고 했다. 그것도 만장일치. 감격에 겨워 상기된 목소리였다. 다음 날인 7월 22일부터 4년 임기의 제11대 총장으로 임명 의결했다는 것이다. 나와 함께 기다리던 교수들에게 전했다. 환호가 터져 나왔다. 포옹하며 감격을 나눴다. 눈시울을 붉히는 교수들도 있었다. 경산 캠퍼스에서 기다리던 처장들에게도 전해졌다. 모두가 두 손 들고 환호했다고 했다. 어느 처장은 엉엉 소리 내어 울었다고 누군가 내게 전해 줬다. 그 정도로 학교를 걱정하는 마음이 컸고 절박했던 것이다.

회의장 주변에서 간절하게 기다리던 교수, 학생, 직원이 대명동 캠퍼스 정문 앞 중식당에 모였다. 주로 학생들이 찾는 작은 식당의 좁고 허름한 방이었다. 모두가 붙어 앉아 짜장면과 짬뽕을 들었다. 여기저기서 그간의 무용담과 호탕한 웃음소리가 터져 나왔다. 서로의 노고를 위로하며 덕담도 주고받았다. 이렇게 편안하게 웃으며 식사를 나눈 것이 얼마만인가? 축하 전화도 쇄도했다.

회의장 부근에서 기다리던 TBC대구·경북방송 기자와 간단한 인터뷰를 나눴다. 대구대학교 정상화를 위해 성원해 준 교내외의 많은 분께 감사드린다고 인사했다. 식사 후 경산 캠퍼스로 이동하면서 대구MBC 방송국에 들러 인터뷰한 뒤 서둘러 경산 캠퍼스로 향했다. 중요한 일이 하나 기다리고 있어서였다. 고용노동부가 주관하는 국책 사업의 현장 실사팀을 접견하는 일이었다. '일·학습 병행제 듀얼 훈련센터' 운영 사업이었다. 이미 서류 심사에 통과했고 그날은 아침부터 현장 실사를 받는 중이었다.

사업에 대한 총장의 의지를 강하게 피력했다. 국책 사업을 유치하려면 기관장의 의지와 리더십이 중요하기 때문이다. 8월 18일, 사업 수행 기관으로 최종 선정됐다. 취임 후 첫 번째 성과였다. 향후 6년 동안 매년 20억 원 규모의 사업비를 지원받아 학생들의 취업과 산학협력 활성화에 쓸 수 있게 됐다.

그날 저녁에는 총장 부재 기간에 대학을 지키느라 마음고생이 컸던 처장단과 식사했다. 지난 몇 년간의 말로 할 수 없는 고통과 위기를 복기하면서 다시 힘 모아 좋은 대학을 만들어 가자고 결의를 다졌다.

한편, 이사회가 나를 총장에 임명한 것은 구재단과 구재단을 지지해 온 교수들에겐 큰 충격이었다. 한 해 전 선거를 앞둔 시점에서는 내가 구속형을 선고받게 될 것이라며 선거를 방해하고, 총장에 당선된 후에는 큰돈을 들여 전국 신문에 수차례 대형 광고를 실었으며, 이사회 회의 때마다 정체불명의 청년들을 동원해 시위를 벌였지만 결국 막지 못한 것이다.

나의 총장 취임 후에는 신문광고를 통해 이사회를 공개 비방하고 나섰다. 2014년 7월 31일, 『조선일보』 30면에 '공대위' 명의로 실린 '박근혜 대통령님 도와주십시오'라는 제목의 대형 광고에서 그들은 이렇게 주장했다.

> 임시이사들이 범법자를 총장으로 임명했다. 대구대학교를 범죄 집단으로 만들었다. 임시이사가 퇴진하고 범법자 총장이 물러가도록 박근혜 대통령이 도와달라.

유사한 광고는 8월 12일에도 실렸다. 나를 무너뜨리고 사회적으로 매장하기 위해, 궁극적으로는 대구대학교를 다시 차지하기 위해 처절하고 집요할 정도로 공세를 이어 간 것이다.

7개월쯤 지나, 변호사 수임료를 교비로 지출한 것으로 대법원에서 '벌금 1천만 원'의 확정판결을 받은(2015. 2. 26.) 후, '공대위'의 핵심 교수 4인은 곧바로 '총장지위 부존재 확인'을 구하는 소송도 제기했다. 가처분소송, 본안소송 1심, 항소심 판결 모두에서 패소했을 정도로 법률적으로 간명한 사안이었지만 그들은 끝없이 나를 괴롭혔다.

다시 시작이다

이사회의 총장 인준 결정 다음 날인 7월 22일, 두 번째 총장 임기의 첫날이었다. 총장실로 출근했다. 거의 9개월 만이었다. 아침 일찍 집으로 온 박상규 기사의 얼굴은 날듯이 기뻐하는 표정이었다. 참으로 담백하고 성실한 기사였다. 늘 밤늦게 퇴근하면서도 나와 대학을 위해 최선을 다해 주었다.

본부 보직 교수들과 간부 직원들, 그리고 비서실 직원들이 대학 본관 1층 입구에까지 나와 출근하는 나를 박수로 맞아 주었다. 모두 진심으로 기뻐하며 안도하는 표정이었다. 9개월이나 비어 있던 총장실이었지만 푸근했다. 전에 쓰던 컴퓨터와 집기도 그대로 나를 기다리고 있었다. 처장단 교수들과 티타임을 가졌고, 그동안 마음고생한 데 대해 위로와 감사 인사를 전했다. 그들도 내게 잘 견뎌 주어 고맙다며 축하해 주었다. 포털에 취임 인사 글을 올리는 것으로 첫날 업무를 시작했다.

[담화문] 제11대 총장에 취임하면서

존경하는 교수님, 친애하는 직원 선생님, 그리고 사랑하는 2만 학생 여러분.

오랜만에 반갑게 인사드립니다. 저는 오늘 대구대학교의 제11대 총장으로 첫 출근을 했습니다. 기쁜 마음보다는 어려운 현안들 앞에 무겁고 두려운 마음이 더 컸습니다. 그간의 재단 분규와 대학의 장기 표류에 대한 대학 가족 여러분의 심각한 우려와, 산적한 과제들을 신속하게 풀어서 대학의 안정과 발전을 이룩해 달라는 대학 가족 여러분의 간절한 기대를 가슴에 품고, 저는 9개월 가까이 비어 있던 총장실에 들어섰습니다.

먼저 장기간의 이사회 파행과 총장 부재중에도 대학을 흔들림 없이 이끌어 주신 김덕진 부총장님을 비롯한 교무위원님들, 김인숙 학장협의회 회장님을 비롯한 학장님들, 학과장님들, 교수님들, 그리고 각 행정실(팀)의 실(팀)장님 이하 직원 선생님 여러분께 그간의 노고에 깊이 감사드립니다. 또한 오랜 재단 정상화 과정에서 갖은 고통과 희생을 마다하지 않고 혼신의 힘을 다해 우리의 자랑스러운 건학 정신과 대학 민주주의, 교권과 학습권과 학사 자율권을 지켜 주신 교수회의 김재훈·박상규 현·전 의장(대행)님 이하 집행부 및 평의원 여러분, 직원노동조합의 이준희 위원장님 이하 집행부·대의원 여러분께 머리 숙여 경의를 표합니다. 아울러 여러 가지 유무형의 피해와 불편을 감내하면서 대학 정상화의 길에 함께해 준 학생자치기구 임원들, 그리고 장길화 회장님을 비롯한 총동창회 임원 여러분께도 그간의 노고와 헌신에 고마운 마음을 전합니다.

재단 이사회의 장기 파행 중에 개인적인 불이익까지 감당해야 했던 분들도 적지 않았습니다. 어이없이 고소를 당해 고생하신 분, 부당한 승진 거부와 신분 위협으로 고초를 겪으신 분, 정체불명의 용역들에 의해 부상당하고 병원 치료를 받으신 분, 심각한 명예훼손으로 마음고생하신 분들께는 특별한 위로의 말씀을 전해 드립니다. 그

외 여러 가지 방식으로 신성한 배움터와 교육 정의를 지켜 주신 모든 분들께도 경의를 표합니다. 대학 밖에서도 많은 분들이 대구대학교의 건학 정신과 교육 정의를 지키기 위한 우리의 눈물겨운 노력을 적극 성원해 주셨습니다. 이 자리를 빌려 감사와 존경의 인사를 드립니다.

대학 안팎에서 많은 분들이 온갖 희생과 고통을 이겨 내며 노력해 왔음에도 불구하고, '건강한 재단 정상화'를 완결 짓지 못하고 다시 임시이사 체제로 돌아가게 된 현실에 대해서도 대학 가족 여러분과 함께 착잡하고 안타까운 마음을 나눕니다. 특히 말로 다할 수 없는 고초를 겪고서도 교육부로부터 임원취임 승인취소처분을 당하신 이상희 전 이사장님과 이근용 전 이사님께 대학 가족을 대신하여 깊은 위로와 감사, 존경의 인사를 드립니다. 아울러 위기에 처해 있던 학교법인 영광학원의 임시이사직을 맡아 주시고, 대학 안정을 위해 필요한 주요 안건들을 신속하게 처리해 주신 권혁재 이사장님을 비롯한 7분의 이사님들께 대학 구성원을 대신하여 환영과 감사의 인사를 드립니다.

존경하고 사랑하는 대학 가족 여러분.

이제 우리 모두 대구대학교의 밝은 미래를 열기 위한 '대동(大同)의 결단'에 함께할 것을 호소합니다. 재단 정상화 과정에서 불거졌던 반목과 갈등은 이제 끝내야 합니다. 전국의 모든 대학들이 생존을 향해 피나는 노력을 기울이고 있는 이때, 소모적인 분규에 발목 잡혀 대학을 벼랑으로 끌고 갈 수는 없습니다. 발등에 떨어진 구조 개혁과 국책 사업 수주를 향한 강도 높은 생존 전략을 강구하며 실천해야 합니다. 대학이 살길, 우리가 마땅히 해야 할 일을 찾아 지혜와 역량을 모아야 할 것입니다.

저는 우리 대학의 저력을 믿습니다. 우리는 갖은 시련과 위기를 헤쳐 온 자랑스러운 역사를 갖고 있습니다. 지난 4년간의 총장 재임 중에 제가 갖게 된 가장 값진 교훈도 우리 대학 가족의 애교심과 저력에 대한 무한한 신뢰와 그에 기반한 자신감입니다.

저부터 솔선하면서 더욱 부지런히 뛸 것입니다. 오로지 대구대학교의 안정과 발전을 위해 저의 모든 것을 다 바칠 것입니다. '학생이 행복한 대학', '지역사회로부터 존경받는, 사랑·빛·자유의 대학'으로 튼튼하게 세워 가기 위해 대학 가족 여러분과 손잡고 혼신의 힘을 다할 것입니다.

우리 함께 재단 정상화 과정에서 흐트러졌던 마음과 질서를 바로 세워 갈 수 있기를 바랍니다. 나를 넘어 우리의 생존과 발전을 위해 서로 격려하며 힘을 합해 갈 수 있기를 바랍니다. 증오에 기반한 공멸의 문화, 수단과 방법을 가리지 않는 반(反)지성을 청산하고, 그 자리에 사랑과 협력의 상생 문화, 존중하고 배려하는 성찰적 지성을 세워 갈 수 있기를 기대합니다. 여러분 한 분 한 분의 값진 성취와 대구대학교의 힘찬 도약을 기원합니다. 감사합니다.

2014. 7. 22.

대구대학교 제11대 총장 홍덕률

새로 진용을 갖추다

나를 반긴 것은 보직 교수와 비서실 직원만이 아니었다. 산같이 쌓인 일도 나를 기다리고 있었다. 9개월여의 총장 부재중에 중요한 정책 결정은 대부분 미뤄져 있었다. 워낙 격렬한 분규를 거쳤기에 교수와 직원도 대부분 지쳐 있었다. 정부재정지원사업 유치도 타격을 받았다. 구성원의 사기와 의욕도 가라앉아 있었다.

부서별 업무 보고를 새로 받기 시작했다. 처실장단도 새로 진용을 꾸렸다. 여기 두 번째 총장 임기 중 나와 함께 고생한 보직 교수들을 소개한다. 구재단의 공격을 막아 내면서 재단 정상화를 다시 진행하는 일과 경쟁력 제고 및 정부재정지원사업 유치에 다시 박차를 가할 교수들을 찾아 모셨다.

특기할 사항은 2부총장제를 거쳐 임기 후반에는 3부총장제를 도입한 것이다. 재단 정상화 과업을 책임져야 했고 정부재정지원사업의 업무가 급증한 사정을 고려했다. 이미 유사한 규모의 대학들에서는 3부총장제가 일반적이었다. 실은 또 하나의 사정이 있었다. 이근용 교수로 하여금 대학 경영을 경험하게 할 필요였다. 내가 총장 임기를 마친 후에도 설립자 장손인 그의 판단과 처신은 대학의 안정과 발전을 위해 매우 중요할 것으로 생각했기 때문이다. 구재단 관계자들로 인해 대학이 수년째, 아니 20여 년째 몸살을 앓아 온 역사를 혹독하게 경험한 나로서는, 설립자 장손의 자격으로 재단 정상화에 참여하고 있는 이근용 교수가 향후에라도 대학의 안정과 발전에 걸림돌이 돼서는 안 된다고 판단했기 때문이다.

2014년 9월에 이상기 교학·경영부총장과 이근용 대외협력부총장의 2인 체제로 시작한 후 2016년 7월에는 조희금 교학부총장, 이상기 경영부총장, 이근용 대외협력부총장의 3인 부총장 체제로 진용을 갖췄다.

그 뒤 재단 정상화 과제와 관련해서는 이근용 부총장이 자신의 일로

제11대 총장 임기(2014.7.23.~2018.3.30.) 중 본부 보직자

보직명	성명	소속
부총장	이상기	사범대학 수학교육과
	조희금	사회과학대학 가정복지학과
	이근용	재활과학대학 직업재활학과
대학원장	장승현	자연과학대학 화학·응용화학과
	윤태석	경상대학 경영학과
교무처장	변찬석	사범대학 초등특수교육과
	권욱동	인문대학 스포츠레저학과
교무부처장	황인조	공과대학 환경공학과
	김상호	행정대학 경찰행정학과
	강신재	정보통신대학 컴퓨터정보공학부
학생처장	최웅용	사회과학대학 산업복지학과
	김영표	생명환경대학 조경학과
기획처장	박순진	행정대학 경찰행정학과
	이영우	공과대학 건설시스템공학부
기획부처장	황보각	재활과학대학 물리치료학과
	이영우	공과대학 건설시스템공학부
	김동윤	사회과학대학 미디어커뮤니케이션학과
연구처장 겸 산학협력단장	이덕영	공과대학 기계공학부
	윤재웅	공과대학 기계공학부
취업처장	이해만	조형예술대학 시각디자인학과
	전은영	간호보건학부 간호학과
사무처장	권욱동	인문대학 스포츠레저학과
	김형진	직원(2급)
사무부처장	김병춘	직원(3급)
	이기동	직원(3급)
국제처장	하영수	사회과학대학 국제관계학과
	이성화	행정대학 부동산학과
홍보비서실장	고진한	조형예술대학 회화과
	김성해	사회과학대학 미디어커뮤니케이션학과
	박영준	사회과학대학 사회복지학과

직접 뛰었지만, 다른 두 부총장도 헌신과 희생을 아끼지 않았다. 그들 외에 고진한, 김성해, 박영준 교수 등 세 홍보비서실장의 고생도 무척 컸다. 최웅용 학생처장, 박순진 기획처장, 권욱동 사무처장·교무처장, 하영수 국제처장 그리고 김병춘, 이기동 사무부처장 등도 각자의 고유 업무 외에 재단 정상화와 관련한 무거운 짐을 잘 감당해 주었다.

그중에 여기서는 특히 한 후배 교수를 기억하려 한다. 고(故) 고진한 교수다. 그는 서울대학교 회화과 출신의 실력 있는 서양화가였다. 고매한 인품과 제자 사랑으로 선후배 교수들과 학생들로부터 두루 신망이 두터운 교수이기도 했다. 교수 간 알력이 심했던 회화과를 특유의 친화력과 진정성으로 갈등 없이 혁신해 내는 것도 보았다. 나는 그에게 두 번째 임기의 전반부 홍보비서실장을 부탁했다. 여러 날을 고민하던 그는 2014년 8월 13일 다른 처장들과 함께 본부에 합류했다.

구재단으로부터 대학을 지켜야 한다는 책임감이 그를 움직였을 것이다. 그런데 그해 연말, 그는 암 판정을 받고 입원하게 됐다. 그리고 2015년 4월, 52세의 젊은 나이로 세상을 뜨고 말았다. 너무 큰 충격이었다. 장례식장에 앉아서도 하염없이 흐르는 눈물을 주체할 수가 없었다. 그렇게 일찍 보내기에는 너무 훌륭하고 아까운 교수여서 더 그랬다. 좋아하는 그림 그리기와 제자 키우는 일에 집중하도록 두었어야 했는데, 전쟁터 같은 대학의 험한 보직을 부탁한 내가 죄인이라는 생각을 떨칠 수가 없었다. 지금도 그를 생각하면 가슴이 미어져 온다.

새로 꾸민 본부 처실장들과 함께 곧 있을 중요한 행사들을 챙기는 일부터 시작했다. 학위수여식, 신임 교수 연수회, 교수와 직원의 정년퇴임식 등 큰 행사들이 줄을 잇고 있었다. 특히 학위수여식 준비에는 정성을 쏟았다. 총장 대행 명의의 학위를 수여받고 졸업한 지난 2월 졸업생들에게 미안하던 참이었다. 나의 총장 취임이 더 늦어지면 8월 졸업생에게도 총장 명의의 졸업장을 수여하지 못하게 될까 걱정이 컸다.

교무위원회, 학장협의회, 교수회, 총학생회, 직원노동조합, 총동창회 등과도 간담회를 이어 갔다. 대학 행정을 정상화하고 대학 구성원의 가라앉은 사기를 다시 올리기 위해서였다.

인생 최고의 영광, 학생이 열어 준 총장 취임식

당연히 취임식은 생각할 겨를도 없었다. 별도의 취임식을 하지 않겠다고 부총장과 처장들에게 얘기했다. 밀린 일을 처리하려면 하루, 한 시간도 소홀할 수 없다는 것이 큰 이유였다. 그뿐만이 아니라 4년 9개월 전에 제10대 총장 취임식을 했던 만큼 의례적인 취임식을 한 번 더 하는 것은 의미 없다고 생각했다. 하지만 정식 취임식을 개최해야 한다고 주장하는 처장도 여럿 있었다. 총장 취임식을 통해 대학의 흐트러진 분위기를 일신할 필요가 있다는 의견이었다. 대학 밖에 퍼진 분규 대학 이미지를 털고 새롭게 출발하는 계기를 만들어야 한다고도 했다. 9개월 가까이 총장이 부재한 상태에서 어렵게 취임했으니 그럴 만도 했다. 사실 틀린 말도 아니었다. 그렇더라도 취임식은 하지 않는 것으로 결론 내렸다.

임기를 시작하고 한 달쯤 지난 8월 말이었다. 9월 개강을 며칠 남겨 두지 않은 때였다. 이승혁 총학생회장과 박정웅 총대의원회 의장을 비롯한 학생 대표들이 총장실을 찾아왔다. 개강 인사려니 했다. 그런데 아니었다. 총장 취임식을 하지 않겠다는 내 생각을 전해 들었다면서 동의할 수 없다고 했다. 제11대 총장은 학생들이 고생해서 쟁취한 총장이라고 했다. 자신들에게도 작지 않은 권리가 있다고도 했다. 자신들이 총장 취임식을 준비하고 싶다는 것이었다.

이것이 무슨 일인가? '학생이 열어 주는 총장 취임식?' 뜻밖의 제안이었다. 잠시 충격에 빠졌다. 신선한 감격이기도 했다. 학생들에게 이런 부담을 줘도 될까 하는 생각도 들었다. 처장들은 이구동성으로 학생들의 순수한 제안을 받아들이자고 건의해 왔다. 결국 수락하기로 했다. 이것도 산 교육일 수 있다는 점이 가장 큰 이유였다. 그러면서 나의 뜻을 전했다.

학생들의 뜻을 고맙게 받겠다. 하지만 '총장 취임식'이란 말은 쓰지 않으면 좋겠다. 외부의 유명 인사를 초대해 축하받는 형식의 의례적인 취임식 행사라면 의미 없다고 생각한다. 학생들을 포함해 대학 구성원이 나의 총장 취임을 위해 오랜 시간 고생을 마다하지 않았고 그 정성과 성원으로 이사회의 총장 인준이 가능했으니, 구성원들이 서로 축하하는 자리를 만드는 것은 의미 있다고 생각한다. 대학 구성원이 서로 격려하고 함께 새 출발하는 계기로 활용하면 좋겠고, 그런 취지의 행사라면 흔쾌히 동의하겠다.

학생들도 내 뜻을 이해해 줬다. 총학생회는 본격 총장 취임식을 준비하기 시작했다. 교수회, 직원노동조합, 총동창회도 함께하겠다고 나서 주었다. 이상기 부총장을 위원장으로 하는 '제11대 총장 취임식 및 DU 비전 준비위원회'를 출범시키고 특별히 학생들로부터 존경받는 양진오 교수에게 학생들과 수시로 소통하면서 지원해 달라고 부탁했다. 취임식의 모든 준비와 행사 일정은 학생들의 창의적이고 신선한 아이디어로 채워졌다. 놀라운 일이 하나둘이 아니었다.

첫째, 취임식의 명칭은 '학생행복선언식'으로 정했다. 정확하게는 '제11대 총장 취임을 축하하고 대구대학교의 새 출발을 다짐하는 학생행복선언식'이었다. 주관은 총학생회가 맡고, 총대의원회, 총동아리연합회, 장애인학생회, 외국인유학생회 등의 학생자치기구들과 교수회, 직원노동조합, 총동창회 등 대학의 모든 주체별 자치기구들이 후원 기관으로 함께하기로 했다. 말하자면 총학생회가 중심에 서고 전 대학 구성원이 함께 참여하는 거교적 축하 및 새 출발 행사로 준비하기로 한 것이다.

둘째, 총학생회는 전체 학생을 대상으로 총장에게 당부할 대학 경영의 미래상을 담아 슬로건으로 제출해 달라고 공지했다. 홍 총장에게 주는 축하 메시지도 함께 공모했다. 일주일 동안에 슬로건과 축하 메시지 공모에 참여한 학생이 1,500여 명에 달했다. 모두가 놀랐다. 나와 함께 고생했고 오늘의 나와 대구대학교를 세워 낸 학생들의 바람을 잊지 않겠다고 다짐했다. 여기 나와 대구대학교에 대한 바람과 기대가 담긴 슬로건 당선작과 축하 희망 메시지 몇 개를 소개한다.

학생 슬로건 당선작

1등: 조미정 학생(경영학과 4학년)

― 학생의 꿈을 채우는 희망찬 동행, 대구대학교

2등: 윤여국 학생(조경학과 3학년)

― 미래는 밝게, 교육은 크게, 꿈은 높게, 대구대학교

3등: 배구빈 학생(국어교육과 4학년)

― 꿈을 응원하는 대학, 대구대학교

3등: 고태준 학생(국제한국어교육과 4학년)

― 세상을 이끄는 힘, 대구대학교

3등: 이재성 학생(물리치료학과 3학년)

― 내일(Tomorrow, My Job)이 행복한 대학, 대구대학교

학생 축하 메시지 당선작

김현진 학생(사회복지학과 1학년)

― 총장님, 장애 학생과 일반 학생이 모두 행복하고 서로 배려하는 학교를 만들어 주세요.

이명지 학생(건축공학과 3학년)

― 학생들의 마음을 두드려 주세요!

정태헌 학생(환경교육과 4학년)

— Great hope makes great men. 큰 희망이 큰 사람을 만든다. 토머스 풀러(Thomas Fuller)의 희망 명언입니다. 홍덕률 총장님! 큰 희망을 꾸겠습니다. 큰 희망을 품을 수 있는 공간을 만들어 주세요. 큰 사람이 되겠습니다.

김지영 학생(산림자원학과 2학년)

— 학생과 함께 만드는, 학생을 위한 아름다운 대학교를 만들어 주세요.

하혜빈 학생(금융보험학과 4학년)

— 열정의 20대! 가능성을 키워 주는 학교를 만들어 주세요!

정승필 학생(특수교육과 3학년)

— 어둠 속 한 줄기 빛처럼, 사랑과 희망으로 대구대학교의 비상을 위해 함께 노력해 주세요! 저희도 총장님을 항상 응원하는 대구대학교 일원이 되겠습니다.

온라인 방명록

셋째, 총학생회는 행사 일주일 전부터 '온라인 방명록'을 운영했다. 이를 위해 총학생회장과 내가 각각 준비해서 대학 밖의 기관 단체장과 지인들에게 양해를 구하는 서한을 보냈다. '외빈을 초청하지 않기로 해 죄송하지만, 홍덕률 총장의 취임을 축하하는 메시지와 '학생행복선언식'을 준비한 학생들에게 주는 격려의 메시지를 온라인 방명록에 남겨 달라'는 당부를 담아서였다. 먼저 이승혁 총학생회장이 지역사회 지도자들과 전국의 교육계 인사들에게 보낸 안내 서한을 소개한다.

대구대학교 '학생행복선언식'을 알려 드립니다

— 따뜻한 격려와 응원의 메시지로 함께해 주십시오.

안녕하세요?

대구대학교 총학생회장 이승혁 학생입니다.

대구대학교가 여러분과 지역사회의 성원에 힘입어 홍덕률 총장님을 다시 모시고 새 출발 할 수 있게 되었습니다. 2만 학생을 대표해 고개 숙여 감사드립니다.

존경하는 홍덕률 교수님의 제11대 총장 취임을 축하하고 대구대학교의 재도약을 다짐하는 뜻으로 저희 학생들이 조촐한 행사를 준비했습니다. 홍덕률 총장님이 지난 임기 동안 추진해 오신 '학생이 행복한 대학' 경영 철학이 지속되고 더욱 발전하여, 안으로는 '대구대학교의 재도약'을 이끌고 밖으로는 우리나라의 '대학 패러다임 혁신'을 선도할 수 있기를 기대하는 바람을 행사에 담았습니다.

그런 염원과 홍덕률 총장님을 존경하는 마음으로 저희 학생들이 기획하고 준비해 온 '대구대학교 학생행복선언식'을 격려해 주시는 뜻으로, '온라인 응원'에 꼭 참여해 주시기 바랍니다. 그리고 앞으로도 변함없이 홍덕률 총장님과 대구대학교와 저희 대구대학교 학생들을 성원해 주시기 바랍니다. 감사합니다.

2014. 9. 22.

대구대학교 총학생회장 이승혁 올림

* * *

홍덕률 교수님의 제11대 총장 취임을 축하하고,

대구대학교의 재도약을 다짐하는 '대구대학교 학생행복선언식'

○ 주최 : 대구대학교 총학생회, DU학생행복준비단

○ 주관 : 대구대학교 총학생회

○ 후원 : 대구대학교 제11대 총장 취임식 및 DU비전 준비위원회, 교수회, 직원노동
조합, 총동창회, 총대의원회, 동아리연합회, 장애인학생회, 외국인유학생회

○ 일시 : 2014.9.25.(목) 오전 11시(대학홈페이지 인터넷 생중계)

○ 장소 : 경산 캠퍼스 햇살광장(학생회관 앞)

○ 부탁 말씀 :

— 대학 홈페이지(www.daegu.ac.kr)에 마련된 '온라인 방명록'에 꼭 격려와 응원
의 메시지를 남겨 주십시오.

— 온라인 방명록 방문 기간 : 2014.9.22.(월)~9.29.(월)

○ 문의처 : 대구대학교 학생행복지원단 : 053-850-○○○○

다음은 내가 지역의 지도층 인사와 전국의 교육 관계자, 그리고 지인들에게 보낸 안내 서한이다.

안녕하세요?

제가 대구대학교 제11대 총장에 취임한 지도 벌써 두 달여가 되었습니다. 9개월가량 총장 부재로 운영되어 온 터여서 할 일이 무척 많았습니다. 그간 인사도 제대로 못

드린 채 지낸 점, 너그럽게 이해해 주시기 바랍니다.

저로서는 연임한 상황이었고 워낙 할 일이 산적해 있어서 별도의 취임식을 갖지 않겠다는 것이 저의 원래 뜻이었습니다. 취임식을 해야 한다며 교수와 직원들이 건네 준 많은 의견과 건의들은 어렵지 않게 뿌리칠 수 있었습니다만, 막상 학생들이 나서서 저의 총장 취임을 축하하고 대구대학교의 새 출발과 재도약을 다짐하는 행사를 직접 준비하겠다며 꼭 허락해 달라고 부탁해 온 것에 대해서는 저로서도 더 이상 어쩔 수가 없었습니다.

아니 학생들의 진지한 당부를 받아 들고 저는 얼마나 행복했는지 모릅니다. 지난 4년 임기 동안 '학생이 행복한 대학'을 만들겠다며 동분서주했습니다만, 그것이 오히려 저를 이렇게 행복하게 해 줄 줄은 꿈에도 생각하지 못했습니다. 제가 어려움에 처해 있을 때도 학생들은 저에게 무한 신뢰를 보내 주었고 저를 늘 응원해 주었습니다. 학생들의 갸륵한 뜻에 호응하여 교수회와 직원노동조합, 총동창회도 함께하겠다고 나서 주었습니다. 저에게도 평생 잊지 못할 영광이지만, 우리나라의 대학 역사에서도 전례 없는 실험과 도전이 될 것이라고 저는 기대하고 있습니다.

존경하는 〇〇〇님.

먼저 공식 취임식을 갖지 않고자 하는 저의 생각을 이해해 주시고 정중하게 모시지 못하는 것에 대해서도 너그럽게 용서해 주시기 바랍니다. 아울러 저희 학생들의 대견한 생각에 대해서는 마음으로 격려해 주시고 학생들이 부탁드린 대로 온라인상으로 따뜻한 격려와 응원 보내주시기 바랍니다.

저를 믿고 따라 주는 학생들, 교수님들, 직원 선생님들 그리고 12만 동문들과 힘 모아서 안으로는 '학생이 행복한 대학'을, 밖으로는 '지역민으로부터 존경받는 따뜻한 대학'을 꼭 만들어 내겠습니다. 대구대학교의 새로운 경영 철학과 슬로건으로 채택한 '학생과 함께 미래로, 지역과 함께 세계로' 뻗는 대구대학교를 꼭 만들어서, 그간 저와 대구대학교에 보내 주신 성원과 지지에 꼭 보답할 것입니다. 열심히 일하겠습니다. 감사합니다.

2014. 9. 22.

대구대학교 총장 홍덕률 올림

그리고 총학생회는 대학 홈페이지 첫 화면에 팝업창을 개설했다. 1주일 사이에 온라인 방명록을 찾아와 축하 인사를 남겨 준 외부 인사들이 260여 명에 달했다. 기관 단체장들, 대학 총장들, 교육 민주화에 관심 갖고 성원해 준 전국의 교수들, 그리고 제자, 가족, 고향 친구에 이르기까지 많은 분들이 직접 홈페이지를 방문해 응원해 주었다. 여기 몇 분의 온라인 방명록 축하 메시지를 추려 소개한다.

1) 이영윤 전 총학생회장[70]

존경하는 홍덕률 교수님의 11대 총장 취임을 진심으로 축하드립니다. 무엇보다 대학의 주체인 학생이 '학생행복선언식'의 장을 마련하여 모든 구성원과 함께 총장 취임을 축하하고 새로운 도약을 선언하는 이러한 행사는 그 어디에서도 전례를 찾아보기

---

70 이영윤은 대구대학교 민주화운동의 절정이었고 내가 교수재임용에서 탈락했던 1993학년도 총학생회장이었다. 당시 사회학과 4학년 학생으로 자랑스러운 제자이기도 하다.

힘들 것입니다. 1989년 이후 사리사욕을 위한 재단 비리와 독단적인 대학 경영의 횡포에 맞서 상식이 통하는 대학, 학생이 진정한 주인이 되는 대학을 위해 수많은 선배들의 희생과 노력으로 1994년 드디어 관선이사와 직선총장제를 이루어 냈습니다. 이러한 성과들이 지난 20년 동안 많은 도전과 시련에 놓이게 되었으나 대학 구성원들의 진정성과 노력으로 지켜 냈습니다. 그 결과로 이뤄지는 11대 홍덕률 총장님의 취임은 학생, 직원, 교수님 모두가 축하받을 역사적인 사건입니다. '학생행복선언식'을 준비한 후배님들 감사합니다. 그리고 교수님, 교직원 선생님들 고생하셨습니다. 이 행사를 계기로 대학 구성원이 똘똘 뭉쳐 어떤 외풍에도 흔들림 없이 대구대학교의 새로운 도약을 맞이하시길 진심으로 바랍니다. 다시 한 번 홍덕률 총장님의 취임을 축하드립니다.

2) 장길화 총동창회장

홍덕률 총장님의 11대 총장 취임식을 진심으로 축하드립니다. '학생이 행복한 대학'에서 한 걸음 더 나아가 '학생과 함께 미래로, 지역과 함께 세계로'라는 슬로건으로 시대적 가치관에 적극 도전하고 있는 총장님과 교수님, 직원, 모교 후배들에게 진심으로 큰 박수와 힘찬 응원을 드립니다.

3) 이건 서울시립대학교 총장

이승혁 학생회장의 편지와 홍덕률 총장님의 편지를 잘 읽었습니다. 이제 대구대학이 정상 궤도를 달리기 시작했음을 잘 느낄 수 있었습니다. 학생행복선언식은 학생과 학교가 함께 새 시대를 일구는 시작을 세상에 알리는 포효 같은 것입니다. 모두 함께 힘찬 발걸음 내딛겠다는 선언입니다.

행복선언에서 홍덕률 총장님의 용기와 그에 대한 대구대 학생들의 존경을 느낍니다. 학교와 학생이 함께 가는 동행의 의지가 담겨 있습니다. 참으로 가슴 떨리는 선언입니다. 그리고 자랑스럽습니다. 대구대학교에 뜨거운 성원을 보냅니다. 모두 함께 훌륭한 대학, 대학다운 대학을 만드시기 바랍니다. 학생행복선언과 홍덕률 총장님의 취임을 축하드립니다.

4) 채수일 한신대학교 총장

홍덕률 총장님의 취임을 마음으로부터 깊이 축하드립니다. 어려운 시기에 대학을 지키고 크게 발전시킨 노고를 기억하고 한신대학교 총장으로서 깊이 감사드립니다. 대학 안팎으로부터의 시련과 도전이 더욱 거세질 상황에서 대구대학교의 지속 가능한 발전을 넘어 위대한 대학으로 만드실 수 있도록 하나님께서 지혜와 능력으로 함께 하시길 기원합니다. 대구대학교 공동체 구성원 모두가 행복하고 모교에 대한 드높은 자긍심을 가질 수 있도록 주님께서 인도해 주시길 기원하면서 다시 한 번 홍덕률 총장님의 11대 총장 취임을 축하드립니다.

5) 정대화 상지대학교 교양과(정치학) 교수[71]

홍덕률 총장님의 뒤늦은 취임을 축하드립니다. 총장 취임식인데 학생들을 취임식의 당당한 주체로 세워 학생행복을 선언하는, 처음 보는 이 특별한 방식에 깊은 인상

---

[71] 정대화 교수는 상지대학교 민주화를 상징하는 교수다. 상지대학교는 구재단이 중심이 된 재단 정상화(2010년) 후 격렬한 분규를 겪었고, 다시 임시이사 체제를 거쳐 2018년 8월에 공익적 이사들 중심으로 민주 재단으로의 정상화를 성사시켰다. 그 후 그는 상지대학교 총장을 역임했고 이어서 한국장학재단 이사장을 거쳐 2022년 9월부터 국가교육위원회 상임위원으로 일하고 있다.

을 받고 있습니다. 그러나 무엇보다도 대구대학교가 오랜 진통을 극복하고 다시금 안정을 되찾아 재도약의 힘찬 출발을 하고 있다는 그 사실을 진심으로 축하드립니다. 대구대학교와 상지대학교는 지난 20년간 앞서거니 뒤서거니 하면서 동시대의 공동운명체가 되어 함께 협력해 온 경험을 갖고 있습니다. 대구대학교가 한 발 앞서 이 역경과 시련을 극복하고 새 출발 하고 있는 상황인 만큼 다른 누구보다도 진심으로 축하드리며 조만간 상지대학교 역시 대구대학교의 뒤를 이어 새로운 출발을 하게 될 것으로 기대하고 있습니다. 이제 새롭게 출발하는 대구대학교가 진정한 민주 대학으로 거듭나는 동시에 우리나라의 고등교육과 학문 연구를 앞장서 이끄는 선도대학으로 발전하기를 기대하면서 아울러 총장님과 교수님들, 교직원 선생님들, 젊은 학생 여러분들의 건강과 행복을 기원합니다. 민주적이고 행복한 대학, 도약하고 웅비하는 대학으로 우뚝 서기 바랍니다.

6) 윤지관 대학학회 회장(덕성여자대학교 교수)

총장 취임식 대신에 학생행복선언식이 학생들의 주도로 이루어진 것은 무척 의미있는 일입니다. 행정 책임자가 학생들과 호흡하면서 학생을 위하고 학생과 함께 대학을 운영해 나가겠다는 충정이 있기에 가능하지 않았나 합니다. 대구대학교는 오랫동안 한국 사학의 힘겨운 현실을 견디고 거기에 맞서면서 오늘에 이르렀습니다. 구성원들도 이로 인해 많은 상처와 고통을 겪기도 했을 것입니다. 앞으로도 쉽지 않은 고비들이 있을 수 있겠습니다만, 부디 그 같은 경험이 대학을 올바로 세우고 발전시켜 나가는 데 좋은 밑거름이 되기를 바랍니다. 홍 총장님과 대구대학의 여러 교수님들, 그리고 학생 직원을 비롯한 구성원들이 이루어 나갈 대구대학교의 미래가 한국 사립대학의 새로운 활로가 될 수 있기를 기원드립니다.

7) 노진철 경북대학교 사회과학대학장

제11대 대구대학교 총장으로 선출된 홍덕률 총장님의 취임을 진심으로 축하드립니다. 9개월 전에 이미 선출된 상황에서 홍덕률 총장께서 취임하지 못하고 보낸 세월은 총장님뿐만 아니라 대구대 교수님들과 학생들, 직원 여러분, 대구대 졸업생들에게도 고통과 시련의 나날이었을 것입니다. '대구대학교 학생행복선언식'은 대구대학교가 재도약을 해야 하는 이때에 미처 아물지 못한 학내 분규가 대학 행정의 파행으로 이어졌는데도 학내 구성원 모두가 그 어두운 터널을 합심하여 헤쳐 나온 것을 축하하는 자리여서 지역민의 한 사람으로서 저도 행복합니다.

대학에서 선출직으로 총장이 연임하는 사례는 한 손에 꼽을 정도로 소수에 불과한 것인 데다가, 선출직 총장의 취임식을 학생들이 주도하여 연다는 것은 동서고금에 없는 일입니다. 총장님을 비롯하여 대구대 교수님들, 학생들, 직원 여러분, 졸업생들께서는 대구대가 '학생이 행복한 대학'으로 거듭나고 있음을 확인하는 자리에서 마음껏 행복하셔도 좋을 것 같습니다. 홍 총장님을 비롯하여 대구대 구성원 여러분들 모두에게 축하의 말씀을 드립니다.

8) 김태일 대구·경북학회 회장[72]

홍 총장님 부럽습니다. 학생들로부터 이렇게 지지와 존경을 받고 계신다는 것이…

---

[72] 당시 영남대학교 정외과 교수였던 그는 그 후 장안대학교 총장을 역임한 뒤 2023년부터는 몽양여운형선생기념사업회 이사장으로 일하고 있다.

홍 총장님이 '학생이 행복한 대학'이라는 목표를 설정하실 때부터 저는 알아봤습니다. 글로벌 **대학, 한강 이남 **대학 등 많은 대학들이 모두 막연한 슬로건을 제시할 때 홍 총장님과 대구대학교는 가장 현실적이며 구체적인 비전을 설정하시고 총장, 교수, 학생, 동창이 마음을 한곳으로 모아서 노력하시는 모습은 '성공 예감'이었습니다. 마음을 한곳으로 모으는 것만큼 큰 힘이 어디 있겠습니까? 앞으로도 대구대학교가 날로 발전하여 우리나라 고등교육의 모델이 되어 주시기를 기원합니다. 다시 한 번 축하의 말씀을 드립니다. 만세!!!

9) 이기홍 강원대학교 사회학과 교수

온갖 어려움을 이겨 내신 홍덕률 총장님, 축하합니다. 용기와 상상력으로 대구대학교의 발전을 이끌어 가시기 바랍니다.

10) 박원순 서울특별시장

안녕하세요? 서울시장 박원순입니다. '함께 꾸는 꿈은 현실이 됩니다!' 대구대학의 정말 특별한 총장 취임식, '학생행복선언식'을 진심으로 축하합니다. 존경하는 홍덕률 총장님과 대구대학교 구성원들이 함께 머리를 맞대고 힘을 모아서 만들어 갈 대구대학의 멋진 미래를 응원합니다.

11) 김석준 부산시 교육감

반갑습니다. '학생이 행복한 대학' 건설을 위해 오늘도 묵묵히 땀 흘리는 대구대학교 교직원 여러분의 헌신에 감사와 격려의 박수를 보냅니다. 총학생회가 주체가 되어

'학생행복선언식'이 개최되고, 홍덕률 총장님 취임 축하 메시지 보내기 행사가 진행되는 점을 매우 뜻깊게 생각합니다. 수많은 인재를 양성해 지역과 국가의 발전을 이끌며 대학 교육의 모범이 되어 온 대구대학교는 경상도의 큰 자랑거리입니다. 대구대학교가 세계 속의 명문 사학으로 승승장구하기를 기원합니다.

12) 차성수 서울시 금천구청장[73]

홍덕률 총장님, 어려움 끝에 11대 총장으로 연임되신 것을 축하드립니다. 홍 총장님과 젊은 시절 함께 공부하고 토론하던 때의 열정을 떠올리면 앞으로 만들어 갈 행복한 대학이 정말 기대됩니다. 더군다나 학생들이 먼저 나서 이런 행사를 만들어 준다니, 교수 생활을 했던 사람으로서 참 감격스럽습니다. 학생과 교수, 교직원, 동문들이 모두 한마음으로 새로운 4년을 열어 가심을 다시 한 번 축하드리며, 대구대학교와 구성원들의 앞날에 행복이 가득하길 기원합니다.

13) 남인순 국회의원[74]

홍덕률 총장님의 연임을 진심으로 축하드립니다. 취임식을 굳이 따로 하지 않겠다는 총장님의 겸손과 그런 총장님을 믿고 진심 어린 마음으로 이번 '학생행복선언식'을 준비해 온 학생 여러분들께도 경의를 표합니다. 누군가는 '행복'이란 단어를 진부

---

[73] 차성수 구청장은 동아대학교 사회학과 교수로 재직하다 참여정부 대통령실 시민사회수석을 역임했으며, 그 후 서울시 금천구청장과 한국교직원공제회 이사장을 거쳐 2025년 5월 현재 노무현재단 봉하기념사업단장과 노무현기념관장을 맡고 있다.

[74] 남인순 의원은 서울 송파구에서 4선을 한 더불어민주당 국회의원이다. 2017년 12월, 대구대학교 총학생회가 캠퍼스 내에 '평화의 소녀상' 제막식을 할 때, 국회 여성가족위원회 위원장으로 직접 참석해 학생들을 격려해 주었다.

한 표현이라 흘려 넘길지도 모르겠지만, 지금 이 메마른 시절에 우리가 더욱 고민해야 할 것이 어쩌면 '행복'이 아닐까 생각됩니다. 행복의 일부는 외부 환경에, 일부는 자기 자신에 달려 있다고 합니다. 총장님을 비롯한 학생들, 교수님들, 직원 선생님들, 그리고 12만 동문과 지역민 여러분들이 함께 만들어 가는 행복한 대구대학교의 무궁한 발전을 기원합니다.

14) 이상점 세종YMCA 사무총장

존경하는 홍덕률 교수님의 11대 총장 취임과 '학생행복선언식'을 축하드립니다. 학생의 행복을 최선에 두고 학교를 이끌어 가시겠다는 의지가 꼭 잘 실현되어 전국에서 가장 모범적인 사학, 올바른 대학상을 만들어 가시기를 기원합니다. 오늘의 취임과 선언식이 학원 민주화의 상징인 대구대학교에서 대학 구성원 모두에게 행복일 뿐 아니라, 세월호 참사 등으로 위기에 처한 한국 사회를 바로 일구어 가는 지성의 목소리가 민들레 씨앗처럼 퍼져 가는 계기가 되기를 기원합니다.

15) 이근복 NCCK 교육훈련원장(목사)[75]

홍덕률 총장님의 연임을 진심으로 축하드리며, 하나님의 크신 은총을 기원합니다. 모진 고난을 딛고 일어섰으니 대구와 한국, 아시아에서 우뚝 설 것입니다. 학생, 교직원과 더불어 행복한 대학교로 성큼성큼 전진하시는 기쁨이 충만하시길 간구합니다. 우리 교회협(NCCK) 교육훈련원도 동행하는 보람을 만끽하겠습니다.

---

[75] 이근복 목사는 NCCK 교육훈련원장 외에도 전국 목회자 정의평화협의회 상근 총무, 크리스천 아카데미 원장, 한국 기독교 목회 지원 네트워크 원장을 역임한 개신교 원로 목회자다.

16) 권영주 대구달서공업고등학교 교사(전 대구전교조 위원장)

대구대학교 학생들의 지혜롭고 용기 있는 행동에 찬사와 격려를 보냅니다. 그렇습니다. 인간의 행복은 스스로 행동한 것에 대한 결과물이지 그냥 주어지지 않습니다. 젊은이들에게 작금의 시기는 그 어느 때보다도 어려움에 처해 있습니다. 정치, 경제, 문화, 일자리, 복지 등 제반 사회적 토대가 대구는 더 열악한 곳입니다. 고단한 지역에서 '학생이 행복한 대학'을 슬로건으로 힘차게 도약하던 대구대학에 지난 1년간 어두운 기운이 덮쳤지요. 그 검은 기운을 떨쳐 내고 새로운 희망과 행복을 쟁취하기 위한 힘찬 발걸음을 여러분들이 내딛고 있는 것입니다. 이제 대구도 희망이 보입니다. 바로 여러분들과 같은 젊은이들이 있기 때문입니다. 대구대학교의 힘찬 전진을 기원합니다.

끝으로 둘만 더 소개하려 한다. 하나는 고등학교·대학교 친구이고 다른 하나는 서울 가 있던 아들의 축하 글이다. 먼저 고향 친구다.

17) 조명진 대표[76]

소탈하면서도 강단 있으신 홍 총장님과 아름다운 제자들이 하나가 되어 우리나라 대학 역사에 미증유의 멋스런 이야기를 남기고 있습니다. 훌륭하고 또 훌륭합니다!!! 어려움을 이겨 낸 대구대학교가 이 나라 대학의 모범이 되어 '학생이 행복한 대학', '청년이 행복한 나라'의 꿈을 반드시 이루시길 기원하며 또한 그러하리라 확신합니다. 홍

---

[76] 제물포고등학교를 함께 졸업하고 엄혹했던 유신 시절 대학을 함께 다닌 고향 친구다. 학원 경영으로 후학을 양성한 뒤 은퇴하였다.

총장님 그리고 대구대학교 학생 여러분! 모두모두 행복하시길 하나님께 기도드립니다.

2008년 3월, 서울의 한 대학교에 입학한 후 보기 힘들던 아들의 축하 글이다. 아빠의 총장 취임을 축하한다며 온라인 방명록에 글을 남겨 주었다.

18) 홍정표 연세대학교 학생[77]

존경하는 아버지의 대구대학교 제11대 총장 취임을 축하드립니다. 사랑·빛·자유라는 대구대학교 건학 정신과 '학생이 행복한 대학'이라는 슬로건 아래 나날이 발전하며 비상하는 비호, 대구대학교가 되기를 간절히 기원합니다. 교수님들과 직원분들, 학생분들을 포함한 대구대학교의 대학 가족 구성원과 함께 그 눈높이에서 뛰며 목소리에 귀 기울이는 진정한 리더십으로 무거운 자리를, 요즘 사회에서 좀처럼 찾아보기 힘들어진 민주주의의 의의를 빛내 주십시오.

아버지께서 제가 어릴 적 틈틈이 말씀해 주신 '진인사대천명'이란 말이 생각납니다. 어떠한 어려움이나 백척간두의 상황에서도 정성을 다하고 최선을 다하고 그 뜻은 하늘에 맡기는 마음속의 중심을 잃지 마시기 바랍니다. 항상 기도하는 마음으로 작은 일들부터 큰일들까지 헤쳐 나가 주시기 바랍니다. 언제나 응원하고 기도드리겠습니다. 사랑합니다, 아버지. 존경합니다, 아버지.

---

[77] 바쁘다는 이유로 함께한 시간이 많지 않아 늘 미안하던 아들이었다. 의젓하게 커 준 아들이 고마웠다.

학생들의 열정과 창의력으로 빛난 취임식

취임식 당일의 행사도 크게 달랐다. 청년 학생의 창의력과 상상력, 참신한 열정으로 가득 채워졌다. 9월 25일, 학생회관 앞 '햇살광장'(2016년 개교 기념식 이후 '빛광장')에서였다. 나는 행사를 기획하고 준비한 학생들의 요구에 따라 움직였다. 행사는 오전 11시에 시작됐다. 아침부터 하늘을 가득 채웠던 검은 구름이 행사 시작 시간에 맞춰 걷히기 시작했다. 따스한 햇살이 비쳐 왔다. 찬란했고 황홀하기까지 했다. 마치 대구대학교의 앞날을 보여 주는 듯하다며 참석자들이 모두 흥분했다. 박정웅 총대의원회 의장과 이은진 여학생회 위원장이 공동 진행을 맡았다.

12명의 학생들과 함께 행사장에 입장했다. 외국인 학생이 둘, 휠체어 탄 장애 학생, 안내견과 함께한 시각장애 학생도 있었다. ROTC 학생도, 홍보 알리미 학생도 있었다. 그들과 함께 연단 앞에 서서 행사장을 가득 메운 학생, 교수, 직원에게 인사했다. 12명의 대표 학생들은 미리 준비한 장미 한 송이씩을 내게 건넸다. 행복했다.

축사 순서도 감격의 연속이었다. 외빈을 초대해 덕담을 듣는 의례적인 축사는 아예 없었다. 그 대신 호텔관광학과 김소영 학생부터 시작해 콩고민주공화국에서 유학 온 프랑크(Frank) 학생, 휠체어를 타고 나와 함께 입장했던 이경형 학생 등이 차례로 연단에 섰다. 축하 인사와 함께 총장에게 보내는 건의와 당부 이야기를 해 주었다. 특히 프랑크 학생의 축사에 청중이 크게 호응하며 환호했다. 그의 축하 인사를 옮겨 본다.

콩고민주공화국에서 유학 온 프랑크 학생의 축사

총장님 축하합니다. 저는 콩고민주공화국에서 유학 온 본디 프랑크입니다. 제가 오늘은 총장님보다 더 기분이 좋습니다. 제가 총장님 축사를 다 하다니요. 믿기지 않습니다. 고향의 부모님, 친구들이 믿지 않을 것 같습니다.

총장님, 총장님은 아주 미남이세요. 제가 사람 보는 눈이 있습니다. 총장님 아주 미남이세요. 미남은 얼굴만 고운 사람이 아니라 마음도 고와야 한답니다. 총장님은 마음이 고우신 분 같아요. 총장님 마음이 고와서 저희들이 이곳 대구대학교에서 그간 열심히 배울 수 있었습니다. 총장님 배려로 여기저기 제 얼굴을 알릴 수도 있었고요.

총장님, 저는 그런 꿈을 가끔 꿉니다. 우리 대구대학교가 더 많은 나라의 유학생들이 오는 글로벌 캠퍼스가 되면 좋겠다고요. 아시아, 아프리카, 유럽 등등 여러 나라 학생들이 방문하는 대학이 되면 좋겠습니다. 총장님, 앞으로 4년 동안 대구대학교 이름을 해외에 많이 알려 주세요. 그래서 해외의 많은 학생이 이곳 대구대학교로 오게 해 주세요. 한국 학생과 외국 유학생이 더 자주 만나고 교류하게 해 주세요. 저도 한국 학생들에게 제 고향 이야기를 더 해 주고 싶어요. 그리고 여기에 와 있는 아시아 학생들의 이야기도 듣고 싶고요. 어때요, 제가 생각하는 글로벌 캠퍼스 멋있죠?

총장님, 총장님은 꿈이 있으신가요? 궁금해요. 제 꿈은 콩고민주공화국의 일꾼이 되는 겁니다. 그래서 콩고민주공화국을 더 잘사는 나라로 만드는 겁니다. 노력할 겁니다. 총장님 꿈은 대구대학교를 더 잘나가는 대학으로 만드는 거겠죠? 저는 확신합니다. 대구대학교 앞으로 잘나갈 겁니다. 총장님이 앞장서면 여기 와 계신 많은 분들이 뒤따라 갈 겁니다. 물론 저도 총장님 뒤를 따를 겁니다. 다 함께 손잡고 대구대학교를 좋은 대학으로 만들어 가면 좋겠습니다.

총장님, 취임을 축하드립니다. 저 아프리카의 용맹한 사자와 같은 용기를 가지세요. 그러면 다 이길 수 있습니다. 어려움이 올 때는 우직한 코끼리처럼 버티세요. 어려움이 다 사라질 겁니다. 감사합니다. 콩고민주공화국 유학생 본디 프랑크 키메탸였습니다.

그 뒤 내가 해직됐던 1993년에 총학생회장으로 고생한 사회학과 제자 이영윤 군, 이어서 장길화 총동창회장, 끝으로는 이승혁 총학생회장이 연단에 섰다. 그들의 축하 인사를 듣는 내내 눈물을 훔쳤다. 옆자리에 앉은 아내도 마찬가지였다. 그간의 마음고생이 눈 녹듯 사라졌다. 이런 취임 행사가 세상 어느 대학에 또 있을까?

총학생회장의 축사

존경하는 총장님 그리고 오늘 '대구대학교 재도약을 위한 학생행복선언식'에 자리를 같이해 주신 교수님, 직원 선생님, 학생 여러분 모두 고맙습니다.

우리 대구대학교는 정말 대단한 대학입니다. 역량 있는 대학입니다. 오늘 이 행사도 대구대학교의 역량을 확인하는 뜻깊은 자리입니다. 믿어지십니까? 2만여 학생의 힘으로 총장님 취임을 축하드리고 더 크게는 '대구대학교 재도약을 위한 학생행복선언식'을 하게 되었다는 것이오. 저희들은 그간 오늘의 이 행사를 계획하고 준비하면서 총장님에 대한 우리 학생들의 많은 기대와 바람을 확인할 수 있었습니다. 취업이 잘되게 해 달라는 학생, 학생 복지에 더 신경 써 달라는 학생, 대구대역을 세워 달라는 학생 등 총장님께 거는 학생들의 기대가 참으로 컸습니다.

그런데 이 기대들은 하나같이 우리 학생들을 더 행복하게 해 달라는 것들이었습니다. 그렇습니다. 저는 총장님의 취임을 뜨겁게 축하드리면서 앞으로도 더욱, 아니 실질적으로 우리 대학을 '학생이 행복한 대학'으로 만들어 주시기를 강력히 요청드립니다.

저는 누구보다도 지난 1년 총장님의 애교심을 가까이서 볼 수 있었습니다. 개인적인 곤경과 고초를 겪은 총장님이었습니다. 직접 제 눈으로 볼 수 있었습니다. 그래도 제가 총장님을 믿고 따를 수 있었던 이유는 총장님의 변치 않는 애교심이었습니다. 말 그대로 총장님은 온갖 수모와 비방을 받아도 인내심으로 자리를 지켜 주셨습니다. 총장님 고맙습니다. 총장님 사랑합니다.

그렇지만 저는 이제 과거보다는 미래를 이야기하고 싶습니다. 특히 우리 대학의 미래를 이야기하고 싶습니다. 바로 '학생이 행복한 대구대학교'의 미래에 대해서 말입니다. 대학의 위기를 말하고 있습니다. 우리 대학도 그 위기에서 자유롭지 않을 것이라고 합니다. 그렇지만 저는 우리 대학의 밝은 미래를 크게 기대하고 믿고 있습니다. 교육역량강화사업에서 전국 최고의 사업비를 받아 낸 우리 대학입니다. 어디 이뿐입니까? 많은 교수님과 직원 선생님께서 우리 대학의 정상화를 위해 흔들리지 않는 단심을 보여 주셨습니다. 역량이 있는 우리 대학입니다. 그렇지만 이에 만족하지 않고 우리 대학의 더 큰 역량을 총장님께서 만들어 주십시오. 그래서 '학생이 행복한 대학'이 슬로건에 멈추지 않고 실제적으로 구현되게 해 주십시오. 그렇게 해서 앞으로 4년, '학생이 행복한 대학'을 완성시켜 주십시오.

강의실 안과 밖에서 교수님과 학생들이 신나게 공부하며 미래를 토론하는 대구대학교, 장애인 학생과 비장애인 학생이 아름답게 공존하는 대구대학교, 한국 학생과 외국인 유학생이 서로 협력하는 대구대학교를 만들어 주십시오. 저희들의 사랑이 되어 주시고 저희들의 빛이 되어 주시고 저희들의 자유가 되어 주십시오. 총장님을 뜨겁게 사랑하는 저희들도 총장님의 사랑·빛·자유가 되어 드리겠습니다.

대구대학교를 정상화시켜 달라고 지난 1년 외쳤습니다. 총장님을 조속히 인준시켜 우리 대학을 정상화시켜 달라고 이사님들께 여러 차례 탄원하고 고개 숙였습니다. 총장님의 애교심과 진정성을 믿었기에 총장님을 비방하는 그 어떤 주장도 귀담아듣지 않았습니다. 그사이에 저와 저희 학생들이 입은 피해도 만만치 않습니다. 그렇지만 누구보다 고생하신 분은 총장님이었습니다. 그런데 이제 더 큰 고생의 문이 열렸습니다. 이렇게 공개적인 자리에서 '학생이 행복한 대학'을 완성시켜 주시기를 요청드렸으니 앞으로 총장님이 더 큰 고생을 하시겠구나 싶습니다. 그렇지만 총장님 이제부터의 고생은 행복한 고생으로 받아들여 주십시오. 그 고생 같이 나누겠습니다. 그 고생 응원하겠습니다. 저희들도 같이 우리 대학을 '학생이 행복한 대학'으로 만드는 데 일조하겠습니다. 총장님, 취임을 진심으로 축하드리고 감사드립니다. 총장님 건강하십시오!

이어서 내가 인사하는 순서였다. 진심으로 감사하는 마음과 벅차오르는 감동을 담아 학생과 교수, 직원, 그리고 동문과 지역사회에 전했다. 내 생애 가장 행복한 순간이었다.

대구대학교 제11대 총장에 취임하며 드리는 인사

반갑습니다.

오늘 저는, 말로 다 할 수 없는 감격을 안고 이 자리에 섰습니다. 대구대학교의 제11대 총장으로 재취임한 것 자체만으로도 제게는 크나큰 영광입니다만, 단지 그래서만은 아닙니다.

먼저, 대학 가족 여러분과 제가 함께 지난 몇 년간 셀 수 없는 시련과 고통을 이기고 획득한 총장 취임이자 대학 안정이어서입니다. 전국의 많은 대학들이 비슷한 시련과 장벽 앞에서 좌절하고 말았지만, 우리는 거뜬히 이겨 내고 오늘 이 자리에 이렇게 함께하고 있습니다. 제가 오늘 특별히 감사하고 감격하고 있는 이유입니다.

오늘, 제11대 총장 취임을 축하하는 것을 넘어 대학 가족 모두가 대구대학교의 새 출발을 학교 안팎에 선포할 수 있게 된 것도, 저에게는 큰 감동입니다. 대구대학교의 새 출발에는 대학 가족 구성원들의 애교심과 저력, 정의를 향한 열정을 학교 안팎에 알리는 뜻도 담겨 있다고 저는 생각합니다.

어려움을 함께 이겨 내고, 밝은 미래를 함께 열어 가자고 다짐하고 있는, 사랑하는 학생 여러분, 존경하는 교수님, 그리고 친애하는 직원 선생님과 12만 동문 여러분. 여러분은 대구대학교의 자랑입니다. 여러분은 대구대학교의 전부이자 미래입니다. 존경하고 사랑합니다.

오늘 제가 특별히 감사하고 감격하는 이유가 또 하나 있습니다. 원래 저는 총장 취임식을 생략하고자 했습니다. 취임식 준비를 위한 시간과 에너지를 학교 발전을 위해 더 쏟고자 했기 때문입니다. 하지만 사랑하는 학생들은 저의 총장 취임을 축하하고 대구대학교의 새 출발과 재도약을 다짐하는 행사를 준비하고 싶다고 말해 왔습니다. 그것은 저에게 특별한 감동이었습니다. 그리고 교수회와 직원노동조합, 총동창회가 학생들의 뜻에 공감해 오늘의 이 행사를 함께 후원하기로 했다는 이야기도 들었습니다.

우리나라 대학사에 전례가 없는 신선한 충격입니다. 메마른 경쟁으로 뒤틀린 우리 대학 사회에 던지는 의미심장한 감동입니다. 우리 학생들과 대구대학교가 얼마나 자랑스러운지 모릅니다.

사랑하는 학생 여러분.

고맙습니다. '학생이 행복한 대학'을 염원하는 여러분의 간절한 바람과 그 뜻을 무겁게 받들고자 합니다. 대한민국 대학 사회가 나아갈 길이 될 '학생이 행복한 대학 모델', '학생 중심 대학 경영 패러다임'의 성공을 위해 더욱 분발할 것입니다.

존경하는 교수님, 친애하는 직원 선생님, 그리고 12만 동문 여러분.

학생이 행복할 뿐만 아니라, 대학이 처한 위기 상황을 슬기롭게 극복해 '행복한 배움터, 소중한 삶터, 따뜻한 일터'로 만들어 달라는 여러분의 뜻을 겸허히 받들고자 합니다. 교수, 직원, 동문 여러분의 자랑스러운 우리 대구대학교를 위해 뼈를 깎는 노력을 아끼지 않겠습니다.

여러분의 성원에, 안으로는 '학생이 행복한 대학'으로, 밖으로는 '생존을 넘어 번영하는 대학'으로 보답하겠습니다. '학생과 함께 미래로, 지역과 함께 세계로' 뻗는 대구대학교로 우뚝 세워 나갑시다. 그동안 우리 대구대학교와 부족한 저를 위해 항상 응원해 주시고 기도해 주신 전국의 교육 관계자 여러분, 대구·경북의 지도자 여러분께도 이 자리를 빌려 진심으로 감사의 인사를 드립니다. 앞으로도 변함없이 대구대학교와 사랑하는 우리 학생들의 열정과 도전을 성원해 주시기 바랍니다.

사랑하는 학생, 존경하는 교수님, 그리고 친애하는 직원 선생님과 12만 동문 여러분. 존경합니다. 사랑합니다. 고맙습니다.

2014. 9. 25.

대구대학교 제11대 총장 홍덕률

취임 인사가 끝난 뒤 이승혁 총학생회장과 내가 '학생행복선언문'을 함께 낭독했다. 5개 항의 선언을 차례차례 읽어 내려갈 때마다 무대에서는 핵심 슬로건을 적은 현수막이 위에서 아래로 펼쳐졌다. 5개 항의 선언문은 새로 채택한 대학 슬로건, '학생과 함께 미래로, 지역과 함께 세계로'에서 따왔다. '학생', '미래로', '지역', '세계로', '함께'가 그것이다. 그날 이승혁 총학생회장과 함께 낭독한 '학생행복선언문'을 소개한다.

대구대학교 학생행복선언문

'학생이 행복한 대학, 대구대학교' 구성원 일동은 '학생과 함께 미래로, 지역과 함께 세계로' 도약하는 대학을 추구한다. 오늘 홍덕률 박사의 제11대 총장 취임을 계기로, '대구대학교의 새 출발과 재도약'을 위한 우리의 굳은 의지와 다짐을 다음과 같이 선언한다.

하나. (학생) 대구대학교는 '학생 행복'을 최고의 가치로 추구하며, 총장과 학생, 교수와 직원, 12만 동문 모두가 힘을 합해 노력한다.

하나. (미래로) 대구대학교는 '학생의 밝은 미래'와 '대학의 지속 가능한 발전'을 위해 구성원 모두가 힘 모아 노력한다.

하나. (지역) 대구대학교는 '지역사회와의 상생 발전'을 추구하며, '지역사회로부터 존경받는 대학'을 지향한다.

하나. (세계로) 대구대학교는 '인류애'를 바탕으로 '세계를 품는 따뜻한 인재', '뜨거운 열정으로 도전하는 인재'를 양성하는 '세계 속의 대학'을 추구한다.

하나, (함께) 대구대학교 구성원 모두는 '학생 행복과 건학 정신을 추구하는 대장정에 함께' 앞장선다.

2014. 9. 25.

대구대학교 제30대 총학생회장 이승혁

대구대학교 제11대 총장 홍덕률

학생 헹가래, 감동에 빠지다

마지막 순서로 학생들의 축가와 축하 공연이 이어졌다. 장애 학생과 비장애 학생이 함께하는 노래 동아리 아띠나래 학생들, CML 동아리 학생들, 그리고 비호응원단 학생들이 정성껏 준비한 축가와 공연을 선보였다. 나는 물론 교수, 학생, 직원 모두가 함께 환호했다.

공식 행사가 끝난 뒤 기념사진도 찍었다. 참석자 모두 밝은 표정으로 기념 촬영에 응했다. 이어서 학생들이 내 주변으로 몰려들었다. 나를 들어 올리더니 헹가래 쳐 주었다. 감동, 또 감동이었다. 참석자들에게는 국수 한 그릇이 제공되었다. 비록 조촐한 식탁이지만 모두 행복해했다.

그날 행사는 이튿날 신문에 크게 보도되었다. 대부분 나의 총장 취임을 축하하는 학생들의 뜻을 높이 평가한 기사들이었다. 『영남일보』는 "학생의, 학생에 의한 아주 특별한 총장 취임식"이라고 썼고, 『한국일보』는 헹가래 사진과 함께 "대구대, 세상에서 가장 아름다운 총장 취임식"이라고 제목을 달았다. 『국민일보』는 "학생들이 열어 주는 총장 취임식 눈길"이라고 썼고, 『매일신문』은 "학생들이 마련해 준 대구대 총장 취임식"이라는 제목의 기사와 함께 학생들이 나를 헹가래 쳐 주는 사진을 실었다. 그날의 총장 취임식은 한동안 지역의 화제였다.

『한국대학신문』은 나의 총장 취임식 소식을 좀 특별하게 다뤘다. 총장 취임식 전후의 대구대학교와 구재단 김문기 총장이 퇴진을 요구받고 있던 상지대학교의 분위기를 대조해 소개하며 교육부와 사분위와 대학이 가야 할 길을 제시한 것이다.[78]

같은 분규 대학이었는데 이렇게 다를 수가

지난 25일 대구대학교에서는 참으로 의미 있는 행사가 열렸다. 이 대학 학생들이

---

[78] 「(사설) 같은 분규 대학이었는데 이렇게 다를 수가」, 『한국대학신문』 2014. 9. 29. (https://news.unn.net/news/articleView.html?idxno=139320)

위 • '학생행복선언식'을 마치고 학생들의 축하를 받다.
아래 • '학생행복선언식'을 마치고 부총장·처장단과 함께.
앞줄 중앙의 필자 좌측이 김재훈 교수회 의장, 우측이 아내.

직접 총장의 취임식을 제안, 주도해서 연 것으로 우리나라 대학사상 처음 열린 행사인지도 모른다. 이날 대학 총학생회와 DU학생행복준비단은 경산 캠퍼스 햇살광장에서 제11대 총장 취임식과 학교 구성원들의 재도약 선언식을 가졌다. 이날 행사에는 총학생회는 물론 교수회와 직원노동조합, 총동창회, 총대의원회, 동아리연합회, 장애인학생회, 외국인유학생회 등 학내 단체 대부분이 참가했다.

이 대학 홍덕률 총장은 지난해 직선제로 총장에 당선됐지만 이사회의 파행으로 무려 9개월 만에 지난달 총장 인준을 받았고 본인의 원에 의해 별도의 취임식을 갖지 않고 집무 중이었다.

이 대학 총학생회장은 지난 임기 동안 홍 총장이 추진해 온 '학생이 행복한 대학'이라는 슬로건 아래 대학이 지속적으로 발전하고 대구대가 학생들과 교직원, 지역사회의 성원에 힘입어 다시 새 출발을 할 수 있도록 하자는 취지에서 취임식과 선언식을 제안했다고 한다. 홍 총장은 교수와 직원들의 취임식 건의는 사양했는데 학생들의 제안을 뿌리칠 수 없었다고 한다.

대구대에서 총학생회 주관으로 총장 취임식과 행복선언식이 열리던 날 상지대 학생회는 총장실을 점거하고 총장 사퇴를 외치며 41일째 농성 중이다. 이날 교육부에서는 대학 운영을 정상화할 수 있는 방안을 조속히 마련해 10월 10일까지 제출하라는 내용의 공문을 상지대 측에 보냈다고 밝혔다.

지난 8월 14일 상지학원 이사회가 비리로 물러났던 김문기 전 총장을 다시 총장으로 선임하자 상지대 교수협의회, 총학생회, 심지어 한국교원단체 총연합회(교총)까지 나서 김 총장 선임 반대에 나섰다. 이어 교육부 장관, 국회 교문위 야당 의원들, 서울대 등 20여 개 대학 총학생회까지 나서 김 총장 사퇴에 압박을 가하고 있다. 여기에 역대 총장과 이사장들까지 가세, 기자회견을 열고 김 총장 사퇴 및 사태 해결을 촉구했다. 이에 대해 김문기 총장은 "적법하게 총장이 됐는데 누가 이야기한다고 해서 (사퇴)하면 되겠느냐"며 물러날 뜻이 없다는 의사를 다시 밝혀 상지대 사태는 해결 기미를 보이지 않고 있다.

똑같이 학내 비리 문제, 이사회의 갈등과 파행 운영 등으로 분규를 겪었지만 한 대학교는 똘똘 뭉쳐 재도약을 시작했고 한 대학교는 오히려 분규가 심해지고 있다. 그 이유는 간단하다. 총장이 사심을 갖고 사리사욕을 부리는 것으로 학내 구성원에게나 외부에 인식되는가, 아닌가의 차이다.

대구대처럼 총장이 구성원들 덕분에 총장이 됐으니 내 한 몸 바쳐 학교 발전에 기여하겠다고 대내외에 천명하고 그 진정성이 통하면 총장을 중심으로 구성원들이 돌똘 뭉쳐 시너지 효과를 낼 수 있다. 대구대는 교수, 직원, 학생들이 합심해 새 출발을 하자며 다짐했고, 이번 수시모집에서 역대 최고 기록인 9.3 대 1을 기록하는 기염을 토했다. 지난 기간 많은 아픔을 겪었지만 총학생회, 직원노조, 총동창회, 법인산하 특수학교 학부모 등이 한목소리를 내면서 재도약에 성공 조짐을 보이고 있는 것이다.

그런데 상지대는 총장 선임을 하자마자 총장이 주축이 된 총동창회를 제외한 내외부 학교 관계자들이 모두 총장 사퇴를 요구하는 사태가 벌어졌고, 총장은 사퇴 거부로 맞서고 있다.

김문기 총장은 1993년 3월 학생 부정 입학 등의 혐의로 구속돼 이듬해 상지대 이사장에서 해임됐다. 지리한 소송 끝에 지난 2010년 김 총장 측 인사들이 대거 재단이사에 선임되며 상지대를 다시 장악했고 김문기 씨는 7월 28일 재단 정이사, 8월 14일 총장에 선임됐다.

후문에 따르면 김 총장은 한 정치권 중진 인사를 총장으로 선임하려다 실패하자 본인이 직접 총장으로 나섰다고 한다. 김 총장은 1932년생이니 한국 나이로 83세다. 80세 넘는 현직 대학 총장들이 왕성한 활동을 하고 있기 때문에 83세라는 나이가 총장직을 수행하는 데 걸림돌이 될 수는 없다. 하지만 83세라는 노령에 굳이 주변의 반대와 만류에도 불구하고 새롭게 총장으로 부임했다는 것은 자칫 노욕(老欲)으로 비춰질 수 있다. 인생 100세 시대이니 노욕을 부릴 수도 있다. 그런데 그 노욕이 지나치면 노추(老醜)로 비춰진다.

최근 경기대 등에서 제2의 상지대 사태가 벌어질 것이라는 우려가 나오고 있다. 분규 대학들은 대구대와 상지대를 타산지석으로 삼아야 할 것이다.

대구대학교 11대 총장 취임은 어렵게 성사됐으면서도 내게는 평생 잊을 수 없는 영광이었다. 학생들로부터 한껏 위로와 응원을 받고 기운을 충전한 나는 다시 팔을 걷어붙였다.

대구사이버대학교 총장을 겸직하다

정신없이 일정을 소화하고 있던 10월 초순경, 영광학원 산하의 대구사이버대학교 교수회 의장단으로부터 면담 신청을 받았다. 2002년 3월에 개교한 대구사이버대학교는 우리나라의 20여 개 사이버대학 중 1세대 대학에 속한다. 대구대학교 경산 캠퍼스 내에 위치한, 대구대학교의 동생 대학이기도 하다. 당시 홍보비서실장으로 일하며 설립 준비 과정에 참여했기에 그 문제의식과 초창기 성장 과정에 대해 잘 알고 있었다. 나를 찾은 송유미 교수회 의장의 말은 이랬다.

대구사이버대학교는 2012년 9월 이후 총장이 장기 공석 중이다. 대학의 안정과 발전에 큰 지장을 받고 있다. 대구사이버대학교와 대구대학교가 상호 협력하고 시너지를 낼 수 있는 분야가 크니 대구사이버대학교 총장을 겸해서 맡아 달라. 총장이 결심해 주면 이사회에는 대구사이버대학교 구성원들이 적극 건의하겠다.

교수와 직원 대부분이 내게 기대를 걸고 있으니 수락해 달라고 했다. 예기치 않은 요구와 제안에 놀랐다. 대구대학교와 대구사이버대학교에서의 총장 장기 공석 사태가 정이사 해임 사유였던 만큼 나도 대구사이버대학교의 어려운 사정은 잘 알고 있었다. 그렇더라도 총장 겸직은 어불성설이라고 생각했다. 실제로 대구대학교를 책임지는 것도 힘에 겨웠다. 두 대학을 함께 책임지는 일은 자신도 없고 물리적으로도 불가능하다고 생각했다. 미안하다고 양해를 구했다. 하지만 그들은 한 번 더 진지하게 검토해 달라고 말하며 일어섰다.

며칠 뒤, 대구사이버대학교 교수 사이에서 나를 대구사이버대학교 총장으로 임명해 달라는 취지의 서명지가 돌고 있다는 소식이 들려왔다. 대구사이버대학교 교수와 직원은 내가 오랜 논란과 분규 끝에 대학 구성원의 요구대로 대구대학교 총장에 임명받은 직후부터 총장 공석 사태를 해소할 방안을 놓고 장기간 토론했고, 그 결과 나를 총장으로 영입하는 방안에 의기투합했다고 했다. 같은 재단 산하의 오프라인 대학과 온라인 대학을 함께 운영하는 대학들의 사례를 조사해 보니 약 절반 정도의 대학에서 총장을 겸직하고 있다고도 했다. 그들은 이사회에도 자신들의 요구를 전달해 놓고 있었다.

이사회는 대구대학교 총장 임명 때와는 달리 별 논란 없이 나를 대구사이버대학교 총장에 겸직 발령했다. 나의 의사를 묻지도 않았다. 그렇게 나는 2014년 10월 16일부터 대구사이버대학교 총장을 겸하게 됐다. 이 역시 숙명으로 받아들여야 했다. 그 후 나는 대구사이버대학교의 안정과 발전을 위해서도 최선을 다했다. 몸을 쪼개고 시간도 쪼개서 장기간 총장 부재로 가라앉아 있던 대구사이버대학교를 일으켜 세우기 위해 동분서주했다.

다양한 분야에서 대구대학교와 협력하도록 물꼬를 텄다. 이를 원활하게 하기 위해 두 대학의 처장단 연석회의와 공동 워크숍도 가졌다. 교수 연구실과 행정실이 다른 건물에 흩어져 있어 불편했던 것을 대구대학교의 협조를 받아 독립 건물을 확보해 해결했다. 서울 관악구에 '서울학습관' 빌딩을 매입해 학생 모집에 새 장을 열기도 했다. 학점 교류와 상호 학점 인정의 폭을 넓히는 등 두 대학과 두 대학 학생이 상생할 수 있는 길을 열었다.

5.
재단 정상화, 드디어 마무리하다

구재단, 대구미래대학 정이사로 복귀하고
자진 폐교하다

2000년 8월에 임시이사가 파견된 대구미래대학(학교법인 애광학원)에도 교육부와 사학분쟁조정위원회의 심의를 거쳐 2011년 9월에 정이사진이 구성되었다. 대구대학교(학교법인 영광학원)보다 2개월여 빨랐다. 대구미래대학의 재단 정상화 역시 구재단에 돌려준다는 사학분쟁조정위원회의 정상화 심의 원칙을 충실하게 따랐다. 구재단이 이사 정수의 과반인 4인의 이사를 추천했고 이근민 교수가 이사장으로 취임했다. 총장은 영광학원의 구재단 추천이사 3인 중 1인인 박영선 전 대구대학교 교수가 맡았다가 2013년 12월부터는 이근민 이사장의 누나인 이예숙이 넘겨받았다. 구재단의 핵심 인물인 두 남매가 대구미래대학과 애광학원의 경영을 완벽하게 접수한 것이다.

이근민 이사장과 이예숙 총장은 이미 경영 위기를 겪고 있던 대구미래대학을 살리는 일보다는 대구대학교와 영광학원의 경영권을 차지하는 데 진력했다. 정이사로 복귀한 이듬해인 2012년의 교육부 평가에서 대구미래대학은 재정지원제한대학으로 지정된 데 이어, 2013년부터는 재정지원제한 및 학자금대출 제한대학으로 연이어 지정되었다. 파행 경영도 도를 넘고 있었다.

예컨대 이예숙 총장은 교수들에게 출근 지문 날인을 강요하는가 하면 교수연구실을 대부분 없애고 3~15명의 교수가 함께 쓰는 '통합 교수연구실'을 만들었다. 6명의 교수들을 직권면직했으며 이근민 이사장의 제자나 이예숙이 교장으로 있던 경북영광학교 교사들을 교수로 임용했다. 다음은 『조선일보』 2014년 3월 4일자 기사다.[79]

학교 예산 없다며 연구실 없애 ⋯ 교수 15명 한 방에 밀어 넣어
— 지방 부실 대학의 끝없는 추락 ⋯ 경산시 대구미래대 가 보니

새 학기 개강을 4일 앞두고 지난달 27일 찾아간 경산시의 대구미래대학교. ⋯ 강

---

[79] 「학교 예산 없다며 연구실 없애 ⋯ 교수 15명 한 방에 밀어 넣어」, 『조선일보』 2014. 3. 4. (https://www.chosun.com/site/data/html_dir/2014/03/04/2014030400103.html)

의동에 들어서니 교수연구실마다 붉은색으로 '연구실 이전 절대 반대'라고 쓴 A4 용지가 붙어 있었다. 이 대학은 '운영비가 부족하다'며 이번 겨울방학에 교수연구실을 대부분 없애고, 3~15명이 함께 쓰는 '통합 교수 연구실'을 만들었다. 대학에 초·중·고교 같은 '교무실'을 만든 것이다.

같은 건물 3층에 있는 어학 실습실도 최근 폐쇄됐다. … 대학 측은 지난해 연말 월급이 100만 원쯤 되던 조교들도 모두 해고했고, 교수 월급도 1~2월 두 달간 지급하지 않았다.

이 대학 A교수는 "학과를 통폐합하니 사진과 교수가 애니메이션을 가르치고, 마케팅 교수가 병원 의료 업무를 가르치고 있다"며 "이런 환경에서 공부하는 아이들이 불쌍하다"고 말했다. …

학교법인 애광학원이 운영하는 전문대인 대구미래대는 지난 1998년 설립자 딸인 학장이 뇌물 공여 혐의로 구속되면서 내리막길을 걷기 시작했다. 2000년부터 2011년까지는 학내 분규로 교육부 임시이사까지 파견됐다. 2011년 9월 재단이 학교 운영권을 찾았지만 2013·2014년 연달아 교육부로부터 '재정지원 제한대학'으로 지정됐다. …

2015년과 2016년에는 교육부가 전국 대학을 대상으로 실시한 대학구조개혁평가에서 최하 등급인 'E'를 받았다. 사실상 폐교 대상이라는 선언이라고 봐야 했다. 구재단의 정이사 복귀 후 대학이 급속도로 추락한 것이다. 결국 2017년 신입생 충원율은 34.8%로까지 떨어졌다.

급기야 교직원 급여를 장기 체불하는 상황으로까지 내몰렸다. 교수들은 이근민 이사장과 이예숙 총장을 근로기준법 위반 혐의로 고소했다. 2014년 8월부터 2015년 3월까지 8개월 동안 교수·직원 등 45명의 임금과 수당 5억 8천만 원을 체불했다는 것이다. 노동청 조사 외에 교육부 감사도 진행됐다. 2016년 1월 15일의 1심 판결에서 이근민 이사장과 이예숙 총장은 각각 징역 10월과 징역 8월을 선고받았다. 법원은 두 피고인이 임금체불 해결을 위해 노력했다고 볼 수 없다고 판단했다. 그러면서도 체불임금을 우선 해소하라며 법정 구속은 하지 않았다.

재판은 뜻밖의 결과를 초래하기도 했다. 재판 과정에서 두 남매의 관계가 극도로 악화된 것이다. 이근민 이사장은 대학 경쟁력이 급추락하게 된 데는 누나인 이예숙 총장의 책임이 크다고 했고, 이예숙 총장은 임금체불은 이사장의 책임이라고 주장했기 때문이다. 둘 사이의 책임 공방과 불화가 선을 넘어선 것이다. 3월 30일, 이근민 이사장의 이사회는 이예숙 총장을 직위해제했다.

이근민 이사장이 임금체불 문제를 해결하기 위해 동분서주하던 중 경산시가 국책 사업으로 추진하던 재활병원 건립 부지를 물색하고 있다는 사실을 알게 됐다. 그는 학교 부지 일부를 경산시에 매각해 자금을 마련하기를 원했다. 하지만 학교 부지 매각은 교육부 장관 승인 사항이다. 교육부는 학교 부지 매각 승인 조건으로 이사회가 대구미래대학 자진 폐교를 의결할 것을 요구했다. 경쟁력을 상실한 대학의 폐교와 전체 입학 정원 감축을 정책 목표로 추진하던 교육부에게도 대구미래대학의 자진 폐교는 관심 사안이었던 것이다. 이근민 이사장은 2016년 12월 26일의 이사회에서 2018년 2월까지 대구미래대학을 자진 폐교하기로 의결했고 교육부는 2만여 평의 학교 부지 매각을 승인했다. 경산시는 곧바로 부지 매각 대금으로 230억 원을 애광학원에 지불했고 애광학원은 그중 100억여 원으로 임금체불을 해소할 수 있게 되었다.

한때 전국 5위권에 들었던 대구미래대학은 2018년 2월, 문을 닫고 말았다. 전문대학 최초의 자진 폐교라는 불명예를 안고 역사의 무대에서 사라지게 된 것이다. 2011년 구재단이 경영에 복귀하기 전의 임시이사 체제에서도 대학이 이렇게 빠르게 추락할지는 누구도 예상하지 못했다. 2003년과 2004년에는 교육부의 '전문대학 특성화사업'에 선정됐으며, 2006년에는 '주문식 교육 지원사업'에, 2006년과 2007년에는 노동부의 '대학 취업지원 기능 확충사업'에 선정될 정도로 최소한의 경쟁력은 유지하고 있었다. 그리고 2007년과 2008년에는 '전문대학 특성화사업'에, 2009년에도 '교육역량강화사업'에 선정되어 폐교를 걱정해야 할 정도의 위기 상황도 아니었다.

그러나 2011년 9월에 복귀한 구재단이 대학 경쟁력 제고에는 관심 없이 대구대학교 경영권 찾기에만 몰두하는 사이, 대구미래대학은 한 해 한 해 무서운 속도로 경영 악화의 길을 걷게 된 것이다. 학교 경영진의 무책임과 무능, 도를 넘은 탐욕이 어떻게 분규를 낳고, 나아가 어떻게 몰락하게 되는지를 보여 준 전형적인 사례였다. 그리고 그 과정을 대구대학교 구성원은 물론 대구·경북 지역사회가 생생하게 목격한 것이다.

구재단의 끝없는 대구대학교 복귀 기도

2014년 5월, 임시이사진이 재파견된 뒤에도 이예숙 총장과 이근민 이사장, 두 남매의 대구대학교 복귀 기도는 전혀 수그러들지 않았다. 대학사회에서는 있을 수 없는 비상식과 탈법, 불법이 동원됐다. 몇 가지 예를 들어 본다.

첫째 영광학원의 이사회 회의장 주변에는 늘 대학이나 재단과는 관계없는 이들이 동원되곤 했다. 이예숙 씨가 경영하고 있던 경북영광학교의 교직원, 대구미래대학교의 교직원과 씨름 선수도 자주 영광학원 이사회 회의장 주변에서 목격되곤 했다.

둘째, 서울의 각종 극우 성향 단체들까지 동원되었다. 2015년 2월 25일이었다. 오전 11시 20분경, 대형 버스 3대가 대학 정문 앞에 당도했다. 낯선 어르신들이 각종 피켓과 현수막을 펼쳐 들고 정문 앞에 줄지어 섰다. '어버이연합', '교육과 학교를 위한 학부모연합', '그린교육연합', '반국가척결 국민교육연합' 등의 단체명이 현수막과 피켓 등에 적혀 있었다. TV 뉴스로 보던 극우 정치 집회에 자주 등장하던 단체들이었다.

누군가가 성명서를 읽고 구호를 외쳤다. 홍 총장은 사퇴하라는 것이었다. 오래전에 국가보안법 폐지 지지 서명을 했다는 것과 교비 횡령범이기 때문이라는 것이었다. '교육과 학교를 위한 학부모연합' 대표라고 밝힌 김○○ 씨는 몇 명의 일행과 함께 총장실까지 찾아왔다. 마침 나는 학교에 없던 시간이었다. 그들은 홍 총장은 퇴진하라는 내용의 성명서

극우 성향 단체들이 몰려와 시위를 벌이는 모습(2015. 2. 25. 학교 정문 앞).

를 놓고 갔다.

김○○ 대표는 교육부도 수차례 방문해 홍 총장을 왜 해임하지 않느냐며 거칠게 항의하기도 했다. 김○○ 대표와 어버이연합의 몇몇 노인이 대법원과 청와대 앞에서 나를 비난하는 내용의 피켓을 들고 시위하는 장면도 여러 차례 목격되기도 했다.

셋째, 구재단은 일부 국회의원들까지 민원 해결사로 동원하곤 했다. 특히 보수당의 유력 정치인들을 동원하는 데 주력했다. 그들에게는 주로 나와 대구대학교 교수를 좌파로 매도해 공격하는 방식으로 접근했다. 하지만 문재인 정부 출범 후에는 집권 민주당 의원을 대상으로 해서도 로비전을 펼쳤다. 그들에게는 나를 사학 비리범으로 공격하며 접근

했다. 대학 사정과 분규의 역사, 내용을 정확히 알지 못하면서 구재단의 로비에 휘둘려 구재단을 지원해 준 여야 정치인들을 만나 상황을 설명하고 이해를 구한 적이 여러 번이었다.

넷째, 구재단의 나에 대한 음해와 비방은 총장 임기 8년 동안 계속됐다. 나를 사회적으로 매장하려 했다고 하는 편이 정확할 것이다. 예를 들면 2014년 11월의 일이었다. 대구KBS에서 섭외가 들어왔다. 한 달여 간 매주 토요일마다 심야 생방송 토론(KBS대구 특별기획 대토론)을 준비하고 있는데 사회자로 출연해 달라는 것이었다. 대구KBS는 10여 년 전 평 교수 시절에 시사 토론, 시사 고발 프로그램의 사회를 맡아 일했던 적이 있었다. 비록 고단한 일이었지만 수락했다. 예고 프로그램이 방송되자 구재단을 따르는 일부 교수와 외부에서 동원된 청년들이 대구KBS 정문 앞에서 시위를 했다. 대구KBS 간부진을 방문해 거칠게 항의도 했다. 방송 사회자를 교체하라는 것이었다.

이런 일도 있었다. 2015년 4월 24일, 전국 사립대학 총장협의회 총회 행사가 대구대학교에서 열렸다. 나는 부회장을 맡고 있었다. 전국의 사립대학 총장들에게 우리 대학의 훌륭한 건학 정신과 수려한 캠퍼스 환경, 그리고 우수한 교육 여건을 선보일 좋은 기회였다. 그러나 구재단 인사들은 그렇게 보지 않았다. 공대위 소속의 교수 4명이 사립대학 총장들에게 편지를 보냈다. 홍덕률 총장은 더 이상 대구대학교의 총장이 아니니 대구대학교에서 총회가 열려선 안 된다는 취지의 문건이었다. 그러면서 행사에 참석하지 말아 달라고 했다. 구재단 인사들은 행사 당일 회

의장 입구에서 대구대학교를 찾은 전국의 사립대학 총장들에게 나를 비방하는 내용의 유인물을 배포하기도 했다. 부끄러운 일이었다. 그래도 행사는 예정대로 진행됐고 성공리에 마칠 수 있었다. 도 넘은 방해와 분규를 걱정하며 대학을 방문했던 전국의 사립대학 총장들이 대구대학교의 우수한 교육 환경과 발전상에 매우 우호적인 인상을 받고 돌아갔다.

대형 신문 비방 광고

다섯째, 신문광고다. 재단 정상화의 주요 고비 때마다 『조선일보』와 『동아일보』를 비롯해 지역의 『매일신문』과 『영남일보』 등 여러 일간지에 대형 광고가 등장했다. 광고가 집중된 시기는, 사분위가 영광학원의 정이사 배분을 본격 논의하던 2011년 2~3월, 11대 총장선거가 진행되던 2013년 9월, 임시이사가 파견되고 11대 총장 인준 여부를 집중 논의하던 2014년 5~8월이었다. 요지는 나를 횡령범, 범법자로 비난하며 당시 이명박·박근혜 정부와 교육부 장관, 사분위, 이사회 등에 호소하거나 압박하는 내용이었다. 보수 정권 때였으니 나를 좌파, 빨갱이, 고정간첩으로 매도하는 투서는 청와대와 교육부 등 주요 정부 기관에도 수시로 뿌려졌다. 자신들이 영광학원과 대구대학교를 장악하는 데 장애가 된다고 여긴 주요 인사들도 함께 공격했다. 심지어 이상희 이사장과 조해녕 이사장, 박윤흔 임시이사를 비롯한 보수계의 원로 지도자와 자신들의 형제이기도 한 설립자의 장손 이근용도 피해 갈 수 없었다.

구재단의 신문광고 일람 (2011.2.~2014.8.)

	매체명	일자	광고 제목	비고
1	조선일보	2011.2.17.	영광학원 정상화를 위한 대통령님께 드리는 호소문	사분위에서 정이사 구성 논의 기간
2	조선일보	2011.3.16.	영광학원 정상화를 위해 대통령님께 독립유공자협회에서 드리는 호소문	
3	매일신문	2013.9.9.	대구대 총장 홍덕률과 이사장 이상희는 즉각 사퇴하라	11대 총장선거 기간
4	영남일보	2013.9.10.		
5	경북매일신문	2013.9.10.		
6	경북일보	2013.9.11.		
7	경북도민일보	2013.9.11.		
8	동아일보	2013.9.12.	대구대 총장 홍덕률과 이사장 이상희는 즉각 사퇴하라 + 총장 초빙 공고	
9	오마이뉴스	2013.9.12.		
10	조선일보	2014.5.27.	한국은 교피아, 법피아, 정피아가 망치고 있습니다.	임시이사 임명 전날
11	조선일보	2014.6.3.	박근혜 대통령님께 드리는 호소문	임시이사회의 총장 인준 논의 기간
12	조선일보	2014.6.10.	존경하는 박근혜 대통령님께 간곡히 호소합니다.	
13	매일신문	2014.7.11.	부패한 홍덕률은 이제 대구대학교를 떠나야 한다	
14	조선일보	2014.7.31.	박근혜 대통령님 도와주세요 (1)	임시이사회의 총장 인준 이후
15	조선일보	2014.8.12.	박근혜 대통령님 도와주세요 (2)	

* 광고의 명의는 대부분 '대구대학교 정상화를 위한 교직원공동대책위원회'(공대위)였으며, 1~2는 대학 밖의 단체, 13은 '대구대학교(영광학원) 설립자 유족 일동'이었다.

끝없는 고소·고발

여섯째, 고소·고발이다. 나는 수없이 많은 고소·고발에 시달려야 했다. 대부분 '혐의 없음'으로 처리되었지만, 앞에서 언급한 한 건은 결국 '벌금 1천만 원'의 판결을 받았다. 나뿐만이 아니다. 함께 대학을 운영해 온 부총장과 교수회 의장, 대학과 교수회의 핵심 임원들도 고소·고발을 당했다. 언론사 기자들 가운데 언론중재위원회에 고발당한 사례 역시 부지기수였다. 자신들에게 우호적이지 않은 기사에 대해서는 사사건건 언론중재위원회에 제소한 것이다.

교육부 장관도 숱하게 소송을 당했다. 교육부 장관이 취한 행정조치들, 예컨대 2011년 11월에 구성된 정이사 전원을 해임(임원취임 승인취소. 2014. 3. 14.)한 일, 영광학원에 임시이사를 임명(2014. 5. 28.)한 일 등도 모두 행정소송을 당했다. 그때마다 실제 당사자인 대구대학교(영광학원)는 재판에 직간접으로 대응해야 했음은 물론이다.

또 있다. 공○○, 권○○, 배○○, 장○○ 등 4명의 '공대위' 소속 교수는 내가 대법원에서 '벌금 1천만 원'의 확정 판결을 받은(2015. 2. 26.) 후 곧바로 나를 상대로 '총장지위 부존재 확인'을 구하는 소송도 제기했다. '벌금 1천만 원의 판결을 받은 홍 총장은 총장으로서 법적 자격이 없다'고 주장한 것이다. 부장판사 출신의 경북대 로스쿨 교수이던 권혁재 이사장과 임시이사들이 법률 검토를 거쳐 총장에 임명했고 교육부도 법률 검토 후 총장 취임을 승인한 뒤였다. 가처분소송, 본안소송 1심 판결, 본안소송 항소심 판결 모두에서 승소했음은 물론이다.

좀 특이한 소송도 하나 있었다. 정년퇴임 직후 대법원에서 징역형이 확정된 강○○ 교수가 나와 이상기 부총장과 변찬석 교무처장을 상대로 제기한 형사 및 민사 소송이었다. 나와 이상기 부총장과 변찬석 교무처장이, 자신이 정년퇴직한 후 시간 강의를 할 수 없도록 부당하게 조치했다는 것이 형사소송의 이유였고, 그 기간 중에 시간 강의를 하지 못해 입은 손해를 배상하라는 것이 민사소송의 요지였다. 총장직에서 물러나고 대학을 떠난 후에도 소송에 대응해야 했던 것이다. 형사소송과 민사소송 모두에서 승소했지만 끝없이 소송에 시달려야 하는 상황이 답답했다. 이상기 부총장과 변찬석 교무처장까지 그 일을 겪게 한 것이 마음이 아팠다.

다행인 것은 권혁재 이사장 체제의 임시이사회(2014.5.28.~2015.5.27.)와 2개월 뒤에 새로 구성된 한부환 이사장(전 법무부 차관) 체제의 임시이사회(2015.7.31.~2018.1.30.)가 구재단의 어떤 법적 공격에도 흔들리지 않고 중심을 잡아 준 것이었다. 2015년 7월에 새로 구성된 임시이사진 명단은 오른쪽 표와 같다.

권혁재 이사장에 이어 한부환 이사장 역시 법률 전문가였던 것도 다행이었다. 두 이사장이 임시이사회를 이끌 때 구재단의 각종 소송 공세가 집중됐기 때문이다. 법률 쟁점이 워낙 복잡해 비전문가로서는 이해하기가 쉽지 않은 경우도 종종 있었다. 권혁재 이사장과 한부환 이사장 모두 전문지식과 뚝심으로 구재단으로부터의 복잡한 소송에 흔들림 없이 대응해 대학과 재단을 지켜 주었다.

새로 구성된 임시이사진 명단 (2015.7.31.~2018.1.30.)

성명	소속	임기
한부환	변호사, 전 법무부 차관	2015.7.31. ~ 2018.1.30.
이춘수	충북대학교 사회교육과 교수	2015.7.31. ~ 2016.8.11.
김유환	이화여자대학교 법학전문대학원 교수	2015.7.31. ~ 2016.3.17.
김규원	경북대학교 사회학과 교수	2015.7.31. ~ 2018.1.30.
김사철	대구교육청 교육국장	2015.7.31. ~ 2017.1.30.
김명훈	경북교육청 부교육감	2015.7.31. ~ 2017.1.30.
류승우	회계법인 대표	2015.7.31. ~ 2018.1.30.
권대우	한양대학교 법학전문대학원 교수	2016.5.18. ~ 2018.1.30.

이근민 입장 선회하고 이예숙은 또다시 구속되다

수년간 계속되어 온 구재단의 대구대학교(영광학원) 경영 복귀 기도와 좌절, 폐교 위기에까지 내몰린 대구미래대학교, 그리고 대구미래대학교 임금체불 소송을 거치면서 이근민 이사장과 이예숙 총장은 결국 결별하게 되었다. 오랜 세월 손잡고 자신들의 형제인 이근용과 나, 대학 구성원에 적대해 온 구재단의 두 핵심 인사가 등을 돌린 것이다.

2016년 2월 중순 어느 날, 오전 11시경이었다. 이근민 전 애광학원(대구미래대학) 이사장이 학교 집무실로 나를 찾아왔다. 그는 대구대학교 재활과학대학 교수이기도 했다. 부인도 동행했다. 부인은 2015년 9월부터 애광학원 이사장을 맡고 있었다.[80]

이근민 교수는 며칠 전, 형인 이근용 부총장과 만나 오랜 적대 관계를 해소하고 화해했다고 했다. 그와 내가 나눈 대화를 요약하면 다음과 같다.

이근민 교수: 누나 이예숙과는 헤어졌다. 실은 오래전부터 관계가 안 좋았다. 누나에게 대구미래대학 총장을 맡긴 것을 후회하고 있다. 총장직에서 물러나 달라고 했지만 듣지 않았다. 결국 선친(이태영 총장)이 물려준 대구미래대학이 완전히 몰락하게 되었다. 그동안 홍 총장님과 대구대학교에 적대적으로 행동한 것에 대해 사과한다. 그리고 대구대학교를 이렇게까지 잘 운영해서 발전시켜 준 데 대해 감사드린다. 앞으로는 대구대학교와 영광학원 경영권에 대해 욕심내지 않을 것이다. 대구대학교와 영광학원에 대해서는 형님에게 권한이 있다. 그것은 선친인 이태영 총장의 뜻이기도 했고 어머니인 고은애 여사의 뜻이기도 하다.

나: 그간의 일에 대해 내가 개인적으로 용서하고 화해하는 것은 부차적인 일이다. 그동안 나 혼자 고생한 것도 아니고 나 혼자 비난과 공격을 받은 것도 아니다. 대학 구성원들과 지역사회 인사들까지 수년에 걸쳐 이근민 교수의 부당한 처신으로 인해 말로 다 할 수 없는 고통을 치러야 했다. 그들에게 공개적으로 사과하는 것이 더 중요하다. 교육부와 사학분쟁조정위원회, 지역 언론 등에도 지금 내게 말한 반성과

---

[80] 2015년 8월에 임기를 마친 이근민 이사장이 교수들로부터 임금체불로 고발되어 재판받고 있던 중이어서 교육부로부터 이사 연임 승인을 받지 못하게 되자 부인이 이사장을 맡게 된 것이다.

입장 전환의 뜻을 정확하게 전달해 주면 좋겠다. 그렇게 해야 대학 구성원들이 이 교수의 진정성을 신뢰하게 될 것이다. 그렇게 되면 나 역시 이 교수의 화해 요청을 외면할 이유가 없다.

이근민 교수: 그렇게 하겠다.

놀라운 입장 선회였고 경천동지할 상황 변화였다. 그 후 그는 내게 약속한 일련의 후속 조치들을 밟았다. 2월 24일에는 자신의 바뀐 입장을 정리해 언론사에 배포했다. 지역 언론들도 놀라워했다. 이제 나도 그의 진정성을 믿기로 했다. 재단 정상화를 둘러싼 그간의 피로감이 녹아내리는 듯했다. 그의 입장 선회는 앞으로 다시 진행될 재단 정상화에서 이근용 교수와 대학 구성원에게 유리하게 작용할 것이기 때문이었다. 그는 모친 고은애 여사, 누나 이예숙과 함께 대구대학교와 영광학원의 경영권을 차지하기 위해 오랜 세월 대학 구성원과 나에게 말할 수 없는 고통을 안겼지만, 막판의 입장 선회로 극적인 계기를 만들어 주었다. 하지만 이근민 교수의 누나인 이예숙은 전혀 달라지지 않았다. 자신과의 결별을 선언한 둘째 동생, 이근민 전 이사장을 맹렬하게 비난했다.

2017년 8월 31일이었다. 대학의 관재팀 직원으로부터 긴급 보고가 올라왔다. 이예숙 씨가 거주하고 있던 캠퍼스 내 게스트하우스(문천관)를 대구지방검찰청 특수부 조사관들이 압수수색하고 있다는 것이었다. 몇 시간 지나지 않아 뉴스가 떴다. 이예숙 씨의 거처를 비롯해 건설회사, 대구미래대학 일부 사무실, 경북영광학교 사무실 등 무려 여덟 군데에 동시 압수수색이 단행됐다는 보도였다. 다시 며칠이 지나 9월 8일이었다. 이예숙 총장의 측근으로 알려진 두 사람이 구속됐다고 보도되었다. 그중 한 사람은 경북교육청 공무원이었다. 그리고 9월 21일에는 이예숙 본인이 구속되고 29일에는 기소되었다. 뇌물 공여, 교수 채용 비리, 횡령, 배임 등의 혐의가 기소 이유라고 했다. 그들 외에 건설회사 관계자와 뇌물을 주고 교사로 채용된 이들을 포함해 모두 11명이 기소되었다고 했다.

1심 재판 결과는 내가 총장직에서 물러난 뒤인 2018년 8월 16일에 나왔다. 이예숙은 징역 2년, 추징금 1억 1천여만 원의 형을 선고받았다. 다음은 『영남일보』 기사다.[81]

이예숙 前 대구미래대 총장 1심서 징역 2년형

— 횡령 등 혐의 … 추징금 1억여 원

교비 횡령 등 혐의로 재판에 넘겨진 이예숙 전 대구미래대 총장이 1심에서 실형을 선고받았다. 대구지법 제5형사 단독(부장판사 이창렬)은 16일 업무상 횡령·배임, 배임수재 등 혐의로 기소된 이 전 총장(61)에 대해 징역 2년에 추징금 1억 1천만 원을 선고하고 법정 구속했다. 앞서 검찰은 지난 3월 13일 열린 결심공판에서 이 전 총장에게 징역 6년을 구형하고, 1억 1천여만 원을 추징할 것을 법원에 요청한 바 있다.

---

81 「이예숙 전 대구미래대 총장 1심서 징역 2년형 — 횡령 등 혐의 … 추징금 1억여 원」, 『영남일보』 2018. 8. 17. (https://www.yeongnam.com/web/view.php?key=20180817.010060722110001#)

이창렬 부장판사는 "학원 설립자의 후손으로 학교와 장애인 복지 향상 등 사회적 의무를 다해야 하는데도 이를 도외시한 채 교사 채용 대가나 공사 관련 리베이트를 받는 등 일반인의 신뢰를 해쳤다"며 "다만 개인적으로 사용한 법인카드 금액이 크지 않은 점 등을 종합했다"고 양형 이유를 설명했다.

이 전 총장은 2009~2012년 경북영광학교 교장으로 재직하면서 교비 등 1억 8천여만 원을 횡령한 혐의로 기소됐다. 또 2013년부터 지난해까지 교직원 5명을 채용하는 대가로 1억 3천여만 원을 챙기고, 학교 재단 등 법인카드를 개인 용도로 1억 9천만 원가량 사용한 혐의도 받고 있다.

경북영광학교에 예산을 배정해 준 대가로 가족을 학교와 부설단체에 채용시킨 혐의로 함께 재판에 넘겨진 경북교육청 전 공무원 A씨(60)에게도 징역 1년 6월에 벌금 4천만 원이 선고됐다.

그의 법정 구속을 보는 것이 편할 리 없었다. 설립자 이영식 목사로 보면 손녀이고 이태영 전 총장에게는 장녀. 그로 인해 나를 포함해 대학 구성원과 대학이 말로 할 수 없는 고통과 혼돈을 겪어야 했지만 그의 비리, 구속, 대구미래대학교 폐교 사태 등을 지켜봐야 했던 나는 사실 많이 착잡했다.

하지만 대학 구성원은 대학과 이사회가 구재단으로 넘어갈 위험이 크게 줄어들게 됐다는 생각에 안도하는 분위기가 역력했다. 실제로 이예숙의 구속은 대구대학교와 영광학원의 분규, 그리고 재단 정상화가 완전히 새로운 국면에 접어들었음을 의미했다.

25년 만에 해방된, 구재단과의 진흙탕 싸움

2018년 7월 21일까지의 총장 임기를 3개월 반 정도 남겨 둔 3월 30일, 총장직을 사임했다. 6월 13일로 예정되어 있던 대구교육감 선거에 출마하기 위해서였다. 2017년 말부터 지역의 교육계 및 시민사회계 인사들로부터 출마를 종용받아 옥신각신하다 뒤늦게 내린 결정이었다. 하지만 결과는 실패였다.

2018년 신입생 모집을 마무리하고 1학기 중 가장 중요한 업무이기도 한 대학역량강화사업 계획서를 교육부에 제출한 직후였다. 대학의 경쟁력 여건은 어느 정도 안정권에 올려놓은 데다, 재단 정상화와 관련해서도 이근민 전 이사장의 입장 선회(2016.2.)와 이예숙의 기소(2017.9.)로 대학 구성원과 나와 이근용 부총장에 적대해 온 구재단 핵심이 사실상 해체된 뒤였다. 2017년 5월의 문재인 정부 출범도 재단 정상화에 유리하게 작용했다.[82] 문재인 정부 출범 후에 구성된 사분위에도 진보 인사들이 몇 합류했다. 사분위원 11명 가운데 3인을 대통령이 지명할 수 있기 때문이다. 내가 총장직을 사임하기 직전인 2018년 2월 24일에 새롭게 구성된 임시이사회 역시 대부분 진보 성향 인사들로 채워졌다. 이 역시 향후 재단 정상화에 매우 유리한 변수였다.

---

82 실제로 재단 정상화 과제로 몸살을 앓는 대학에서 재단에 맞서는 교수와 학생 대부분은 정권의 중요성을 몸으로 체험한다. 보수 정권은 재단에 우호적이고 정상화 과정에서도 재단의 입장을 반영하는 반면, 진보 정권의 경우는 재단에 맞서는 교수와 학생 및 대학 내 민주화운동 그룹에 우호적이기 때문이다.

2차 재단 정상화 당시 임시이사진 명단 (2018.2.~2019.4.)

성명	소속 및 직위
이정우	경북대학교 경제학과 명예교수, 참여정부 대통령실 정책실장
김영화	경북대학교 사회복지학과 교수
김종서	배재대학교 법학과 교수
이재동	변호사, 전 대구지방변호사회 회장
조흥식	서울대학교 사회복지학과 교수
이승도	회계사
황성환	경상북도 부교육감

어쨌든 8년여의 총장 재직 중에 쌓였던 스트레스에, 두 달 반의 교육감 선거운동 중에 쌓인 피로로 몸은 만신창이가 됐다. 정신적 피로도 거의 극한이었다. 휴식이 절대적으로 필요했다. 다행히 2018년 9월부터 1년의 연구년을 승인받았고, 지친 몸과 정신을 추스를 수 있었다.

2018년 6월, 사분위는 대구대학교 재단 정상화를 다시 추진하기로 했다. 나는 연구년 중인 평교수 신분으로 재단 정상화 작업에 뛰어들어야 했다. 재단 정상화는 여전히 챙겨야 할 중요한 과제였기 때문이다. 재단 정상화를 위해 수년 동안 나와 함께 고생한, 하지만 이제는 평교수로 돌아온 몇몇 후배 교수와 마무리 작업에 혼신의 힘을 기울였다. 2018년 5월에 나의 후임 총장으로 취임한 이는 2013년 9월 총장선거에서 나에게 패배한 김상호 문헌정보학과 교수였다. 구재단 측 교수들의 지지도 함께 받아 당선된 총장이었기에 '건강한 재단 정상화'를 위해서는 불리한 변수였다.

2019년 4월 14일, 드디어 교육부는 대구대학교(영광학원)의 정이사진 명단을 발표했다. 대학 구성원의 의견과 함께 대학 구성원과 연대해 구재단의 복귀를 막아 내는 데 애써 온 설립자의 장손 이근용 대구사이버대학교 총장의 의견이 상당 부분 반영되었다. 교육부 장관의 추천 인사도 구재단의 이해를 대변하지 않을 합리적 인사였다. 개방이사 2인도 합리적인 인사로 채워졌다.

총장 임기 8년여 동안 나와 대학 구성원을 힘들게 한 구재단의 의견은 받아들여지지 않았다. 과거 보수 정권 아래에서는 상상도 할 수 없는 결정이었다. 10년 묵은 체증이 가라앉는 느낌이었다. 내가 총장으로 일할 때는 보수 정권이었기 때문에 구재단의 복귀를 막아 내는 데 전 구성원이 말로 할 수 없는 희생을 치러야 했지만 2018~2019년에는 큰 희생 없이 구재단의 진입을 막아 낼 수 있었다. 수년 동안 재단 정상화를 위해 뛰었던 권욱동, 양진오, 안현효 교수 등이 특히 헌신적으로 수고해 주었다.

그렇다고 그 과정이 간단하기만 한 것은 아니었다. 사분위가 구재단의 의견을 처음부터 배격한 것도 아니었음은 물론이다. 사분위는 이사 정수 7인의 1/4을 개방이사로 해야 한다는 사립학교법에 따라, 개방이사 후보 4명을 포함해 대학과 재단 관련 5개 단체 등에 이사 정수 7명의 3배수인 21명의 이사 후보를 추천하도록 했다. 단체별로는 종전이사협의회에 21명의 과반인 11명의 추천권을 우선 배정했고, 대구대학교 평의원회에는 2명, 대구사이버대학교 평의원회에 1명, 6개 특수학교 운영위원회 연합회에 1명 그리고 관할청인 교육부 장관에게 2명의 추천권을 각각 배정했다.

여기서 논란은 종전이사협의회 몫으로 배정된 11명의 이사 후보 추천이었다. 종전이사는 이상희, 이근용, 함귀용, 박영선 이사 등 4인이었다. 위 4인은 2011년에 정이사로 선임됐다가 황수관 이사의 사망으로 이사회가 기능 마비 상태에 빠진 뒤 해임된 5인 이사 중 남아 있던 이들이었다. 사분위는 이들 4인의 이사들이 합의해 11명의 이사 후보를 추천할 것을 요구한 것이다.

그러나 함귀용과 박영선, 두 이사는 정이사회 선임권이 자신들에게 있다며 사분위의 정이사 배분 원칙을 전면 거부하고 종전이사협의회의 논의 과정에 불참했다. 사분위는 이사 추천 마감 시한을 세 차례나 연기해 주었고 종전이사들이 불응하자 사립학교법 시행령의 이해관계인 규정을 적용해 설립자 장손 측 종전이사(이상희, 이근용)와 구재단 측 종전이사(함귀용, 박영선)[83]에게 각각 4인의 이사 후보 추천을 의뢰했다. 하지만 구재단 측 종전이사들은 이마저 거부했고 사분위는 구재단 측 종전이사들이 이사후보 추천 의사가 없는 것으로 간주해 이상희, 이근용 두 이사가 추천한 4인 가운데 2인을 정이사로 선임하게 된 것이다. 박윤흔

---

[83] 2018년 1월, 양승두 이사의 사망 후 구재단 측 종전이사는 함귀용, 박영선 이사 2인만 남게 됐다.

영광학원 정이사진 명단 (2019.4.14. 교육부 발표)

성명	경력	추천인
박윤흔	전 대구대학교 총장 전 환경처 장관 전 학교법인 영광학원 임시이사	설립자 장손 이근용 추천
장익현	영남법무법인 변호사 전 대구지방변호사회 회장	설립자 장손 이근용 추천
송해익	법무법인 삼일 대표변호사 전 민주사회를 위한 변호사모임 대구·경북 대표	대구대학교 평의원회 추천
정대영	창원대학교 특수교육과 교수 전 한국특수교육학회 회장	6개 특수학교 운영위원회 협의회 추천
김효신	경북대학교 법학전문대학원 교수	교육부 추천
장길화	대구대학교 총동창회장 (주)세안정기 대표	개방이사 대구대학교 개방이사 추천위원회 추천
김준호	회계사 한양대학교 겸임 교수	개방이사 대구대학교 개방이사 추천위원회 추천

전 대구대학교 총장과 장익현 전 대구지방변호사회 회장이다. 이로써 구재단 측 종전이사들은 스스로 대구대학교 정이사진 구성 과정에 참여하지 않게 된 것이다.

그들은 교육부가 새로 정이사를 구성한 절차에 대해서도 부당하다며 교육부 장관을 상대로 '정이사 선임처분 취소소송'을 제기했다. 자신들이 영광학원과 대구대학교 경영권을 되찾아야 하는데 부당하게 경영권을 뺏겼다고 주장했다. 하지만 그들의 주장은 2019년 12월 31일 서울행정법원의 기각 결정에 이어, 2021년 10월 14일에는 대법원에서도 기각

됨으로써 대구대학교 재단 정상화는 길고 지루한 법적 공방까지 종결짓게 되었다.

이렇게 해서 구재단과 맞섰던 30여 년의 긴 싸움이 드디어 끝이 났다. 1994년 2월에 시작된 임시이사 체제가 온전히 마감되고 새로운 정이사 체제가 법적 시비를 모두 물리치고 출범하게 된 것이다. 이제 재단과 대학이 협력하며 각자 자신의 역할을 다함으로써 한편으로는 건학 정신을 구현하고 다른 한편으로는 학생들에게 양질의 고등교육을 제공하는 일에 역량을 집중할 수 있게 됐다.

대구대학교 재단 정상화를 맞은 소회

대구대학교와 유사하게 구재단에 맞섰던 대학들이 이명박·박근혜 정부를 거치면서 대부분 구재단의 손에 넘어갔다는 사실에 비추어 보면 대구대학교 사례는 특별한 성과가 아닐 수 없다. 실제로 많은 대학이 구재단에 넘어간 뒤 경쟁력의 추락과 민주주의의 심각한 훼손을 감당해야 했다. 이런 상황이니 언론들도 대구대학교의 재단 정상화를 환영하며 보도했다.

만감이 교차했다. 가장 큰 것은 안타까움과 슬픔, 분노였다. 갈등의 내용과 분규의 성격이 믿기 힘들 정도로 원시적이어서다. 있을 수 없는 일, 있어선 안 되는 일이 비일비재한 대학 현장을 직접 보고 듣고 겪으면서 참 슬펐다. 그 진흙탕 싸움에서 최소한의 상식을 회복하기 위해 오랜 시간 씨름해야 했으니, 그것도 이 나라의 미래를 위해 시간을 쪼개 땀 흘려야 할 교수들과 청년 학생들이 온몸으로 떨쳐 일어나야 했으니 답답한 일이 아닐 수 없었다. 이 일이 이렇게 힘들어야 했던 일인가? 그토록 많은 희생을 치러야 하는 일이었던가? 교육 현장과 교육 행정의 일그러진 실상이 슬펐다. 몰지각한 재단 관계자들과 친재단 정책으로 일관하는 교육부, 심지어 정의감도 없이 무책임하게 개입하던 정치권 실력자들 역시 답답했다.

다른 한편으로 해방감, 안도감도 컸다. 어쨌든 그 지루한 진흙탕 싸움을 마치고 거기서 벗어나게 됐으니 너무 홀가분했다. 구재단 복귀 저지에 실패한 대학들이 대부분인데 대구대학교는 막아 내지 않았는가? 그동안 치른 희생이 아깝지 않다고 생각하기로 했다. 안도감도 컸고 그만큼 보람도 컸다.

그와 함께 고마움과 미안함이 크게 밀려왔다. 첫째는 고된 재단 정상화 과정에서 헌신과 희생을 마다하지 않은 대학 구성원이다. 8년의 임기 동안 교수회, 직원노동조합, 총학생회, 총동창회, 그리고 '영광학원정상화를 위한 범대책위원회'(범대위) 등의 책임을 맡아 화살이 날아오는 맨 앞줄에서 함께 어깨동무하고 길을 헤쳐 준 구성원에게 고마운 마음을 전하고 싶다. 그들 외에도 대학 본부의 처실장 보직을 맡아 수고한 교수, 교무위원, 대학평의원께도 고마운 마음을 전한다. 그들이 마음을 하나로 모아 주지 않았다면 나는 그 무거운 책임과 역할을 결코 감당하지 못했을 뿐만 아니라 대구대학교와 영광학원도 다른 대학들처럼 오래전에 구재단에 넘어갔을 것이다.

둘째는 1994년 2월 이후 약 25년 동안 임시이사로 임명받아 대구대학교와 영광학원의 정상화를 위해 최선을 다해 준 각계 인사들에게도 고마운 마음이 크다. 길든 짧든 영광학원 임시이사로 수고한 각계 전문가들은 모두 100여 명에 이른다. 어느 대학에서나 임시이사의 고난은 말할 수 없이 크다. 민원과 소송에 시달리는 것은 어느 대학에서나 경험하는 흔한 일이다. 그들은 대부분 분규의 와중에 분규 해소와 대학정상화의 임무를 갖고 파견되기 때문이다. 한국사학진흥재단 이사장으로 부임한 후 교육부 관료들과 협의해 임시이사 재단 지원 제도를 마련하고 행·재정적 지원에 나서게 된 것도 그 사정을 잘 알기 때문이었다. 영광학원의 임시이사들도 대학의 어려운 과제들을 합리적으로 판단하며 자신의 일처럼 잘 감당해 주었다. 감사한 일이 아닐 수 없다.

셋째는 대학 밖에서 나와 대학 구성원의 헌신과 열정을 지지하고 응원해 준 지역의 민주시민과 전국의 교육 관계자들 역시 '건강한 재단 정상화'의 은인이었다. 지역의 언론인, 시민단체, 교육운동가들이 그들이다.[84] 지방자치단체장들도 필요한 역할을 맡아 주었다. 그들 외에도 대구대학교의 고민을 진지하게 붙들고 씨름해 준 소수의 사분위원과 교

---

84 앞에서 미처 언급하지 못한 두 분을 특별히 소개하려 한다. 『아시아뉴스통신』의 김상범 국장과 한류문화인진흥재단 문신자 이사장이다. 나에 대한 전폭적인 신뢰 위에서 나와 재단 정상화 과제가 어려움에 처할 때마다 발 벗고 나서서 아낌없는 도움과 응원을 보내 주었다.

육부 관료, 대통령실과 국회의 정치인들에게도 고마운 마음을 전하고 싶다.

대학 민주주의를 위한 대구대학교의 책무

새롭게 구성된 정이사회가 출범한 지 어느덧 5년이 흘렀다. 그사이 4인의 이사가 새로 교체되었다. 대학, 특히 지방 사립대학의 위기가 해가 다르게 심각해지고 있는 이즈음, 정이사진의 책임은 막중하다 할 것이다. 여기서 대학과 재단의 일상적·보편적 과제는 논외로 하고, 대구대학교 재단이 특별하게 해결해야 할 과제에 대해서만 간단히 언급하려 한다. 다름 아닌 재단과 대학의 '건강한 거버넌스 체제'를 확립하는 것이다.

대구대학교의 재단 정상화는 철저하게 대학 구성원과 설립자의 장손인 이근용 총장의 연대 위에서 추진되었다. 나는 그것을 처음부터 '건강한 재단 정상화'라고 명명했다. 총장에 취임하기 전인 2009년 9월, 재단 산하 각급 학교 구성원을 대상으로 한 여론조사에서도 가장 폭넓게 지지받은 재단 정상화 방안이기도 했다. '건학 정신과 대학 민주주의를 양대 가치로 담아내는 재단 정상화'여야 한다는 뜻이었다.

그리고 그러한 정신과 연대는 1차 재단 정상화가 본격 진행되던 2011년 3월에 이근용 교수가 대학 안팎에 공개 선언한 약속으로 튼튼하게 뿌리내리게 됐다. '앞으로 재단의 정이사로 참여하게 되더라도 대학의 소유와 경영은 분리할 것'이라는 약속이자 공개 천명이었다.

    2025년 5월 현재, 설립 70주년을 1년 남겨 놓고 있는 대구대학교와 그보다 10년 앞서 설립된 영광학원은 어느덧 설립자로부터 3대째 계승되어 오늘에 이르고 있다. '사랑·빛·자유'의 건학 정신과 대학의 초석은 설립자 이영식 목사와 그의 장남 이태영 총장에 의해 튼튼하게 자리 잡을 수 있었다. 대학 구성원과 지역사회가 그들을 높게 평가하며 존경하는 것도 그 때문이다.

    하지만 3대에 내려오면서 대구대학교와 영광학원은 심각한 내홍을 앓아야 했다. 유족인 '이예숙-이근민-이○○'와 이근용 간의 다툼이 내홍의 한 축을 형성하고 있었다. 고은애 여사는 장남 이근용을 뺀 2남 1녀의 후원인으로, 이태영 총장의 형제들(동생 이태수와 이광자 여사)은 이근용의 후원인으로 역할을 했지만, 갈등과 적대의 두 당사자는 설립자의 3대손 형제자매들이었다. 그들의 갈등의 본질은 재산 싸움이고 유산 싸움이라고 할 수 있었다. 20여 년이 넘는 긴 세월 동안 대구대학교와 대학 구성원은 그들의 갈등으로 이루 말할 수 없는 피해와 희생을 치러야 했다. 특히 '이예숙-이근민-이○○'는 그들을 후원하는 모친 고은애 여사와 함께 1994년 2월 임시이사가 파견된 후부터 2021년 10월에 2차 재단 정상화가 마무리될 때까지 약 25년여에 걸쳐 대학의 안정과 발전에 치명적인 걸림돌이었다. 그들 중에 이근민만이 2016년 2월에 입장을 바꿨을 뿐이다.

    설립자의 3대손인 이근용이 1993년에 대구대학교를 파국으로 몰고 간 모친의 독선적 대학 경영 방식을 비판하면서 구성원의 의견이 존중되는 민주적 대학 경영의 소신을 천명한 것은 대구대학교와 대학 구성원은 물론 그 자신에게도 뜻깊은 일이었다. 그 선언에 입각해 장손인 이근용과 대학 구성원이 실질적으로 연대하고 모친과 형제들의 재단 복귀를 막아 낸 것 역시 대학 구성원과 이근용, 그리고 대구대학교에 매우 유익하고 의미 있는 경험이고 성과였다.

그리고 그 연대의 이면에는 아무리 설립자의 유족이라 하더라도 독선적이고 부도덕한 사람에 의한 대학 경영은 용인될 수 없다는 원칙에 대한 공감대가 자리했다고 할 수 있다. 그리고 영광학원과 대구대학교의 건학 정신인 '사랑·빛·자유'는 설립자 유족이 독점할 수 없는, 우리 사회의 보편 이념이라는 공감대 또한 폭넓게 자리했던 것이다. 그것은 대구대학교와 영광학원이 향후 건강한 거버넌스 체제를 모색하는 과정에서도 매우 소중한 지침이 될 것이다.

이제 대구대학교 구성원과 이근용 이사를 포함한 정이사진(현 이사장, 김동건 변호사)에게는 안정적인 거버넌스 체제를 구축해야 하는 숙제가 주어져 있다. 정이사진과 대구대학교 직선총장 그리고 교수회와 직원노동조합, 총학생회도 그와 같은 역사적 과제를 정확하게 인식해야 한다. 2011년에 이근용 교수가 내외에 천명하고 그를 계기로 대학 구성원으로 하여금 이근용 교수와의 연대에 나서게 한 '소유와 경영의 분리' 원칙에 기초해서, 이근용 교수는 영광학원과 산하 8개 학교의 건학 정신을 상징하는 역할을 맡고, 대구대학교를 포함해 산하 학교 경영은 학교 구성원의 존경을 받는 전문가로 하여금 책임지도록 하는 선진적인 거버넌스 체제를 설계하고 그 실천 방안을 대학 구성원과 함께 뿌리내리게 해야 할 때라고 생각한다. 그 과제까지 완수되어야 재단 정상화는 비로소 완성된 것이고 재단 정상화의 역사적 의미 역시 온전히 구현된다고 할 수 있을 것이다.

오늘의 대구대학교를 가능하게 한 대학 구성원과 이근용 이사, 대학 본부가 깊이 고려하고 책임져야 할 과제가 하나 더 있다고 생각한다. 대구대학교는 우리나라 대학 민주주의의 선구자로, 최후의 보루로 역할을 해야 한다는 것이다. 민주주의는 포기할 수 없는 대학의 본질이라는 명제, '민주주의가 경쟁력'이라는 명제를 대구대학교가 앞장서 실천하면서 전국의 대학들을 이끌 수 있어야 한다는 것이다. 지역은 물론 전국의 대학 관계자들이 기대하는 대구대학교의 역할이고 사명이라는 사실을 인식하고 적극적으로 실천해야 한다고 믿는다.

특히 우리나라 사립대학의 경우, 구미 선진국의 대학들과 비교해 역사가 짧고 아직 건강한 거버넌스 체제를 확립하지 못해 늘 갈등의 위험을 안고 있다. 많은 사립대학에서 설립자 자손으로의 세습이 일어날 때마다 위기를 되풀이하고 있는 것도 사실이다. 대구대학교는 하나의 사례일 뿐이다. 이제 치명적인 위기를 슬기롭게 극복하고 정이사진을 출범시킨 대구대학교가 자신의 소중한 경험과 자산을 사장하지 않고 먼저 안정적이고 민주적인 거버넌스 체제를 구축해 그것을 전국의 사립대학에 모범적인 모델로 제시할 수 있기를 나는 소망한다.

제3부

대학을 지속 가능하게,

대학을 대학답게

2009년 11월 1일, 총장에 취임할 당시의 대구대학교에는 세 개의 큰 숙제가 있다고 진단했다. 첫째는 재단 정상화를 구성원의 뜻대로 그리고 상식에 입각해 완수하는 것이고, 둘째는 '대학을 대학답게' 하는 것이며, 셋째는 '대학을 지속 가능하게' 하는 것이었다. 앞의 두 과제가 대학의 체제 및 가치와 관련된 과제라면 셋째 과제는 대학의 생존 및 경쟁력과 관련된 과제였다.

재단 정상화 과제가 구재단을 직접 겪은 중견 교수들의 주요 관심사이고, '대학을 대학답게' 하는 과제가 대학과 지식인의 사회적 역할에 대해 인문학적으로 고민하는 이들의 관심사였다면, 대학의 경쟁력 과제는 주로 소장 학자들의 관심사였다. 대학 경쟁력이 추락해 대학의 생존 자체가 위협받게 된다면 '건강한 재단 정상화'와 '대학의 사회적 역할'이 무슨 의미가 있겠는가 하는 '경쟁력 우선론'이 소장 교수들과 이공계 교수들 사이에 널리 퍼져 있었다.

실제로 대학을 둘러싼 환경은 총장 취임 후 한 해가 다르게 엄혹해졌다. 가장 큰 요인은 2009년부터 시작된 등록금 동결 정책이었다. 8년 임기 내내 이어졌고 그 후 2024년까지 계속됐다. 대학들이 재정 압박에 시달리기 시작했으며, '재정 위기·생존 위기'가 대학가의 최대 화두로 등장했다. 폐교하는 대학이 속출하기 시작한 것도 위기의식을 부추겼다. 총장 취임 전인 2000년과 2008년에 전국에서 각각 1개와 2개의 대학이 폐교한 반면, 나의 총장 임기 8년 동안에는 무려 13개의 대학이 강제 폐교되거나 자진 폐교했다. 특히 16개의 폐교 대학 중 5개 대학이 대구·경북권 소재 대학이라는 사실은 대구·경북권 대학들에게 심각한 위기로 느껴지기에 충분했다.

더 큰 문제는 재정 압박을 타개할 수 있는 수단이 별로 없다는 것이었다. 예컨대 외부로부터 기부금을 유치하는 방안도 쉽지 않다. 우리나라는 대학에 기부하는 문화가 매우 취약하고 소수의 대기업 기부는 대개 수도권 명문 대학에 집중되고 있는 것이 현실이다. 총장으로 일할 때의 대구대학교는 재단 분규가 극심한 상황이어서 기부금 유치는 더더욱 불가능했다.

학교 재단으로부터의 재정 지원을 늘리는 것도 전국의 대부분 사립대학에서는 기대 난망이다. 현실적으로 재정 여력이 없는 경우가 대부분

총장 임기 중 폐교된 대학 명단

학교명	대학 폐쇄일	구분 1	구분 2
명신대학교	2012.2.29.	일반대학 (4년제)	강제 폐쇄
선교청대학교	2012.8.31.	일반대학 (4년제)	강제 폐쇄
국제문화대학원대학교	2014.2.28.	일반대학 (4년제)	강제 폐쇄
대구외국어대학교	2018.2.28.	일반대학 (4년제)	강제 폐쇄
서남대학교	2018.2.28.	일반대학 (4년제)	강제 폐쇄
한중대학교	2018.2.28.	일반대학 (4년제)	강제 폐쇄
성화대학교	2012.2.29.	전문대학	강제 폐쇄
벽성대학교	2014.8.31.	전문대학	강제 폐쇄
건동대학교	2013.2.28.	일반대학 (4년제)	자진 폐쇄
경북외국어대학교	2013.8.31.	일반대학 (4년제)	자진 폐쇄
인제대학원대학교	2015.8.31.	일반대학 (4년제)	자진 폐쇄
대구미래대학교	2018.2.28.	전문대학	자진 폐쇄
한민학교	2013.8.31.	각종학교	자진 폐쇄

이기 때문이다. 특히 영광학원의 재정 사정은 최악이었다. 교직원의 연금 부담금도 감당하지 못해 교육부의 승인하에 교비로 부담할 정도였다. 대학교육협의회가 주관하는 기관평가 인증을 준비하면서 기관 인증에 필수 지표인 '재단 전입금'의 최소 기준을 채우지 못해 교수와 직원의 성금으로 해결한 적도 있었다.

총장과 대학 구성원이 강구할 수 있는 현실적인 방안은 두 가지였다. 하나는 성공적인 학생 유치다. 엄밀히 말하면 재정 유치라고는 할 수 없지만, 학령인구 급감 시대에 사립대학이 최악의 재정 압박을 피해 가기 위한 절체절명의 과제였다. 사립대학 재정의 절대 비중을 학생 등록금에 의존하는 재정 구조 때문이었다. 신입생 충원율을 100% 달성하고 재학생 이탈을 방지해 재학생 충원율을 최대치로 유지하는 것이 중요했다. 엄밀히 말하면 재정 압박을 이겨 낼 방안이라기보다는 최악의 재정 파탄을 막기 위한 마지막 보루라고 할 수 있는 것이었다. 이를 위해서는 구성원의 뼈를 깎는 구조 개혁, 예컨대 학생이 선호하는 학과 편제로 재편하고 교육 경쟁력을 강화하는 것이 필수 과제로 등장했다.[85] 성인 학습자와 외국인 유학생을 확충하는 방안도 그 못지않게 중요했다. 교육 경쟁력과 함께 대학 브랜드 제고를 위한 방안도 고민하지 않으면 안 됐다.

다음 중요한 방안은 정부재정지원사업을 유치하는 것이었다. 재정 압박 타개를 위해서뿐만 아니라 대학 브랜드 제고와 학생 유치를 위해서도 중요한 과제였다. 대학마다 사업 유치에 팔을 걷고 뛰어드는 이유이기도 하다. 정부재정지원사업 유치를 위한 전제가 하나 있다. 교육부의 대학 평가를 잘 받는 것이었다. 특히 나의 총장 임기였던 이명박 정부와 박근혜 정부는 대학 평가 결과와 정부재정지원, 입학정원 감축, 심지어 폐교 대학 선별을 연계함으로써 대학마다 대학 평가에 사활을 걸지 않을 수 없게 했다. 먼저 교육부의 대학 평가에서 좋은 평가를 받기 위해 기울인 노력을 돌아보기로 한다.

---

[85] 이 책에서는 소개할 여유가 없어 부득이 생략했지만 두 번째 임기 중이던 2015년, 나는 대구대학교 역사상 최초로 몇 개 학과를 통폐합하는 구조조정을 단행했다. 일부 교수와 학생들의 반대로 곤욕을 치르긴 했지만, 학생 등록금으로 재정을 운영해야 하는 지방 사립대학으로서 미래 경쟁력을 위해 불가피한 조치였다.

1.
대학 평가와 정부재정지원사업 유치에 사활 걸다

처음부터 시작하다

안타깝게도 취임 당시 대구대학교는 교육부의 대학 평가 및 정부의 대형 재정지원사업 유치 실적이 모두 안 좋았다. 지역거점연구단 육성사업, 광역경제권 선도산업 인재양성사업, 산학협력 중심대학 육성사업 등 교육부의 3대 재정지원사업도 모두 놓쳤다. 소장 교수와 직원 사이에서 우려와 패배의식이 확산한 것도 그 때문이었다.

총장선거에 당선되고 취임을 준비하는 1달 반 동안 집중적으로 연구한 주제도 정부재정지원사업에서 연이어 탈락한 원인을 분석하는 것이었다. 가장 큰 요인은 예상한 대로 대학의 주요 지표들이 기준에 미치지 못하는 것이었다. 교육부가 2008년부터 시행해 온 교육역량강화사업의 평가 지표 가운데 특히 교원 충원율과 재학생 충원율, 취업률 등의 주요 지표가 안 좋았다.

취임 이듬해인 2010년 봄에 맞닥뜨린 첫 정부재정지원사업도 교육부의 '2010 교육역량강화사업'이었다. 지표를 분석한 후 내린 결론은 사업 선정 가능성이 적다는 것이었다. 평가에는 2~3년 전 혹은 최소한 1년 전 현황이 반영되기 때문에 취임 후 4개월 노력한 것으로는 만회할 수 없는 구조였다. 교육부의 선정 대학 명단 발표를 앞두고 피 말리는 하루하루를 보냈다. 전국의 거의 모든 대학을 대상으로 한 상대평가여서 발표 당일까지 결과를 예측할 수 없었기 때문이다. 우려한 대로 탈락이었다. 사업에 선정된 85개 대학에 들지 못한 것이다.

막상 결과를 손에 쥐고 보니 걱정이 이만저만이 아니었다. 교육역량강화사업에 탈락한다는 것은 교육부로부터 재정 지원을 받지 못하는 것을 넘어 부실 대학으로 낙인찍힐 가능성이 크다는 것을 의미했기 때문이다. 그것은 다시 학생 유치에 부정적으로 작용할 것이고 구성원의 사기 저하를 초래할 것이 자명했기 때문이다.

이전의 대학 경영 책임자들이 원망스럽기도 했다. 하지만 의미 없는 일, 내년부터라도 사업에 선정될 수 있도록 준비하는 것이 중요했다. 우선 학과장 비상회의를 소집했다. 방과 후 학과장 회의는 대학 역사상 처음이었다. 대학이 처한 사정, 특히 주요 지표의 현황을 있는 그대로 공개했다. 왜 탈락할 수밖에 없었는지, 교육역량강화사업을 비롯한 정부재정지원사업을 유치하는 것이 왜 중요한지, 어떻게 해야 사업에 선정될 수 있는지 설명했다. 앞으로는 대학의 주요 지표와 경영 정보를 전 교수와 공유하겠다는 방침도 천명했다. 학과장들은 매우 진지하게 들었고 자유롭게 토론을 이어 갔다. 학교 사정이 이토록 위중한데 왜 이제야 비상회의를 소집했는지 아쉽다는 학과장이 많았다. 대부분 학교 사정을 정확하게 이해할 수 있게 됐다며 고마워하는 분위기였다.

3개월 정도 지나서였다. 6월 11일 금요일 저녁, 최철영 기획처장이 급하게 집무실 문을 두드렸다. 그는 한국연구재단에서 방금 당도한 공문이라며 내게 건넸다. 교육역량강화사업에 추가로 선정됐다는 것이다. 석 달 전에 발표된 선정 대학 가운데 한 대학이 부당하게 선정된 것으로 확인되어 취소하고 다음 순번인 대구대학교를 대체 선정했다고 했다.

환호했다. 이제 내년도 사업 도전에 유리한 여건이 조성된 것이다. 경쟁력을 높이고 지표를 관리하기 위해서는 재정 투입이 필요한데 이번에 지원받게 된 교육역량강화사업비가 마중물 역할을 하게 될 것으로 기대했다. 하늘이 도왔다고 생각했다.

이제 정부재정지원사업 유치에 적극 팔을 걷어붙이기로 했다. 대구대학교의 생존이 걸려 있다고 생각하고 총력을 기울이기로 본부 처실장과 단단히 마음을 모았다. 재단 분규가 걱정이긴 했지만 그 역시 원망한들 소용없는 일이었다. 대구대학교와 나의 숙명이라 생각하고 두 배 더 뛰고 두 배 더 고생하기로 각오를 다졌다.

다행히 이듬해부터 매년 교육역량강화사업 지원 대학으로 선정될 수 있었다. 하지만 2년 정도는 평가를 앞두고 피 말리는 고통을 견뎌야 했다. 걱정 없이 사업에 선정되기까지는 시간이 더 필요했던 것이다. 대학들 모두 사활을 걸고 준비하기 때문에 발표 당일까지도 결과를 예측할 수 없어서였다. 그렇더라도 2010년 교육역량강화사업에 턱걸이로라도 선정된 것은 대규모 정부재정지원사업 유치를 향해 시동을 건 의미가 있다고 평가했다.

2010년 교육부 사범대학 평가, '최우수'

하지만 아직 거함을 움직이기에는 역부족이었다. 대학 구성원의 사기는 여전히 가라앉아 있었다. 비상 학과장 회의를 통해 교수들이 대학 사정에 대한 객관적인 인식과 위기의식을 공유하게 된 것이 그나마 다행이었다. 골몰하던 중 분위기를 반전시킨 사건이 있었다.

2010년 8월이었다. 교육부가 5년마다 실시하는 '교원양성기관 평가'에서 대구대학교 사범대학이 '전국 최우수(A)'를 획득한 것이다. 1999년의 1주기 평가에서 '최우수 사범대학'으로, 2005년 2주기 평가에서는 '우수 사범대학'으로 평가받은 데 이어 다시 '최우수 사범대학'으로 올라선 것이다. 전국에서 '최우수 사범대학'으로 평가받은 8개 대학은 이화여자대학교를 비롯해 수도권 대학이 5개, 비수도권 대학이 3개였는데 비수도권 사립대학으로는 대구대학교가 유일했다. 이상기 사범대학장을 비롯해 사범대 교수들이 최선을 다해 준비한 결과였다. 취임하자마자 본부 차원에서 관심을 표하며 지원을 아끼지 않은 것도 주효했다.

대구대학교 사범대학은 '최우수 사범대학'에게 주어지는 입학정원 자율조정, 중고교 교장 연수기관 인증 등의 혜택을 받게 됐다. 실제로 대구·경북 지역 중고등학교 교장단 연수, 경북지역 진로상담교사 연수를 대구대학교가 맡아 진행할 수 있게 됐다.

2013년의 국공립 교사임용시험에서 223명의 전국 최다 합격생을 배출하는 등 교사 임용의 산실로도 유명세를 탔다. 수도권 명문 대학을 졸업한 학생이 대구대학교 사범대학으로 유턴해 입학한 사례도 종종 있었다. 명실상부 지역 최고 수준 사범대학으로서의 입지를 확고히 굳힐 수 있게 됐다.

사범대학 최우수 평가 획득은 사범대학만의 경사로 그치지 않았다. 사범대학은 특수교육과, 초등특수교육과, 유아특수교육과 등의 특수교육 3과가 포진해 있는 데다 규모가 가장 크고 대구대학교의 특성화를 상징하는 단과대학이기 때문이다. 사범대학이 거둔 쾌거는 대학 구성원이 오랜 침잠에서 벗어나 모처럼 자신감을 회복하는 소중한 계기였다. 내가 중요하게 생각한 것도 바로 이 점이었다. 이 뜻깊은 성과와 깨어나기 시작한 구성원의 사기와 열정을 추동력 삼아 대구대학교라는 거함에 가속도를 붙여야 하는 숙제가 남았다.

사범대학 주차장 마당에서 조촐하지만 즐거운 축하 파티를 열었다. 사범대학 교수와 학생의 얼굴이 환하게 빛났다. 이웃 단과대학들에서도 학장과 교수들이 참석해 함께 기뻐하며 축하해 주었다.

2013년, 정부재정지원사업 '석권'하다

임기 마지막 해인 2013년 7월 30일이었다. 교육역량강화사업의 탈락을 걱정할 수준은 이미 넘어섰기에 여유 있게 평가 결과를 기다리고 있었다. 그것만으로도 2010~2011년과는 큰 차이였다. 그런데 기적 같은 일이 일어났다. 단순히 선정된 것을 넘어 전국 대학 가운데 가장 많은 사업비를 지원받게 된 것이다. 51억 2천만 원. 82개 선정 대학의 평균 지원금 23억 6천만 원의 두 배가 넘는 금액이고, 2012년에 대구대학교가 지원받은 30억 원보다도 대폭 증가한 규모였다. 전년도 사업 실적이 우수해 인센티브를 받게 돼서였다. 취임 첫해와 비교하면 괄목할 성장이고 성과였다.

경쟁 대학들도, 언론도 놀라는 기색을 숨기지 않았다. 『매일신문』은 "대구대 51억 전국 최고", 『대구일보』는 "대구대 교육역량강화, 전국 최다 지원금 획득"이라고 기사 제목을 뽑았다. 『국민일보』는 "대구대, 정부 재정지원사업 '대박'", 『동아일보』는 "대구대, 교육부 역량강화 최고액 지원받는다"고 썼다. 특히 2011, 2012, 2013년은 새로 구성된 정이사회의 내부 갈등, 교수·학생의 농성, 구재단의 고소·고발 등 재단 분규가 극한으로 치닫던 때여서 더 감사했다. 다음은 『매일신문』의 2013년 7월 31일

자 기사다.[86]

교육역량강화사업비 … 대구대 51억 전국 최고, 경북대 국공립 1위

대구대가 올해 교육부의 '대학교육역량강화사업'에 선정된 전국 4년제 대학 중 최고 지원금을 받게 됐다. 또 경북대는 전국 국공립대 중 가장 많은 지원금을 확보했다.

교육부는 30일, 2013년도 대학교육역량강화사업에 선정된 전국 82개 우수 대학의 명단을 최종 발표하고, 총 2010억 원을 지원한다고 밝혔다. …

전국 4년제 대학 중 최고 지원금을 받게 된 대구대는 겹경사 분위기다. 올해 상반기 산학협력 선도대학(LINC) 육성사업 1차년도 평가에서 최우수(밀착형 산학협력분야)로 전국 대학 중 최고액인 54억 4천만 원을 확보한 데 이어, 이번 역량강화사업에서도 전국 최고인 51억 2천만 원을 받게 됐다. 대구대의 지난해 역량강화사업 지원금은 30억 3천만 원이었다.

대구대는 취업률, 재학생충원율, 교원확보율 등 전반적인 평가지표의 점수가 작년에 비해 크게 상승했기 때문이라고 분석했다. 특히 교육역량 강화 취지와 가장 부합하는 항목인 '학사관리 및 교육과정 운영' 부문 성과가 두드러졌다.

홍덕률 대구대 총장은 "구성원 모두가 역량을 결집해 이룬 성과"라며 "다음 달부터 학생들의 교육 역량을 높일 본격적인 사업 추진에 들어갈 계획"이라고 밝혔다. …

---

[86] 「교육역량강화사업비 … 대구대 51억 전국 최고, 경북대는 국공립 1위」, 『매일신문』 2013. 7. 31. (https://www.imaeil.com/page/view/2013073111283644654)

기록은 교육역량강화사업에서만이 아니었다. 취임 3년차인 2012년부터 다양한 주제의 정부재정지원사업에서 두각을 나타내기 시작하더니 임기 4년차인 2013년에는 대학 역사상 정부재정지원사업 유치의 최전성기를 맞았다. '전국 최우수', '전국 최다', '전국 최고', '전국 최초', '전국 1위', '모델', '메카', '대박', '홈런', '돌풍', '석권'으로 보도한 언론 기사들이 이어졌다. 2013년 한 해 동안 정부재정지원사업 유치 및 성과를 보도한 신문·방송기사 중에 눈에 띄는 몇 개 기사 제목을 정리하면 다음과 같다.

2013년 대구대학교의 성과를 보도한 신문기사 제목

매체	일시	기사 제목
영남일보	2013.3.9.	'사회적기업가 육성사업' 대구대, 위탁 운영 기관에
매일신문	2013.3.12.	대구대, '사회적기업가 육성 기관' 최종 선정
대구일보	2013.4.11.	대구대, 'EBS 교재 점역사업' 선정
영남일보	2013.5.6.	대구대, '산학융합 연구마을' 선정
영남일보	2013.5.13.	대구대, 산학협력 선도대학사업 '최우수'
경북매일신문	2013.5.13.	대구대, 산학협력 메카로 뜨다
대구일보	2013.5.14.	대구대, '복지형 산학협력' 1차년도 평가 최우수
경북일보	2013.6.3.	대구대, 경북도 평생교육진흥원 지정
동아일보	2013.7.5.	대구대 장애 학생 천국 — 교육부 지원시설 평가서 전국 최고
영남일보	2013.7.15.	대구대, 정부지원사업 '홈런'

국민일보	2013.7.23.	대구대, 교원임용시험 전국 최다합격
매일신문	2013.7.23	대구대, 교원임용시험 전국 최다 합격
대구일보	2013.7.23.	대구대, 교사시험 합격자 '전국 1위'
매일신문	2013.7.31.	대학교육역량강화사업, 대구대 51억 전국 최고
대구일보	2013.7.31.	대구대 교육역량강화 전국 최다 지원금 획득
TBC	2013.7.31.	(아침뉴스) 대구대, 교육역량강화사업 지원금 전국 1위
한국대학신문	2013.7.31.	대구대, 교육역량강화사업 지원금 '1위'
오마이뉴스	2013.7.31.	대구대 잇따라 정부지원사업 선정 — 2013년 교육역량강화사업 지원대학 중 가장 많은 지원금 받아
국민일보	2013.8.2.	대구대, 정부재정지원사업 '대박'
대구일보	2013.8.6.	대구대, 평생학습 활성화 지원사업 선정
동아일보	2013.8.7.	대구대, 교육부 역량강화 최고액 지원받는다
매일신문	2013.8.13.	대구대, 각종 정부지원사업 석권
헤럴드경제	2013.8.14.	대구대, 교원임용시험 전국 최다 합격
동아일보	2013.8.27.	홍덕률 총장, '위기가 기회 — 교육평가 최고 지원액 받아'
경북도민일보	2013.8.29.	대구대, BK21플러스사업 4개 분야 선정
MBN	2013.8.29.	(굿모닝 뉴스) 대구대, 국내 최초 산학 연구마을 개소
경상매일신문	2013.8.30.	대학가 돌풍의 핵, 대구대 급부상
영남일보	2013.8.30.	대구대, 국내 첫 '산학융합 연구마을' 입촌식
영남일보	2013.10.9.	대학 첫 지자체 기관 유치 평생교육 발전모델 기대

전국 대학가를 놀라게 한 수직 상승이었다. 『매일신문』은 2013년 8월 13일자 기사에서 대구대학교가 2013년에 들어와 각종 정부재정지원사업 유치에서 놀라운 성과를 내고 있다며 집중 취재해 보도했다.[87]

대구대 각종 정부지원사업 석권

대구대가 최근 수년 새 각종 정부재정지원사업을 석권하며 대학가의 이목을 집중시키고 있다. 대구대에 따르면 교육역량과 산학협력 분야의 다양한 사업에서 성과를 거둠으로써 지난해에 280억 원, 올해 상반기에만 170억 원 등 2년 새 400억 원이 넘는 국고지원사업을 유치했다.

이뿐만 아니라 정부지원사업 외에도 올해 국공립 교원 임용 시험 최다 합격생 배출, 전국 대학 유일 지방자치단체 평생교육진흥원 유치, 세계 3대 디자인 공모전 1위 등 다양한 분야에서 '대구대'라는 이름을 알렸다.

특히 올해 대구대는 교육역량강화사업에서 전국 최고 지원금을 확보하며 연이은 정부지원사업 성과에 정점을 찍었다. 이는 체계적인 학생 취업 지원과 교원 확보, 장학금 확충, 등록금 인하 등 적극적인 개선 노력을 기울인 끝에 전반적인 교육 평가 지표의 점수가 크게 상승한 결과로 분석된다. …

홍덕률 총장은 대학 경쟁력을 높이기 위해 정부재정지원사업의 수주 활동을 직접 챙기면서 구성원의 역량을 모으는 데 집중했다. 홍 총장은 취임 초기에 대학의 위기

---

[87] 「대구대 각종 정부지원사업 석권」, 『매일신문』 2013. 8. 13. (https://www.imaeil.com/page/view/20130813075240 08972)

상황에 대한 인식을 대학 구성원들과 공유하고, 전체 교수회의, 단과대학별 교수회의, 정기적 학과장회의 등을 통해 교육 수요자 중심으로 교육 체제를 개선하자는 공감대를 형성했다. 특히 학과 평가를 통한 전체 학과의 실질적인 교육 여건 개선 노력이 평가 점수 향상에 기여했다. 홍 총장은 "최근의 많은 성과는 구성원의 헌신적인 노력과 역량을 결집해 낸 결과"라며 "우리 대학이 한 단계 도약하고 발전하는 긍정의 에너지가 될 것"이라고 말했다.

특히 전 구성원이 많은 노력과 열정을 재단 분규 해결에 투입하면서 거둔 성과였기에 나 자신도 놀랐다. 그리고 얼마나 감사했는지 모른다. 요즘도 당시 재정지원사업 유치를 위해 동분서주하며 고락을 함께했던 교수와 직원을 만나면, 그때 미친 듯이 쏟았던 땀과 고생을 즐겁게 회상하곤 한다. 이 자리를 빌려 각 사업을 준비하고 진행하면서 소중한 성과를 일궈 낸 교수와 직원에게 그 공을 돌리며 경의를 표하고 싶은 마음이다.

2015년 대학구조개혁평가, '우수'

지금 생각해도 아쉬운 것은 2013년에 대학가를 놀라게 한 대구대학교의 돌풍이 2013년 11월부터 2014년 7월까지의 총장 부재중에 잠시 주춤하게 됐다는 사실이다. 2014년 7월 22일, 11대 총장으로 취임하고 제일 먼저 대학의 지표들을 점검했다. 대학 간 경쟁이 워낙 치열해 1년, 아니

한 학기만 방심하거나 표류해도 곧바로 추락하게 되는 엄혹한 시기였기 때문이다.

9개월여 만에 복귀하자마자 맞닥뜨린 걱정은 이듬해 봄에 실시될 교육부의 '대학구조개혁평가'였다. 박근혜 정부가 학령인구 급감에 대응하기 위해 실시한 대학정원 감축 및 구조조정 유도 정책이었다. 교육부는 전국 대학을 A부터 E까지 5개 등급으로 나누고 등급별로 정원감축 규모를 강제 할당한다고 발표했다. 특히 D와 E 등급의 대학에는 정부재정지원 제한, 학자금대출 제한조치를 취하겠다고 했다. 대학에는 사활이 걸린 평가였다.

준비팀을 구성하고 이상기 부총장이 총괄 책임을 맡았다. 수학교육과 교수인 그는 2010년 사범대학장으로 교원양성기관 평가에서 최우수 평가를 받아 낸, 말하자면 평가 전문 교수였다. 늘 지표별 현황표를 들고 다니면서 준비팀을 진두지휘했다.

2015년 3월, 최선을 다해 준비한 '대학구조개혁평가 자체진단보고서'를 교육부에 제출했다. 4월 30일에는 총괄 책임자의 인터뷰 평가가 진행될 예정이었다. 경기도 이천의 한 호텔에서였다. 그런데 비상이 걸렸다. 이상기 부총장이 사고를 당해 뇌수술을 받게 된 것이다. 인터뷰 평가 일주일 전에 퇴원했는데 머리는 다 깎은 상태였다. 안정을 취해야 한다는 담당 의사의 권고도 물론 있었다. 대책을 고민하던 중, 이상기 부총장은 자신이 직접 인터뷰 평가에 임하겠다고 나섰다. 모두 놀랐다. 당연히 무리였기 때문이다. 그는 모자를 눌러쓴 채 6명의 준비팀을 이끌고 직접 인터뷰 평가장에 들어섰다.

한 달쯤 지나 6월 5일, 교육부는 66개의 D, E 등급 대학에 결과를 개별 통지했다. 다시 석 달쯤 지난 8월 31일에는 전체 대학에 대한 평가 결과를 언론에 공개했다. 대구대학교는 부산대, 인천대 등과 함께 'B등급, 우수 대학'이었다. 나도 보직 교수들도 모두 환호했다. 9개월여의 총장 부재와 극심한 분규를 이겨 내고 손에 쥔 성적표였기 때문이다. 실점수로는 34개 대학이 포함된 A등급 바로 밑의 B등급이었다.

지역의 경북대학교와 계명대, 안동대, 그리고 국립대학인 충남대와 공주대가 C등급, 역시 국립대학인 강원대학교가 D등급을 받는 등 대학가가 발칵 뒤집혔다. C와 D, E등급을 받은 대학 가운데는 교육부의 평가 방식에 항의하거나 결과에 책임지는 뜻으로 사퇴한 총장도 여럿 있었다. 그 와중에 대구대학교가 받은 B등급은 그야말로 A등급 못지않은 선전이라고 대학 관계자들은 평가해 주었다.

그다음 날 2학기 개강을 맞았고 9월 9일에는 대학구조개혁평가 결과 보고회를 개최했다. 평가 준비 과정에서 고생한 교수와 직원에게 감사의 박수를 보냈다. 전 교수와 전 직원이 힘을 모았지만 특히 이상기 부총장이 이끈 자체평가 기획위원회, 박순진 기획처장이 이끈 자체평가 연구위원회, 김영근 평가팀장이 이끈 자체평가 실무위원회, 그리고 자체평가 보고서 집필·편집팀과 자체평가 보고서 내부 검토위원, 모의 인터뷰 평가위원이 각자 맡은 역할에 최선을 다하며 수고해 주었다.

브랜드 평판, '비수도권 사립대학 1위'

총장 취임 후 밤낮과 물불을 가리지 않고 뛰면서도 늘 걱정거리가 하나 있었다. 재단 분규가 확산하면서 대학의 이미지 추락을 피할 수 없다는 사실이었다. 재단 정상화 방안과 관련해 구성원의 의견을 최대치로 반영하고 지역민이 동의할 수 있는 수준으로 만들어 대응해 가려고 노력한 것도 분규와 대학의 이미지 실추를 최소화하기 위해서였다. 구재단을 지지하는 이는 소수였지만 분규는 피할 수 없었고, 분규 대학의 이미지를 넘어서기 위한 특단의 대책을 세워야 했다.

대학 홍보에 관심을 기울인 이유이기도 했다. 정정석 직원을 홍보팀장으로 임명해 미션을 주었다. 윤덕홍 총장 시절에 홍보비서실장으로 일하면서 홍보팀 직원으로 발탁해 호흡을 맞췄던 직원이었다. 그에게 준 미션은 분규로 실추된 대학의 이미지 제고를 책임져 달라는 것이었다. 그리고 단서를 하나 붙였다. 대학인답게 홍보해 달라는 것, 그때까지도 대학 사회에 일부 남아 있던 촌지나 향응에 기대어 홍보해서는 안 된다는 것이었다. 사회 발전을 선도하는 대학인답게 논리와 진정성과 설득력으로 홍보에 임해 달라고 했다. 물론 어려운 과제였다. 하지만 홍보팀장을 비롯해 직원들 모두 나의 철학과 방침을 충실히 따라 주었다.

특히 정정석 팀장은 나의 특별한 당부가 아니더라도 원래 매사에 자신의 이름처럼 '정석'인 직원이다. 그를 홍보팀장으로 발탁한 이유이기도 했다.[88] 그는 교수의 연구 성과, 학생의 각종 공모 대회 수상 실적 그리고 정부재정지원사업 수주, 우수한 대학 평가와 같이 대학이 일군 다양한 분야에서의 성과를 신속 정확하게 알리는 일을 기본으로 하면서도 대학 내 미담도 적극 발굴해 알렸다. 대구대학교 안의 수많은 미담, 귀감이 되는 삶을 사회에 널리 알림으로써 갈수록 각박해져 가는 사회에 선한 영향력을 끼치는 것도 중요한 사명이라고 생각해서였다. 그 외에도 대학 이미지 제고를 위한 특단의 대책도 챙겼다. 여기서는 두 개의 특별 프로젝트를 간단히 소개하려 한다.

취임 직후인 2010년 3월쯤의 일이었다. 대구지하철 2호선의 모든 역 출입구에 폴 사인(pole sign) 광고를 시작했다. 광고사는 청년 창업가인 장기진 대표가 이끄는 애플어드벤처였다. 그는 지역 광고업계에 돌풍을 일으킨 성실하고 창의적인 청년 CEO였다. 그가 대구대학교에 지하철역 폴 사인 광고를 제안한 것이다. 역동적이고 도전적인 이미지로 지역사회에 화제를 몰고 온 대구대학교를 폴 사인 광고에 담고 싶다고 했다. 홍보팀은 도전 가치가 있다고 결론 내렸고 그렇게 폴 사인 광고는 성사됐다. 광고 문구는 '학생이 행복한 대학, 대구대학교', '청년이 행복한 도시, 대구'로 했다. 일종의 이미지 광고였다.

대구대학교가 '학생 행복'을 주요 가치로 추구하듯이 대구도 청년이

---

[88] 그는 업무에서는 물론 일상생활에서도 항상 '교과서'다. 편법·탈법을 허용하지 않는, 정직하면서도 올곧은 성품의 직원이다. 체질적으로 술은 한 잔도 못한다. 그는 접대와 향응 없이도 대학 역사상 홍보의 최전성기를 일궈 냈다. 아울러 지역 대학가에서 대학 홍보의 모범적인 패러다임을 제시·선도하는 역할까지 감당했다. 지역 대학의 총장들도 부러워할 정도였다.

장기진 대표의 대학발전기금 기부식(2012.11.).

살고 싶어 하는 역동적인 도시로 변화해야 한다는 담대한 선언이었다. 대구가 기존의 낡고 닫힌 이미지를 벗고 컬러풀한 문화도시로 혁신하지 않으면 대구의 경쟁력은 계속 추락할 수밖에 없을 것이고 지역의 대학도 한계에 봉착하게 될 것이라는 우려와 경고를 담은 선언이기도 했다. 지하철역 폴 사인 광고는 지역 대학가는 물론 지역 광고업계에까지 화제를 불러왔다. 장기진 대표는 그 후 자신의 사업을 빠르게 확장했고 2012년 11월에는 학생 장학금으로 사용해 달라며 1억 원을 대구대학교에 기부하기도 했다. 고마운 청년 사업가였다.

2010년 11월에는 전국 대학가에 신선한 충격을 던져 준 일이 있었다. KTX 서울역사에 대형 캠퍼스 조형물 광고를 설치한 것이다. 대구대학교의 중요한 경쟁력 요소라고 자부하는 '자연 친화적이며 아름다운 캠퍼스'를 대형 조형물로 제작해 유동 인구가 많은 서울역사 구내에 설치한 것이다. 신입생 모집권역을 지역에서 탈피해 전국으로 확대하기 위한 고민의 결과물이기도 했다. 다음은 2011년 3월 30일자 『한국대학신문』이 보도한 사진 기사에 붙인 설명이다.[89]

발길 잡는 대구대 서울역 홍보 조형물

서울역 대합실에 설치된 대형 홍보 조형물이 철도 이용객들의 발길을 잡는다. 대구대가 최근 설치한 조형물은 약 100만 평의 캠퍼스 실물을 1/300로 축소한 디오라마 모형도로 가로(앞면) 6.4미터, 세로(옆면) 3.4미터, 높이 1.8미터 규모의 미니어처다. 대구대의 서울역 입체 홍보 조형물은 주요 도로, 시설물이나 공공장소에 대형 LCD, LED 등을 이용한 여타 대학들의 기존 홍보 방식을 뛰어넘는 획기적 발상으로 브랜드 이미지를 높이려는 지방대의 끝없는 노력이 엿보인다.

한동안 전국의 대학, 특히 지방대학 사이에 뜨거운 화젯거리였다. 어떻게 설치하게 됐는지 궁금해하며 물어 오는 총장도 여럿 있었다. 파격적인 시도인 데다 엄청난 홍보 효과를 부러워하는 대학도 많았다. 당연히 여러 대학이 추가로 설치 가능한지 철도공단에 문의했다. 제한된 실내 공간인 만큼 여의치 않다는 답변을 듣게 됐고 그 후에는 왜 대구대학교에만 특혜를 주느냐는 항의로 바뀌었다고 했다. 그래서인지 재계약을

---

[89] 「발길 잡는 대구대 서울역 홍보 조형물」, 『한국대학신문』 2011. 3. 30. (https://news.unn.net/news/articleView.html?idxno=93705)

KTX 서울역사 내 대형 홍보 조형물.

성사시키지 못한 채 2년 만에 철수하게 됐다.

비록 2년이었지만, 이 과감하고 창의적인 홍보 프로젝트로 대구대학교는 전국적인 인지도를 높일 수 있었다. 2년 계약이 끝난 뒤에는 KTX 서울역사에서 지하철 1호선 서울역으로 내려가는 진입구에 전광판 광고를 시작했다. 역시 유동인구가 많은 위치였다. 2014년 9월부터 3년간이었다. 전국의 지인들로부터 서울역의 대구대학교 광고를 봤다는 얘기를 많이 들었다. 역시 정정석 홍보팀장의 공이 결정적이었다.

지역사회와 부지런히 소통하고 창의적인 방법으로 전국에 대구대학교를 알려 온 노력은 뜻하지 않은 결실을 맺었다. 2017년 7월이었다. '한국기업평판연구소'가 '2017년 브랜드 평판' 분석 결과를 발표했는데, 대구대학교가 지방 사립대학 중 1위를 기록한 것이다. 대학 전문 인터넷신문인 『U's Line』의 기사를 소개한다.[90]

대구대, 대학교 브랜드 평판 결과 지방 사립대학 중 1위

대구대가 대학 브랜드 이미지의 제고를 위한 노력을 인정받았다. 대구대학교는 지난 27일 한국기업평판연구소에서 발표한 대학교 브랜드 평판 분석 결과 지방 사립대학 중 1위를 기록했다고 이날 밝혔다.

최근 대학 브랜드 빅데이터 2017년 7월 분석 결과에 따르면 대구대는 참여지수(769,550), 미디어지수(165,872), 소통지수(111,000), 커뮤니티지수(65,649) 등에서 브랜드 평판지수 1,112,070으로 나타났다. 대구대는 전국 주요 50개 대학 중 지방 사립대학에서 1위, 수도권 대학을 포함한 전국 대학 중 30위를 기록했다.

대학교 브랜드 평판지수는 한국기업평판연구소가 소비자들의 디지털 행태를 평판분석 알고리즘을 통해 참여지수, 미디어지수, 소통지수, 커뮤니티지수로 분석한 것으로, 브랜드 빅데이터 분석을 통해 브랜드에 대한 평가, 미디어 관심도, 소비자의 참여

---

[90] 「대구대, 대학교 브랜드 평판 결과 지방 사립대학 중 1위」, 『U's Line』 2017. 7. 31. (http://www.usline.kr/news/articleView.html?idxno=9751)

와 소통량 등을 측정할 수 있다.

한편, 대구대는 대학 브랜드 이미지를 높이기 위해 SNS 홍보를 강화해 온라인에서 소통을 적극적으로 펼쳐 왔다. 특히 동영상, 카드뉴스, 360VR과 같은 미디어 홍보를 강화하고 학생 SNS 기자단 운영, 페이스북 등 적극적인 SNS 활동에 힘써 왔다.

실은 그러한 조사가 있는지조차 알지 못했다. 예기치 않게 거머쥔 쾌거여서 더 반가웠다. 수년간 재단 분규를 이겨 내고 갖게 된 성과인 데다 8년의 총장 임기 종료를 코앞에 두고 거둔 종합 성적표여서 더 기뻤다.

물론 홍보팀만이 노력해서 거둔 결과물은 아니다. 교수는 연구와 교육과 산학협력에서, 학생은 각종 대회 수상 및 취·창업과 교육기부 분야에서, 그리고 대학 본부는 대학 평가, 재정지원사업 획득 등의 분야에서 놀라운 성과를 일굼으로써 대학 브랜드 평판을 획기적으로 높인 것이었다. 홍보팀은 대학 구성원의 노력과 성과를 지역사회와 전국 대학가에 정확하게 알렸을 뿐이다. 그런 점에서 '브랜드 평판 지방 사립대 1위'의 기록은 대학 구성원 모두의 작품이고 모두가 흘린 땀의 결실이라고 해야 할 것이다.

2. 산학협력의 새 메카 대학으로

참여정부 때 '대통령자문 정책기획위원회'와 '국가균형발전위원회', 그리고 교육부의 '지방대학 발전 전문가TF' 팀원으로 활동한 사실은 앞에서 언급한 바 있다. 참여정부 출범 전에는 대구사회연구소를 거점으로 지역 지식인운동에 참여하기도 했다. 당시의 활동을 관통했던 나의 고민 주제 가운데 하나는 '지방분권과 지역혁신'이었다. 지방도시에서 생활하며 수도권 일극 체제와 수도권-비수도권의 격차 확대가 초래할 국가적 위기를 심각하게 우려하고 있었기 때문이다. 지역의 여러 선배 교수들과 함께 '대구·경북 분권혁신아카데미'를 설립해 공무원 교육과 시민교육 프로그램도 운영했다.

그때 갖게 된 이론적·실천적 화두로 '지역혁신체계(RIS: Regional

Innovation System)' 구축이 있었다. 그리고 지역혁신체계의 중심에는 '대학과 산업계의 협력'을 통한 내발적 발전 전략이 중심 개념으로 자리하고 있었다. 이때 대학은 지역 산업계에 선진 기술을 지원하고 인재를 공급하는 역할을 맡게 되는데, 그 고리가 산학협력이다. 나는 산학협력의 활성화가 특히 비수도권 대학에는 필수 과제라고 믿었다. 지역 발전을 위해서뿐만 아니라 학생과 대학을 위해서도 필요하다고 본 것이다.

그동안 우리나라 대학들은 수도권의 연구 중심 대학이든 비수도권의 교육 중심 대학이든, 교수의 연구 활동을 중시했다. 전국의 교수들도 거의 유사한 교육과정과 유사한 교육방법으로 학생을 가르쳤다. 학생의 필요와 요구는 배제된, 총장·행정, 교수·연구 중심의 획일적인 대학 정책 및 대학 운영의 결과였다. '학생 중심 대학 운영 패러다임으로의 전환'을 선언한 것도 그러한 관행에 대한 비판적 성찰에 기초하고 있었다.

2009년 9월의 총장선거 과정에서부터 산학협력의 필요성을 교수들에게 강조했다. 학생 취업을 위해서도 산학협력은 중요하다고 역설했다. 대구대학교와 같은 비수도권 사립대학에게는 더욱 그렇다고 주장했다. 사회학과 교수가 산학협력의 중요성을 강조한 데 대해 반가워하는 교수도 있었지만 그보다는 의아하게 생각하는 교수, 마땅찮게 생각하는 교수가 더 많았다. 그때만 해도 교수들은 산학협력이니, 학생 취업이니 하는 주제에 별 관심이 없던 시기였다. 선거운동 기간에 그 주제를 들고 나온 것도 실은 모험이었다. 하지만 대학의 미래를 걱정하는 자세로 '학생·교육·산학협력 중심' 대학 경영으로의 혁신 필요성을 설명하면서 이해를 구했다.

'산학협력 선도대학 육성사업' 따내다

취임 당시 대구대학교의 산학협력은 매우 빈약한 실정이었다. 교육부의 3대 재정지원사업 모두에서 탈락해 구성원의 실망도 컸다. 산학협력단에 근무하는 직원들의 사기도 땅에 떨어져 있었다. 직원들은 산학협력단에 발령받으면 좌천됐다고 여겼다. 이래서는 안 된다고 생각했다. 산학협력단에 자주 들러 직원을 격려하며 즉석 간담회를 갖곤 했다. 대학 경영에서 산학협력의 비중과 역할은 빠르게 커질 것이며 앞으로는 산학협력단을 대학 경쟁력 제고를 위한 핵심 기관으로 격상시킬 것이라고 힘줘 말했다. 중요한 미션을 책임질 산학협력단장에는 정보통신대학 최병재 교수를 임명했고 산학협력 활성화 방안을 주제로 수시로 만나 협의했다.

그러던 중 예기치 않게 기회가 열렸다. 교육부가 기존의 3개 대형 재정지원사업[91]을 2011년까지만 운영하고 중단하기로 한 것이다. 그리고 이들을 하나의 대형 사업으로 묶어 2012년부터 새로 시작하겠다고 발표한 것이다. 새로 시작할 대형 사업이 '산학협력 선도대학 육성사업', 일

---

[91] 3개 사업은 지역거점연구단 육성사업, 광역경제권 선도산업 인재양성사업, 산학협력 중심대학 육성사업이다.

명 'LINC(Leaders in INdustry-University Cooperation)사업'이었다. 이 3개 사업 중 2~3개 사업을 운영하고 있던 산학협력 우수 대학들에게는 서운한 정책 변화였지만 3개 사업 모두에서 탈락했던 대구대학교에는 뜻하지 않은 기회였다. 물론 그간의 산학협력 실적이 너무 적어 새 사업에 선정될 확률은 낮을 수밖에 없었지만, 최병재 산학협력단장의 말대로 다시 도전할 수 있게 된 것만으로도 대구대학교에는 천운이었다.

총력을 기울여 준비하자고 뜻을 모았다. 준비 과정에서는 산학협력 실적이 적은 것도 문제였지만 실은 그보다 더 힘든 일이 있었다. 교수·직원 사이에 팽배해 있던 패배주의였다. 취임 직후보다는 많이 좋아졌지만 여전히 비관론이 넓게 퍼져 있었다. 실패한 경험만 있고 변변한 사업 실적이 없으니 그럴 만도 했다. 안으로는 그 패배주의를 이겨 내야 했고 밖으로는 실적 좋은 대학들과 경쟁해야 했다.

최병재 산학협력단장이 앞장서 진두지휘했다. 준비팀은 밤샘 작업도 수없이 했다. 나와 대학 본부도 총력 지원 체제로 임했다. 교무처와 기획처가 팔 걷고 나서서 기존의 학사 제도 가운데 산학협력 활동을 불편하게 하는 요소들을 찾아 개혁해 갔다. 예컨대 산학협력을 연구와 교육에 덧붙여 교수의 역할로 추가했다. 교수의 업적 평가에서 산학협력 기여도를 반영하게 했고, '우수 연구자상'과 '베스트티칭 프로페서상'을 수여하던 기존의 교수 표창 제도에 '산학협력 우수 교수상'을 추가했다. 거교적인 준비였다고 해도 과언이 아니었다.

산학협력 실적이 적은 것은 어쩔 수 없다 하더라도 향후 계획 설계에 정성을 기울였다. 특히 대구대학교만의 키포인트를 만들어 내기 위해 집중적으로 고민했다. 창의적인 발상과 접근이 필요하다고 봤다. 많은 토론 끝에 모아진 의견은 크게 두 가지였다. 하나는 산학협력의 영역을 기존의 이공계열 중심에서 인문사회계열로 확장하는 것이었다. 사회복지·재활과학 특성화 대학인 대구대학교의 특장점을 살려 그동안 산학협력에서 소외되고 배제됐던 영역으로 산학협력의 지평을 넓혀 가는 것을 첫째 키포인트로 삼았다. 그리고 대기업 중심으로 진행되던 기존의 산학협력 패러다임을 소규모 기업과 마을기업, 1인 기업, 여성 기업 등으로 확산해 가는 것을 둘째 키포인트로 포착했다. 대구·경북의 산업 생태계가 중소·영세기업 중심이라는 데 착안한 접근이기도 했다.

그 문제의식과 접근은 적중했다. 2012년 3월 28일, 교육부의 LINC사업에 선정된 55개 대학 명단에 대구대학교가 이름을 올린 것이다. 무에서 유를 일궈 낸 기적과도 같은 성과였다.

LINC사업은 여러 면에서 대구대학교를 일으켜 세운 효자 사업이었다. 추락해 있던 대학 경쟁력과 구성원의 자존심을 함께 세워 주었기 때문이다. 그리고 사업비로 매년 40~50억 원을 교육부로부터 지원받아 산학협력 활성화에 투자할 수 있게 됐다. 그중에는 산학협력 중점 교수를 초빙할 수 있는 인건비 항목도 포함돼 있었다. 산업 일선에서 은퇴한 현장 전문가를 산학협력 중점 교수[92]로 초빙했다. 산업 현장에서 요

---

92 교육부는 2012년 상반기에 산학협력 중점 교수 제도의 정착과 확산을 유도하기 시작했다. 교육부가 설정한 산학협력 중점 교수의 역할에는 산학협력 기획, 산학 공동연구, 현장 실무교육, 취업지원활동

구하는 지식과 기술을 교육과정에 반영하면서 학생에게 산업 현장의 최신 트렌드를 가르치고 학생 취업을 지원하게 했다. 캡스톤디자인, 창업 교과목 신설, 현장실습 활성화와 같은 변화가 학과와 강의실에서 일기 시작했다.

사업 2년차인 2013년 7월에는 뜻밖의 결과를 거머쥐었다. 1차년도(2012년) 사업 평가에서 '최우수'를 획득했을 뿐만 아니라 2013년 사업비로 55개 대학 가운데 가장 큰 규모인 54억 4천만 원을 지원받게 된 것이다. 산학협력 분야에서 앞서가던 내로라하는 대학들이 대구대학교를 다시 보기 시작했다. 인문사회계열 산학협력 분야의 우수 사례로 선정되어 'LINC 전국 대회'에서 발표하는 영광도 차지했다. 이듬해인 2014년, 대구대학교 LINC사업단은 중간 평가에서 계속 지원 대학으로 재선정되었다.[93] 이로써 2016년까지 5년간 안정적으로 사업비를 지원받을 수 있게 됐다.

LINC사업은 대학 사회에서 전반적으로 긍정적인 평가를 받았다. 대학의 변화를 끌어낸 가시적 효과가 뚜렷했고 사업 수행 대학들의 평가도 긍정적이었다. 그 결과 2017년에는 LINC사업의 후속 사업이 다시 시작됐다. 5년 계획의 '사회맞춤형 산학협력 선도대학(LINC+) 육성사업'이 공모되었다. 예산총액이 3217억 원에 달하는, 2017년 최대 규모의 교

등이 있다.
[93] 사업 시행 2년 뒤 중간 평가를 거쳐 3년 계속 지원 여부를 결정하는 2+3 방식의 사업이었는데 약 10%의 대학이 중도 탈락하는 구조였다. 대구대학교보다 앞서가던 인근 대학 중에서도 중도 탈락한 대학들이 있었다.

육부 대학재정지원사업이었다.

LINC+사업 준비팀을 구성해 도전했다. 역시 경쟁은 치열했다. 전국의 대부분 대학들이 도전장을 냈고 치열하게 경쟁했다. 대구대학교가 속한 경쟁권역은 대구·경북·강원권이었다. 1차와 2차(패자 부활전)로 나눠 선발했는데 대구대학교는 1차에서 선정됐다. 명실상부 산학협력 분야 선도대학으로서의 입지를 완전히 굳힌 것이다. 이후의 LINC+사업단은 최병재 교수에 이어 산학협력 2세대 대표 주자인 장중혁 교수에게 책임을 맡겼다.

LINC사업이 대구대학교에 준 혁신 효과는 대단했다. 교육과정과 교수평가제도 등을 산학협력 친화형으로 혁신하고 산학협력 실적을 확충함으로써 이후 중앙정부와 지방자치단체가 공모하는 다양한 산학협력 사업을 계속 유치할 수 있게 된 것이다.

사회적기업 육성의 요람으로

산학협력 사업 가운데 각별한 관심을 기울였고 그 성과에 대해 특별한 보람으로 생각하는 것이 있다. 사회적기업 육성 분야였다. 사회적기업은 '취약 계층에게 사회 서비스 또는 일자리를 제공하여 지역 주민의 삶의 질을 높이는 등의 사회적 목적을 추구하면서, 재화 및 서비스의 생산·판매 등 영업 활동을 하는 기업[94]을 말한다. 시장 자본주의의 결함을 보완하는, 영리기업과 비영리 기업의 중간 형태 기업이라고 할 수 있다. 선진국에서 주목받으며 확대되었고 우리나라에서도 2007년 1월에 '사회적기업 육성법'이 제정되었다. 이 법에 근거해 2010년 12월에는 '한국사회적기업진흥원'이 설립됐다.

2009년 11월에 총장에 취임하기 전 사회학과 평교수 시절의 얘기다. 전공교과목으로 '경제사회학'을 강의했는데, 2005년경부터는 한 학기에 2주 정도 '사회적기업과 사회적경제'를 다뤘다. 개념과 유럽의 선진 모델을 소개하는 것이 주였다. 그만큼 우리나라에서는 새로운 사회현상이라고 할 수 있었다.

취임하자마자 산학협력단에 '사회적기업 지원센터'를 설치하도록 했다. 선진국의 동향을 볼 때 사회적기업은 계속 성장할 분야라고 확신하고 있었다. 또 사회적기업은 '대구대학교의 건학 정신을 담은 산학협력'이라고 생각했다. 사회적기업 육성사업을 대구대학교 산학협력의 중요한 테마로 설정해 타 대학들과 차별화할 필요가 있다고도 생각했다.

2010년 9월 9일, 드디어 '사회적기업 지원센터'의 문을 열었다. 물론 전국 대학 최초였다. 하지만 그 뒤에도 많은 어려움을 겪었다. 사회적기업에 대한 교내외 인식이 아직은 부재한 데다 사업비를 조달할 수가 없

---

[94] 「사회적기업 육성법」 제2조 1항.

어서였다. 사회적기업의 개념과 발전 가능성, 대구대학교 건학 정신과의 관련성 등을 산학협력에 참여하는 이공계 교수들에게 설명하는 일을 주로 했다. 마치 사회적기업 전도사가 된 기분이었다.

그러던 중 마침 기회가 왔다. 역시 예상하지 못한 곳에서였다. 2013년 2월, 한국사회적기업진흥원이 '사회적기업가 육성사업' 위탁 운영 기관을 모집한다고 발표한 것이다. 전국 어느 대학도 실적이 있을 수 없는, 우리나라에서는 처음 시작되는 사업이기 때문에 망설이지 않고 도전하기로 했다. 산학협력단 산하에 '사회적기업 지원센터'라는 조직을 둔 대학도 없을 때였기에 한결 마음이 편했다. 모처럼 '준비된 자의 여유'를 가지고 나선 도전이었고, 선정되었다. 광역 시도별로 1개씩 선정된 기관 가운데 대학으로는 대구대학교가 유일했다. 1년 사업비는 4억 5천만 원으로 큰 규모는 아니었지만, 향후 발전 가능성에 비추어 의미 있는 쾌거였다고 평가했다. 그렇게 대구대학교는 '사회적기업가 육성'이라는 새로운 산학협력 분야를 개척하며 앞서 나가기 시작했다.

산학협력단의 '사회적기업 지원센터'는 열심히 뛰었다. 대구대학교 학생뿐만 아니라 지역민을 대상으로도 사회적기업 창업 교육, 멘토링, 창업 공간 지원, 초기 창업 자금 지원 등의 업무를 수행했다. 1년 뒤 좋은 평가를 받았고 이후 매년 사업에 선정됐다. 사업비도 매년 늘어났다. 그리고 6년 동안 이 사업을 통해 배출된 사회적기업가는 모두 100여 명에 달했다.

2017년에는 사회적기업가 육성 분야에서 또 하나의 성과가 추가되었

'경북 사회적경제 지원센터' 개소식(2017.5.).

다. 경상북도로부터 '경북 사회적경제 진흥원' 위탁 운영 기관으로 선정된 것이다. 2017년에는 이미 사회적기업에 대한 사회의 인식도 많이 높아져서 경쟁 기관이 많아졌다. 경쟁은 치열했지만 결국 사업을 유치할 수 있었다. 2017년 5월, '경북 사회적경제 진흥센터'를 개소했다. 한국사회적기업진흥원으로부터 지원받은 '사회적기업가 육성사업'의 실적과 사업 운영 경험이 큰 힘이 되었다.

어느새 대구대학교는 사회적기업 및 사회적경제 분야에서 대구·경북권의 메카 대학으로 우뚝 섰다. 취임 후 대구대학교 산학협력의 특성화 테마로 설정해 역량을 집중한 것이 의미 있는 성과로 열매 맺은 것이다.

취·창업 지원 선도대학으로

산학협력은 대학과 학생에게 취·창업 기회를 제공한다는 의미를 갖는다. 2012년에 LINC사업을 유치한 것을 계기로 다양한 산학협력 사업을 중앙정부와 지방자치단체로부터 유치하게 된 대구대학교는 청년 취·창업을 지원하는 국가사업 유치에서도 두각을 나타내기 시작했다.

대표적인 사업이 고용노동부의 'IPP형 일학습병행제 사업'이다. 대구대학교가 따낸 수많은 취·창업 지원 사업 가운데 이 사업을 특별히 언급하는 이유가 있다. 2015년 1월이었다. 경주의 한 호텔에서 열린 신임 교수 연수에 참여하고 있었다. 한국교통대학교의 노현종 교수로부터 전화를 받았다. 평소 재단 정상화 과제를 비롯해 특히 학생 취업을 주제로 고민을 나누던 교수다. 여러 대화 중에 고용노동부가 처음 실시하는 'IPP형 일학습병행제 사업'에 대해 듣게 되었다.

실무 직원을 불러 이 사업에 대해 물었다. 고용노동부가 내건 까다로운 조건 때문에 공모에 응하지 않기로 잠정 결론을 내린 상태라고 했다. 실무자들의 고민을 물었다. 요지는 교수의 참여가 필수적인데 쉽지 않다는 것이었다.

'IPP형 일학습병행제 사업'은 3~4학년 학생들이 전공 교육과정 일부를 전공과 연계된 산업체 현장에서 이수하도록 하는 '기업 연계형 장기 현장실습 제도'였다. 기존의 기업 인턴이나 현장실습 등 단기 현장체험 프로그램의 문제점을 개선한 산학협력 교육의 새로운 모델로 주목받는 프로그램이기도 했다. 기업은 참여 학생에게 월 80만 원을 지급하고 학생은 최대 전공 6학점과 일반 3학점을 부여받도록 되어 있었다. 구인난과 구직난을 겪는 기업과 학생을 효과적으로 연결해 모두에게 도움이 되도록 설계된 새로운 프로그램이었다.

문제는 교수의 우려였다. 참여 학생이 기업 현장에서 학점을 이수할 경우 교수가 수업 시수를 확보하기가 어렵게 될 것이라는 점이었다. 충분히 수긍이 되었다. 하지만 아쉬웠다. 다시 실무자에게 물었다. '학생에게는 도움이 되는가?' 당연히 도움이 될 것이라는 답이 돌아왔다. 학생 입장에서는 실무 능력을 키우고 학점도 따면서 월 80만 원을 받으니 매력적인 제도라는 것이다. '그렇다면 사업에 도전하는 것이 맞다. 교수의 우려는 다른 방책을 찾아 해결하자'고 했다.

준비할 시간이 얼마 남지 않았다. 실무자들이 애를 많이 먹었다. 교수들을 설득하는 일 외에도 참여 기업을 발굴하고 희망 학과와 희망 학생을 찾는 일, 그들을 연결하는 일 등 업무가 폭주했다. 다행히 성공했다. 대구대학교는 이후 매년 이 사업을 유치해 수행했다. 이 사업에 참여해 졸업 후 곧바로 직장을 구한 학생도 늘어났다. 맞춤 인재를 구한 기업들도 좋아했다. 나도 대학으로서도 보람이 아닐 수 없었다.

다음은 역시 고용노동부가 공모한 '대학 창조일자리센터사업'이다. 외부의 전문기관과 파트너십을 형성해 취업 지원 프로그램을 운영하는 사업이다. 2017년 1월, 역시 치열한 경쟁을 뚫고 사업 운영 기관으로 선정됐다. 대구대학교는 경산권의 대학들을 망라하는 거점대학 역할까지 맡게 됐다. 영남대, 경일대, 대구가톨릭대, 대구한의대 학생들도 함께 참여하는 '대학연합 취업캠프'를 운영한 것이 대표적이다.

2017년에는 경상북도 경제진흥원이 공모한 '경북 청년-기업 매칭 협력사업'에도 선정되어 경북지역 대학, 전문대학, 마이스터고, 특성화고 등을 졸업한 구직 청년들과 기업을 연결하는 가교 역할도 맡았다.

한편, 산업구조의 급격한 변화로 인해 청년의 장래가 취업으로만 보장되는 시대가 끝나면서 창업의 중요성이 커지고 있었다. 중앙정부와 지방자치단체도 청년 창업 지원 정책을 발굴해 시행하기 시작했다. 당연히 학생의 창업을 지원하기 위해서도 팔을 걷어붙였다. 학생뿐만 아니라 지역 청년의 창업 지원을 위해서도 적극적인 역할을 담당했다.

대표적인 것이 중소기업청이 지원하는 '창업선도대학 육성사업'이었다. 2016년 1월, 치열한 경쟁을 뚫고 사업에 선정되어 3년간 약 54억 원을 지원받았다. 그 외에도 영천시, 경산시, 군위군 등으로부터 '청년 CEO 육성사업'에도 선정되어 사업비를 지원받았다. 2017년 11월에는 경상북도가 지원하는 '농산업 청년창업가 육성사업' 운영 대학으로도 선정되었다. 경북대, 안동대와 함께였다. 중소기업청의 창업선도대학 육성 프로그램과 함께 추진할 수 있게 되어 시너지를 기대할 수 있게 됐다.

2011년부터 2017년까지 총장 재임 기간 중 중앙정부와 지방자치단체로부터 수주한 취·창업 분야 재정지원사업을 정리하면 다음과 같다.

총장 재임 중 취·창업 지원 주요 정부재정지원사업 유치 실적

연도	사업명	사업 기관	비고
2011	예비 기술 창업자 육성사업	중소기업청	5억 원
	앱 창작터 운영사업	중소기업청	6억 원
2012	청년취업진로 지원사업	고용노동부	—
	취업률 대구·경북 1위	교육과학기술부	—
	일자리 창출 유공자 표창	고용노동부	—
	중소기업형 계약학과 주관대학 선정	중소기업청	—
	청년 CEO 육성사업 운영기관 선정	고용노동부	1억 원
2013	스마트 앱 창작터 운영사업	중소기업청	3년간 10.5억 원
	사회적기업가 육성사업	고용노동부	4.5억 원
	지역맞춤형 일자리창출 지원사업	고용노동부	2.3억 원
2014	일학습병행제 듀얼 공동훈련센터 운영사업	고용노동부	6년간 120억 원
	사회적기업가 육성사업	고용노동부	6.3억 원
	지역맞춤형 일자리창출 지원사업	고용노동부	2.8억 원
2015	일학습병행제 공로 고용노동부장관상 수상	고용노동부	—
	재활산업기술 전문인력 양성사업	산업통상자원부	5년간 25억 원
	대학보유기술 사업화 지원사업	미래창조과학부	—
	이노캠퍼스-액셀러레이팅 사업	대구연구개발특구	2년간 6억 원
	IPP형 일학습병행제 운영대학 사업	고용노동부	5년간 연 10억 원
	지역맞춤형 일자리창출 지원사업	고용노동부	2.8억 원
	사회적기업가 육성사업	고용노동부	7.3억 원

2016	중소기업 융합지원센터 운영사업	중소기업청	—
	창업선도대학 육성사업	중소기업청	3년간 54억 원
	대학 창조일자리센터 사업	고용노동부	5년간 25억 원
	사회적기업가 육성사업	고용노동부	9.7억 원
2017	경북 사회적경제지원센터 운영사업	경상북도	—
	지역특화산업 육성 기업지원사업	산업통상자원부	2.9억 원
	IPP형 일학습병행제 성과 평가 'A'등급 획득	고용노동부	—
	농산업 청년창업가 육성사업	경상북도	—

3.
건학 정신의 구현 위해 정성을 쏟다

대구대학교 자긍심의 원천, '사랑·빛·자유'

건학 정신은 사립대학의 설립 목적이자 존재 이유다. 전국의 사립대학이 고유의 건학 정신을 구현하기 위한 독자적인 인재상과 교육방법과 대학 문화를 가져야 한다고 나는 믿고 있다. 그럴 수 있도록 대학 구성원도 노력해야 하지만 교육부의 대학 정책도 대학의 특성화 발전을 촉진하고 자율성을 제고하는 방향으로 함께 바뀌어야 한다고 주장해 왔다.

대구대학교는 1956년 이영식 목사에 의해 설립되었다. 독립운동가로, 한센인과 함께한 목회자로, 장애인 특수교육의 아버지로, 해외희생동포 추념사업의 선구자로 살다 간 그의 삶은 앞에서 간략하게 설명한 대로

다. 그가 1946년에 영광학원을, 1956년에는 대구대학교(의 전신)를 설립하면서 천명했던 건학 정신은 '사랑·빛·자유'였다. 기독교 정신에 기반을 둔 이념이면서 근대 인류 사회의 보편 정신이기도 하다.

나는 특수교육과 사회복지 분야에서 설립자 이영식 목사와 이태영 초대 총장이 일군 선구적 업적과 그들의 건학 정신에 이끌려 대구대학교 교수로 왔다. 평교수 때는 개인적 차원에서 노력했지만, 총장에 취임한 뒤로는 '사랑·빛·자유'의 건학 정신을 거교적으로 구현하는 일에 특별한 정성을 기울였다. 사립대학인 대구대학교를 대학답게 만들기 위해서는 무엇보다도 건학 정신을 구현하는 것이 중요하다고 생각했기 때문이다.

먼저 총장 취임 후 첫해인 2010년의 일이었다. 개교 54주년을 어떤 주제로 어떻게 기념할지 고민했다. 특히 두 행사에 중점을 두기로 했다. 하나는 대학 경영 철학과 비전을 선보이는 'DU비전, 학생이 행복한 대학 선포식'이고 다른 하나는 특수교육 역사관 개관이었다.

특수교육역사관 개관

특히 특수교육역사관 개관은 그 자체로도 의미 있지만 대구대학교의 건학 정신과 특성화 정책에 대한 나의 의지를 선언하기에도 적합한 행사로 봤다. 대구대학교가 개척해 온 특수교육의 역사가 우리나라 특수교육의 역사라는 자부심의 표현이기도 했다.

5월 3일, 특수교육역사관을 개관했다. 점자도서관 옆의 특수교육기념관 2층이었다. 특수교육기념관도 역사적 의미가 깃든 건물이다. 이영식 설립자가 대명동 캠퍼스에서 가장 먼저 개교한 대구맹아학교 교사(校舍)를 2008년 8월 경산 캠퍼스에 그대로 복원해 신축한 건물이다. 1층에는 장애 학생의 학습활동과 생활·복지·취업 상담을 지원하는 '장애학생지원센터'와 장애 학생에 특화한 '학생행복센터4'가 있다.

특수교육역사관은 두 개의 전시실로 구성해 우리나라 특수교육의 역사를 한눈에 살펴볼 수 있게 했다. 1전시실인 '태동과 여명'관에서는 1880년대 이후 특수교육의 확립에 기여한 유길준, 한글 점자 연구에 착수해 훈맹정음(訓盲正音)을 완성한 박두성, 맹·농 교육과 정신지체 및 지체부자유 아동교육을 개척한 이영식 목사 등 특수교육 선구자 14명과 관련한 자료를 전시했다. 1920년대 평양맹아학교 여학생들의 뜨개질 작품도 전시했다. 2전시실인 '광명과 환희'관에는 장애인 관련 각종 통계와 점자 교과서 등 특수교육 관련 자료를 전시했다. 또 대구대학교 특수교육 발전에 기여한 사쿠라우치 요시오, 쇼치 사부로, 이마니시 다카오 등 일본인 특수교육 선구자 3명의 기증 자료도 함께 전시하도록 했다. 개관 준비를 위해 박화순 중앙박물관 관장과 사범대학 특수교육과의 김병하 교수가 특히 수고해 주었다.

특수교육역사관 앞에는 점자도서관이 있다. 1981년 6월 1일, 당시 중앙정부의 지원을 받아 개관한 후 전국의 시각장애 학생에게 점자 교과서와 점역한 EBS 교재를 배포해 왔다. 점자도서관 앞에는 시각장애인도 즐길 수 있는 음성수목원(점자수목원)이 조성되어 있다. 2004년, 이재규 총장의 작품이다. 시각장애인이 점자 블록을 따라 걸으면 동작 감지 센서가 작동해 주변 꽃과 수목에 대해 음성으로 설명하게 한 것이다. 산책길 길목마다 점자 안내판도 함께 비치되어 있다.

특수교육역사관과 장애학생지원센터를 품은 특수교육기념관은 앞 건물인 점자도서관 그리고 그 앞의 음성수목원과 함께 대구대학교의 명소로 탄생했다. 대구대학교만의 독특한 향기를 품은, 오직 대구대학교에서만 볼 수 있는 특성화 명소인 것이다.

'장애학생 복지강령' 선포

매년 '장애인의날'(4월 20일)을 전후하여 대구대학교는 매우 다채로운 기념행사를 연다. 대구대학교에는 시각·청각·지체 장애 학생들이 전국에서 와 공부하고 있을 뿐만 아니라 건학 정신과도 직접 관련 있기 때문이다. 의례적인 행사가 아니다. 대부분 장애·비장애 학생들이 함께 자발적으로 준비하고 진행하는 행사들이다. 장애 체험, 특강, 장애 학생 취업캠프, 장애 학생 동아리 공연, 학술 행사, 장애 학생·총장 간담회 등이 대표적이다. 그 자체가 거교적인 인성 교육이고 인권 교육이자 민주시민 교육이다.

2012년 장애인의날을 기념해 특별한 행사 하나를 준비했다. 4월 17일, '장애학생 복지강령' 선포식이었다. 핵심은 '장애 학생이 먼저 행복한 대학, 장애인이 먼저 행복한 사회'를 대구대학교가 만들어 가자는 내용이었다. 강령은 장애 학생의 의견수렴을 거쳐 확정됐다. 학생은 물론 구성원 모두 잘 볼 수 있도록 대학 캠퍼스 곳곳에 게시되었다. 대구대학교의 건학 정신을 한 번 더 천명하는 의미 외에 장애인 인권에 대한 비장애 학생의 인식을 제고하기 위해 기획된 행사였다. 김영한 학생행복지원센터 소장의 수고가 컸다. 여기 강령 전문을 소개한다.

대구대학교 장애학생 복지강령

대구대학교는 사랑·빛·자유의 건학 이념과 기독교적 인류애를 바탕으로 설립되어 만인 복지와 사회정의 구현에 앞장서 왔고, 특히 장애인의 교육권과 인권 신장을 위해 선구적인 역할을 담당해 왔다.

자랑스러운 건학 이념과 전통 및 학풍을 이어받은 대구대학교는 향후에도 장애 학생의 삶의 질 제고를 위해 교육 체계와 관련 지원 행정을 지속적으로 개선해 갈 것이며, 장애 학생들이 장애 유형이나 장애 정도 및 기타 어떤 이유로도 차별받거나 부당하게 희생되는 일이 없도록 최선을 다할 것이다.

대구대학교의 모든 구성원들도 장애 학생의 권익과 복지의 확대를 위해 솔선수범할 것이며, 그들의 사생활을 존중하고 업무상 취득한 장애 학생 관련 정보들은 장애 학생을 위한 업무 외에는 사용하지 않을 것이다. 나아가 대구대학교는 장애 학생의 학습 지원과 취업 지원을 위해서 관련 기관 및 전문 단체와 적극 협력하고 지역사회 및 전국의 장애인 지원 기관들과도 교류·협조 관계를 더욱 강화할 것이다.

이를 실천하기 위하여 대구대학교는 장애 학생을 비롯한 장애인이 필요로 하는 전문적 지식과 기술을 연구·개발하고 시설과 설비를 최적의 상태로 유지하기 위해 노력하며, 대학 구성원과 국민의 장애인 관련 의식을 선진화하는 일에 매진할 것이다.

'장애 학생이 먼저 행복한 대학, 장애인이 먼저 행복한 사회'를 건설하는데 대구대학교 모든 구성원은 앞장서 노력할 것이다.

2012. 4. 17.

대구대학교

'사랑·빛·자유상' 제정·운영

하나만 더 소개하려 한다. 총장에 취임하자마자 서둘러 준비해 이듬해인 2010년부터 시행한 사업이었다. 대구대학교 건학 정신을 실천한 이를 찾아 표창하기로 한 것이다. '사랑·빛·자유상'으로 명명하고 국내외의 개인이든 단체든 응모할 수 있도록 했다. 상금은 한 사립대학으로서는 비교적 규모가 큰 1천만 원으로 하고, 매년 개교기념일 행사의 일환으로 정례화하기로 했다.

예산을 반영하고 수개월의 준비를 거쳐 2010년 5월에 처음 시행했다. 전국의 장애인 단체는 물론 관련 언론매체에도 널리 알려 신청자를 받았다. 교내외의 전문가로 구성된 심사위원회의 엄격한 토의와 검증을 거쳐 수상자를 선정해 발표했다. 제1회 수상의 영광은 쇼치 사부로 일본 사회복지법인 시이노미학원 이사장에게 돌아갔다. 총장이 부재했던

연도별 '사랑·빛·자유상' 수상자

회차	연도	수상자(개인, 기관)	비고
1회	2010	쇼치 사부로(昇地三郎)	일본 사회복지법인 시이노미학원 이사장
2회	2011	강성숙(수녀)	사단법인 한국지체장애인협회 중앙회장
3회	2012	(사)장애우권익문제연구소	장애인 인권 관련 법·제도·정책 대안 제시
4회	2013	권정순	'행복한집' 요양보호사
5회	2015	정지훈	'여주 라파엘의집' 원장 국내 최초의 시각중복장애인 복지시설
6회	2016	일본 사회복지법인 운주사(雲柱社)	일본 최초의 사회사업가 '가가와 도요히코'를 기리기 위한 사회복지법인
7회	2017	강영신	아시아복지재단 대표이사 자유재활원, 선명학교, 만승자립원 운영

2014년을 뺀 2010년부터 2017년까지 총장 임기 중에 수상한 개인이나 단체를 소개하면 위의 표와 같다.

    전국의 주요 기관과 단체에 대구대학교의 건학 정신과 대학 설립자 이영식 목사에 대해 널리 알리는 계기가 됐다. 밖으로는 대학의 사회적 책임과 역할을 실천하는 하나의 모델을 제시하면서 안으로는 대학 구성원의 자긍심을 높이는 계기도 됐다. 물론 더 본질적이고 중요한 취지는, '특수교육·재활과학·사회복지의 메카 대학'인 대구대학교의 이름으로 우리나라와 인류의 복지 증진을 위해 헌신한 개인과 단체에 존경과 감사의 뜻을 표함으로써 그들에게 작은 위로라도 드리고자 한 것이었다.

장애 학생 교육권을 확충하다

대구대학교는 장애인도 교육받을 수 있어야 한다고 생각한 이영식 목사에 의해 설립되었다. 한국전쟁이 끝나고 3년 뒤인 1956년이었다. 그 10년 전에는 시각장애인을 위한 대구맹학교(현 대구광명학교)를 세웠다. 비장애인도 교육받고 생활하기가 어려운 시절이었다. 복지니 특수교육이니 하는 말은 아예 없던 때였다. 편견 때문에 장애인은 집 밖에 나서기도 어려웠던 때였다. 그때, 장애인을 위한 특수학교들과 대학을 설립한 것이다. 그것만으로도 이영식 목사는 큰 선각자였다.

이후 대구대학교는 다양한 유형의 장애 학생이 불편 없이 공부할 수 있도록 시설과 프로그램을 갖춰 왔다. 1981년 6월에는 보건복지부의 지원을 받아 캠퍼스 안에 점자도서관을 개관했고 2002년에는 전국 대학 최초로 '장애학생지원센터'를 설치했다. 교육부는 2003년부터 전국 대학을 대상으로 '장애대학생 교육복지지원 실태조사'를 3년마다 실시해 왔는데 대구대학교는 2017년 평가 때까지 6회 연속 최우수 대학으로 선정되었다.

강의실과 식당, 기숙사에서는 전국에서 온 지체·시각·청각 장애 학생을 쉽게 만날 수 있다. 휠체어와 안내견을 만나는 것도 흔한 일이다. 다른 대학에서는 학업과 생활이 불가능한 중증 및 중복 장애 학생이 특히 많다.

하지만 한 가지 남은 숙제가 있었다. 발달장애 학생이었다. 발달장애 학생은 특수학교에서 고등학교 과정을 마치면 학업과 학교는 끝이었다. 문제는 특수학교 고교과정을 마친 뒤에도 최소한의 사회생활을 영위하기 어려운 경우가 대부분이라는 사실이다. 발달장애 자녀를 둔 부모의 고통은 가늠하기 쉽지 않을 정도다. 그들의 절박한 소망 가운데 하나는 고등학교 졸업 후의 추가 교육을 통해 자녀가 최소한 자기 앞가림이라도 할 수 있게 하는 것이었다.

물론 대학의 정규 학사 학위 과정을 희망하는 학부모도 있었다. 이 주제와 관련한 전국 현황을 전문가 교수들로부터 보고받고 깊이 고민했다. 충청도의 한 사회복지 특성화 대학에서는 정규 학사 학위 과정으로 발달장애 학생을 입학시키고 있다는 보고도 받았다. 하지만 나는 발달장애 학생에게 필요한 것은 대학 졸업장이나 학위보다 혼자서도 사회생활과 직장생활을 영위할 수 있게 해 줄 생활교육과 직업훈련이라고 봤다. 전문가들과의 토론 끝에 비정규 평생교육과정을 개설하기로 했다. 평생교육원에서 발달장애 학생 대상의 3년 과정 생활·직업교육 프로그램을 운영하기로 결정한 것이다.

미국 최초로 발달장애 고등교육기관을 설치·운영해 온 내셔널루이스 대학(National Louis University)과 'PACE(Professional Assistant Center for Education) 프로그램 협약'을 체결하고 교육기관명도 'K-PACE센터'로 했다. 학생은 전국에서 받도록 했고 전원 기숙사 생활을 하게 했다. 학생들은 매년 미국 내셔널루이스대학을 방문·견학하거나 그 대학의 'PACE 센터' 발달장애 학생들과 화상 간담회를 했다.

발달장애 학생 교육 프로그램의 필요성에 주목하고 'K-PACE센터' 개교를 준비하는 과정에서는 설립자의 장손인 이근용 교수가 중심 역할을 했다. 재활과학대학의 박정식 교수도 이근용 교수를 도와 수고를 많이 했다. 이근용 교수는 개교 후에 초대 소장을 맡아 직접 센터의 초석을 다졌다.

'K-PACE센터'가 어느 정도 정착한 뒤인 2017년 가을이었다. 권영진 대구시장으로부터 전화를 받았다. 대구에 거주하는 발달장애 학생 부모들로부터 'K-PACE센터'와 같은 교육 프로그램 지원을 요구받고 있다고 했다. 'K-PACE센터'의 운영 방식과 교육 효과, 발달장애 학생 교육을 위한 지방자치단체의 역할과 책임에 대해 설명했다. 그 후 대구시는 대구에 거주하는 발달장애 학생을 위한 교육 프로그램을 운영하기로 결정했고 위탁 운영 기관으로 대구대학교를 선정했다. 대명동 캠퍼스의 일부 시설을 리모델링하고 2018년 3월에 정식 개교하게 됐다. 경산 캠퍼스의 기숙형 'K-PACE센터'와 달리 통학형 비기숙 프로그램으로 운영되었다.

발달장애 학생 교육을 시작함으로써 대구대학교는 비로소 모든 유형의 장애 학생 교육을 책임지는 대학이 됐다. 대구대학교로서도 의미 있는 사업이었지만 우리나라 특수교육을 한 단계 끌어올린 역사적 사건으로 기록되었다.

미 갤러뎃대학교와의 교류

한편 2017년 4월 5일, 본관 17층 라운지에서였다. '장애인의날' 기념 '장애 학생-총장 간담회'가 열렸다. 학부모들도 당연히 초대했다. 그날도 다양한 유형의 장애 학생과 학부모로부터 많은 건의를 들었다. 전국 최고의 장애 학생 편의시설과 교육 프로그램을 갖춰 준 데 대해 고마워하는 학생과 학부모도 있었지만, 늘 그렇듯이 시설 개선 요구가 많았다. 캠퍼스가 워낙 넓고 건물도 100개 동이 넘으니 당연했다. 즉각 해결할 수 있는 요구도 있지만 중장기 과제로 추진해야 할 난제도 있었다.

그런데 그날은 특별한 건의가 하나 있었다. 한 청각장애 학생이었고 수어 통역사가 옆에서 도와주었다.

몇 년 전에 미국의 갤러뎃대학교(Gallaudet University)를 방문할 기회가 있었습니다. 갤러뎃대학교는 전 세계 청각장애인에게는 꿈의 대학입니다. 우리 대학에도 적지 않은 청각장애 학생이 공부하고 있습니다. 우리 청각장애 학생도 비장애 학생들처럼 외국 대학에 교환학생으로 다녀올 수 있도록 기회를 만들어 주시기 바랍니다.

충격이었다. 장애 학생에게 최대한의 정책적 배려와 투자를 하고 있다고 생각했지만 청각장애 학생에게는 교환학생으로 다녀올 기회가 주어지지 않았다는 사실을 미처 알지 못했다. 솔직하게 말했다.

학생, 고맙다. 미처 생각하지 못하고 있던 분야다. 청각장애 학생들이 꿈의 대학으로 알고 있다는 미 갤러뎃대학교에 대해 나는 충분한 정보를 갖고 있지 않아 지금은 시원하게 답할 수 없다. 하지만 서둘러 알아보고 최선을 다해 노력하겠다. 학생의 후배들이라도 교환학생 기회를 가질 수 있도록 모든 노력을 아끼지 않겠다.

당시 대구대학교에는 250여 명의 장애 학생이 재학 중이었고 그중 45명이 청각장애 학생이었다. 곧바로 미 갤러뎃대학교와의 실무 협의에 착수하도록 국제처에 지시했다. 그리고 그해 7월에는 직접 갤러뎃대학교를 방문했다. 코르다노(Roberta J. Cordano) 총장과 만났다. 여성 청각장애인이고 지적이면서 마음이 따뜻한 총장이었다. 대학의 시설과 프로그램도 둘러보며 대구대학교의 부족한 점들을 배운 기회이기도 했다. 양교 간 교환학생 프로그램 운영을 함께 준비하기로 합의하고 돌아왔다.

귀국하고 얼마 되지 않아서였다. 소식을 접한 청각장애 학생들이 무척 좋아했다. 면담 신청이 들어왔다. 청각장애 학생 동아리인 '손누리'의 임원진 학생들이었고 당연히 보자고 했다. 고맙다며 정성들여 손으로 쓰고 장식한 대형 손편지를 들고 왔다. 학생들의 따뜻한 마음이 전해져 왔다. 며칠 뒤 나는 손누리 임원진을 초대해 점심 식사를 함께했다.

청각장애 학생들과의 몇 차례 만남을 거치면서 전국의 청각장애인 중에 금융 사기 사건으로 고통받는 사례가 많다는 사실, 청각장애 학생들에게 전공 교육 외에 별도의 교육 프로그램이 필요하다는 사실도 알게 됐다. 학생들도 좋아했고 내게도 유익했다. 무엇과도 비교할 수 없는 큰 보람이었다.

개교 60주년, 건학 정신을 만방에 알리다

2016년은 개교 60주년이 되는 해였다. 2014년 5월 28일에 다시 임시이사가 파견되고 대학이 모처럼 안정을 찾은 때여서 다행이었다. 해임된 구재단 추천 정이사 3인의 교육부 장관을 상대로 한 법정 소송이 이어졌지만,[95] 이는 대학 본부와 재단(임시이사회와 정이사회)이 교육부와 함께 대응하도록 했고 교수와 직원, 학생은 연구와 학업, 대학 발전에 매진할 수 있었다. 재단 분규에서 한 발 물러선 소중한 시기에 개교 60주년을 맞아 대학의 새로운 도약의 계기로 삼을 수 있었던 것은 큰 행운이었다. 슬로건도 '개교 60년, 번영의 새 60년'으로 정했다.

먼저 대학 구성원의 다양한 아이디어와 문제의식을 담아내기 위해 '대학개교 60주년 기념사업회'를 출범시켰다. 교수회와 총학생회, 직원 노동조합의 대표까지 폭넓게 참여하도록 부탁했다. 준비위원들에게는 몇 가지를 특별하게 주문했다. 개교 60주년을 단순히 기념하는 차원을 넘어 구성원이 대학의 건학 정신과 60년 역사를 통해 개척해 온 대학의 공적 역할과 선구적 업적에 자긍심을 갖는 계기가 되게 해 달라는 것이었다. 대학의 새로운 도약을 향해 구성원의 열정과 역량을 모아 내는 발

---

[95] 구재단 추천 정이사 3인(2018년 1월 양승두 이사의 사망 이후에는 2인)은 2014년 3월 14일 교육부 장관의 '영광학원 임원취임 승인취소(정이사 해임)처분'과 5월 28일의 '임시이사 선임처분', 그리고 2019년 4월 14일의 '정이사 선임처분'에 대해 각각 가처분소송과 본안 1심부터 대법원 상고심에 이르기까지 교육부 장관을 대상으로 수많은 소송을 제기했다. 엎치락뒤치락 승소와 패소를 거듭하다 최종적으로는 2021년 10월 14일, 대법원이 교육부의 마지막 행정처분이었던 '정이사 선임처분'(2019년 4월 14일)에 문제없다고 원고 패소를 확정함으로써 마무리됐다.

'해외희생동포 추념비' 제막식을 마치고 이근용 부총장(설립자 장손), 김재훈 교수회 의장,
이준희 직원노동조합 위원장, 박기덕 총학생회장 등과 함께(사이판, 2016.5.).

판을 만들어 보자고도 했다. 재단 분규 과정에서 상처받고 지친 구성원을 위로하기 위해 희망을 제시할 수 있어야 한다고도 생각했다.

2016년 1년 동안 다양한 행사를 진행했다. 특히 뜻깊게 생각하는 행사가 있었다. 사이판에 대구대학교 명의의 '해외희생동포 추념비'를 건립한 것이다. 나는 매년 5월이면 개교기념 행사의 일환으로 교수, 학생, 직원 대표를 사이판에 파견해 설립자가 시작한 '해외희생동포 추념사업'에 참석하도록 했다. 설립자의 애국·애민 사상을 직접 보도록 하기 위해서였다. 설립자의 숭고한 건학 정신과 역사의식을 계승하는 데는 그만한 산 교육이 없다고 생각했다. 6개월여 전부터 준비한 추념비를 배편으로 보냈고 5월에는 김재훈 교수회 의장, 이준희 직원노동조합 위원장, 박기덕 총학생회장 그리고 이근용 부총장 등과 함께 직접 참석해 추념비 제막식을 가졌다.

성산대로 퍼레이드

5월 3일의 개교기념 행사 중 가장 기억에 남는 것은 성산대로 퍼레이드였다. 오후 2시, 하늘은 흐렸고 안개비가 흩뿌리고 있었다. 우산을 써야 할 정도는 아니어서 다행이었다. 교수, 학생, 직원이 밝은 얼굴로 학교 정문으로 모여들었다. 삼삼오오 편하게 담소하며 함께 걷기 시작했다. 폭 56미터, 길이 610미터의 대구대학교 명품거리인 성산대로, 일명 '큰뜻새길'이었다.[96] 총학생회장, 교수회 의장, 직원노동조합 위원장과 장길화 총동창회장 등이 앞에 섰고 많은 학생, 교수, 직원이 뒤따랐다. 본관 앞 잔디광장까지의 축하 퍼레이드였다.

다양한 동아리 학생과 자치기구 학생이 앞줄에 등장해 각 팀의 장기를 선보였다. 비호응원단 학생들은 응원 무용을, ROTC 학생들은 행진을, 지체장애 학생 동아리 '비보호' 학생들은 휠체어 댄스를 보여 주었

---

[96] 성산대로의 성산(惺山)은 설립자 이영식 목사의 호다. 윤덕홍 총장(2000. 2.~2003. 2.) 시절, 전 구성원의 공모를 통해 새 이름을 갖게 됐는데 그것이 '큰뜻새길'이다. 큰뜻은 교훈(校訓)인 '큰뜻을 품어라'에서 따오고, '새길'에는 변화와 혁신의 의지를 담았다. 이는 당선작인 양재섭 교수의 작품이었다. 분자생물학과 소속의 양재섭 교수는 나의 첫 번째 총장 임기 중 전반부 2년간 대학원장을 역임했다(2010. 3.~2012. 2.). 2012년 8월 정년퇴직한 후에는 북한대학원대학교에서 북한학 박사학위를 취득했고, 한반도 중립화 통일협의회 공동회장 등을 맡아 한반도 평화운동에 매진하고 있다.

위 • 사랑광장의 엠블럼을 둘러선 교수, 학생, 직원, 동문(2016. 5. 3. 성산대로 퍼레이드).
아래 • 성산대로 퍼레이드에서 장길화 총동창회장(왼쪽)과 담소하며.

다. 그 외에도 여러 동아리 학생이 카드섹션, 검도 시범 등 다양한 볼거리를 선보였다. 외국 유학생들도 각자 고국의 전통의상을 입고 나와 함께 걸었다. 장관이었다.

본관 앞 잔디광장에 도착했다. '잔디광장'의 새 이름 선포식부터 했다. 새 이름은 '사랑광장', 밋밋하게 불려 오던 잔디광장이 '사랑광장'이란 새 이름을 갖게 된 것이다.[97] '사랑광장' 중앙에는 대학 엠블럼을 돌판에 새겨 넣었다.

선포식을 마친 뒤 학생, 교수, 직원, 동문이 둥글게 둘러섰다. 그때였다. 구름이 걷히며 파란 하늘이 열리기 시작했다. 여기저기서 탄성이 터져 나왔다. "대구대여 영원하라!" 사회자의 구호에 맞춰 교수, 학생, 직원, 동문 등 참석자 모두 풍선을 하늘로 날렸다. '희망의 풍선 날리기'였다. 형형색색의 풍선이 방금 열린 파란 하늘로 날아올랐다. 모두 손뼉치며 환호했다. 그날 퍼레이드 행사의 클라이맥스였다. '개교 60주년'을 축하하고 '번영의 새 60년'을 힘차게 시작하자는 대학 가족의 염원이 하늘에 닿을 것으로 확신했다.

---

[97] 캠퍼스에는 '잔디광장'을 포함해 세 개의 큰 광장이 있다. 학생회관 앞의 '햇살광장'과 야외 공연이 가능한 '노천강당'이 그것이다. 한 달여 동안 학생, 교수, 직원을 대상으로 세 광장의 새 이름을 공모했고 그날 최종 선정된 세 광장의 새 이름을 공표한 것이다. 당선작은 건학 정신을 살려 명명된 '사랑광장', '빛광장', '자유광장'이었다. '햇살광장'은 '빛광장'으로, 군사정권 시절부터 자유와 민주주의 함성이 울려 퍼지던 노천강당은 '자유광장'으로 각각 다시 태어났다.

'아시아권 대학 총장 포럼'에 참석한 총장들과 함께(2016.10.12.).
왼쪽에서 다섯 번째가 필자.

아시아권 대학 총장 포럼

연중 개최된 개교 60주년 기념행사 가운데 역점을 둔 사업이 하나 더 있었다. 아시아권의 자매 대학들 가운데 '사랑·빛·자유'의 건학 정신과 유사한 가치와 문제의식을 공유하는 10개 대학 총장을 초청해 '아시아권 대학 총장 포럼'을 개최한 것이다.

'지속 가능한 미래 교육과 인본주의'란 주제로 10월 12일, 대구 인터불고호텔에서 열렸다. 나는 '대구대학교와 인간애 교육'을 주제로 기조연설을 했고 참여 대학 총장들도 자기 대학의 건학 정신과 교육철학을 소개했다. 더불어 살아가는 지구촌과 아시아의 평화를 만들어 가기 위해 함께 노력하자고 의기투합했다.

DU홍보비전관 개관

'DU홍보비전관'을 개관한 것도 기억에 남는다. 본관 1층이었다. 외부 손님의 출입과 왕래가 많은 위치였다. 그곳에 자리 잡고 있던 취업지원센터 사무실은 제2학생회관으로 옮겨 진로취업관(진취관)으로 재탄생시켰다.

취업지원센터가 있던 본관 1층 왼편 공간을 DU홍보비전관으로 단장했다. 대학의 60년 역사와 건학 정신을 요약·전시·소개하는 일에 특별히 많은 공간을 할애했다. 그 외에도 대학의 일반 현황과 특성화 소개, 캠퍼스 환경, 국제 교류 및 분야별 성과에 이르기까지 한눈에 살펴볼 수 있도록 전시했다.

DU홍보비전관은 대구대학교를 찾는 외부 손님들이 둘러보는 명소로 재탄생했다. 부족한 예산으로 꾸며야 했기에 실무자들이 고생을 많이 했다. 김병춘 사무부처장과 정정석 홍보팀장의 고생이 특히 컸다.

홍보비전관의 맞은편, 즉 본관 1층 오른편에는 발전기금 기부자에게 감사의 뜻을 표하기 위해 '기부자 명예의 전당'을 조성했다. '명예의 전당'에는 기부금의 크기에 따라 '사랑', '빛', '자유'의 세 블록을 만들어 기부자를 영원히 기리도록 했다.

그 외에도 성산 이영식 목사를 주제로 한 국제 심포지엄, 이태영 전 총장을 기념하는 창파 국제학술대회, '대구대학교 60년사' 발간 등의 크고 작은 행사가 있었다. 1년 내내 이어진 개교 60주년 기념행사를 통해 구성원은 자랑스러운 건학 정신을 다시 한 번 새기며 자긍심을 키울 수 있었다. 시련과 고난을 이기고 건학 정신과 민주주의, 학생의 학습권과 교육 정의를 지켜 온 자랑스러운 60년 역사에 대해 전 구성원이 새롭게 인식하는 계기가 되기를, 그를 기반으로 '번영의 새 60년'을 힘차게 시작할 수 있기를 기대했다.

4.
'학생이 행복한 대학',
대학의 새 패러다임을 개척하다

대구대학교를 대학답게 만들기 위해 특별하게 심혈을 기울인 또 하나의 과제는 '학생이 행복한 대학'을 만드는 것이었다. 8년의 임기 동안 '학생이 행복한 대학'을 위해 뛰고 또 뛰니 어느새 나와 대구대학교의 트레이드마크처럼 되었다.

대구대학교의 새 브랜드, '학생이 행복한 대학'

처음 총장에 취임한 2009년으로 거슬러 올라간다. 9월 16일의 총장선거에서 당선되고 11월 1일에 취임하기까지 한 달 반 동안에도 할 일이 많았다. 주요 보직자를 인선하는 것과 함께 임기 4년의 대학 경영 기조를 설계하고 곧 시행할 정책과 사업으로 다듬는 일이 특히 중요했다.

대학 경영 비전을 담아낼 슬로건에 대해서도 많은 고민을 했다. 함께 일할 처실장을 인선한 뒤 그들과 함께한 1박 2일 워크숍에서도 그 주제로 집중 토론했다. 결론은 '학생이 행복한 대학'이었다. 너무 추상적이라 조심스럽다는 의견도 있었다. 신입생 유치 경쟁이 치열해지는 대학 환경을 고려할 때 대학 지망생의 관심 주제와 슬로건을 채택해야 한다는 의견도 있었다. 예를 들면 '취업 잘 시키는 대학', '글로벌 대학', 'ㅇㅇㅇ 일등 대학'과 같은 것이다. 일리 있는 견해였다. 하지만 '학생이 행복한 대학'에 많은 처실장이 더 공감해 주었다. '학생 우선주의'의 의지를 담고 있을 뿐만 아니라 시류에 휘둘리지 않아 좋다는 의견이 설득력을 얻었다. 대학의 정신과 가치를 담은 인문학적 슬로건이어서 나의 교육철학과 잘 어울린다는 의견도 있었다.

구성원에게 공표하고 나니 공감해 주는 교수와 직원도 많았지만 논란도 없지 않았다. '학생만 행복하면 되나? 교수가 행복해야 학생도 행복할 수 있다'는 반론이 대표적이었다. 교수와 직원의 상실감이 의외로 컸다. 물론 틀린 말은 아니다. 하지만 교수와 직원과 대학의 존재 이유가 학생에 있는 만큼 학생이 행복하면 교수, 직원의 행복과 대학의 발전도 자연히 따라올 수 있을 것이라며 이해를 구했다.

'학생이 행복한 대학이라고 말하면서 이 정도도 안 해 주느냐'는 학생의 불만과 민원을 감당하기 어려울 것이라며 우려하는 교수와 직원도 있었다. 매우 현실적인 걱정이었다. 나는, 교수와 직원이 진정성 있게 학생을 위하는 자세로 최선을 다한다면 그런 우려도 해소될 것이라고 이해를 구했다.

그와 함께 내가 생각하는 '학생이 행복한 대학'의 보다 큰 그림과 핵심 개념을 강조해 갔다. 나는 '학생이 행복한 대학'은 단지 학생의 불만과 민원을 해소해 주고 학생에게 친절한 대학에 국한될 수 없다고 생각했다. '대학 경영의 패러다임을 학생 중심으로 바꾸는 것'이 더 중요하다고 생각했다. 그것은 우리나라의 기존 대학 경영 패러다임에 대한 근본적인 성찰로부터 나온 것이었다. 대학들은 오랫동안 정부와 재단, 총장, 교수, 직원 중심으로 정책을 결정하고 집행해 왔다고 본 것이다. 학생을 객체, 대상으로만 바라보는 것은 공급자 중심의 대학 구조에서 고착된 잘못된 관행이라고 나는 보았다. 이제 대학의 의사결정은 학생을 중심으로, 학생을 위해 이루어져야 한다고 믿었다. '학생 중심 대학 경영 패러다임으로의 전환'이야말로 '학생이 행복한 대학'의 핵심이고 본질이라고 본 것이다.

취임 이듬해 봄인 4월 21일, 『교수신문』과 인터뷰를 했고 4월 26일자 신문에 보도됐다. 이영수 발행인이 던진 여러 질문 중에 '학생이 행복한 대학'에 대한 질문과 나의 답을 추려 소개한다.[98]

---

98 「"교수·행정·관료 중심에서 '학생 중심'으로 패러다임을 바꾸겠습니다" — '학생이 행복한 대학' 비전 밝힌 홍덕률 대구대 총장」, 『교수신문』 2010. 4. 26. (https://www.kyosu.net/news/articleView.html?idxno=20267)

'학생이 행복한 대학'은 어떤 대학입니까?

먼저 교수 중심, 행정 중심, 관료 중심의 대학 경영을 넘어 '학생 중심'으로 대학 경영 패러다임을 바꾸는 것이 핵심이라고 할 수 있습니다. 대학 경영의 기본 관점과 철학의 변화가 중요합니다. 풀어 얘기하면 첫째는 학생의 인격, 지식, 취업 경쟁력이 크게 성장할 수 있도록 대학의 정책과 자원을 집중 투자하겠습니다. 더 중요한 것은 대구대에 입학해 공부하고 생활하는 동안 학생이 느끼는 '삶의 질'을 크게 높이겠다, 삶의 질을 중시하겠다는 것이라고 할 수 있습니다. 학생이 총장과 교수와 직원으로부터 실질적으로 관심 받고 있다, 애정 어린 지도를 받고 있다, 인격적인 대우를 받고 있다고 느낄 수 있도록 하는 것이 중요합니다.

이를 위해 총장과 교수와 직원이 학생을 바라보는 관점, 강의실이나 기숙사나 행정실에서 학생을 대하는 자세, 지도하고 상담하는 방식 등 모든 면에서 '학생 중심으로의 근본적인 변화'를 꾀하는 것이 중요합니다. 예컨대 학생은 관리받는 대상, 통제받는 객체, 교육당하는 수동적 존재, 가르쳐 취업시키면 그만인 존재가 아니고, 마땅히 존중받아야 할 인격체, 이 나라와 인류를 위해 큰일을 할 재목, 자아 존중감을 갖고 사회와 세계의 주역으로 성장해 갈 주체로 인정받고, 교수·직원·대학의 사랑과 관심을 받는 생활환경에서 양질의 교육을 받으며 스스로를 성장시켜 갈 권리가 있는 주체라고 인식하는 것이 무엇보다 중요하다고 생각합니다.

구체적인 실행 계획이 있습니까?

먼저 양질의 교육 프로그램 제공과 좋은 교육, 생활환경 조성, 취업 경쟁력 강화를 위해 투자를 아끼지 않을 것입니다. 수준별 수업 및 방과후 특별지도 도입, 기초 교육

강화, 각종 특강 활성화, 팀티칭 및 토론 수업 활성화, 진로 및 생활 상담 활성화, 학생 수업동아리 지원 확대 등 수업 제도를 학생 중심으로 대폭 개편하고, 교수의 교수법 연수 및 수업 연구회 활동을 적극 지원할 것입니다.

교육 환경과 기숙사 환경 개선을 위한 투자는 계속 확대해 갈 것이고 학생의 건전한 문화를 격려하고 활성화하기 위해 지난 2월 1일자로 '청년문화발전소'를 설치해 운영하고 있습니다. 또 교수님들이 학생의 취업을 위해 함께 고민하면서 1학년 때부터 일대일 진로 상담과 취업 상담을 강화하도록 할 계획입니다. 취업 실적을 교원 평가에 반영하는 등의 제도적 장치도 강구할 예정입니다. 또 하나, 학생의 생활 만족도와 삶의 질을 높이기 위해 '학생행복지원단'을 부총장 직속기구로 신설해 학생들의 불만족 요인을 적극 조사·발굴해 그 해결책을 학생의 관점에서 모색하고 있습니다.

하지만 대학 본부와 교수, 직원이 학생을 바라보는 관점과 대학의 역할에 대한 인식을 근본적으로 바꾸는 것이 필요합니다. 학생의 인격과 지식, 취업 경쟁력을 높이기 위해 세심하게 배려하고 관심을 갖고 노력하는 문화를 만들어 내는 것이 매우 중요합니다. 이를 위해 교수, 직원들과 자주 만나 토론하고 문화 혁신을 꾀해 나갈 생각입니다.

대학 문화의 혁신으로

취임 후 첫해인 2010년 5월 3일의 개교 54주년 기념식에서는 'DU비전, 학생이 행복한 대학 선포식'을 하고 연단에 올라 교수와 직원에게 직접 브리핑했다. 문제는 '학생이 행복한 대학'과 '학생 중심 대학 경영 패러다임으로의 전환'이 총장과 대학 본부의 문제의식과 노력만으로는 될 수 없다는 사실이다. 교수와 직원의 인식과 관행, 대학의 문화도 함께 바뀌어야 하는 총체적인 혁신 과제인 것이다. 일상적으로 학생을 만나 지도하고 상담하고 서비스를 제공하는 이는 다름 아닌 교수와 직원이기 때문이다. 학생을 마음으로 사랑하면서 학생의 고민과 도전에 진정성 있게 함께하는 자세, 미래에 필요한 지식과 덕목을 길러 갈 수 있도록 학생을 안내하며 돕는 것이 중요하다고 보았다.

기회 있을 때마다 교수와 직원에게 당부했다. 대학 문화 혁신의 전도사로 팔을 걷어붙였다.

> 학생이 주인입니다. 학생이 대구대학교를 믿고 자신의 밝은 미래를 준비해 갈 수 있도록 책임지는 자세로 학생과 만나야 합니다. 요즘 학생들은 미래에 대한 불안과 고민에 맞서 힘겹게 씨름하고 있습니다. 그 고민들을 외면하지 말고 자녀나 동생에게 하듯이 따뜻하게 만나고 이끌어 줄 수 있도록 최선을 다합시다. 일상의 업무와 생활에서 '학생 행복'을 대학의 최고 가치로 생각하고 실천하도록 합시다.

시간이 흐르면서 교수와 직원 사회에서도 공감대가 확산됐지만 학생의 반응은 기대 이상으로 뜨거웠다. '학생이 행복한 대학'이라는 슬로건을 보고 듣는 것만으로도 마음이 따뜻해지고 위로를 받는 느낌이라고 말하는 학생도 적지 않았다. 가슴 아픈 일이지만 관심과 행복에 목말라 하는 청년 학생이 의외로 적지 않다는 것을 알게 된 계기이기도 했다.

언론도 주목하다

지역사회와 언론의 반응도 기대 이상이었다. '학생이 행복한 대학'을 향한 나의 문제의식과 도전에 주목하며 집중 보도했다. 예컨대 취임 인터뷰나 취임 1주년 인터뷰 때는 대학 경영과 관련한 여러 분야에서 많은 대화를 나눴지만 대부분의 언론이 나의 '학생이 행복한 대학' 만들기 프로젝트에 초점을 맞춰 보도했다. 취임 후 1년 동안 언론에 보도된 관련 기사를 추려 정리하면 오른쪽 표와 같다.

급기야는 이 슬로건을 그대로 따라 쓰는 대학까지 나타났다. 경산의 이웃한 대학이었다. 신입생 유치 행사 때 '학생이 행복한 대학, ○○○ 대학'이라고 인쇄한 문구 기념품을 배포한 것이다. 나는 홍보팀에 지시해 상표권 등록을 추진했다. 다른 대학은 같은 슬로건을 쓸 수 없게 한 것이다.

대구·경북의 몇몇 지방자치단체장들은 '학생이 행복한 대학' 슬로건이 마음에 든다며 자신의 지자체가 응용해 사용하고 싶다고 양해를 구하기도 했다. 사실 대구대학교가 양해할 사안은 아니었다. 지방자치단체는 대학과 경쟁 관계가 아니기 때문이다. 오히려 '행복'을 공개적으로 선언하는 지자체나 기관이 많을수록 좋다고 나는 생각했다.[99] 우리나라도 이제 GDP로 상징되는 '양의 사회'에서 '행복(지수)'으로 상징되는 '질의

---

[99] 그 뒤, '주민이 행복한 ○○(시)', '아동이 행복한 ○○(군)', '여성이 행복한 ○○(시)', '학생이 행복한 ○○교육청', '노인이 행복한 ○○군', '국민이 행복한 나라' 등 유사한 슬로건이 전국적으로 유행하기 시작했다.

'학생이 행복한 대학' 선언에 주목한 신문기사 목록 (2009.11.~2010.11.)

매체	일시	기사 제목
조선일보	2009.11.10.	변화를 외치다 ─ 학생이 중심인 대학으로
국민일보	2009.11.24.	'학생이 행복한 대학 만들 것'
한국대학신문	2009.11.20.	학생들의 행복에 역량 집중할 것
영남일보	2010.2.1.	대구대, 학생·교육 중심 직제 개편
대구일보	2010.2.12.	학생이 행복한 대학 만들기 100일
교수신문	2010.4.26.	'교수·행정·관료 중심에서 '학생 중심'으로 패러다임을 바꾸겠습니다'
세계일보	2010.5.3.	'학생이 행복한 학교로'
국민일보	2010.5.4.	'학생이 행복한 대학 반드시 실현할 것'
한국일보	2010.5.4.	'학생이 행복한 대학 만들어요'
경북일보	2010.5.4.	대구대 '학생이 행복한 대학 만든다'
영남일보	2010.5.4.	대구대 '학생이 행복한 대학' 선포
매일신문	2010.5.14.	'학생을 행복하게 ─ 대구대 변화 지켜봐 주세요'
대구신문	2010.6.1.	학생 곁에서 의견 듣는다
영남일보	2010.6.16.	총장이 학생들에게 빵 나눠 줘
매일신문	2010.6.18.	'총장님표 빵 먹고 시험공부 하세요'
매일신문	2010.9.21.	대구대, 학생들 민원 원스톱 해결 '행복센터' 개설
경북일보	2010.9.28.	대구대 '학생들 불편·민원 원스톱 해결'
대구일보	2010.9.28.	대구대 학생행복센터 개설 호평
동아일보	2010.10.1.	대구대의 '행복' 실험
대구일보	2010.10.29.	'학생들 의견에 항상 귀 기울일 것'
세계일보	2010.11.1.	'대구대, 학생이 행복한 대학 만들겠다'
영남일보	2010.11.3.	'소통과 화합 ─ 학생이 행복한 대학 만들겠다'
경북매일신문	2010.11.10.	학생이 행복한 대학 위해 '동분서주'
매일신문	2010.11.16.	'학생이 행복한 대학 ─ 학교가 변하고 있어요'

사회'로 이행해야 한다는 것은 사회학자로서 오래전부터 갖고 있던 생각이었다.[100]

취임 1년을 맞아 『매일신문』 이재협 기자의 인터뷰 요청에 응했다.[101] 나의 '학생이 행복한 대학' 실험을 주목해 보고 있던 지역의 언론과 이웃 대학들에서도 나와 대구대학교의 노력과 성과를 평가하기 시작한 것이다.

학생이 행복한 대학 … 학교가 변하고 있어요
― 취임 1주년 맞은 홍덕률 대구대 총장

대구대 홍덕률 총장이 이달로 취임 1주년을 맞았다. 홍 총장은 취임 때부터 보수적인 지역사회에서 조용한 화제를 모은 인물이다. 대구권 대학에서는 전례를 찾기 힘든 타 지역(인천) 출신 직선총장인 데다 평소 '진보적' 성향의 인물로 평가를 받아 온 때문이다. 그가 총장 취임 직후 들고 나온 학교 운영 구호도 조금은 파격적(?)이다. '취업'이나 '글로벌' 등 대학마다 내세우는 익숙한 구호가 아니라 '학생이 행복한 대학'이었다.

"모든 대학들이 학교 운영이나 가치가 '학생 중심'인지 고민하고 반성해야 한다고 생각합니다. '학생이 행복한 대학'이란 구호를 내건 것도 대구대가 교수나 행정 중심

---

[100] 나는 '청년이 행복한 도시', '청년이 행복한 나라'를 만들자는 의견을 일간신문 칼럼을 통해 적극 개진하기도 했다. 2010년 2월 3일자 『영남일보』에 "대구를 청년이 행복한 도시로"라는 제목의 칼럼을, 2010년 6월 18일자 『국민일보』에는 "청년이 행복한 나라를"이라는 제목의 칼럼을 기고했다.
[101] "'학생이 행복한 대학 … 학교가 변하고 있어요.' ― 취임 1주년 맞은 홍덕률 대구대 총장』, 『매일신문』 2010. 11. 16. (https://www.imaeil.com/page/view/2010111607152315403)

이 아니라 학생을 중하게 여기는 대학이 되자는 뜻이 담겨 있습니다."

생각보다 녹록지 않은 1년의 임기를 보냈다는 홍 총장은 "이제 학교가 많이 변한 것을 느끼고 있다"고 했다. "교수나 교직원이 학생을 대하는 태도나 학교 운영 방향이 학생 중심으로 바뀌고 있다"며 "인생의 가장 황금기를 보내는 학생들이 제대로 대접을 받으며 실력을 키운다면 인생에 큰 밑거름이 될 수 있을 것"이라고 말했다.

그는 취임 후 수준별 수업과 방과후 특별지도, 토론 수업 등 학습 동기부여와 잠재적인 재능을 이끌어 낼 수 있는 다양한 교육 프로그램을 도입하고 진로 지도 및 생활 상담을 위한 학생행복센터를 만들었다.

또 '학생이 행복한 대학'이란 구호는 지방자치단체나 타 대학에서 잇따라 벤치마킹할 정도로 호응을 얻고 있다. 홍 총장은 "학생이 행복해지기 위해서는 교수나 교직원이 변해야 하고 총장도 변해야 한다"며 "틈나는 대로 학생들을 만나기 위해 노력하고 있으며 요즘 교수나 교직원 모두 학생을 위해 바쁜 시간을 보내고 있다"고 했다.

대구대는 지난 1년 동안 지표상으로도 비약적인 성장을 했다. 정부가 지난달 발표한 대학별 취업률 조사에서 졸업생 3천 명 이상 대학 중 전국 7위를 차지했고 사범대는 전국 평가에서 영남권에서는 유일하게 'A'등급 평가를 받았다. 또 교육혁신역량강화사업 지원대학으로 선정되기도 했다. 홍 총장은 "사범대는 A등급을 받아 교장 연수기관 자격을 취득했으며 앞으로 영남권 교사 재교육 기관으로 성장할 수 있는 발판을 만들었다"며 "취업률은 학생과 교수들이 노력한 결과"라고 평가했다. …

홍 총장은 "대구대는 항상 변화에 앞장서 왔고 앞으로도 상당한 변화를 추구할 것"이라며 "대구·경북과 함께 성장해 온 대구대의 앞날에 대해 지역사회가 끊임없는 애정을 보내 달라"고 당부했다.

2014년 7월, 제11대 총장으로 취임하면서 나는 '학생이 행복한 대학' 외에 새로운 버전의 슬로건을 하나 더 채택했다. '학생과 함께 미래로, 지역과 함께 세계로', '학생이 행복한 대학, 미래로 열린 대학'이다. 따뜻하고 인문학적인 비전과 교육철학에 덧붙여 개방적이고 역동적인 도전정신까지 담아낼 수 있도록 업그레이드한 것이다.

조직을 만들고 공간을 확보하다

'학생이 행복한 대학' 만들기를 구체적으로 추진하기 위해 '학생행복지원단'이라는 행정조직을 부총장 직속기구로 설치했다. 이사회 의결을 거쳐 취임 4개월 후인 2010년 2월 1일자로 출범시키면서 초대 단장을 행정학과 송건섭 교수에게 부탁했다.

물론 어느 대학에나 학생처가 중요한 행정조직으로 설치되어 있다. 하지만 우리나라 대학의 경우 학생처는 낡은 업무 관행에 매여 있다고 나는 보았다. 총학생회를 비롯해 학생자치기구 임원과 활동에 대한 감시, 나아가 통제와 회유가 학생처의 학생 지도 방식으로 뿌리내려 있던 것이다. 과거 군사정권 때부터 이어져 온 음침한 잔재라고 할 수 있다. 나는 그런 방식과 문화는 청산돼야 한다고 믿었다.

'학생행복지원단' 설치는 그런 고민의 산물이었다. 송건섭 단장과 직원들에게 기존의 학생처와 다르게 새로운 학생 지원 업무를 발굴해 새로운 방식으로 임해 줄 것을 요구했다. 감시와 감독에서 사랑과 안내로, 통제와 회유에서 소통과 참여로 학생 행정의 관점과 패러다임을 혁신해 달라고 주문했다. 학생의 교육 만족도, 캠퍼스 생활 만족도를 제고하고 미래 행복을 준비할 수 있게 입체적으로 지원하도록 부탁했다. 우리나라 대학들에 넓게 퍼져 있는 낡은 학생 지도 관행을 청산해 가기 위한 우회 전략이었다.

'학생행복지원단'은 넓은 캠퍼스를 권역별로 나눠 네 개의 '학생행복지원센터'를 설치했다. 먼저 본관 L층에 '학생행복지원센터1'을 설치했는데 옆에 달린 자투리 공간에 '행복정원'도 조성했다. 매년 봄에 희망 학생들에게 작은 화분을 분양한 뒤 주기적으로 방문해 돌보게 한 다음 가을에는 인근의 복지시설 등에 기부하도록 했다. 학생의 정서 함양을 위한 작은 프로그램이었다. '행복쌀독'도 준비했다. 갑자기 먹을거리가 떨어진 자취생은 언제든 '행복쌀독'에 담긴 쌀이나 라면 봉지를 들고 갈 수 있게 한 것이다. 돈을 지불하는 것도 아니고 이름을 적을 필요도 없다. 당연히 신고하거나 허락받는 절차도 없게 했다. 쌀과 라면이 떨어지지 않도록 누구나 기부해 '행복쌀독'을 채우도록 했다.

학생회관 1호관과 2호관에는 '학생행복지원센터2'와 '학생행복지원센터3'을 설치했다. 왕래가 많은 곳이니 학생들에게 생활용품이나 긴급 서비스를 제공하도록 했다. 예컨대 캠퍼스를 걷다가 소나기를 만나면 가까운 '학생행복지원센터'로 뛰어 들어가면 된다. 우산을 그냥 빌려준다. 스마트폰 충전이 필요하거나 잠깐의 휴식이 필요해도 혹은 갑자기 생리 대가 필요해도 찾아가 도움을 청하도록 안내했다. 간단한 차나 학용품도 모두 무료로 제공했다.

끝으로 특수교육기념관 1층의 '장애학생지원센터' 사무실 옆에는 '학생행복지원센터4'를 설치했다. 다양한 장애 보조 기구를 구비해 장애 학생을 위한 공간으로 특화한 것이다. 특히 굳은 몸과 근육을 수시로 풀어 줘야 하는 신체장애 및 척수장애 학생을 위해 전기장판 침대도 비치했다.

2014년 7월, 제11대 총장에 취임한 후 부총장 직속기구로 운영했던 '학생행복지원단'을 기존의 학생처와 통합했다. 통합 기구의 명칭은 학생행복처로 했다. '학생행복지원단'이 4년 넘게 익혀 온 새로운 업무 처리 방식과 문제의식을 기존의 학생처에 이식하기 위한 작업이었다. 학생에 대한 감독·통제·회유 방식의 권위주의 잔재가 대구대학교에는 더 이상 없다는 선언이기도 했다.

한편 'DU문화원'은 2011년 11월 11일, 'DU나눔가게-PUM'을 개점했다. 산업디자인학과 김시만 원장의 아이디어와 땀이 빚은 작품이었다. 'PUM'은 '사랑과 행복을 퍼 주고 퍼 간다'는 뜻으로 역시 김시만 원장의 작명이었다. 운영은 학생들로 구성된 '나눔봉사단'이 주축이 되어 맡았다. 조형예술대 학생의 창작물을 전시·판매함으로써 학생의 창작 활동을 지원하는 일과 함께 대학 구성원과 동문 기업으로부터 기증받은 각종 물품과 재활용품을 판매함으로써 대학에 나눔과 기부문화를 생활화하는 역할을 감당했다. 수익금은 학생행복지원자금으로 적립해 학생을 위한 장학 및 나눔 사업에 사용했다.

학생과 만나고 소통하기

학생을 직접 만나는 기회를 늘리기 위해서도 노력했다. 학생의 불편과 건의를 직접 듣는 것이 '학생이 행복한 대학' 구현을 위해 꼭 필요하다고 생각했기 때문이다. 하지만 중요한 것이 하나 더 있었다. 학생과의 신뢰 관계를 회복하는 것이었다. 우리나라 대학에서는 대학 본부·총장과 학생 사이에 신뢰가 무너진 지 오래고 그래서는 교육 효과는 물론 대학의 어떤 정책도 실효를 거두기 어렵다고 봤다. 기성세대의 진정성 있는 노력 없이는 청년 세대와의 소통과 상호 이해도 불가능하다고 믿었다.

학생과 만나 대화할 때마다 '학생이 행복한 대학'을 향한 나의 교육철학을 진솔하게 얘기했다. 아울러 '청년다운 행복 추구법'도 함께 강조했다. 행복은 주관적인 감정이고 연령대와 직업, 종교, 가치관에 따라 행복의 개념과 추구법이 다를 수밖에 없기 때문이다. 예컨대 절대 빈곤층과 부유층의 행복 개념이 같을 수 없고, 노인의 행복 추구법과 청년의 행복 추구법이 같을 수 없다. 학생은 당연히 청년답게 행복을 이해하고 추구해야 한다고 말했다. '청년다운 행복 추구법'의 키워드로 늘 네 가지를 강조했다. '창의와 도전, 나눔과 열정은 행복 기관차의 네 바퀴이다.'

하지만 학생과 개별적으로 만나 대화하고 격려하는 것은 한계가 뚜렷할 수밖에 없었다. 재학생이 2만 명이 넘는, 학생 수로는 전국에서 13위 정도 되는 큰 대학이기 때문이다. 학생을 포함해 교수, 직원에게도 효과적으로 메시지를 전하는 방식을 고민해야 했다.

중앙도서관 앞 '차 한잔의 여유' 행사(2012. 12. 17.).

　매 학기 개강 첫날에는 정문과 서문 입구에서 등교하는 학생을 환영하며 힘찬 출발을 응원했다. 중간고사와 기말고사 기간에는 도서관에서 밤새워 공부하는 학생들, 새벽에 와 공부하는 학생들을 격려하는 행사를 가졌다. '차 한잔의 여유' 행사다. 김밥이나 빵을 차 한잔과 함께 건네주며 건강 챙기고 힘내라고 덕담을 건넸다. 간단한 행사지만 학생들이 좋아했다. 처실장과 함께 시작했지만 나중에는 신임 교수들도 기쁘게 참여했다. 학부모가 함께할 때도 있었고 동창회 간부진이 수고해 줄 때도 있었다. 참여한 사람들 모두 좋아했다. 총장과 동문 선배, 교수와 학부모가 진정 학생을 응원하고 있다는 사실을 전해 주려 애썼다. 학교 재정이 어려워지면서 대구대학교 '1%나눔운동본부'[102]의 후원으로 이어

---

[102] '1%나눔운동본부'는 교수와 직원이 매월 급여에서 1%씩을 기부해 불우이웃을 돕자는 취지에서 시작한 자발적인 모임이다.

갔다. 언론에 보도되고 입소문을 타면서 이웃 대학들에서도 따라 하는 행사가 되었다.

피자 번개팅

'피자 번개팅' 역시 의미도 있고 재미도 있었다. 처음 시작한 것은 2014년 10월 6일이었다. 열흘쯤 전에 '학생이 열어 준 취임식'(313~344쪽 참조)의 감동이 아직 식지 않고 나를 기쁘게 하던 때였다. 오전 10시경, SNS를 열고 이렇게 썼다.

사랑하는 대구대학교 학생들에게 청하는 번개팅
"피자 쏠게요, 우리 만나요"

○ 일시 : 10월 6일 오늘 오후 3시

○ 장소 : 경산 캠퍼스 본관 우측 하늘정원

지난 9월 25일, 학생들이 마련해 준 총장 취임 축하 '학생행복선언식'은, 저에게 말로 표현할 수 없는 감동이고 행복이었습니다. 오늘, 저의 고마운 마음을 학생들에게 전하고 싶어 학생 여러분을 초청하고자 합니다.

이 멋진 가을을, 대구대학교의 밝은 미래를, 그리고 학생들의 행복한 앞날을, 함께 얘기 나누고 싶습니다. 피자 200인분을 준비해 놓고 기다리겠습니다.

경산 캠퍼스 본관 우측 하늘정원에서 열린 피자 번개팅(2014. 10. 6.).

그날 오후 3시, 하늘정원. 학생들이 몰려들었다. 피자 200인분을 미리 준비했지만 금세 동났다. 기대 이상의 성황이었다. 교내 매점과 제과점 등에서 빵을 긴급 수거해 돌렸다. 잔디밭에 둘러앉아 학생들로부터 질문도 받고 건의도 많이 들었다. '실험실습 장비를 교체해 달라', '낡은 건물을 수선해 달라' 등, 학생들이 느끼는 다양한 불편 사항들도 직접 들을 수 있었다. 지금의 아내와는 어떻게 만났냐고 묻는 학생도 있었다. 물론 있는 그대로 답해 주었다.

'총장님 인생의 터닝 포인트는 언제였는가'라는 질문이 특히 기억에 남아 있다. 20년 전에 해직됐던 이야기도 해 주었고 해직 교수 시절 동료 교수들이 성금을 거둬 나의 생활비를 대 주었다는 일화도 들려주었다. 그때 학생들이 나의 해직이 부당하다며 단식과 삭발까지 하면서 눈물겹게 투쟁했고 그래서 복직하게 됐다는 이야기도 했다. 후배 교수들의 간청을 받아 총장선거에 출마했고 두 번이나 당선된 이야기, 평소 나의 철학이던 '학생이 행복한 대학'을 만들기 위해 애쓰고 있다고도 했다.

학생들이 좋아했지만 내게도 매우 유익하고 행복한 시간이었다. 끝나고 나니 학생들이 함께 사진 찍자며 줄을 섰다. 그날의 풍경을 보도한 『대구일보』 김승근 기자의 기사를 소개한다.[103]

"대구대 총장과의 피자 데이트"
— 홍덕률 총장, SNS 통해 학생들과 '피자 이벤트' 화제

'피자 쏠게요, 우리 만나요'

대구대 홍덕률 총장이 SNS를 통해 학생들에게 피자 데이트를 신청했다. …

글 게재 후 학생들의 반응은 뜨거웠다. '총장님~. 남자 친구도 안 해 주는 이벤트를 열어 주셔서 감사합니다.' '저도 월요병 뚫고 학교 갑니다.' '총장님~ 배달은 안 되겠죠? ㅎㅎ' '대명동 캠퍼스에는 안 하나요?' 등 다양한 학생들 반응이 쏟아졌다.

오후 3시가 가까워지자 약속 장소인 성산홀(본관) 잔디밭에는 약 300명의 학생들이 하나둘씩 몰려들었고, 홍 총장은 직접 피자를 나눠 주는가 하면 학생들과 함께 피자를 먹으며 소통의 시간을 가졌다.

---

103 「대구대 총장과의 피자 데이트」, 『대구일보』 2014. 10. 8. (https://www.idaegu.com/news/articleView.html?idxno=264985)

이날 이벤트는 '총장님께 무엇이든 물어보세요'란 게시판에 올린 질문과 현장에서의 즉석 질문을 바탕으로 학생들과 허심탄회하게 대화하는 방식으로 진행됐다.

먼저 홍 총장은 인사말에서 "학생들이 직접 취임 행사를 열어 주며 어느 누구보다 행복한 총장을 만들어 준 여러분께 진심으로 감사드린다"며, "학생 여러분이 주신 힘찬 응원을 '학생이 행복한 대학'을 만드는 데 최선을 다해 쓰겠다"고 했다.

이날 행사에서는 홍 총장과 학생들 간에 다양한 얘기가 오갔다. 총장님의 연애 이야기가 궁금하다는 한 학생의 질문에 홍 총장은 "대학 연합 봉사동아리에서 처음 만나 7년간 연애하고 29살에 결혼했다"며 "여러분들도 열심히 봉사하면 좋은 결과를 얻을 수 있다"고 말해 좌중을 웃음바다로 만들었다. …

홍 총장은 "학생들과 편하게 만나서 서로 얘기하고, 또 어떤 주제에 대해 토론해 보고 싶어 SNS에 글을 올렸는데 호응이 이렇게 좋을 줄 몰랐다"며 "앞으로 다양한 방법으로 학생들과의 소통을 이어 가겠다"고 했다.

1년쯤 뒤인 2015년 11월 25일에도 학생들에게 피자 번개팅을 청했고 더 큰 규모로 즐거운 시간을 보냈다. 그때의 SNS 번개 데이트 초청 글을 한 번 더 소개한다.

사랑하는 대구대학교 학생 여러분.

안녕하세요? 수요일 좋은 아침입니다. 부슬비도 내리고 날도 차가워졌네요. 모두 감기 조심하세요. 저는 대구 시내에서 조찬 회의를 마치고 학교로 출근하는 중입니다. 학생들 모두 수업 준비하랴, 과제하랴, 취업 준비하랴 많이 바쁘고 힘들죠? 크고 작은 고민들을 안고 씩씩하게 헤쳐 가고 있을 여러분을 응원하기 위해, 오늘 '번개 데이트'를 신청합니다. 피자와 치킨 300인분 정도 준비해 놓고 기다리겠습니다. 누구라도 와서 학교 생활의 어려움도 좋고 총장에게 건의하고 싶은 내용도 좋고 여러분의 즐거운 이야기, 힘든 이야기를 편안하게 해 주세요. 듣고 싶습니다. 함께 고민하며 풀어 가고 싶습니다. 힘든 학생들이 피자와 치킨 놓고 둘러앉아 위로와 격려 인사를 나누는 것도 의미 있을 것 같고요. 주위의 대구대 학생들에게 널리 알려 주세요.

총장이 청하는 번개 데이트

○ 일시: 오늘 11월 25일(수) 오후 3시

○ 장소: 경산 캠퍼스 종합복지관 1층

* 지금 현장실습 중인 학생들, 교환학생 프로그램과 어학연수 프로그램 등으로 외국에 나가 있는 학생들, 군복무 중인 학생들, 그리고 여러 가지 사정으로 휴학 중인 학생들에게 미안한 마음이 큽니다. 모두 잘 마치고 건강하게 학교에서 다시 만날 수 있기를 기대합니다.

학생들 반응은 뜨거웠다. 많은 신문이 주목하며 보도했다. 『대구신문』 남승현 기자는 이렇게 썼다.[104]

---

[104] 「"치킨 쏩니다" … 홍덕률 대구대 총장 '번개팅 소통'」, 『대구신문』, 2015. 11. 26. (https://www.idaegu.co.kr/news/articleView.html?idxno=182100)

"치킨 쏩니다"… 홍덕률 대구대 총장 '번개팅 소통'

— SNS 즉석 데이트 신청, 학생 500명 몰려 '성황', 다양한 소통의 장 눈길

홍덕률 대구대 총장이 학생들과의 소통에 적극 나서고 있다. 홍 총장은 지난 25일 페이스북과 카카오스토리에 "크고 작은 고민들을 안고 씩씩하게 헤쳐 가고 있을 여러분을 응원하기 위해 오늘 번개 데이트를 신청합니다. 피자와 치킨 300인분 정도 준비해 놓고 기다리겠습니다"고 번개 데이트를 신청했다.

이 글은 삽시간에 온라인상에 퍼져 나갔고 "학생들을 사랑으로 챙겨 주시는 총장님, 최고이십니다"와 같은 댓글과 수많은 '좋아요'가 달리며 학생들의 큰 호응을 받았다.

이날 오후 3시 행사장인 경산 캠퍼스 종합복지관 1층은 총장이 청한 번개 데이트에 응한 500여명의 학생들로 가득 찼다. 홍 총장은 학생들에게 "학교 생활의 어려움도 좋고, 총장에게 건의하고 싶은 내용도 좋고, 여러분의 즐거운 이야기, 힘든 이야기를 편안하게 해 주시면 함께 듣고 고민하면서 풀어 가자"고 했다.

학군사관 후보생인 생물교육전공 4학년 김경찬(21) 씨는 "학군단 입영 훈련 때 총장님께서 오셔서 학생들을 격려해 주신다면 국방의 의무를 좀 더 열심히 수행할 수 있을 것 같다"고 말하자, 홍 총장은 "이번에 꼭 가서 학생들을 응원하겠다"고 흔쾌히 약속했다. 또 한 학생은 "기숙사 와이파이가 새벽 3시면 끊기기 때문에 수업 과제를 하는 데 어려움이 있으니 이를 연장해 주셨으면 좋겠다"는 요청에 홍 총장은 "학생들의 건강을 위해 인터넷 제한을 둔 것 같은데 방이 아닌 일부 공용 공간에서 24시간 와이파이를 쓸 수 있는 방안을 검토해 보겠다"고 답했다. 이 외에도 학생들은 도서관 개방 시간 연장, 기숙사 통금 시간 연장, 강의실 및 실험·실습기구 교체 요청, 해외 탐방

프로그램 확대 등 다양한 의견을 쏟아 냈고, 홍 총장은 이를 꼼꼼히 적으며 대학 운영에 적극 반영하겠다고 답했다.

한편, 홍 총장은 피자 데이트와 스쿨버스 간담회, 차 한잔의 여유 행사 등 다양한 방식으로 학생들에게 다가가기 위한 노력을 이어 오고 있다.

설이나 추석 등 명절 연휴에도 고향에 가지 못하고 기숙사에 묵는 학생이 적지 않았다. 도서관에서 공부하는 학생도 많았다. 그만큼 청년 세대의 학업과 생활이 팍팍하다는 뜻일 것이다. 나는 명절 연휴 때면 잠시라도 짬을 내 학교에 머무는 학생을 찾아가 격려하곤 했다. 특히 외국인 유학생에게도 신경을 많이 썼다. 고국과 가족 생각에 외로울 수 있겠다고 생각해 초청해서 위로하고 격려도 했다.

그 외에도 학생 통학버스를 타고 출근하며 학생들과 대화하기, 퇴근길에 학교 앞 호프집에 들러 학생들과 즉석 미팅하기, 학생 해외봉사 현장을 방문해 격려하기, 기업체를 방문해 근무 중인 졸업생들과 간담회하기 등의 방식으로 학생과의 접촉면을 넓혀 갔다. '장애인의날' 기념행사의 일환으로 장애 학생과의 간담회도 정례화했다. 각종 주제의 전국 및 국제대회에서 우수한 성적을 거둔 학생들은 따로 불러 격려하며 이야기를 나누기도 했다. 학생회 임원들의 워크숍이나 리더십 캠프를 찾아가 함께 식사하며 간담회를 갖기도 했다. 그런 기회들을 통해 평소 보직 교수나 직원들로부터는 듣기 힘든 생생한 이야기를 학생들로부터 직접 들을 수 있었고 정책에 반영하기 위해 노력했다.

응원하고 지지해 주기, 상담 강화하기

1988년 3월, 대구대학교 교수로 부임한 뒤 한동안 충격에 빠져 지낸 적이 있었다. 학생들이 밖에서 대구대학교 학생이라는 사실을 숨기고 싶어 한다는 것을 알고서였다. 대구대학교를 졸업했다는 사실을 감추고 싶어 하는 졸업생이 종종 있다는 것도 알게 됐다. 재학생 중에는 타 대학 편입을 준비하는 학생도 꽤 있었다. 나는 '사랑·빛·자유'의 건학 정신과 소외층을 배려하는 교육철학을 흠모해서 대구대학교 교수로 왔는데 정작 학생들은 그렇지 않았다. 교육 효과를 기대하기 쉽지 않은 것은 당연했다. 수능 점수 위주의 대학 서열 구조에서 전국의 많은 대학 학생들이 열등감으로 대학 생활을 시작하는 현실을 직접 본 것이다. 안타까웠다.

그뿐만이 아니다. 중고교 시절, 우등생이 아니라는 이유로 부모와 선생님으로부터 관심받지 못하고 자란 학생도 종종 볼 수 있었다. 마음에 상처를 간직한 학생, 자존감이 낮고 열정과 도전 정신도 상대적으로 부족해 보이는 학생이 적지 않은 것이다. 미래에 대한 꿈이나 목표 없이 방황하듯 4년을 보내는 학생도 적지 않았다.

나는 대구대학교에서의 학생 지도가 소위 수도권 명문 대학에서의 학생 지도와 같을 수 없다고 생각했다. 학생의 마음 상처를 치유해 주고 자존감을 키워 주는 것, 미래에 대한 꿈을 갖고 청년다운 열정을 회복하도록 도와주는 것이 우선 필요하다고 생각했다.

하나의 방법으로 학생 상담을 강화하기로 했다. 기존 학생생활상담

연구소의 기능을 강화해 학생에게 다양한 수준과 영역의 상담 서비스를 제공하도록 한 것이다. 학업 및 진로 상담 외에 생활·성격·대인관계 상담에 이르기까지 학생에게 필요한 주제별로 전문 상담을 받을 수 있게 한 것이다.

우선 모든 학생이 학과 교수로부터 기초 상담을 의무적으로 받도록 했다. 교수는 학과 지도 학생을 상담한 뒤 심층적인 전문 상담이 필요한 학생에 대해서는 학생생활상담센터나 정신건강상담센터, 취업역량개발센터, 아카데믹코칭센터 등에 인계해 주제별로 전문가 상담을 받을 수 있도록 했다.

학생과 직접 만나 대화할 때도 학생의 자존감을 높이고 도전 정신을 북돋우는 데 신경을 많이 썼다. '상상하고 도전하고 혁신하라'는 'DU문화지대'나 기숙사 사생 오리엔테이션에서 특강하거나 혹은 피자 번개팅 등에서 학생들과 만나 대화할 때 자주 언급하는 주제였다. 다양한 분야에서 외부 기관으로부터 수상하거나 모범을 보인 학생들을 격려하고 응원하기 위해 노력한 것도 그런 취지였다.

취·창업 걱정 덜어 주기

실질적으로 '학생이 행복한 대학'이 되기 위해 갖춰야 할 필요조건은 셀 수 없이 많다. 그중에 졸업 후의 장래를 준비하게 하고 자신의 미래를 밝게 전망하도록 돕는 것도 매우 중요하다고 생각했다. 특히 청년 취업난이 심각한 만큼 대학과 교수가 특별히 챙겨야 할 책임이라고 생각했다.

물론 교수들 사이에서는 대학이 직업훈련소냐며 대학의 취업 지원 정책을 비판하는 시각이 적지 않았다. 당연한 얘기지만, 기초학문, 순수학문, 인문학 분야의 교수들이 특히 그랬다. 교육부의 대학 평가 때 취업률을 중요한 지표로 삼는 것에 대한 교수 사회의 비판 여론도 컸다. 물론 취업률 지표를 모든 대학, 모든 학과 평가에 획일적으로 적용하는 제도는 비판받아 마땅하다고 생각했다.

하지만 교육부의 대학 평가에서 취업률을 고려할지 여부와 관계없이 최소한 대구대학교는 학생 취업을 중요한 과제로 삼아야 한다고 생각했다. 중위권 수준 학생이 진학하는 교육 중심 대학인 데다 학생 대부분이 졸업 후 취업을 중요하게 생각하기 때문이다. 학생 등록금으로 대학을 운영하면서 학생의 최대 관심사인 취업에 관심과 대책을 갖고 있지 않다면 그 역시 무책임한 자세라고 생각했다.

나는 학생의 취업 지원을 대학의 중요한 정책 가운데 하나로 추진했다. 취업의 구조적 한계를 감안하고 시대의 트렌드를 고려해 창업 지원 정책도 함께 추진했다. 그것이 비단 대구대학교 학생만의 고민이 아닐진대 대학 울타리를 넘어 지역 청년의 취·창업 지원을 위해서도 최대한 역할을 하려고 노력했다.

먼저 취업 지원 업무를 담당하던 취업학생처 취업지원팀을 취업처로 독립시켰다. 공간도 재배치했다. 취업처만큼은 학생이 필요할 때면 언제나 쉽게 드나들 수 있도록 대학 본관이 아닌 학생 왕래가 빈번한 학생회관에 위치해야 한다고 생각했다. 본관 1층에 위치했던 취업처 사무실을 학생회관 2호관으로 이전했다. 건물 내부를 새로 꾸며 취업 지원 독립 건물로 바꾸고 건물 이름도 '진로취업관(진취관)'으로 했다.

2009년 11월 1일에 총장에 취임한 뒤 11월 4일, 첫 공식 행사로 총동창회 주관 '제1회 동문 기업 채용 박람회'를 연 것도 취업 지원 정책을 중요하게 추진할 것이라는 의지의 표현이었다. 9월 16일 선거에서 당선되자마자 총동창회와 협의를 시작했고 동문이 임원으로 있는 대기업과 동문이 경영하는 30여 개 기업을 초청한 이 행사는 4천여 명의 학생이 참여하는 성황을 이뤘다. 그 후에도 매년 총동창회의 협조를 얻어 개최했다. 전국 대학 가운데 최초의 시도였으며 다른 대학들에서도 따라 하는 행사가 됐다.

취·창업 교과목과 취·창업 동아리 지원 프로그램도 대폭 확충했다. 대구·경북 지역 우량 중소기업들을 직접 방문해 대구대학교 졸업생 채용을 요청하거나 인근 기업체들을 방문해 이미 취업한 졸업생을 격려하기도 했다.

특별히 어려운 일이 둘 있었다. 하나는 교수의 인식을 바꾸는 일이었다. 학생 취업을 교수의 중요한 역할로 받아들이고 고민하도록 하는 것이 가장 힘든 일이었다. 우선 기회 있을 때마다 호소했다. 아르바이트로 학비를 마련하거나 학자금 융자를 받아 힘들게 공부하는 학생, 졸업 후 빨리 직장을 구해 융자금을 갚아야 하는 학생의 형편과 입장을 늘 잊지 말자고 했다. 단과대학별로 교수회의를 소집해 취업 전략 설명회도 열었다.

또 하나의 어려웠던 일은 학생의 패배 의식을 깨뜨리는 일이었다. 자신감과 도전 정신 부족, 섣부른 포기에 익숙해 있는 학생들의 열정을 흔들어 깨우는 일이었다. 진로 상담, 취·창업 상담을 강화하는 한편 취업 성공 사례들을 적극 발굴해 학생들에게 알렸다.

청년 실업이 워낙 심각한 사회문제로 등장하면서 청년 취·창업 지원은 정부와 지방자치단체의 중요한 정책 과제로 등장했다. 정부와 지방자치단체가 내놓은 다양한 청년 취·창업 지원 사업을 유치한 것(413~417쪽 참조)이 큰 힘이 됐다. 정부와 지방자치단체의 재정 지원을 받아 취·창업 상담·지원·훈련 프로그램을 풍성하게 운영할 수 있게 됐기 때문이다.

5. 미래를 여는 '지성의 대학'을 위해

ACE+사업과 교육과정 개편

21세기 들어서면서 우리 사회, 아니 인류는 대변혁의 시대를 살고 있다는 것은 이제 상식이다. 지식정보화 시대를 지나 지능정보 시대, 인공지능(AI) 시대로 이행하고 있다는 진단이다.

기술 변화는 필연적으로 산업구조와 직업 구조의 변화, 이어서 인재상의 변화를 초래한다. 미래를 살게 될 지금의 대학생이 갖춰야 할 지식과 기술뿐만 아니라 덕목도 달라지기 때문이다. 교육기관마다 미래 사회의 산업구조와 직업 구조 그리고 미래의 인재상에 대해 정확하게 통찰하고 준비해야 하는 이유다. 미래 인재가 갖춰야 할 지식과 기술과 덕목을 올바로 준비할 수 있도록 교육 내용, 교육과정, 교육방법을 혁신해야 한다. 한마디로 '미래 지향의 총체적 교육 혁신'이 절실하게 필요한 것이다.

교육 혁신의 필요성에 대해서는 교육부도 고민하며 다양한 정책들을 발굴해 시행했다. '고교교육 기여대학 지원사업'은 하나의 예다. 수능 성적으로 한 줄로 세우는 입시 관행을 극복하고 학생의 다양한 특기와 적성과 수행평가 결과를 중시하는 입학 전형으로 유도하는 정책이라 할 수 있다.[105] 산학협력 선도대학(LINC) 육성사업도 대학 교육의 변화를 유도하기 위해 설계된 정책 가운데 하나였다.

전국의 대학이 긍정적으로 평가한 교육부 사업이 또 하나 있었다. 흔히 '잘 가르치는 대학 사업', '학부교육 선도대학 육성사업(ACE사업)'이라고 불리다가 2017년부터는 '대학자율역량강화지원사업(ACE+사업)'으로 개칭된 사업이다. 기존에 교수·연구 중심으로 운영되던 대학 체제를 교육을 중시하는 대학 체제로, 학부 교육과정과 교육 지원 체계, 성과 관리 체계 등을 시대의 요구에 맞춰 개편하도록 유도하는 사업이었다.

나도 교수들도 오늘날의 대학에 꼭 필요한 혁신 사업이라고 평가했다. 대구대학교도 일찍부터 도전했다. 하지만 번번이 실패했다. 워낙 경쟁이 치열한 데다 총장 부재 기간이어서 불가피한 해도 있었고 극심한

---

[105] 이 사업은 2007년에 처음 시행되기 시작해 몇 차례 이름을 바꿔 왔다. 처음엔 '입학사정관제 지원사업'이었으며, 2013년에 '입학사정관 역량강화사업'으로, 2014년부터는 '고교교육정상화 기여대학 지원사업'으로, 그리고 2017년부터는 '고교교육 기여대학 지원사업'으로 진화해 왔다.

분규 때문에 안타깝게 실패한 해도 있었다.

2017년 ACE+사업에 다시 도전하기로 했다. 2016년 10월, 준비팀을 출범시켰다. 이미 ACE사업을 수행하고 있는 대학들의 사례를 꼼꼼히 분석했다. 대구대학교에게 필요한 교육혁신안에 대해 난상토론도 수차례 했다.

2017년 3월 16일에 사업 계획서를 제출하고 4월 7일, 1단계 서류 평가 발표 날이었다. 합격이었다. 준비팀의 교수와 직원들은 만세를 불렀다. 얼마나 고대한 순간이었나.

이제 2단계 현장 평가가 남았다. 1단계 서류 평가를 통과한 6개 대학 가운데 3개 대학만 선정되는 절차였다. 현장 평가일은 4월 19일이었다. 준비팀 모두 최선을 다해 준비했다. 평가장은 본관 17층 홀에 마련했다. 학생생활상담센터, 교수학습개발센터, 기숙사, 취업지원센터 등 현장 평가단이 방문할 만한 기관들 모두 최선을 다해 준비했다.

실은 나도 준비할 일이 많았다. 가장 신경 쓴 것은 20분간 전체 사업 계획을 간추려 발표하는 일이었다. 평가 위원들의 질문에 답하는 일도 상당 부분 내 몫이었다. 현장 평가를 앞둔 며칠 동안 짬짬이 시간을 내 준비했다.

그런데 문제가 하나 생겼다. ACE+사업 현장 평가일과 '평생교육체제 지원사업'의 발표 평가일이 같은 날로 겹친 것이다. ACE+사업 현장 평가는 학교에서, '평생교육체제 지원사업' 발표 평가는 서울 강서구의 한 호텔에서 진행한다고 각각 통보를 받았다. 문제는 두 사업의 최종 책임자 모두 조희금 교학부총장이라는 사실이었다. 조희금 부총장은 서울 강서구에서 오전 10~11시에 '평생교육체제 지원사업' 발표 평가에 참석한 뒤 오후 2시까지 대학에 도착해 ACE+사업 현장 평가에 임해야 했던 것이다. 사실상 물리적으로 불가능한 일이라고 판단했다. 만약을 대비해 이상기 경영부총장도 준비하기로 했다. 필요할 경우 ACE+사업 현장 평가장에서 조희금 교학부총장의 역할을 대신하기 위해서였다.

드디어 4월 19일 현장 평가일이었다. 조희금 교학부총장은 서울 강서구에서의 발표 평가를 마치자마자 학교로 달려왔다. 17층 현장 평가장에 도착한 시각은 오후 2시 10분. 10분 지각이었다. 천만다행인 것은 현장 평가단도 교통체증으로 2시 12분경에야 도착한 것이다. 나의 관용차 기사였던 박상규 기사의 공이 컸다. 노련한 솜씨로 안전하면서도 빠르게 차를 몰았고 학교 정문 1킬로미터 앞에서 현장 평가단 차량을 추월한 것이다. 나중에 들어 보니 사실상 목숨 걸고 달려온 것이었다. 마음을 모은다는 것이 이런 것 아닐까? 지성이면 감천이라는 옛 격언도 생각났다. 현장 평가장의 분위기도 비교적 좋았다. 오후 5시 가까이에야 무사히 마친 뒤 최종 발표일을 기다렸다.

2017년 4월 30일이었다. LINC+사업에 선정되고 열흘쯤 지난 때였다. ACE+사업 평가 결과를 기다리느라 맘껏 기뻐하지 못하고 있었다. 드디어 최종 선정됐다는 연락을 받았다. 그것도 큰 점수 차이라고 했다. 고생한 교수, 직원 모두 부둥켜안고 뛸 듯이 기뻐했다.

선정된 ACE+사업의 핵심 문제의식은 '클러스터형 융복합전공' 제도 도입으로 4차 산업혁명 시대가 요구하는 융합형 인재를 키우겠다는 것이었다. 평가단도 그 문제의식과 접근 방식을 높이 평가했다. 대학가의 반응도 뜨거웠다. 대학혁신을 위한 대구대학교의 선도적 역할을 기대하는 여론도 컸다. 보람 있는 일이었다.

평생교육의 메카 대학으로

평생교육 분야로의 확장에도 정성을 쏟았다. 몇 가지 이유가 있었다. 첫째는 평생교육 수요가 계속 늘어날 것으로 전망되어서였다. '21세기는 평생교육의 시대'라는 것도 이미 상식이 되었다. 워낙 사회 변화가 빠르니 지식과 기술의 순환 주기도 짧아졌다. 누구라도 평생 학습하지 않으면 뒤처질 수밖에 없는 시대다. 어느 조직, 기업, 국가도 구성원의 평생학습을 지원하지 않으면 낙오될 수밖에 없는 시대가 된 것이다. 앞으로는 중앙정부나 지방자치단체 그리고 전 사회가 평생학습에 대한 투자를 늘려 갈 것이다. 대학이 지역 주민의 평생학습을 지원하고 선도하는 기관으로 적극 역할을 하는 것이 필요하다고 나는 봤다.

둘째는 이미 뚜렷해지기 시작한 학령인구 급감 추세도 중요한 이유였다. 고3 학생 수는 2010년에 65만 2천 명에서 2020년에는 43만 7천 명으로 뚝 떨어질 것으로 예측되고 있었다. 전국 대학가에 재정 압박과 생존 위기 공포가 휩쓸게 된 것도 그 때문이었다. 특히 비수도권 대학의 위기감이 더 컸다. 이제 대학은 성인 학습자로 눈을 돌려야 했다.

셋째는 대구대학교가 오래전부터 평생교육 분야에서 많은 경험을 쌓아 왔다는 사실도 중요하게 고려했다. 대구대학교를 통해 배출된 평생교육사와 대구대학교 평생교육원을 통해 배출된 마을 평생교육 지도사도 전국에서 활동하고 있었다. 2011년에는 교육부로부터 '평생학습중심대학'으로 선정되어 대구·경북 지역의 평생교육 거점대학 역할을 감당하기 시작했고, 2013년에는 '경상북도 평생교육진흥원'을 위탁받아 운영하기 시작했다. 전국의 각 시도에 평생교육진흥원이 설치·운영되고 있지만 지역의 대학이 위탁받아 운영하는 사례는 대구대학교가 유일했다.

2016년에는 교육부가 처음 실시한 '평생교육단과대학 지원사업'에 도전하기로 했다. 정원 200명 규모의 평생교육단과대학을 설치·운영하는 대학을 지원하는 교육부 재정지원사업이다. 처음 도입된 성인 대상의 정규 학사과정이기도 했다.[106] 기존의 학과 정원에서 60명을 감축하고 모두 200명을 6개 학과에서 받기로 설계해 사업 계획서를 제출했다. 다행히 선정되었다.

2017년 3월, 첫 입학생을 받고 두 달쯤 지난 4월 25일이었다. 지역의 한 신문이 한 신입생을 집중 취재해 대서특필했다. 지역평생교육학과 1학년 임윤정 학생이었다. 38세의 나이로 제주에서 복지관 팀장으로 근

---

[106] 30세 이상의 성인 학습자와 특성화고교 졸업 후 3년 이상 재직자를 신입생으로 받아 교육하는 단과대학을 운영하는 내용이었다. 직장인의 편의를 위해 약 70% 정도의 수업은 수요일 저녁 야간 수업과 토요일 수업으로 진행하고 30% 정도는 온라인 수업으로 운영하도록 했다.

무하는 직장인이었다. 그녀는 매주 수요일과 토요일, 비행기를 타고 등교하고 있었다. 놀라운 향학열이었다. 그 학생을 주목해 보도한 『경북매일신문』 심한식 기자의 기사를 소개한다.[107]

세월도 바다도 못 막는 배움을 향한 열정
— 38세 임윤정 제주도 복지관 팀장

 최근 배움의 꿈을 이루고자 먼 제주도에서 대구까지 등·하교하는 열정 어린 학생이 있어 화제다. 지난 3월 대구대 평생교육대학 지역평생교육학과에 입학한 제주도민 임윤정(38·여) 씨는 등교를 위해 매주 수요일과 토요일 제주도의 공항으로 향한다.

 매주 수요일 오후가 되면 일하는 복지관에 연가를 내고 급히 제주공항으로 발길을 옮겨 한 시간의 비행시간을 거쳐 대구공항에 도착한 후 시내버스를 두 번 갈아타고 경산의 대구대로 간다. 수업이 시작되는 저녁 6시에 빠듯하게 강의실에 도착해 세 시간 동안 진행되는 수업을 듣고 나면 대구에서 제주도로 가는 비행기는 이미 끊긴 시각. 이에 대구의 한 찜질방에서 밤을 보낸 후 목요일 출근을 위해 제주도로 향하는 첫 비행기에 몸을 싣는다. 입학한 지 한 달 반이 지난 지금까지 그는 이러한 일상을 반복하고 있다.

 임윤정 씨는 "그나마 지난달에 새벽 6시에 대구에서 제주도로 가는 첫 비행기가 생겨 수업 다음 날 출근을 위해 서울 김포공항까지 가야 하는 수고로움을 덜었다"면서

---

107 「세월도 바다도 못 막는 배움을 향한 열정 — 38세 임윤정 제주도 복지관 팀장」, 『경북매일신문』 2017. 4. 25. (https://www.kbmaeil.com/news/articleView.html?idxno=413101)

"하늘이 돕는지 공부를 하려고 마음먹으니 하늘길도 열리는 것 같다"고 밝게 웃었다.

임 씨는 복지관에서 팀장으로 일하며 장애인, 노인을 위한 프로그램을 기획해 추진하고 있다. 직업 특성상 야근도 잦고 신경 써야 할 일도 많지만, 매주 수요일과 토요일 진행되는 오프라인 수업 외에도 두 개의 온라인 강의와 영어 수업까지 듣는다. 중간고사가 있는 요즘은 몸이 서너 개라도 모자랄 지경이다.

하지만 지칠 줄 모르는 에너지를 가진 그는 학과 동기들 사이에서 큰 자극제가 되고 있다. 많은 학과 동기들이 일과 공부를 병행하고 있는데 "아무리 힘들어도 윤정 씨만큼 힘들겠냐"며 서로 위로한다는 것이다.

임 씨는 배움의 이유를 '사람'에 두고 있다. 그는 "배운다는 것은 사람을 알고, 서로 다른 사람들이 자기가 가진 것을 나누고, 그러면서 함께 성장해 가는 것이라고 생각한다"면서 "지금 대구대에서 공부하지 않았다면 제가 어떻게 이 좋은 사람들을 알 수 있었겠는가"라고 되물었다.

그는 이어 "지금 제주도와 대구를 오가는 생활이 두 달이 다 돼 가지만, 마치 일 년이 지난 것처럼 쉽지 않은 생활을 하고 있는데, 4년을 무사히 마치고 영광의 졸업장을 받는 것이 일차적인 목표다"라면서 "지금의 '무모한 도전'을 '무한도전'으로 꼭 만들고 싶다"고 각오를 다졌다. …

2017년 11월 24일, 대구대학교 평생교육원은 교육부가 주최하고 국가평생교육진흥원과 중앙일보가 주관한 '제14회 평생학습대상 특별상'을 수상했다.

평생교육 분야에서 기억에 남는 또 하나의 성과가 있었다. 2016년 5월,

교육부가 진행한 'K-MOOC 사업'에 선정된 것이다. 'K-MOOC'란 대학의 우수한 강좌를 인터넷을 통해 일반 국민에게 공개하는 한국형 온라인 공개강좌를 말한다. 교육부는 미국과 유럽 등 선진국에서 4~5년 전에 시작된 'MOOC 사업'의 한국판 버전인 'K-MOOC 사업'을 2015년에 처음 시행했는데, 대구대학교는 둘째 해인 2016년에 지원 대학으로 선정된 것이다. 물론 첫해인 2015년에도 도전했지만 교육부는 수도권의 10개 대학을 먼저 선정함으로써 기회를 갖지 못했다.

둘째 해인 2016년에도 전국에서 10개 대학, 21개 강좌가 선정됐는데 경쟁률은 4 대 1이었다. 대구대학교는 특수교육과 김용욱 교수와 사회복지학과 이진숙 교수의 2개 강좌가 선정되는 영광을 안았다. 이로써 대구대학교는 'K-MOOC'에서도 앞서가기 시작했으며 이후에도 매년 온라인 강좌를 추가 개발해 전 국민에 공유할 수 있게 됐다.

'학생과 함께 미래로, 지역과 함께 세계로'

학령인구 급감에 대비한 교육부의 정책은 입학 정원 감축이 한 축이고 새로운 고등교육 수요 발굴이 다른 한 축이었다. 새로운 고등교육 수요자로는 성인 학습자와 외국인 유학생이 있다. 하지만 외국인 유학생 유치 경쟁에서도 비수도권 대학은 쉽지 않았다.

임기 초반에 중국인 유학생이 급감 추세로 돌아서 대부분 대학에 비

몽골 C1 TV에 출연해 대담하는 모습(2012. 7. 9.).

상이 걸렸다. 2012년, 중국인 유학생을 대체할 새로운 시장을 찾았다. 몽골이 떠올랐다. 우리나라에 우호적인 데다 한국 유학을 희망하는 청년이 급증하고 있다는 분석 보고를 받았기 때문이다. 다행히 대구대학교를 졸업하고 결혼한 몽골 청년 부부가 있었다. 대구대학교에 대한 호감도도 매우 높았다. 그들과 함께 몽골 학생을 유치할 방법을 고민했다. 2012년 7월에는 대구대학교 울란바토르 사무소를 개소했고 남편인 남질도르지 강바타르를 소장으로 임명했다. 그들은 한국 유학을 준비하는 몽골 학생에게 대구대학교를 소개하고 안내하는 역할을 했다.

울란바토르의 C1 TV에도 직접 출연해 대구대학교와 한국의 고등교육 시스템을 소개했다. 2015년에는 몽골의 한국어 보급을 위해 이흐자사크 국제대학과 손잡고 한국어 교육센터를 열었다. 울란바토르의 고등학교 교장들을 초대해 대구대학교의 우수한 교육 환경과 양질의 교육프로그램을 소개하기도 했다.

효과는 즉각 나타났다. 몽골 유학생이 급증하기 시작한 것이다. 2009년 11월, 총장 취임 당시 한 자릿수이던 몽골 학생이 2017년 10월에는 200명 정도로 늘었다. 몽골 정부도 고마워했다. 2015년 10월 5일, 울란바토르 시티홀에서 거행된 '세계 교사의 날' 기념식에서 몽골 유목민학술원과 이흐자사크 국제대학이 공동으로 수여하는 '칭기즈칸 명예의 전당상'을 수여받기도 했다.

아프리카 유학생의 거점대학으로

베트남 학생 유치에서도 큰 성과를 거뒀지만 특별히 언급하고 싶은 것은 아프리카 학생 유치. 그것은 우연히 다가온 기회를 놓치지 않은 정성과 열정의 결과였다. 2009년 12월의 일이었다. 총장 취임 후 한 달쯤 지났을 때였다. 아프리카에서 활동하고 있던 한국인 선교사로부터 아프리카 학생을 받아 줄 수 있는지 문의가 왔다. 마다할 이유가 없다고 답했다. 한 달 뒤 6명의 학생이 대구대학교에 도착했고, 접견실로 불러 간단히 인사를 나눴다. 콩고민주공화국 학생들이었다. 기후와 음식, 언어와 문화 등 학업과 일상이 모두 불편하겠지만 열심히 하라고 격려했다. '젊어서 고생은 사서도 한다'는 한국 속담을 들어 가며 용기를 내라고도 했다. 국제처와 기숙사 직원에게는 각별히 신경 써서 빨리 적응할 수 있도록 지원을 아끼지 말라고 당부했다.

그런데 얼마 지나지 않아서였다. 선교 단체에서 생활비를 제대로 보내 주지 못해 학생들이 힘들어한다는 보고를 받았다. 마침 추운 겨울인데 걱정이 밀려왔다. 특별 대책을 강구하기 시작했다. 직원노동조합은 아프리카 유학생 돕기 바자회를 열었다. 장갑이나 털스웨터를 가져오는 직원도 있었다. 무사히 첫 겨울을 나고 대구대학교의 학생 지원 시스템을 확인한 아프리카 선교 단체는 한국 유학을 희망하는 학생들을 계속 대구대학교로 보내기 시작했다.

2010년 4월 29일에는 경북체신청이 아프리카 유학생 16명을 홍보 대사로 임명하고 학습 자재를 지원하는 내용의 업무 협약을 체결해 도움을 받도록 했다. 그렇게 대학 구성원의 따뜻한 배려와 후원으로 학생들은 첫 1년을 무사히 넘겼다. 한국어 연수 과정을 수료한 뒤 전공 학과에 진학도 했다. 국제처는 한국어 소통이 가능해진 학생들을 근로 학생으로 일할 수 있도록 배려해 학업과 생활을 병행할 수 있게 했다.

어느덧 5년이 흘러 2015년 2월이었다. 4년 전공 과정까지 마치고 졸업을 며칠 앞둔 때였다. 그 학생들이 집무실로 나를 찾아왔다. 무사히 학업을 마치고 졸업한다니 대견했다. 반갑게 맞았다. 그간의 학교 생활에 대해 즐겁게 환담하던 중 가방에서 뭔가를 꺼내더니 내게 전했다. 보니 감사패였다. 순간 놀랐다. 정보통신공학과를 졸업하는 프랑크 학생이 말했다.

5년 전에 대구대에 처음 와 많은 분이 도와줘서 열심히 공부할 수 있었고, 그 결과 무사히 졸업했다. 고마운 마음을 어떻게 표현할지 고민하다가 총장님께 감사패를 전달하게 됐다.

감사패에는 한글과 영어로 이렇게 쓰여 있었다.

콩고민주공화국 졸업생 모두는 어학연수 1년과 학부 4년 동안 저희를 위한 헌신적인 지원과 협조에 감사드리고 또 사랑합니다. 저희가 대구대 캠퍼스에서 배우고 익힌 모든 학식과 경험들은 앞으로 콩고민주공화국의 발전에 반드시 크게 기여할 것으로 확신합니다. 대구대학교 만세! 대한민국 만세! 콩고민주공화국 만세!

감격이었다. 20년 넘게 대학에서 학생을 가르쳐 왔지만 졸업생에게서 이런 감사패를 받기는 처음이었다. 여섯 명의 졸업생 중 세 명은 대구대학교 대학원에 진학했고 한 명은 이웃한 영남신학대학교 대학원에, 그리고 다른 두 학생은 타 지역의 대학원에 진학했다. 자신의 고국과 인류를 위해 큰 일꾼으로 성장할 것이라고 확신한다.

그 뒤 2016년이었다. 교육부가 공모한 '대학특성화지원사업'에 아프리카를 주제로 도전해 보기로 했다. 여러 학과 교수들이 난상토론을 거듭한 끝에 '아프리카 도시개발전문가 양성사업'으로 테마를 정했다. 행정대학의 도시계획 및 복지학과, 공과대학의 토목공학과와 조경학과가 함께 융복합 교육과정을 개발해 아프리카 도시개발 전문가를 양성한다는 취지의 사업으로 설계했다.

준비 과정에서 관계자들과 함께 직접 아프리카로 출장도 다녀왔다. 2016년 8월, 탄자니아와 르완다였다. 르완다대학을 방문해 학술 교류 협정을 맺고 세계선교고등학교(World Mission Secondary School)와 키갈리의 가사보 시청도 방문해 협력 방안을 논의했다. 탄자니아에서는 다르에스살람 시청과 탄자니아 연합아프리카대학(The United African University Tanzania)을 방문했다.

르완다 클라리세 학생과의 인연

그중 르완다의 '세계선교고등학교'에서 있었던 일 하나를 소개한다. 교장 선생님과 교사들에게 대구대학교의 교육 환경을 소개하고 아프리카에서 유학 온 학생들에 대한 여러 혜택에 대해서도 안내했다. 다 듣고 난 교장 선생님이 얘기를 꺼냈다. 고등학생 때 전국 수석을 차지하고 지난봄에 졸업했지만 가정 형편이 어려워 대학 진학을 포기한 딱한 학생이 있다고 했다. 대구대학교에서 공부할 수 있도록 지원해 줄 수 없겠는가 하는 건의였다. 나는 직접 만나 볼 수 있는지 물었다. 얼마 지나지 않아 그 학생이 회의실로 들어왔다. 앳되어 보이는 여학생, 우와마호로 클라리세였다. 나는 그의 딱한 사정을 소상히 들었다. 듣는 내내 눈물이 앞을 가렸다. 형편이 안 돼 학업을 계속할 수 없는 고통과 한을 잘 알고 있었기 때문이다.

4년 전액 장학생으로 초청할 테니 대구대학교에서 하고 싶은 공부를 마음껏 하라고 얘기했다. 안타까워하던 학교 선생님들도 눈물 흘리며 기뻐했다. 클라리세도 돌아서서 흐느꼈다.

클라리세는 한 달도 안 돼 대구대학교에 도착했다. 곧바로 한국어 연수 과정에 입학하고 열심히 공부했다. 통상 1년 걸리는 한국어 연수 과정을 6개월에 끝내고 2017년 3월에 도시지역계획학과에 입학했다. 그의 대구대학교 유학 생활을 취재해 보도한 『한국일보』 전준호 기자의 기사를 소개한다.[108]

"총장 아빠 덕분에 한국서 대학 진학 행운 얻었죠"

― 르완다 고교 전국 수석 클라리세 씨, 가정 형편상 대학 포기할 뻔,

홍덕률 대구대 총장 지원으로 아프리카 도시개발 전문가 꿈 키워

"총장님은 스승이기도 하고 아빠이기도 해요."

아프리카 르완다 출신으로, 고교 시절 전국 수석을 했던 우와마호로 클라리세(20, 여) 씨에게 홍덕률 대구대 총장은 스승이자 친구, 때로는 아빠다. 경북 경산에 위치한 대구대 유학생이 된 이 여학생은 홍 총장의 전격적인 도움으로 이 학교에서 전액 장학금을 받으며 아프리카 도시개발 전문가의 꿈을 키우고 있다.

클라리세와 홍 총장은 지난해 8월 초 르완다 세계선교학교에서 처음 만났다. 당시

---

[108] 「"총장 아빠 덕분에 한국서 대학 진학 행운 얻었죠"」, 『한국일보』 2017. 9. 13. (https://www.hankookilbo.com/News/Read/201709131123524073)

아프리카 정부기관 및 대학과 협력 관계를 다지기 위해 르완다와 탄자니아를 방문했던 홍 총장은 클라리세의 딱한 사연에 가슴이 먹먹했다. 클라리세는 고등학교에서 전국 수석을 차지할 정도로 재원이었지만 2남 5녀 7남매의 막내인 데다 70대에 무직인 아버지와 작은 식료품 가게를 하는 어머니의 가정 형편상 대학 진학은 꿈도 꾸지 못할 형편이었다.

"수줍음 많은 여학생의 사연을 듣다 보니 힘들게 공부했던 어린 시절이 떠올라 눈시울이 뜨거워졌다"는 홍 총장은 "마침 아프리카 학생들의 한국 유학과 대구대 학생들의 현지 유학을 위해 협력을 강화하던 터라 클라리세에게 학업의 기회를 주기로 했다"고 말했다.

클라리세는 1년 전인 지난해 9월 대구대 전액 장학생으로 한국행 비행기에 몸을 실었다. 학부 입학 전 대학 내 한국어교육센터에서 한국어를 배우기 시작했다. "모든 것이 꿈같다"는 클라리세는 우리말을 모르는 유학생들에게 보통 1년 걸리는 어학연수 과정을 6개월에 끝내 버렸다.

올 1학기 대구대 도시지역계획학과 신입생으로 입학한 클라리세는 "아프리카는 무엇보다 도시계획 분야의 수요가 높고 전망도 좋아서 선택했다"며 "뜻하지 않게 한국 유학의 기회를 얻게 됐는데 르완다의 발전을 위해 쓰고 싶다"고 포부를 내비쳤다. … 평소 SNS를 통해 클라리세의 한국 생활을 꿰뚫고 있던 홍 총장은 이달 초 클라리세에게 점심도 사 주며 아빠 역할을 대신하고 있다. … 홍 총장은 "지구 반 바퀴를 날아와 공부하고 있는 아프리카 유학생들은 쉽게 고국을 다녀오지도 못한다"며 "클라리세 등 유학생들이 건강하게 지내며 공부할 수 있도록 세심히 챙기겠다"고 말했다.

아프리카 전문가 양성 특성화 대학으로

2016년 10월, 대구대학교는 '아프리카 도시개발전문가 양성사업'을 추진할 수 있게 됐다. 교육부로부터 특성화(CK)사업단으로 선정되어 예산을 지원받게 된 것이다. 1년에 10억 원 규모였다.

그해 겨울방학부터 대구대학교 학생들은 아프리카로 연수도 떠나고 해외 봉사활동도 다녀올 수 있게 됐다. 국내 학생들에게도 평생 잊을 수 없는 귀한 경험을 줄 수 있게 된 것이다. 2017년 5월에는 교내에 '아프리카라운지'도 새로 꾸몄다. 명실상부 '아프리카-대한민국 청년 문화교류'의 거점대학이 된 것이다.

아프리카 유학생의 사기도 한껏 높아졌다. 우리말을 곧잘 하는 아프리카 학생도 많아졌다. 그들은 소문 듣고 찾아오는 아프리카 후배 유학생이 잘 적응하도록 안내하고 돕는 역할도 했다. 학생들의 학업 외 활동도 왕성해지기 시작했다. 대표적인 것이 '카프리카(K♡AFRICA)'였다. 2016년 5월에 아프리카 유학생들로 결성된 문화 공연단이다. 2017년 5월 20일 대구대학교에서 개최된 '르완다 문화의 날' 행사를 앞두고 '이토레로 우무쵸'(빛이 되는 모임)라는 이름의 대구대학교 내 르완다 학생 문화 공연단도 출범했다.

그들은 학교 안팎의 다양한 행사에 초대받아 아프리카 문화를 알리는 한편, 아프리카와 한국의 민간 문화교류를 활성화하는 일에도 발 벗고 나섰다. 대구대학교에서의 각종 행사, 동창회 행사, 지역 중고등학교 문화 프로그램 등에 초대받는 일도 많아졌다. KBS 〈가족노래자랑〉을 비롯

주한 르완다 대사와 간담회 후(2017. 5. 20.).

해 공중파 TV의 인기 프로그램에도 여러 차례 출연했다.

아프리카 유학생으로 가장 먼저 대구대학교에 발 디딘 콩고민주공화국 프랑크 학생은 재한 콩고민주공화국 유학생회 회장으로도 활동했다. 2016년에는 전국의 콩고 유학생을 대구대학교로 초청해 총회를 개최했다. 2017년 5월 20일에 열린 '르완다 문화의 날' 행사에는 전국 각 대학에 유학 중인 르완다 학생 60여 명이 참석했다. 에마 이숨빙가보(Emma Isumbingabo) 주한 르완다 대사도 직접 참석해 학생들을 격려했다. 대구대학교에서 공부하는 12명의 르완다 학생들에게도 큰 격려가 됐음은 물론이다. 그녀는 나와 가진 간담회에서 감사 인사를 건네 왔다.

한국으로 유학 온 10퍼센트가 넘는 르완다 학생들이 대구대에서 공부한다는 얘길 듣고 꼭 한 번 와 보고 싶었는데, 이렇게 와 보니 르완다 학생뿐만 아니라 아프리카 학생, 외국인 유학생을 위한 시설과 지원 시스템이 잘되어 있는 것을 보고 인상 깊었다.

그러한 노력들이 쌓여 대구대학교의 국제화는 2016년을 계기로 새 국면에 들어섰다. 2017년 3월, 교육부의 '교육국제화역량 인증대학'으로 선정된 것이다. 유학생 불법체류율, 중도 탈락률, 등록금 부담률, 의료보험 가입률, 언어 능력, 신입생 기숙사 제공률 등에서 기준 요건을 통과한 것이다. 이로써 대구대학교는 외국인 유학생 비자 발급 절차 간소화, 교육부 공식 유학 홈페이지 명시 등의 다양한 혜택을 받게 됐다. 2017년 이후 유학생이 급증하기 시작한 것도 그 효과라고 할 수 있다.

나눔과 봉사의 지도자를 키우는 대학으로

2014년 3월, 대구대학교는 교육부로부터 '교육기부 우수기관'으로 인증받은 데 이어 2016년과 2017년에는 '대한민국 교육기부 대상'을 연이어 수상했다. 특히 '교육기부 대상'은 전국에서 5개 대학에게만 주어진 의미 있는 수상이었다. 그것이 토대가 되어 총장직에서 물러난 후인 2019년에도 대구대학교는 같은 상을 수상했고, 전국 4년제 대학 최초로 '교육기부 명예의 전당'에 헌액되는 영광을 안았다.

총장 임기 8년 중 특별히 자랑스럽게 생각하는 성과 중 하나다. 대학 평가에서 가점이 부여되거나 재정 지원이 주어지는 것도 아니지만 대학의 중요한 가치이자 역할이라고 생각했다.

2009년 11월에 총장에 취임한 직후부터 뿌린 씨앗의 결실이었다. 물론 그때는 교육기부 수상 제도가 있는지도 몰랐다. 마침 2010년 예산을 편성할 때였다. 나는 1억 원 규모의 지식 나눔 활동 지원비를 예산에 반영할 것을 예산팀에 특별 지시했다. 작게는 학생의 봉사 정신을 함양하고 크게는 대학의 공적 역할을 다하기 위해서였다.

학생들이 팀을 짜서 지식 나눔 활동 계획서를 제출하게 하고 소정의 심사와 조정을 거쳐 예산을 지원하도록 했다. 가능하면 자신의 전공 지식을 활용해 지역 발전에 기여하는 프로그램을 기획하도록 안내했다. 사범대학생 가운데는 지역의 저소득층 및 다문화가정 자녀들, 탈북 학생들과 일대일로 매칭해 학습 지도 혹은 예체능 멘토링 활동을 하겠다며 지원한 학생이 많았다. '농촌마을 벽화 그리기' 등으로 마을 환경 개선을 돕겠다고 신청한 회화과 학생들도 기억에 남는다.

그때 뿌려진 씨앗이 무럭무럭 자라 결실을 맺게 된 데는 기존의 대구대학교 문화와 전통도 중요하게 작용했다. 대구대학교에는 이미 나눔과 봉사의 학생 문화가 튼튼하게 자리 잡고 있었던 것이다. 그것은 '사랑·빛·자유'의 건학 정신과도 무관하지 않다고 생각한다. 장애인도 교육 받을 수 있어야 한다고 생각한 설립자의 철학, 장애 학생과 비장애 학생이 함께 생활하고 공부하는 전통이 대학의 학풍과 문화로 뿌리내려 있던 것이다. 캠퍼스 안에 '헌혈의 집'이 상시 운영되고 있는 것도 다른 대학에서는 보기 힘든 대구대학교의 풍경이다.

학생의 지식 나눔 활동을 정책적으로 뒷받침하기 시작한 후 '지식 나눔'은 대구대학교의 트레이드마크로 확고하게 자리 잡았다. 2017년 한 해에만 약 600여 회, 누적 수혜 인원이 3만 명에 달하는 교육기부 실적을 올렸다. 대구대학교는 지역민으로부터 사랑받기 시작했고 교육부로부터도 높이 평가받았다.

한편, 전공과 교양으로 구성된 교과 교육과정 외에 비교과 교육과정도 대폭 확충했다. 도전탐방, 동아리 활동 외에 사회봉사와 지식 나눔, 헌혈 등 교과 교육과정에서는 기대하기 어려운 의미 있는 교육 프로그램을 보강하고 제도화하고자 노력했다. 특히 ACE+사업에 선정된 뒤에는 '사랑·빛·자유'의 건학 정신을 구현할 'HEART형 인재' 양성을 교육 목적으로 설정하고 교육과정 전반을 혁신했다. 'HEART형 인재'는 H(Humanity), E(Enthusiasm), A(creAtivity), R(Relationship), T(Trust)의 다섯 가지 덕목을 두루 갖춘 인재를 말한다. 2017년에는 'HEART형 인재'를 대구대학교의 인재상으로 학칙에 명시했고 2018년 2월 졸업생부터 'HEART 인증제'를 실행하기 시작했다.

친환경 녹색 대학으로

총장 취임 후 나는 캠퍼스 비전으로 '그린 앤드 휴먼 캠퍼스(Green and Human Campus)'를 선언했다. 먼저 '휴먼 캠퍼스'는 '사람 중심, 교통 약자 중심의 캠퍼스 환경'을 의미했다. 자동차보다 자전거와 보행자와 휠체어를 우선 배려하는 캠퍼스 내 교통 체계를 구축하겠다는 선언이었다. 한편 '그린 캠퍼스'는 '친환경 녹색 캠퍼스'를 가리킨다. 2011년 3월에 총장 직속으로 '녹색대학위원회'를 설치했고 기후변화 대응과 지속 가능한 캠퍼스 구현을 위한 다양한 정책과 프로그램을 챙겼다.

이는 대구대학교 캠퍼스의 장점을 최대한 활용하는 의미도 갖고 있었다. 원래 수려하고 쾌적한 자연환경으로 유명해, 2004년 5월에는 『한국대학신문』에 의해 '아름다운 캠퍼스 10'에 선정되기도 했다. 아름다운 자연환경을 훼손하지 않으면서 캠퍼스를 개발하고 관리하고자 했다. 탄소 에너지를 줄여 감으로써 지구온난화 예방에도 앞장서는 대학이어야 한다고 생각했다. 대학이라면 마땅히 감당해야 할 공적 책무라고 믿었다.

2009년 11월에 취임하자마자 맞닥뜨린 캠퍼스 환경 관련 첫 과제는 야외 골프 연습장이었다. 전임 이용두 총장은 대구은행으로부터 기부받은 대학발전기금을 활용해 평생학습관과 야외 골프 연습장 건축에 착수했고 나의 취임 직후에 준공식을 하게 됐다. 문제는 야외 골프 연습장을 둘러싼 그물망이었다. 예정대로 공사가 진행되면 수려한 자연경관이 훼손될 것이 뻔했기 때문이다. 다수의 대학 구성원도 심각하게 우려를 표했다. 나는 그물망이 없는 골프 연습장으로 계획을 바꿨다. 대신 안전시설을 마련하는 대책을 강구했다. 지금도 잘한 결정이었다고 생각한다.

260만 제곱미터(약 80만 평)에 달하는 광활한 캠퍼스이고 개발되지 않은 자연녹지도 꽤 넓어서 9홀 규모의 골프장을 건설하자는 논의도 꾸준

학생들과 함께 캠퍼스 자전거 투어.
중앙의 헬맷 쓴 이가 필자(2016. 4. 대구대 '자전거의 날' 행사).

히 이어지고 있었다. 나는 그 논란에도 종지부를 찍었다. 여론이 좋지도 않았지만 나의 캠퍼스 철학과도 거리가 멀었기 때문이다.

그 대신 캠퍼스에 방치돼 있던 폐자전거를 재활용해 자전거 무료 대여소(Green Bike Zone)를 운영하고 그린캠퍼스 봉사단의 환경 캠페인 행사를 통해 자전거 타기를 적극 홍보했다. 캠퍼스가 워낙 넓어서 도보 이동이 어려운 데다 부지 전체가 완만한 구릉이어서 자전거 타기에 적합한 환경이기 때문이다. 단과대학별로 업무용 자전거도 보급했으며 자전거 타기 교육으로 자전거 활성화에도 앞장섰다. 그러한 노력을 인정받아 2011년에는 교육부의 '온실가스 관리시스템 무상지원 대학'으로, 2012년 1월에는 환경부로부터 '2011 그린휠 모범기관'으로도 선정됐다. 대학으로는 전국에서 유일하게 선정된, 뜻하지 않은 쾌거였다. '그린휠 모범기관'으로는 2015년에도 재선정됐으며 2016년에는 환경부의 '그린

캠퍼스 사업'에도 선정되는 성과를 거뒀다.

여기서는 2012년 5월에 행정안전부로부터 유치한 '공공자전거 구축 사업'에 대해 좀 더 자세히 소개하려 한다. 수개월의 준비 끝에 그해 11월 2일, '공공자전거 구축사업 오픈식'을 갖고 본격적인 운영에 들어갔는데 그 창의적인 운영 방식이 입소문을 타면서 견학 오는 지방자치단체와 공공기관이 많았다. 지금 생각해도 모범적이고 자랑할 만한 사업이었을 뿐만 아니라 교육적으로도 의미 있는 사업이었다.

먼저 주목을 받은 것은 '스마트폰과 앱 연동 공공자전거 무인 대여 및 반납 시스템(Smart DU Bike)'이었다. 자전거에 부착된 QR코드를 인식해 자동으로 잠금장치를 작동하게 하는 원리를 적용했다. 정규만 교수가 이끈 '앱 창작터' 소속 정보통신공학부 학생 12명이 자체 제작한 앱이었다. 또 공공자전거 거치대 등의 디자인은 조형예술대학 시각디자인학과 학생들의 작품이었고 공공자전거 운용과 교육에는 스포츠레저학과 학생들이 참여했다. 3개 학과 학생들이 자신들의 전공을 살려 캠퍼스 교통 체계 구축·운영에 직접 참여하게 한 것이다.

자전거 교육·관리·운영을 총괄한 'DU바이크센터'에는 캠퍼스 내 자전거 이용 현황을 실시간으로 파악할 수 있는 시스템을 갖췄다. 공공자전거 165대와 자전거 보관소 20곳에 RFID를 부착해 관리 서버에 자전거 실시간 이용 정보가 전달되도록 한 것이다. 장애인용 자전거인 텐덤바이크(2인용)도 10대 비치했다. 캠퍼스 내에 공공자전거 전용도로 4킬로미터와 5킬로미터의 MTB 도로를 만들고, 자전거 교육장도 설치했다.

캠퍼스 내 자전거 전용도로와 이웃한 금호강변 48킬로미터 및 문천지 주변 6.5킬로미터의 자전거도로를 연계해 학생과 지역주민이 함께 이용하는 자전거 명소 대학으로 이름을 얻었다. 행정자치부도 매우 성공적인 사업 시행이라고 높이 평가했고 언론도 주목했다. 사업단장을 맡은 스포츠레저학과 권욱동 교수의 공이 컸다.

버려진 땅, 늘푸른테마공원으로 태어나다

한편, 2011년에는 대학 서문 입구 도로변의 1만 8천 제곱미터 유휴 부지를 개간해 '늘푸른테마공원'을 조성했다. 문화재 조사를 위해 파헤쳐진 채 방치돼 있던 구릉에 계절 따라 청보리와 메밀, 유채꽃을 심어 지역민이 찾는 관광 명소로 재탄생시킨 것이다. 문천지 호수와 인접해 있어 산책 코스와 사진 촬영 명소로도 소문나 대구를 비롯해 외지에서 많은 시민이 찾곤 했다.

그뿐만이 아니라 메밀과 보리 등을 수확, 판매해 외국인 유학생을 위한 장학금으로 활용했다. '청보리 장학금'으로 명명했다. 하영수 사무처장의 땀과 수고로 얻은 결실이다. 매년 대부분 언론에서 지역의 나들이 명소로 취재해 보도했지만, 여기서는 2015년 12월 3일자 『경향신문』 최슬기 기자의 기사[109]를 소개한다.

---

[109] 「대구대, 캠퍼스에 청보리 재배 수익 유학생 지원」, 『경향신문』 2015. 12. 2. (https://www.khan.co.kr/article/201512022204525?utm_source=urlCopy&utm_medium=social&utm_campaign=sharing)

대구대, 캠퍼스에 청보리 재배 수익 유학생 지원

대구대에 다니는 외국인 유학생 20명은 농산물 수확철을 맞아 최근 50만~60만 원씩의 특별장학금을 받았다. 학교 측이 캠퍼스에서 청보리를 재배해 얻은 수익금으로 마련한 장학금이다.

이들 유학생은 교내 '산책 명소'에서 장학금까지 나왔다며 좋아했다. 콩고민주공화국에서 온 비가브와 크리스찬(22, 토목공학과 3년)은 "수업이 없으면 친구들과 청보리밭에서 산책하며 사진도 찍곤 하는데 청보리를 수확한 돈으로 장학금까지 받으니 더욱 기쁘고 고맙다"고 말했다.

대구대가 캠퍼스 유휴 부지에 청보리 등 농작물을 심어 이를 판매한 수익금으로 외국인 유학생들에게 장학금을 지원해 눈길을 끌고 있다. 대구대는 올해 청보리를 판매한 수익금 1010만 원을 지난 1일 몽골·베트남 등지에서 온 유학생 20명에게 특별장학금으로 지원했다고 2일 밝혔다. 대구대는 2011년 캠퍼스 서문 인근의 유휴 부지 1만 8000m²에 청보리와 메밀 등을 심어 '늘푸른테마공원'이란 이름의 녹지 공간을 조성했다. 관련 부서 직원들이 해마다 10월 청보리를 파종해 다음 해 6월 수확하고 이어서 메밀을 파종, 다음 해 10월 수확한다. 이에 봄에는 청보리밭, 가을에는 메밀밭으로 학생들은 물론 지역 주민들의 산책 명소가 됐다. …

2017년 2월에 기후변화 거버넌스 단체인 '국회 기후변화포럼'으로부터 '2017 대한민국 녹색기후상 교육부문 우수상'을 수상한 것도 그런 노력들을 인정받은 결과였다.

민주시민교육의 요람으로

총장에 취임한 뒤 꾸준히 관심을 기울인 주제 가운데 하나는 대구대학교를 민주시민교육의 요람으로 세우는 일이었다. 대구·경북은 민주시민교육이 절실히 필요한 지역이라고 생각해 왔기 때문이다.

평교수 시절에도 지식인 사회운동의 일환으로 의욕을 갖고 시도했지만 실패한 경험이 여러 번이었다. 총장 취임 이후에도 쉽지 않긴 마찬가지였다. '재단 정상화와 대학 경쟁력'이라는 두 주제 외에는 대학 구성원이 관심 갖고 투자할 심리적·재정적·시간적 여유가 적었던 것도 중요한 이유였다.

여기서는 두 가지를 특히 기억하고자 한다. 하나는 대구대학교가 지역의 '통일 교육 거점대학'으로 역할을 할 수 있게 된 것이다. 김정수 교수의 역할이 컸다. 그는 보기 드물게 지역에서 성장한 통일 전문가였다. 문재인 정부 통일부 국장으로 발탁되어 활약한 전문가이기도 했다. 나는 그를 교육 중점 교수로 모시면서 학생에 대한 통일 교육과 지역사회에서의 대구대학교의 역할을 기대했다.

그의 노력으로 대구대학교가 통일부 통일교육원이 주관한 '2016년 지역통일교육센터 공모사업'에서 '경북지역 통일교육센터' 운영 대학으로 선정됐다. 연간 2억 원씩 3년 동안 지원받는 보조금으로 대구·경북 지역 평화통일 교육의 허브 역할을 수행하게 된 것이다. 주요 사업으로 초중고 및 대학생과 지역 주민을 대상으로 통일 강좌와 통일 순회강연을 개최해 통일 문제에 대한 지역민의 관심을 높여 갔다. 분단현장 방문 등 체험형 통일 교육과 전문가 포럼 및 워크숍 등도 함께 진행했다. 총장직을 떠난 2019, 2022, 2025년에도 연이어 지역 통일교육센터로 선정되어 중요한 역할을 감당하고 있는 것은 다행이라고 생각한다.

'평화의 소녀상' 건립, 전국 대학 최초

소개하고 싶은 다른 하나는 캠퍼스 내에 '평화의 소녀상'을 건립한 것이다. 2017년 12월이었다. 김선휘 학생이 이끌던 총학생회의 작품이었다. 그해 7월에 실시된 사이판 '해외희생동포 추념사업'이 계기가 됐다. 그해에도 총학생회 임원진과 교수 대표 등은 이영식 설립자의 생전 마지막 사업인 '해외희생동포 추념사업'에 참여하고 돌아왔다. 일제 때 태평양 한가운데 사이판-티니언섬으로 강제 징용돼 끌려간 뒤 고국 땅을 밟지 못하고 사망한 동포들의 한과 아픔이 서려 있는 현장을 직접 보고 온 학생들이 고민하며 팔을 걷어붙인 것이다. 캠퍼스에 '평화의 소녀상'을 건립하자며 나섰다.[110]

총학생회는 필요한 자금을 모으기 위해 9월부터 학생, 교수, 직원을 대상으로 성금 모금에 나섰다. 그렇게 모아진 1500여만 원은 여전히

---

[110] 이는 2015년 12월 28일에 박근혜 정부가 일본 정부와 합의해 발표한 '한일 위안부 합의'가 국민의 반발에 부딪히고, 1년 뒤인 2016년 12월 9일에는 박근혜 대통령이 국회에서 탄핵 소추되었으며, 2017년 3월 10일에는 헌법재판소에 의해 탄핵 선고된 당시 상황에 대한 청년 학도들의 고민과 반응으로 해석할 수 있겠다.

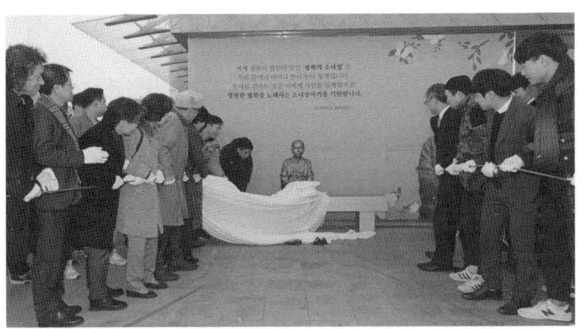

'평화의 소녀상' 제막식에 참여한 이용수 할머니, 남인순 국회의원, 총학생회 김선휘 회장과 함께(2017.12.21. 빛광장 학생회관 앞).

부족했다. 조형예술대학의 장성복 외래 교수로부터 사정을 전해 들은 'Gipfel Art Factory' 대표인 서용준 작가가 재능 기부를 하기로 했다. 그리고 주물공장을 운영하는 조형미술주조 유광선 대표도 후원하겠다는 뜻을 밝혔다. 그렇게 '평화의 소녀상'은 세상에 빛을 보게 된 것이다. 제작 과정에서는 현대미술과 학생들이 경기도 용인시에 위치한 주물공장을 찾아가 소녀상 표면 세부 마감 작업에 참여하기도 했다. '뜻이 있는 곳에 길이 있다'는 격언의 힘을 학생들도 직접 깨닫게 된 좋은 경험이었다.

일본대사관 앞이나 공원 등에서 보는 '평화의 소녀상'은 대부분 걸상에 앉은 모습이지만, 서용준 작가는 벤치 한쪽 편에 앉은 형태로 제작했다. 누구나 옆에 함께 앉을 수 있도록 한 것이다. 가로 50센티미터, 세로 60센티미터, 높이 132센티미터에 청동 재질로 제작했다.

이제 어디에 설치할 것인가 하는 문제가 대두됐다. 학생들은 걱정을 섞어 조심스레 내게 의견을 타진해 왔다. 아직 전국 어느 대학에서도 캠퍼스 내에 '평화의 소녀상'을 건립한 대학이 없다는 것이었다. 서울의 어느 대학에서는 대학의 반대로 캠퍼스 내에 설치하지 못한 예가 있다고도 했다.

나는 당연히 캠퍼스 내에 설치할 수 있다고 답했다. 학생들이 설립자의 애민·애국 사상에 감동받아 시작한 소중한 사업인 만큼 격려받아 마땅하다고 했다. 캠퍼스 안에서도 학생의 왕래가 많은, 총학생회가 원하는 어느 곳에라도 설치할 수 있게 하겠다고 했다. 그렇게 결정된 곳이 캠퍼스의 중앙 빛광장 앞, 학생회관 1호관 입구였다.

제막식 준비 과정에서는 나도 거들었다. 대구에 거주하는 이용수 할머니와 당시 국회 여성가족위원회 위원장이던 남인순 의원, 그리고 대구 지역 여성단체 관계자들에게 행사의 의미를 설명하고 참석해서 학생들을 격려해 줄 것을 요청했다. 12월 21일이었다. 무척 추운 날씨였음에도 이용수 할머니와 남인순 의원을 비롯해 100여 명이 참석해 성황을 이뤘다. 이용수 할머니는 눈시울을 붉히며 말했다.

> 말할 수 없이 너무 기뻐요. 저 하늘나라에 있는 할머니들도 다 보고 고맙다고 말하네요. 돈을 모아 이렇게 뜻깊은 일을 해 준 대구대학교와 학생들에게 고맙네요. 일본이 진정성 있는 사과를 하는 날에는 소녀상도 따뜻함을 느끼게 될 거예요.

김선휘 총학생회장도 의젓하게 인사하며 바람을 말했다.

학생과 교직원, 동문 등 많은 이들의 지지와 성원에 힘입어 캠퍼스에 '평화의 소녀상'을 세울 수 있게 돼 감사한다. 세계 평화의 염원이 담긴 '평화의 소녀상'은 우리 할머니·어머니·언니·누나·동생이다. 인사를 건네는 모든 이에게 사랑을 일깨워 주고 영원한 평화를 노래하는 소녀상이기를 바란다.

총학생회장은 또 제막식에 참석해 준 서용준 작가와 유광선 대표에게 감사패를 전달했다.

그렇게 대구대학교 또 하나의 명소, '평화의 소녀상'이 자리하게 된 것이다. 역시 '우리나라 대학 최초'로 기록된 역사적 사건이었다. 총학생회의 주도로, 구성원의 성금으로 준비된 것도 의미 있다 하겠다. 또한 캠퍼스의 정중앙, 학생 왕래가 가장 빈번한 곳에 자리하게 된 것도 대구대학교 '평화의 소녀상'의 자랑이다. 추운 겨울이면 학생들이 따뜻한 털모자와 털장갑, 목도리를 둘러 주곤 했다. 이만한 산 교육이 없다고 나는 생각했다.

에필로그

다시,

대학혁신·교육개혁을 묻는다

33년 대구대학교 생활을 정리하며

1988년 3월, 대구대학교에 첫발을 디딘 후 대학 구성원과 함께 기뻐하고 슬퍼하며 지낸 시간이 33년이다. 평교수 때나 총장일 때나 재단 분규와 재단 정상화는 늘 힘든 주제였다. 나는 언제나 그 재단 문제의 중심에 서 있었다. 원한 것도 의도한 것도 아니지만 그렇다고 피하지도 않았다.

그 결과 재단 분규의 전 과정을 아주 가까이에서 직접 겪게 됐다. 1988~1995년의 민주화 1기(정이사 해임 및 임시이사 파견)와 2009~2021년의 민주화 2기(정이사 체제로의 전환)의 전 과정을, 교수협의회 임원으로 혹은 총장으로 가까이서 직접 보고 겪었다.

그래도 대구대학교의 경우는 참 행운이었다. 민주화 1기 때는 구성원의 고생이 헛되지 않아 임시이사 체제를 쟁취했고 민주화 2기 때는 구성원의 기대대로 구재단을 배제한 채 정이사를 구성할 수 있었기 때문이다. 비슷한 경로를 거친 많은 대학과 달리 대구대학교는 1994년 임시이사 파견 후 한 차례도 대학 경영을 구재단 손에 넘기지 않았다. 이명박 정권 때 구재단 추천 인사 3인이 정이사로 참여하면서 재단과 대학이 극한의 혼란을 겪어야 했지만, 대학 구성원은 온몸으로 그들로부터 재단과 대학을 지켜 내는 데 성공했다. 나도 구성원의 뜻을 받들어 맨 앞줄에서 온 힘을 쏟았다. '벌금 1천만 원'의 멍에, 아니 훈장을 갖게 된 것도 그때였다.

8년의 총장 임기 중 재단 정상화 과제 외에 힘들게 씨름했던 주제가 둘 더 있었다. '대학을 대학답게' 만드는 일과 '대학을 지속 가능하게' 만드는, 즉 대학의 경쟁력을 끌어올리는 일이었다. 특히 2009년부터 8년의 임기 내내 계속된 정부의 등록금 동결 정책과 학령인구 급감으로 인한 재정 위기는 발등의 불이었다. 재정 위기 탈출이라는 절박한 과제 앞에서 대학들은 민주주의와 지성과 사회적 역할을 불편하게 여겨야 할 정도로 퇴행을 강요받게 되었다.

하나하나가 무척 버거운 세 개의 과제를 안고 8년을 씨름했다. 각각의 과제에서 기대 이상의 성과를 거둔 것은 나에게나 대구대학교에나 무척 다행이었다. 8년여 동안 쏟아부은 노력이 아깝지 않고 그동안 겪은 시련과 온몸에 새겨진 상처가 헛되지 않았다고 생각될 정도로 보람도 있었다.

2018년 3월 28일, 임기를 3개월 반 남겨 놓고 총장직을 사임한 뒤 사회학과 교수로 복직했다. 6월의 대구교육감 선거에 출마하기 위해서였다. 그러나 실패했다. 지역 시민사회의 부름을 받아 대구 초중고 교육의 철학과 행정을 혁신하기 위해 나선 도전이었지만 거기서 접어야 했다.

정신과 육체가 모두 지쳐 있었다. 곧바로 대학으로부터 1년의 연구년을 승인받았고, 값진 휴식과 안정을 취했다. 차츰 몸과 마음도 회복해 갔다. 10년 만의 강의를 준비한 뒤 2019년 9월, 강단에 다시 섰다. 달라진 강의실 풍경에 잠시 어색했지만 마음은 푸근했다. 마치 옛 고향 품에 안긴 듯한 느낌이었다. 오랜만의 수업에 몸과 마음이 적응해 갈 무렵인 2021년 6월 14일, 한국사학진흥재단 이사장에 취임하게 됐고 정년을 세 학기 남겨 놓고 33년 정든 대구대학교를 떠나게 됐다.

코로나19로 여전히 불편하던 때였다. 온라인과 오프라인 수업을 병행하며 1학기 수업을 종강한 직후인 6월 11일 금요일 오후, 교육부로부터 이사장 임명 통보를 받았고 사흘 뒤인 월요일에 첫 출근을 해야 하는 상황이었다. 대학의 동료 교수, 학생, 직원에게 작별 인사를 나눌 최소한의 시간도 주어지지 않았다. 지병문 이사장이 임기 만료로 떠나고 3개월째 이사장이 공석이었으니 이해할 수 있었다.

하는 수 없이 토요일과 일요일, 학교 포털에 교수와 직원에게 띄우는 단체 인사글을 올렸다. 그리고 사회학과 제자 학생들에게는 홈페이지 게시판에 작별 인사글을 올렸다. 많이 아쉬웠다. 33년, 내 생애를 바친 대구대학교를 떠나면서 대학의 누구와도 제대로 인사 나누지 못하고 이렇게 떠나야 하는 것이 섭섭하기도 했다.

대구대학교에서의 33년, 특히 해직 교수 시절(1993. 9.~1994. 8.)과 총장 재직 시절(2009. 11.~2013. 10., 2014. 7.~2018. 3.)에 나와 함께 숱한 고통을 감당해야 했던 교수, 직원, 사랑하는 제자에게 다시 한 번 감사 인사를 드리고 싶다. 크고 작은 성과들이 있다면 그것은 온전히 그들의 몫이다. 그들에게 진 마음의 빚은 평생을 두고 갚아도 부족하다고 생각한다.

이제 남은 일은 지역민에게 인사하는 것이었다. 해직 교수 시절과 8년여에 걸쳐 재단 분규를 헤쳐 가는 과정에서 지역의 대학 관계자들과 언론, 시민사회단체 활동가와 정치권 인사에게 늘 따뜻한 응원을 받았기 때문이다. 일일이 인사할 겨를도 갖지 못한 채 대구대학교를 떠나야 하는 상황을 설명하고 그간의 성원에 감사하고 싶었다.

『영남일보』의 이은경 부장에게 전화해 사정을 설명했다. 그해 1월부터 『영남일보』에 월 1회 고정 칼럼을 기고하고 있었는데 마침 첫 출근하는 월요일이 나의 칼럼 게재일이었기 때문이다. 공공기관 이사장으로 취임하는 만큼 계속해서 칼럼을 쓰기 어렵다는 것과 마지막 6월 칼럼을 '대학을 떠나는 소회'에 대해 쓰고 싶다고 이해를 구했다. 그렇게 빛을 본 칼럼이 나의 첫 출근일인 6월 14일자 칼럼이었다. 여기 소개해 본다.[111]

---

[111] 「33년의 학교 생활을 정리하며」, 『영남일보』 2021. 6. 14. (https://www.yeongnam.com/web/view.php?key=20210613010001588)

33년의 학교 생활을 정리하며

지난주, 1학기 수업을 모두 마쳤습니다. 성적 처리만 남았습니다. 코로나19로 여전히 불편하고 걱정되는 상황이었지만 무사히 마칠 수 있어서 다행입니다. 특히 학생들 불편이 컸습니다. 수업뿐만이 아니라 동아리 활동, 현장실습, 아르바이트 모두 불편했을 것입니다.

이번 학기는 저에게 매우 특별한 학기가 됐습니다. 이 학기를 마지막으로 교육자로 살아온 33년 생활을 정리하게 됐기 때문입니다. 33년 중에는 총장으로 일한 8년여도 있었습니다.

만감이 교차합니다. 힘들었던 시간도 있었고 흔치 않은 고난도 겪었습니다. 고통과 시련 이상으로 기쁨과 보람도 컸습니다. 보람도 감사한 일이지만 고난도 감사한 일이었습니다. 특히 힘들 때 혼자이지 않았던 것, 많은 분의 지지와 격려로 이겨 낼 수 있었던 것은 너무도 감사한 일이었습니다.

두 번의 경험이 특히 기억에 남습니다. 한 번은 1993년 가을이었습니다. 당시 재단에 의해 해직됐던 때였습니다. 재단의 전횡과 비리에 대해 문제를 제기했다는 이유였습니다. 어느 정도 각오했지만 실은 외로웠습니다. 저를 일으켜 세운 것은 주위의 격려였습니다. 동료 교수들은 성금을 걷어 매월 생활비를 건네주었고, 189일이나 철야 농성을 이어 갔습니다. 학생들은 더했습니다. 수천 명의 학생들이 광장에 모여 저의 해직이 부당하다며 원상 회복을 주장했습니다. '교수님 사랑합니다', '교수님 힘내세요'란 손팻말을 들고 응원해 주던 학생들을 저는 평생 잊지 못할 것입니다. 동료 교수들과 제자들의 지지와 격려는 고난에 처했던 저를 지켜 준 힘이었습니다.

그렇게 저는 복직할 수 있었고 대학도 재단의 전횡과 비리로부터 벗어날 수 있게 됐습니다. 해직으로 인한 아픔보다 보람이 훨씬 더 컸습니다.

두 번째는 총장으로 일할 때였습니다. 20년 가까이 임시이사 체제로 운영되어 오던 법인(재단)을 정상화하는 시기였습니다. 구재단과 대학 구성원은 또다시 충돌했습니다. 비슷한 사정의 대부분 대학들에서 구재단이 복귀했습니다. 그 대학들은 또다시 휘청거렸거나 구성원의 반발로 몸살을 앓았습니다. 심한 경우는 폐교된 대학도 있었습니다.

대학 구성원들과 함께 구재단 복귀를 반대한 저는 그들로부터 심한 공격을 받아야 했습니다. 운명이라 생각했지만 힘든 일이었습니다. 지쳐 쓰러질 때마다 학생과 교수, 직원과 동문이 지켜 주었습니다. 지역사회와 지역 언론도 교육 정의를 향한 저와 대학 구성원의 열정을 응원해 주었습니다. 그 힘으로 대구대학교는 구재단 복귀를 막아 내고 학생들의 학습권도 지켜 낼 수 있었습니다. 모두들 기적과도 같은 일이라고 했습니다. 고통이 컸던 만큼 이겨 낸 기쁨과 보람도 컸습니다.

교육자에게는 보람이 전부입니다. 학생들에게 정의로운 교육 환경을 제공할 수 있었던 것보다 더 큰 보람은 없을 것입니다. 정의로운 교육 환경에서 자신의 꿈과 미래를 마음껏 개척하는 학생들을 지켜보는 것보다 더 큰 기쁨도 없을 것입니다. 교수로, 총장으로 일하면서 힘들 때마다 지켜 준 지역사회와 지역 언론에 깊이 감사드립니다.

33년의 보람을 뒤로하고 이제 학교를 떠납니다. 사랑하는 학생들을 만날 수 없게 된 것이 섭섭하지만, 다른 곳에서 다른 방식으로 학생들의 꿈을 응원할 것입니다. 다른 역할로 건전 사학의 교육 정의와 발전을 뒷받침할 것입니다. 오늘, 한국사학진흥재단 사무실에 첫 출근 했습니다. 새로운 보람을 일구기 위한 새로운 각오로 오늘을 시작합니다.

학생들로부터 받은 또 한 번의 감동

그렇게 허겁지겁 떠나고 6월 21일이었다. 한국사학진흥재단의 업무를 파악하고 회의 등으로 바쁘게 일주일을 보낸 후 맞은 월요일이었다. 아침 8시 30분경, 막 사무실에 도착해 컴퓨터를 켜던 때였다. 하춘수 전 대구은행장으로부터 전화를 받았다. 방금 신문기사를 봤다며 축하 인사를 건네 왔다. 서둘러 그날 아침 『영남일보』를 찾아 펼쳤다.

박종문 기자가 쓴 기사 하나가 눈에 들어왔다. 학생들이 내게 건넨 덕담들을 취재한 기사였다. 한국사학진흥재단 첫 출근일 전날인 일요일 저녁, 사회학과 학생 게시판에 올린 작별인사글을 누군지 알 수 없는 한 학생이 전교생이 사용하는 익명 게시판에 옮겨 소개했고, 그 글을 접한 학생들이 댓글을 달아 잔잔한 파문이 일었다는 기사였다. 죽 읽어 내려가던 중 가슴이 뭉클해 왔다. 여기 그 기사 전문을 소개한다.[112]

홍덕률 전 대구대 총장, 제자들에게 남긴 인사글에 학생들 응원 이어져

'아침에 간식 정문에서 나눠 주셨던 거 생각나네…. 학교 사랑은 진심이셨던 총장ㅠㅠ.' '… 시험 기간이나 대학 축제를 할 때도 직접 나오셔서 학생들이 학교를 잘 다니고 있는지, 걱정거리는 없는지 항상 들어 주셨습니다. 이러한 행동 하나가 학생들을 생각하는 마음이 누구보다 컸다고 생각합니다. 고생 많으셨습니다.' …

---

[112] 「홍덕률 전 대구대 총장, 제자들에게 남긴 인사글에 학생들 응원 이어져」, 『영남일보』 2021. 6. 21. (https://www.yeongnam.com/web/view.php?key=20210617010002262)

홍덕률 전 대구대 총장이 지난 14일자로 한국사학진흥재단 이사장으로 취임하면서 제자들에게 남긴 인사글에 많은 학생들의 응원과 추억이 담긴 글들이 이어져 잔잔한 감동을 주고 있다.

홍 전 총장이 33년을 몸담았던 사회학과 게시판에 올린 '사랑하는 대구대학교 학생들에게 인사드립니다'라는 인사글을 한 학생이 대학생 커뮤니티인 에브리타임 대구대 게시판에 올리면서 많은 학생들의 반향을 불러일으키고 있다.

게시판에 올린 지 엿새째인 20일 오후 5시 현재 홍 전 총장의 인사글에는 공감이 615명, 댓글이 68개가 달려 있고 각 댓글의 공감자가 488명에 이르렀다. 또 홍 전 총장이 영남일보 6월 14일자에 게재한 "33년의 학교 생활을 정리하며"라는 제목의 칼럼을 올린 페이스북에서도 '좋아요' 공감이 680명, 댓글이 435개로 많은 지인과 방문자의 응원이 이어지고 있다.

'존경합니다.' '눈물 나… 진짜 멋있으시다 진짜.' '눈물 난다… 이전에 이렇게 멋지고 대단한 총장이셨다니…. 새로운 곳에서도 늘 빛나시길 바랍니다. 고생하셨습니다.' '떠나고서야 꽃인 줄 알았습니다. 감사합니다. 총장님.' '좋은 곳으로 가셨으니 부디 사학 비리가 없어지도록 많은 힘 쏟아 주세요! 존경합니다.'

대학의 한 관계자는 "대학과 학생들을 위한 총장님의 리더십과 진심을 학생들이 알아 준 것 같다"며, "대학에서 쏟은 헌신과 열정처럼 우리나라 사학 발전을 위해 힘써 주길 기대한다"고 했다.

고마운 일이 아닐 수 없었다. 2014년 9월 25일, '학생이 열어 준 총장 취임식'을 마치고 학생들에게 헹가래를 받던 때의 격한 감동이 밀려왔다. '학생이 행복한 대학'을 만들어 보려고 노력했는데 돌아보니 정작 행복한 이는 나였다.

갑자기 떠나게 된 데다 코로나19로 정든 제자, 교수, 직원 누구에게도 인사를 갖추지 못한 것이 아쉽고 허전했지만 이름 모를 학생들로부터 따뜻한 위로와 응원의 박수를 받았다고 생각하니 큰 위안이 되었다. 특별한 방식의 유종의 미를 거뒀다고 생각했다.

그렇게 대학을 떠나고 어느덧 4년여의 시간이 흘렀다. 그중 3년은 대구시 동구 혁신도시에 자리한 한국사학진흥재단 이사장으로 또다시 바쁜 시간을 보냈다. 중간에 정권이 바뀌어 고생하기도, 또 공공기관의 한계를 뚜렷하게 경험하기도 했지만, 한 대학의 총장으로서는 할 수 없는 몇 가지 일을 감당하면서 또 다른 보람도 갖게 된 시간이었다.

드디어 2024년 6월 13일, 한국사학진흥재단 이사장직에서도 은퇴했다. 그리고 짬짬이 지난 33년의 대구대학교 생활을 다시 돌아보고 있다. 분명한 것은, 대구대학교는 33년간 나의 전부를 바쳐 헌신한 대학이라는 사실이다. 후회 없이 일했다. 이제는 대구대학교가 힘든 대학 환경에도 불구하고 여러 분야에서 선구적인 역할을 잘 감당하기를 기대하는 마음뿐이다.

특히 25년여의 임시이사 체제를 마감하고 어렵게 정이사진을 구성한 만큼 설립자의 장손과 대학 구성원이 미래 지향의 건실하고 모범적인 거버넌스 체제를 확립하는 일부터 학생 유치 경쟁이 격화되는 상황에서도 자랑스러운 건학 정신을 지켜 내는 일, 그리고 경쟁력을 끌어올리는 데 그치지 않고 궁극적으로는 '학생이 행복한 대학'으로서의 내실을 튼튼하게 다져 가는 일에 이르기까지 중차대한 과제들을 잘 감당해 가기를 염원하는 마음이 크다.

대구대학교는 잘 헤쳐 갈 것으로 믿는다. 실력과 저력이 있는 대학이기 때문이다. 그 실력과 저력은 그냥 주어진 것이 아니었다. 숱한 도전과 시련을 이겨 내면서 단련하며 쌓은 실력이고 저력이다. 그래서 살아 있는 저력이고 생동하는 실력이다. 민주주의를 통해 경쟁력을 일으켜 세운 경험 또한 우리나라 대학에서 보기 힘든 소중한 자산이다.

대학 구성원과 설립자의 장손 이근용 대구사이버대 총장이, 그리고 정이사로서의 중책을 맡고 있는 현 이사진이 함께 현재의 대학 상황을 냉철하게 분석하면서, 숱한 위기와 고비를 헤쳐 온 내면의 저력을 발휘한다면 앞으로도 능히 실질적인 성과를 거둘 것으로 확신한다.

그러려면 어떤 상황에서도 대학 구성원이 과거 위기 상황에서 보여 줬던 지성과 정의를 향한 헌신과 열정, 연대와 협력의 정신을 잃지 않아야 한다. 그것은 비단 대구대학교에만 의미 있는 것이 아니라 현재 정체성과 윤리와 교육의 위기를 함께 겪고 있는 우리나라 사립대학의 문제를 풀어 가는 데도 중요한 나침반 역할을 하게 될 것으로 확신한다. 대구대학교는 우리나라 고등교육계의 소중한 자산이라고 생각하는 이유이고, 이미 4년 전에 떠난 대구대학교에서의 33년을 돌아보며 이 글을 쓰는 이유이기도 하다.

민주주의가 경쟁력이다

대구대학교에서의 33년, 제자들과도 정들었지만, 특별히 구재단과 맞서는 과정에서 많은 교수·직원과도 깊은 정이 들었다. '정'이라는 표현으로는 뭔가 아쉬움이 남는다. '동지애'라고 해야 정확할 것이다.

하지만 아픈 관계도 적지 않았다. 쓰러뜨리려고 덤벼든 이들의 잔인함, 어떤 이유에서건 입장을 180도 바꾼 이들로부터 받아야 했던 배신감, 그리고 일부 교수와 직원이 보여 준 당혹스러울 정도의 기회주의도 가까이에서 봤다. 평생 잊을 수 없는 고통도 있었고 죽음 일보 직전까지 몰고 간 절망도 겪었다. 그 고통을 거뜬히 잊게 해 준 보람도 있었고 무엇으로도 살 수 없는 환희와 영광도 맛보았다. 한마디로 온갖 희로애락을 담은 33년 세월이었다.

중요한 것은 숱한 고비와 곡절을 이겨 내고 결국 재단 정상화를 이뤘다는 사실이다. 임시이사 체제 25년 만에, 재단 정상화 착수 10여 년 만에 구재단이 배제되고 재단이 정상화된 것이다. 그뿐만이 아니었다. 재단 정상화를 둘러싸고 구재단과 진흙탕 싸움을 벌이면서도 대학을 대학답게 하고 대학 경쟁력을 끌어올리는 일에서도 의미 있는 성과들을 거뒀다. 모두 감사한 일이 아닐 수 없다. 하지만 그중에서도 특별히 뜻깊게 생각하며 강조하고 싶은 것이 하나 있다. 그 성과 모두가 '대학 민주주의의 열매'였다는 사실이다.

예컨대, 대학 경쟁력을 제고하고 재정 위기를 극복해야 하는 것은 전국의 모든 대학에 던져진 숙명적 과제였지만 나의 고민은 어떻게, 어떤 방식으로 대학 경쟁력을 높일 것인가에 있었다. 경쟁력과 생존이 대학가의 화두로 등장하면서 많은 대학에서 1987년 이후 발전시켜 온 민주주의 원칙을 너무 쉽게 팽개치는 모습을 안타깝게 바라보고 있었기 때문이다. 과연 대학의 경쟁력 제고를 위해서는 민주주의를 포기해야 하는가? 민주주의와 경쟁력은 함께할 수 없는가?

문제는 대학의 총장이나 재단, 교육부만 방향을 그렇게 몰고 가는 것이 아니라 과거에 대학 민주주의의 주체였던 교수와 직원마저 그런 생각을 비판 없이 받아들인다는 데 있다. 대학이 생존 압박에 내몰리면서 적지 않은 교수와 직원도 강력한 지도력과 일사불란한 조직 운영을 요구하는 경향을 보이는 것이다.

나는 그러한 사고와 접근에 동의할 수 없었다. 군대나 기업 조직이면 몰라도 최고의 지식인이 모여 있고 양식 있는 민주 시민을 길러 내야 하는 대학 사회까지 그러면 안 된다고 생각했다. 특히 학문과 연구와 교육은 본질적으로 자유와 다양성과 토론의 토양 위에서만 꽃피울 수 있다고 믿었다. 지식정보사회, 지능정보사회에서 필수 역량이라고 할 수 있는 상상력과 창의력과 도전 정신과 소통 능력을 학생들에게 키워 주기 위해서도 학문·사상·표현의 자유는 필수라고 생각했다. 어렵더라도 민주주의 가치와 경쟁력 목표를 동시에 추구할 수 있어야 한다고 믿었고, 그것을 대구대학교가 입증해 보이고 싶다고 생각했다. 그리고 그런 생각을 취임하고 6개월 뒤인 2010년 4월 21일에 『교수신문』 이영수 발행인

과 가진 인터뷰에서 힘주어 말하기도 했다.[113]

대학만큼은 '민주주의가 경쟁력이다' 증명해 보이고 싶다
— 홍덕률 총장의 리더십, '소통 경영'

홍덕률 총장에게 어떻게 대학 경쟁력을 높일 생각이냐고 물었더니 "이루고 싶은 꿈이 있다"고 첫 마디를 뗐다. 홍 총장이 4년 임기 동안 이루고 싶은 꿈은 무엇일까. "지금 '경쟁력'은 우리 사회의 화두가 됐습니다. 최소한 대학만큼은 '민주주의가 경쟁력이다'라는 등식을 증명해 보이고 싶은 생각을 갖고 있습니다. 경쟁력을 높이기 위해 절대 권력을 휘두르거나 비교육적인 방법을 동원하거나 소위 주인을 영입해 기업식으로 대학을 경영하는 방식이 아니라, 구성원이 비전을 공유하고 지혜와 열정과 능력을 모아 내 결국에는 경쟁력까지 구현해 낼 수 있어야 한다고 믿고 있습니다. 민주주의와 경쟁력이 배반되는 개념, 즉 양자택일해야 하는 관계가 아니라 당연히 함께 구현해야 하고 최소한 대학에서만큼은 그럴 수 있어야 한다고 믿습니다.

그러기 위해 반드시 필요한 것이 두 가지가 있다고 봅니다. 하나는 총장과 본부가 소통 경영, 서번트(servant) 리더십을 실천해야 하는 것이고, 다른 하나는 대학 구성원들이 매우 높은 민주적 자질과 공동체의식을 갖고 있어야 한다는 점입니다. 저는 최대한 소통 경영에 힘쓸 생각입니다. 학생들과도 교실에서, 기숙사에서, 학생식당에서, 학교 앞 호프집 등에서 자주 만나 고충을 듣고 토론하려 하며, 교수님들과도 다양한

---

[113] 「대학만큼은 '민주주의가 경쟁력이다' 증명해 보이고 싶다 — 홍덕률 총장의 리더십, 소통경영」, 『교수신문』 2010. 4. 26. (https://www.kyosu.net/news/articleView.html?idxno=20268)

협의체를 통해서 그리고 연구실과 실험실에서 다양한 방식으로 만나 대화하고 학교 현안들에 대해 토론하려고 합니다.

우리가 소중히 키워 온 민주주의를 경쟁력이라는 화두 앞에서 무장해제당할 수는 없지 않습니까. 공동체를 지킨다는 차원에서, 대학 사회의 양식을 지킨다는 의미에서 문제의식을 공유하고 학생 역량을 키우고 학생 취업률을 높이며 결국 대학 경쟁력을 높일 수 있는 길을 찾아보자는 겁니다. 교수와 직원, 학생들이 문제의식을 털어놓고 서로 협의하고 공동의 목표를 설정해 고통을 분담하고 함께 학교를 살려 나가는 문화를 만드는 게 대학 총장의 역할이라고 생각합니다."

홍 총장은 인천에서 태어나 고등학교까지 다녔다. 지난 총장선거에서 지역 연고도 없이 당선된 것도 이례적이다. 홍 총장은 "교수 구성이 다양하다"고 했다. 대구대는 '민주주의=경쟁력'이라는 실험을 해볼 만한 대학이라는 생각이 들었다. 임시이사 파견 16년, 본격적인 법인(재단) 정상화 논의가 시작되는 올해, 이 대학에서 민주주의 꽃이 활짝 피어오르길 바란다.

하지만 조건이 있다. 언제 어느 상황에서나 민주주의와 경쟁력이 함께 갈 수 있는 것은 아니기 때문이다. 가장 중요한 조건은 대학 구성원의 주인 의식과 성숙한 민주시민의식이다. 대학 구성원이 주인 의식을 갖고 대학의 발전과 자신의 발전이 같이 간다고 동의할 수 있어야 한다. 주인으로서의 권한과 자유를 누리는 만큼 책임도 함께 감당할 줄 아는 성숙한 민주시민의식이 전제되어야 한다. 구성원 사이에 건전한 주인 의식이 뿌리내리기 위해서는 대학 발전의 혜택이 골고루 분배되어야 하고 그에 대한 기대와 믿음을 구성원이 공유할 수 있어야 하는 것이다.

소통과 섬김의 민주적 리더십이 관건이다

그 첫 단추는 역시 리더십에서 풀어야 한다고 생각했다. 총장이 먼저 공정과 섬김의 자세로 임해야 구성원의 신뢰를 확보할 수 있고 그래야 구성원의 헌신과 역량을 결집할 수 있는 것이다. 다음은 대학 구성원 개개인이 합리적으로 판단하고 행동할 수 있도록 대학 경영과 관련한 정보들을 투명하게 공개하는 것이 필요하다.

대학 구성원의 공동체 윤리도 일정 수준에 도달해 있지 않으면 안 된다. 특히 무임승차 의식은 어느 조직에서나 민주주의의 큰 걸림돌이다. 구성원이 자신의 역할과 책임을 기꺼이 감당하면서 민주적 권리를 요구할 수 있어야 하는 것이다. 무임승차 관행을 해체하려면 정확한 신상필벌이 작동해야 한다. 민주주의 절차와 운영에 적극 참여하는 구성원, 학문·연구·교육의 자유를 지키기 위해 역할과 희생을 감당한 구성원에게 실질적인 보상을 줄 수 있어야 한다. 그렇지 않으면 민주주의는 허울만 남게 된다. 그래서는 민주주의가 경쟁력도, 어떤 성과도 담보할 수 없다. 민주주의는 불신과 위기에 빠지게 될 것이고 자칫 혼돈과 무질서로 귀결될 수도 있다. 나아가 그것은 민주주의 자체를 부정하는 절대 권력의 토양이 될 것이다.

대구대학교에는 각 구성 주체를 대표하는 자치기구가 있다. 교수회와 직원노동조합이 있으며 총학생회가 활동하고 있다. 주요 정책 심의 기구에는 교수회와 직원노동조합과 총학생회가 각각 추천한 인사가 참여하고 있다. 대학평의원회가 대표적인 예다. 적지 않은 사립대학에서 교수회와 직원노동조합이, 심지어 총학생회와 대학평의원회가 재단과 총장의 영향력 아래에서 구성·운영되면서 사실상 형해화되고 있는 점을 감안하면, 대구대학교의 민주주의는 전국 최고 수준이라고 할 수 있다.

그뿐만이 아니다. 대구대학교는 1994년 임시이사 파견 후 내가 총장직에서 물러날 때까지 총장뿐만 아니라 단과대학장, 학과장까지 소속 교수들의 선거를 통해 선출되어 왔다. 물론 학과장의 임면권은 총장에게, 학장의 임면권은 재단 이사장에게 있지만 그 임면권은 형식적·절차적 권한으로 행사될 뿐 실질적으로는 학과와 단과대학 교수들의 선거로 결정되었다.

나는 대구대학교의 민주주의를 확장하고 심화하기 위해 최선을 다했다. 1993년에 해직됐던 것도 대학 민주주의를 위해서였고 구재단으로부터 대학을 지켜야 한다는 신념으로 총장에 도전한 것도 대학 민주주의를 위해서였다.

물론 대학에서 민주적 정책 결정과 조직 운영 원리에 충실한다는 것은 총장에게 대단한 인내와 절제를 요구하는 일이었다. 절차도 복잡하고 시간도 많이 소요되어 비효율적으로 보이기도 했다. 특히 대학 간 경쟁이 치열해지면서 민주주의는 늘 조바심의 원인이 되기도 했다. 그러나 민주적 절차를 거쳐 만들어진 정책은 어느 조직에서도 흉내 낼 수 없는 강력한 힘을 발휘했다. 구재단으로부터 대학을 지켜 낸 것도, 수많은 정부재정지원사업을 따내 학생들에게 양질의 교육을 제공할 수 있었던 것도 모두 민주주의의 결과였다고 확신한다. 취임하면서 가슴에 품었던 작은 소망, 즉 '민주주의가 경쟁력이라는 사실을 입증해 보이겠다'고 한 다짐을 실천했고 또 소망한 대로 입증해 보인 것 같아 기뻤다. 내가 가장 소중하게 기억하는 총장 임기 중의 성과이고 보람이었다.

총장 재선에 성공하고 얼마 안 된 2013년 10월 초, 『교수신문』이 다시 나를 찾아왔다. 10월 7일자에 실린 인터뷰 기사는 "'민주주의 지켜 내면서도 경쟁력을 키워 왔습니다' ― 재선에 성공한 홍덕률 대구대 총장"이라고 제목을 뽑았다.

교육부 대학 평가도 바뀌어야

한편, 교육부의 대학 평가는 전국 대부분 대학들의 공통된 불만이었다. 여러 평가들이 중복되는 데다 평가 준비에 쏟아야 하는 행정 부담이 지나치게 크다는 것[114]이 가장 중요한 불만이었지만, '평가 지표'에 대한

---

114 그 불만은 그 후 장기간의 논의를 거치면서 크게 해소되어 왔다. 그 결과 2023년부터 대학 평가는 크게 두 축으로 자리를 잡았다. 하나는 고등교육법에 근거하여 대학교육협의회와 전문대학교육협의회의 병설 한국대학평가원과 한국고등직업교육평가원이 각각 주관하는 '기관인증평가'이고, 다른 하나는 한국사학진흥재단이 주관하는 재정 진단에 기초한 경영 평가이다. 앞의 것은 교육, 연구, 학사관리, 교육 성과, 경영 등 주요 영역의 평가 지표들에 대해 대학이 자료를 준비해 평가받는 것으로 5년 주기로 실시되기 때문에 평가 준비 부담이 크지 않다고 할 수 있고, 뒤의 것은 모든 대학이 매년 의무적으로 제출하고 있는 결산서를 한국사학진흥재단이 분석·진단해 재정 건전성을 판단하는 방식이어서 역시 별도의 자료를 준비·제출해야 하는 부담이 없다고 할 수 있다. 이로써 대학들은 중복되는 여

불만도 적지 않았다. 대학의 입장과 처지(지역, 규모, 특성화 분야 등)에 따라 평가 지표에 대한 불만 내용이 달라지기 마련이었지만, 내가 특별히 문제 있다고 생각한 점은 크게 두 가지였다.

첫째는 대학의 본질 및 사회적 책무에 관심 갖지 않는 평가라는 점이었다. 예컨대, 앞에서 설명한 바 있는 '장애학생 교육복지 지원실태 조사'(3년마다 실시)에서 대구대학교는 늘 '최우수 평가'를 받아 왔지만, 그것은 재정 지원 혹은 정원 감축 등이 수반되는 대학 평가에서는 고려되지 않는다는 사실이다. 장애 학생이 불편 없이 생활하며 학업에 열중할 수 있도록 하기 위해서는 장기간 큰 예산을 투자해야 하지만 그에 대한 정책적 배려는 없었던 것이다. 건학 정신 혹은 대학의 사회적 책무를 중시하는 교육 철학의 관점에서 늘 적지 않은 예산을 배정해 장애 학생의 교육권 신장을 위해 노력하는 대구대학교의 경우는 대학 평가에서 불리한 상황을 감내해야 했던 것이다. 그리고 그 결과는 늘 재정난에 허덕이는 대학들로 하여금 장애 학생 교육권 보장을 위한 재정 투자에 관심 가질 수 없게 만드는 것이다.

같은 맥락에서 교육 기부나 대학 민주주의와 같은 대학의 본질 부분도 평가 지표로 활용되지 않고 있다는 점이다. 교육 기부나 대학 민주주의에 따른 대학 평가상의 가감점도 당연히 없다. 그것 역시 대학들이 대학의 사회적 책무, 학문 자유, 의사결정 구조의 민주주의, 교육기부 등에

러 평가들로 인해 시달렸던 행·재정적 부담을 크게 줄일 수 있게 되었다.

관심 갖지 않도록 유도하는 결과를 초래하는 것은 물론이다.

둘째는 대학 민주주의에 가장 크게 영향을 미치는 재단에 대한 평가는 아예 없다는 점이었다. 재단은 권한만 가질 뿐 평가나 공적 감시에서 예외였다. 심지어 대학교육협의회의 '기관인증평가'에서는 재단의 책무성을 평가 지표 중 하나로 포함하면서도 그 결과에 대한 페널티는 대학에 부과하기까지 했다. 2015년 기관인증평가를 앞두고 재단 전입금 지표를 맞추기 위해 교수와 직원이 성금을 걷어 재단에 기부해야 했던 것도 그런 제도상의 허점 때문이었다. 이의 불합리성을 꾸준히 제기해 왔음에도 재단의 책무성을 유도하는 유일한 수단이라는 이유로 개선되지 않았다. 당연히 재단 평가를 별도로 실시해 재단의 책무 불이행에 따른 페널티는 재단에 부과하는 방식으로 바로잡아야 할 것이다.[115]

대학 간 생존 경쟁이 치열해지면서 지금 대학에서는 오랜 세월 어렵게 일궈 온 민주주의가 위기에 내몰리고 있다. 생존해야 한다는 절체절명의 요구 앞에 교권과 학습권이 위협받고 있으며 연구 윤리와 교육 윤리도 실추되고 있다. 구성원의 냉철한 역사의식과 총장의 절제력이 아니면 재단과 총장에게 권한이 집중될 수밖에 없는 여건이다. 강력한 권력 구조와 일사불란한 조직 운영이 마치 생존을 위한 필수요건인 것처럼 소환되고 있는 것이다.

전면적인 민주주의 위기의 시대에 대구대학교가 입증해 보인 '민주주

---

[115] 최근 (사)한국사립대학교수회연합회(사교련)가 재단에 대한 평가의 필요성을 주장하고 있는데, 이의 제도 도입을 적극 검토할 필요가 있다고 생각한다.

의가 경쟁력'이라는 명제가 다시 한 번 주목받길 기대하는 마음이 크다. 이 책을 쓰기로 결심한 또 하나의 이유이기도 하다.

다시, 대학혁신·교육개혁을 묻는다

지방의 한 사립대학교에서 교수로, 총장으로 일하며 갖게 된 소회 가운데 가장 중요한 것은 역시 우리나라의 교육과 대학, 대학 정책이 이래서는 안 된다는 걱정이었다. 평교수와 교수협의회 임원일 때는 교수 운동의 방식으로, 총장일 때는 대구대학교의 혁신 경영자로, 그리고 한국사학진흥재단 이사장일 때는 교육부와의 구체적인 정책 협의와 일부 정책의 집행 책임자로 최선을 다한다고 했지만, 너무 역부족이었다.

이론적으로나 현실적으로나 대학혁신의 필요는 차고도 넘친다. 필요한 대학혁신도 총장과 교수의 미시적 행태부터 중범위 및 거시 수준의 대학 정책에 이르기까지 폭넓게 걸쳐 있다. 총체적인 교육개혁과 그 안에서의 대학혁신을 종합적으로 설계해 중장기적으로 추진해야 한다. 정치권부터 교육 전문가, 학부모, 기업, 그리고 교육 주체인 교수와 학생에 이르기까지, 교육개혁과 대학혁신에 실패하면 더 이상 나라의 미래는 없다는 각오로 임해야 한다. 그 필요성에 대한 공감대 위에서 설치된 국가교육위원회가 제 역할을 감당하지 못하고 있는 것은 아쉬움이 크다.

여기서는 2017년 4월, 총장으로서 가졌던 중범위 수준의 대학혁신에 대한 고민과 주장을 담아 『국민일보』에 기고했던 글을 현시점에서도 의미 있다고 생각해 소개해 본다.[116]

왜 대학혁신인가?

사회가 급변하고 있다. 총체적이면서도 심층적인 변화다. 그 중심에는 과학기술의 발전이 있다. 컴퓨터가 등장해 세상을 바꾼 지(3차 산업혁명, IT혁명) 얼마 되지 않았는데, 지금은 '4차 산업혁명'이 화두다. 실제로 인공지능, 로봇, 사물인터넷, 빅데이터 등이 세상을 어떻게 바꿔 갈지 상상하는 것조차도 쉽지 않다. '4차 산업혁명'이 몰고 올 변화는 산업과 직업 구조와 경제의 영역에 국한되지 않는다. 우리의 삶과 사회도 총체적으로 변화될 전망이다. 사람들의 관계와 세계관도 물론 질적인 변화를 겪게 될 것이다.

예컨대 리더십이다. 4차 산업혁명 이후의 사회는 더 이상 통솔형의 군림하는 리더를 반기지 않을 것이다. 사람들과 소통하면서 설득하고 조율해 내는 리더십이 환영받을 것이다. 사람들에게 요구되는 덕목과 자질도 크게 달라질 것이다. 그러한 변화는 이미 시작되었고 빠른 속도로 진행되고 있다. 당연한 결과지만 미래 인재를 길러 내는 대학들도 총체적인 혁신을 요구받게 되었다.

그렇다면 대학은 어떻게 바뀌어야 하는 걸까? 첫째는 교육 내용을 혁신하는 것이다. 대학과 교수는 10년 뒤, 아니 5년 뒤면 필요 없어질 낡은 지식과 기술을 학생들에

---

[116] 「왜 대학혁신인가?」, 『국민일보』 2017. 4. 10. (https://www.kmib.co.kr/article/view.asp?arcid=0923727205)

게 가르치는 것은 아닌지 끊임없이 질문해야 한다. 학생들이 배우고 학습하는 내용은 매년, 매 학기 업데이트되어야 한다. 낡은 지식과 기술을 가르치는 것은 학생들과 사회에 죄를 짓는 것이다. 미래와의 사이에 둘러쳐진 지적 나태의 벽을 헐어야 하고, 사회와의 사이에 가로놓여진 불통의 벽을 허물어야 한다. 연구실과 실험실과 강의실을, 아니 대학 전체를 미래와 사회를 향해 활짝 열어야 하는 것이다. 교육 내용은 물론 교과목, 교육과정까지 끊임없이 혁신해 가지 않으면 안 된다.

둘째, 대학은 암기 교육, 지식 교육과도 결별해야 한다. 지식의 양은 더 이상 중요하지 않게 되었기 때문이다. 지식의 양으로 학생의 능력을 평가하는 방식도 버려야 한다. 지식은 주머니 속의 고성능 컴퓨터, 스마트폰이 해결해 줄 것이다. 논리적 판단까지도 인공지능이 상당 부분 대신해 줄 것이다. 앞으로는 컴퓨터와 인공지능이 담당하지 못하는 영역에 주목해야 한다. 공감·소통 능력이 대표적인 예다. 상상력과 감수성도 중요하다. 스스로 문제를 설계하고 답을 찾아 가는 자기주도 학습능력도 미래에는 매우 중요해진다. 궁극적으로 창의력과 문제 해결 능력을 함양해 주는 교육으로 혁신되어야 할 것이다.

셋째, 그런 교육은 기존의 경직된 단과대학 및 학과 구조를 그대로 두고서는 불가능하다. 학생들이 학과 틀에 갇혀 있어서는 융합적 사고를 키울 수 없고 그래서는 창의력과 문제 해결 능력도 기를 수 없다. 당연히 학사 제도에 대한 과감한 혁신이 필요해진다. 학과 간의 벽을 허물고 융합 교육을 활성화해야 한다. 미래 사회와 학생들의 다양한 요구를 담아낼 수 있도록 학사 제도도 훨씬 유연해져야 한다. 융합과 개방은 교육과 대학의 새로운 키워드로 자리 잡아야 한다.

넷째, 대학들도 평생교육 기관으로서의 역할을 강화해야 한다. 이미 우리는 평생

교육 시대를 살고 있다. 지식과 기술의 빠른 변화 때문만은 아니다. 이미 100세 시대를 살게 된 것도 중요한 이유다. 대학에서 배운 지식과 전공 하나로 평생을 살아갈 수 있는 시대는 오래전에 끝났다. 앞으로는 인생 2모작, 3모작도 부족하다. 인생 4모작, 5모작의 시대다. 누구라도 평생 동안 학습해야 한다. 대학은 이제 재교육과 평생학습을 원하는 성인들에게도 활짝 열려야 한다.

다섯째, 대학은 첨단 교육 기술을 수용해 교육방법의 혁신에도 적극 나서야 한다. 예컨대 온라인 교육 기술이다. 온라인 교육이 학습의 시·공간 장벽을 무너뜨린 지 이미 오래다. 사이버대학이 대표적인 예다. 스마트폰으로 언제 어디서나 수업을 들으면서 정규 대학과정을 마칠 수 있도록 첨단 서비스를 제공하고 있다. 우리나라에서도 현재 21개의 사이버대학들에서 10만 명의 학생들이 학습하고 있다. 또 있다. 선진국의 일류 대학들마다 앞다퉈 제공하고 있는 고품질 MOOC 강좌다. 다행히 교육부도 2년 전부터 K-MOOC 사업에 본격 나서기 시작했다. 오프라인 교실 수업에만 갇혀 있는 대학은 더 이상 미래가 없다. 온라인 강의와 오프라인 강의를 적절하게 혼용하면서 학습 효율을 높일 수 있어야 한다.

한마디로 총체적인 대학혁신이 절실하게 요구되는 시대를 우리는 살고 있는 것이다. 대학혁신은 대학만을 위한 것이 아니다. 미래 세대인 학생들과 궁극적으로는 나라의 내일을 위해서 절실하게 필요한 것이다. 사회적 관심과 지원이 요구되는 이유다.

그러나 더 나아가야 한다. 일개 대학 차원에서 고민하고 실천한 교육 내용·교육과정·교육방법의 혁신을 넘어서 '중장기 안목의, 거시 수준의, 국가 차원의 교육·연구·산학협력 정책을 포괄하는 총체적 대학혁신'으로 나아가야 한다. 국립대학과 사립대학, 연구 중심 대학과 교육 중심 대학, 일반대학(4년제)과 전문대학, 수도권 대학과 비수도권 대학의 역할 조정 그리고 대학의 자율성 제고 및 특성화, 사립대학 지배구조의 선진화, 대학 평가 체제의 개혁 및 부실 대학의 퇴출, 고등교육에 대한 재정투자 확대 등까지 담아내는 '총체적 대학혁신 정책 및 고등교육 생태계 재건 정책'이 설계되어야 하는 것이다.

대학혁신 정책이 초중고 교육과 성인 평생교육을 모두 포괄하는 차원의 거시적 교육개혁 정책과도 연계되어야 함은 물론이다. 아울러 국가 균형발전과 지역 혁신 정책과도 연계되지 않으면 안 된다. 국가 혁신과 사회 대개혁의 큰 설계도 안에서 대학혁신과 교육개혁이 중심 주제로 자리를 잡고 준비되어야 할 것이다.

부록

부록 1
재단 분규 및 재단 정상화 일지 (1988.10.~2021.10.)

구분		일자	내용
대구대학교	이태영 총장 도미(渡美)	1988.10.	• 질병 치료차 도미 • 이후 1993.4.까지 총장 부재 상태 • 부인 고은애 여사가 실질적으로 재단과 대학 운영
대구대학교 교수협의회	3대 총장후보 선거	1989.11.29.	• 선거 전, 이태영 총장이 전체 교수에게 서한 발송, 총장 유임을 호소 • 선거 무산, 투표자 과반 미달
대구대학교	이태영 3대 총장 취임	1990.3.1.	• 1988.10.부터 장기 부재중 취임 • 3 연임
교육부	영광학원에 총장 장기 부재 상태 해소하라고 최후통첩	1993.3.20.	• 매년 반복되는 교수협의회와 학생회의 재단 비리 및 총장 부재 규탄으로 인한 분규 해소 지시 • 이태영 총장 해임 및 결과 보고 지시
영광학원	이태영 총장 사임 및 신상준 4대 총장 임명	1993.4.7.	• 교수협의회와 총학생회, 재단의 일방적 총장 임명 규탄 • 재단임명 총장 거부 및 총장직선제 선언
대구대학교 교수협의회	4대 총장후보 선거	1993.5.26.	• 조기섭 교수 당선
영광학원	조기섭, 홍덕률, 김형태 교수 3인 해직	1993.9.1.	• 조기섭 총장 당선자와 홍덕률 교수협의회 총무는 재임용 거부 • 김형태 교수협의회 의장은 징계 해임 • 교수 해직은 대구대학교 역사상 최초
대구대학교	교수, 학생 철야농성	1993.8.~1994.2.	• 교수 해직 철회 및 비리 재단 퇴진 요구

교육부	영광학원에 임시이사 파견	1994.2.22.	• 이사 전원 해임 및 임시이사 7인 선임 • 교수협의회, 189일의 철야농성 해제
대구대학교	조기섭 해직 교수, 5대 총장 취임	1994.3.13.	• 임시이사회(1994.3.12.)의 총장선임 의결
대구대학교	홍덕률 교수 복직	1994.9.1.	• 법원 소송 통해 1993.8.의 재임용 거부 결정 무효 확인 • 재심사받은 후 소급해 명예 복직
대구대학교 교수협의회	6대 총장후보 선거	1995.5.31.	• 윤덕홍 교수(당시 기획처장) 당선
교육부	영광학원에 회계감사	1995.6.	• 윤덕홍 총장 당선자와 이종한 사무처장에 경징계 요구
영광학원	윤덕홍 총장 당선자 교수직 해임	1995.12.30.	• 윤덕홍 교수와 이종한 교수 징계 해임 • 법원 소송 거쳐 이듬해 복직
대구대학교 교수협의회	6대 총장후보 (재)선거	1996.2.7	• 박윤흔 전 환경부 장관 당선(외부 영입) • 1996.2.17. 박윤흔 6대 총장 취임
서울동부 지방검찰청	영광학원과 대구대학교에 대한 교육부의 표적·청부감사 사건 수사 결과 발표	1998.9.18.	• 1995.6.의 교육부 감사가 구재단의 대구미래대학 교비 횡령 및 교육부 고위직 매수를 통한 '표적·청부감사'에 기인한 것이었음을 확인 • 1998.12. 1심 재판에서 구재단 및 교육부·국회 관련자 19인 유죄 판결
대구대학교 교수협의회	7대 총장후보 선거	1999.12.2.	• 윤덕홍 교수 당선 • 2000.2.17. 윤덕홍 7대 총장 취임
교육부	영광학원에 재단 정상화 방안 제출 요구	2006.4.12.	• 대구대학교를 분규해소 대학으로 분류하고 정이사 체제로의 전환 계획 제출하라고 요구
영광학원	'영광학원 정상화 추진위원회' 출범	2009.6.4.	• 영광학원 산하 8개 학교 구성원과 설립자 유족 대표 등 참여 • 구재단(설립자 며느리)은 불참

대구대학교 교수협의회	10대 총장후보 선거	2009.9.26.	• 홍덕률 교수 당선 • 2009.11.1. 홍덕률 10대 총장 취임
영광학원	교육부에 재단 정상화 방안 제출	2010.5.25.	• 영광학원 산하 8개 학교 구성원과 설립자 장손이 합의한 7인의 정이사 후보 명단 제출
교육부	영광학원 정이사 임명	2011.11.1.	• 구재단 추천 3인 포함해 정이사 6명과 교육부 추천 임시이사 1명 임명
영광학원	파행 운영	2012.2. ~2013.1.	• 구재단 추천 정이사 3인, 이사회 불참
영광학원	이상희 이사장 선출	2012.5.25.	• 4인 이사, 이상희 이사장 선출
영광학원	황수관 이사 사망	2012.12.30.	• 이사회 기능 마비의 원인이 됨
대구대학교 교수협의회	11대 총장후보 선거	2013.9.12.	• 홍덕률 현 총장 당선 • 구재단 추천 이사 3인의 반대로 이사회 기능 마비 및 총장 인준 못 받고 2013.11.1.부터 직무대행 체제
교육부	영광학원 이사 간담회 소집	2013.11.25.	• 이사회 파행(대구대학교, 대구사이버대학교, 2개 특수학교의 학교장 공석 사태) 해결 위해 이사 간 중재 시도
교육부	영광학원 정상화 최후통첩	2013.12.30.	• 교육부, 이사회 파행을 2014.1.20.까지 해소해 보고하라고 최후통첩 • 구재단 측 거부로 미이행
교육부	영광학원 정이사 해임	2014.3.14.	• 사유: 임원 간 분규 및 명령 미이행
교육부	영광학원 임시이사 임명	2014.5.28.	• 권혁재 이사장 외 6인
영광학원	홍덕률 11대 총장 임명	2014.7.21.	• 총장 공석 9개월여 만에 • 임시이사 파견 2개월여 만에 • 2014.7.22. 홍덕률 11대 총장 취임

영광학원	홍덕률 대구사이버대학교 4대 총장 임명	2014.10.15.	• 2014.10.16. 대구사이버대학교 4대 총장으로 취임 • 총장 공석 3년 1개월 만의 총장 취임
교육부	영광학원 임시이사 선임 (교체)	2015.7.31.	• 한부환 이사장 외 6인
구재단 이근민 교수	입장 선회 발표	2016.2.	• 이태영 총장의 차남이자 전 대구미래대학 이사장, 친형 이근용 장남 및 대학 구성원과 적대하던 기존 입장 철회하고 이근용 장남 지지 선언 • 2016.2.24. 언론사에 입장 공개
구재단 이예숙 교장	구속, 기소	2017.9.	• 2017.9.21. 구속(경북영광학교 교장으로 횡령, 배임 등 혐의) • 2017.9.29. 기소 • 2018.8.16. 1심 재판. 징역 2년형 • 구재단의 실질적 주체의 사실상 해체 의미
교육부	영광학원 임시이사 선임 (교체)	2018.2.14.	• 이정우 이사장 외 6인
애광학원	대구미래대학 폐교	2018.2.28.	• 전문대학 역사상 최초의 자진 폐교 • 2011.9. 정이사로 복귀한 구재단(이예숙, 이근민)의 대학 경영 실패
대구대학교	홍덕률 11대 총장 이임	2018.3.28.	• 대구사이버대학교 4대 총장도 이임
교육부	영광학원 정이사 7인 임명	2019.4.14.	• 박윤흔 이사장 포함 7인 정이사 선임 • 정이사 선임 과정에 구재단 불참
대법원	구재단의 '정이사 선임 취소' 소송 기각 판결	2021.10.14.	• 구재단 측 종전이사 2인이 교육부 장관 상대로 소송 • 1, 2심에 이어 대법원에서도 원고 패소 • 재단 정상화 둘러싼 구재단과의 법적 논란 종결 • 영광학원 정상화 완결

부록 2
총장 재임 중(2009.11.~2013.10., 2014.7.~2018.3.) 대구대학교의 주요 성과

일자	주요 내용
2009년 11.1.	홍덕률 제10대 대구대학교 총장 취임
2010년 4.16.	'골프산업 전문인력 자격연수과정' 운영기관 지정 (문화체육관광부)
6.10.	'2010년 대학교육역량강화사업' 선정 (교육부)
8.6.	'2010년 산·학(연) 연계 코디네이션 지원사업' 주관기관 선정 (한국연구재단)
8.20.	'2010년 연구실 안전환경 개선 지원사업' 선정 (한국연구재단)
8.27.	'전국 사범대학 평가', A(최우수) 획득 (교육부)
2011년 3.23.	'2011년 지역혁신인력양성사업' 선정 (한국연구재단)
3.24.	'2011년 앱(App) 창작터 운영사업' 주관기관 선정 (중소기업청)
4.14.	'2011년 대학청년고용센터 사업' 잡영플라자 개소 (고용노동부)
4.29.	'대학의 유산, 한국의 미래다' 13개 유산 중 '대구대 특수교육' 선정 (교수신문)
5.26.	'2011년 대학 평생교육 활성화 지원사업' 선정 (교육부)
6.10.	'교원양성 선도 사범대학' 선정 (교육부)
10.10.	'다문화가정 평생교육 지원사업' 운영기관 선정 (교육부)
10.26.	'2011년 공공부문 인재개발 우수기관 인증제사업' 인증기관 선정 (교육부)
12.12.	'2011년 산학연 희망플러스 행사' 산학협력 부문 3관왕 (교육부) (R&D 우수과제 1위, 사업화 우수과제 1위, 산학연 스타기업 대상)
12.30.	'2011년 일자리창출 유공자 정부포상 전수식' 단체부문 대통령 표창 수상

2012년	1.20.	'2011년 그린휠 모범기관' 선정 (환경부)
	2.14.	'스마트 모바일 앱 개발 지역거점센터(경북SMAC)' 개소 (경상북도)
	3.6.	'2011년 장애대학생 교육복지 지원실태 평가' 최우수대학 선정 (교육부)
	3.28.	'산학협력 선도대학(LINC) 육성사업' 선정 (교육부)
	4.3.	'공학교육 혁신센터 지원사업' 선정 (교육부)
	4.12.	'2012년 교육역량강화사업 지원대학' 선정 (교육부)
	4.25.	'2012년 청년CEO 육성사업' 운영기관 선정 (경산시)
	5.9.	'2012년 대학 공공자전거 구축사업' 선정 (행정안전부)
	5.23.	'2012년 대학 평생학습 활성화 지원사업' 선정 (교육부)
	5.24.	'2012년 국외 한국어전문가 초청연수사업' 선정 (국립국어원)
	6.7.	'2012년 산학협력기술개발 지원사업' 선정 (대구·경북지방중소기업청·경상북도)
	6.14.	'웹 접근성 품질마크' 획득 (한국정보화진흥원)
	6.20.	'2012년 중소기업형 계약학과' 주관대학 선정 (중소기업청)
2013년	1.22.	'2012년 청년 취업진로 지원사업' 평가 우수대학 선정 (고용노동부)
	2.12.	'2013년 지역맞춤형 일자리창출 지원사업' 선정 (고용노동부)
	3.8.	'2013년 사회적기업가 육성사업' 선정 (한국사회적기업진흥원)
	5.5.	'2013년 산학융합 연구마을' 선정 (중소기업청)
	5.10.	'산학협력 선도대학(LINC) 육성사업' 1차년도 평가 '최우수' 획득 (교육부)
	5.31.	'경상북도 평생교육진흥원' 지정 (경상북도)
	7.9.	'2013년 대학교육역량강화 지원사업' 선정 (교육부, 51.2억, 전국 최대)

	8.15.	'BK21플러스 사업' 4개 사업단 선정 (교육부)
	10.10.	'2013년 올해의 대학박물관상' 수상(전국 대학 최초) (한국대학박물관협회)
	12.27.	'2013년 대학기관평가인증' 획득 (한국대학교육협의회)
2014년	3.31.	'2013년 하반기 교육기부 우수기관 인증제' 교육기부 인증기관 선정 (교육부)
	5.8.	'산학협력 선도대학(LINC) 육성사업' 2단계 선정 (교육부)
	6.30.	'대학 특성화(CK)사업' 선정 — 4개 사업단 (교육부)
	7.22.	홍덕률 제11대 대구대학교 총장 취임
	8.13.	'2014년 지식나눔 우수대학' 선정 (한국장학재단)
	9.25.	'일학습 병행 듀얼 공동훈련센터' 개소 (고용노동부)
	10.16.	홍덕률 제4대 대구사이버대학교 총장 취임
	10.18.	'정보보호 영재교육원' 개원 (교육부)
2015년	1.1.	'2014년 정신건강상담센터 시설평가' 최우수기관 선정 (보건복지부)
	1.12.	'2015년 자전거 이용 우수기관(그린휠 모범기관)' 선정 (환경부)
	2.9.	'사회적기업가 육성사업' 선정 (한국사회적기업진흥원)
	2.10.	'HACCP(식품안전관리 인증기준)' 교육·훈련기관 지정 (식품의약품안전처)
	2.11	'지역맞춤형 일자리창출 지원사업' 선정(3년 연속) (고용노동부)
	3.18.	'장애대학생 교육복지 지원실태 평가' 최우수대학 선정 (교육부)
	4.1.	'IPP형 일·학습병행제 사업' 선정 (고용노동부)
	4.25.	'2015년 이노캠퍼스 엑셀러레이팅 사업' 선정 (연구개발특구진흥재단)
	5.31.	'경북소프트웨어 융합클러스터 사업' 선정 (경상북도)

	6.8.	'2015년 인성교육 3.0 지원사업' 선정 (교육부)
	6.24.	'제2회 한국 기금·자산운용 대상' 우수상(교육부장관상) 수상 (한국경제신문)
	7.30.	듀얼공동훈련센터, '일학습병행제 우수사례 경진대회' 은상 수상 (고용노동부)
	8.5.	'2015년 지역주력산업육성(비 R&D) 기업지원사업' 선정 (산업통상자원부)
	8.31.	'대학 보유기술 사업화 지원사업' 선정(지역대학 유일) (미래창조과학부)
	11.3.	'2015년 재활산업기술 전문인력 양성사업' 선정 (산업통상자원부)
	12.29.	일학습병행제 활성화 공로 고용노동부장관상 수상
2016년	1.7.	'사회적기업가 육성사업' 선정 (한국사회적기업진흥원)
	1.10.	'2015년 교양교육 우수대학' 선정 (한국교양기초교육원)
	1.25.	'2016년 창업선도대학 육성사업' 선정 (중소기업청)
	1.25.	'2015년 박물관 길 위의 인문학' 사업 우수기관 선정 (문화체육관광부)
	1.28.	'대학창조일자리센터 운영대학' 선정(5년간 최대 25억 지원) (고용노동부)
	2.11.	'꿈愛Green 도시프로젝트' 선정 (경산시·영천시·청도군)
	2.16.	'중소기업융합지원센터' 선정 (중소기업청)
	2.26.	'2016년 지역 통일교육센터 공모사업' 선정(2년간 약 2억 원) (통일부)
	3.7.	'2016년 대학생 청소년 교육지원사업 운영계획 평가' 우수대학 선정 (한국장학재단)
	4.5.	'2016년 그린캠퍼스 사업' 선정 (한국환경공단)
	5.2.	'한국형 온라인 공개강좌(K-MOOC) 운영 시범사업' 선정 (교육부)
	5.4.	'평생교육 단과대학 지원사업' 선정(30억 원) (교육부)
	5.19.	'2016년 고교교육 정상화 기여대학 지원사업' 선정 (교육부)

	6.15.	'2016~2017. 정부초청 외국인 대학원 장학생 한국어 연수기관' 선정 (교육부)
	6.27.	'글로벌 브릿지 사업' 선정(영남권 유일 5년 연속) (교육부)
	9.5.	'2016년 대학특성화지원사업' 선정('아프리카 도시개발전문가 양성사업단) (교육부)
	9.18.	'2016년 HACCP 직업능력개발 훈련기관' 선정(대구·경북 유일) (고용노동부)
	10.28.	'2016년 인문사회분야 대학 중점연구소 지원사업' 선정 (교육부)
	12.13.	'제5회 대한민국 교육기부 대상' 수상 (교육부)
	12.19.	'2017년 사회적기업가 육성사업' 선정 (한국사회적기업진흥원)
	12.28.	'2016년 경북 사회적경제 유공자 시상식' 경상북도지사 표창 수상
2017년	2.7.	'나라사랑 특성화 대학' 선정 (국가보훈처)
	2.21.	'2017~2019년 교육국제화역량 인증제' 인증대학 선정 (교육부)
	2.23.	'2017년 대한민국 녹색기후상' 교육부장관상 수상 (국회 기후변화포럼)
	3.20.	'지식재산 역량강화 지원사업' 선정(대구·경북 유일) (특허청)
	3.27.	'2017년 지역특화산업육성 기업지원 사업' 선정 (산업통상자원부)
	4.18.	'사회맞춤형 산학협력 선도대학(LINC+) 육성사업' 선정 (교육부)
	5.2.	'대학자율역량강화지원사업(ACE+사업)' 선정 (교육부)
	5.10.	'2017년 고교교육 기여대학 지원사업' 2년 연속 선정 (교육부)
	5.17.	'경상북도 사회적경제지원센터' 사업 선정 (경상북도)
	5.30.	'2017년 창업보육센터 경영평가' S등급 획득 (중소기업청)
	6.9.	'경북 청년-기업 매칭 협력사업' 선정 (경상북도경제진흥원)
	6.30.	'대구광역시 발달장애인 평생교육센터' 수행기관 선정 (대구광역시)

	7.24.	'스포츠산업 창업지원 지역센터' 선정 (문화체육관광부)
	7.28.	'대학 브랜드 평판' 지방 사립대 1위 (한국기업평판연구소)
	9.19.	'산학연협력 기술지주회사' 설립 인가 (교육부)
	12.14.	'대한민국 교육기부 대상' 수상(2년 연속) (교육부)
	12.25.	'2018년 사회적기업가 육성사업' 선정(6년 연속) (한국사회적기업진흥원)
2018년	1.1.	'2017년 정신건강상담센터 시설평가' 2회 연속 최우수기관 선정 (보건복지부)
	1.4.	'2017~2019년 교육국제화역량 인증대학' 재인증 (교육부)
	2.13.	'2018~2020년 파란사다리 사업' 대구·경북권역 주관대학 선정 (교육부)
	3.7.	'2018년 농업계학교 역량강화 교육지원' 사업 선정 (농림수산식품부)
	3.8.	'대구광역시 발달장애인 평생교육센터' 개소식 (대구광역시)
	3.27.	'대학생 청소년교육지원사업' 선정 (교육부)
	3.28.	홍덕률 제11대 대구대학교 총장, 제4대 대구사이버대학교 총장 이임식

대학 민주화와 학생 행복

초판 1쇄 발행 2025년 9월 15일

지은이 홍덕률
펴낸이 오은지
편집 오은지 이수경
디자인 정효진
제작 세걸음

펴낸곳 도서출판 한티재
출판등록 2010년 4월 12일 제2010-000010호
주소 42087 대구시 수성구 달구벌대로 492길 15
전자우편 hantibooks@gmail.com **전화** 053-743-8368 **팩스** 053-743-8367
블로그 blog.naver.com/hanti_books
한티재 온라인 책창고 hantijae-bookstore.com
인스타그램 instagram.com/hantijae

ⓒ 홍덕률 2025
ISBN 979-11-92455-75-4 03370

책값은 뒤표지에 있습니다.
이 책 내용의 일부 또는 전부를 재사용하려면 저작권자와 한티재의 동의를 받아야 합니다.